U0901771

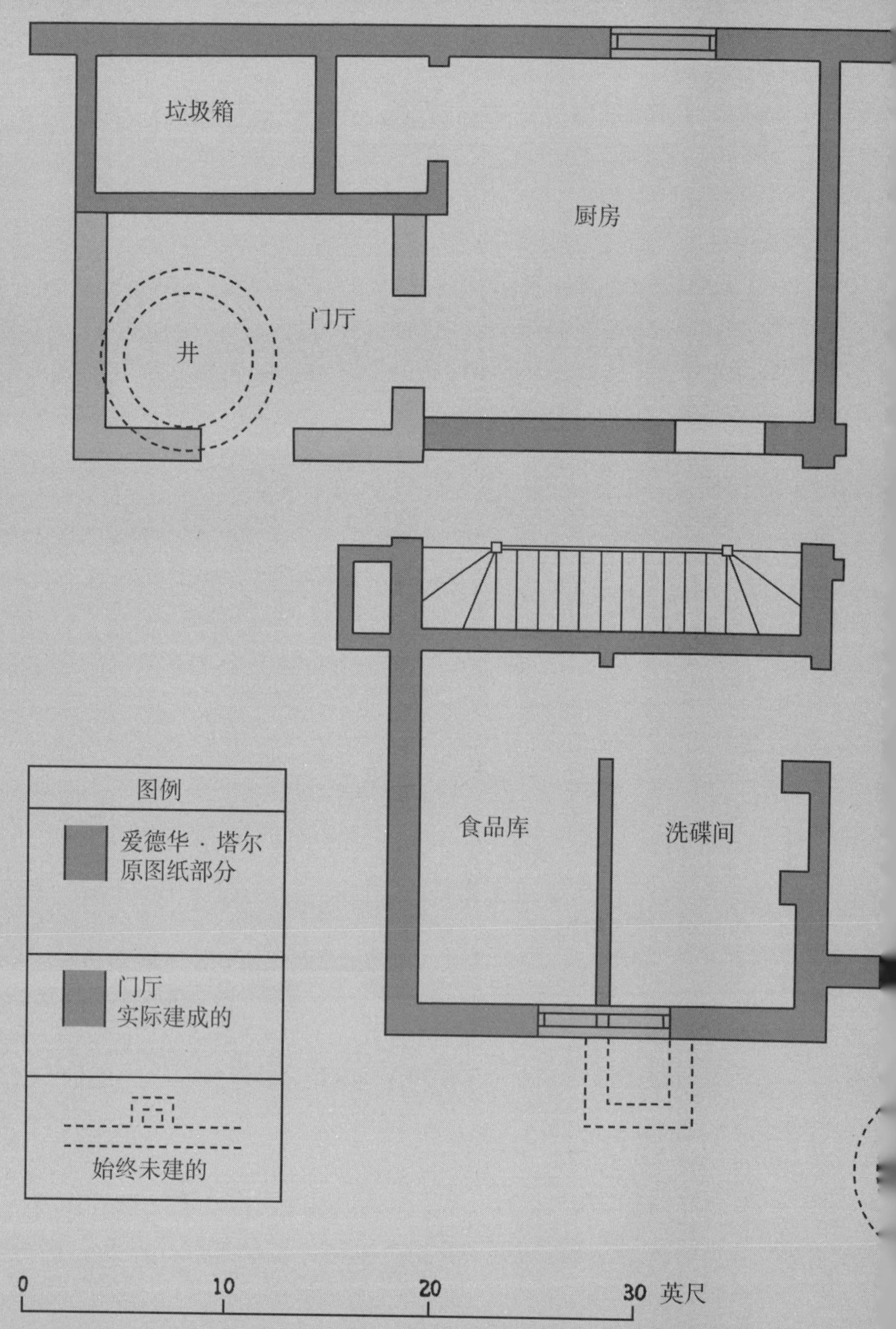
垃圾箱
厨房
门厅
井
食品库
洗碟间
图例
爱德华·塔尔
原图纸部分
门厅
实际建成的
始终未建的
0
10
20
30 英尺

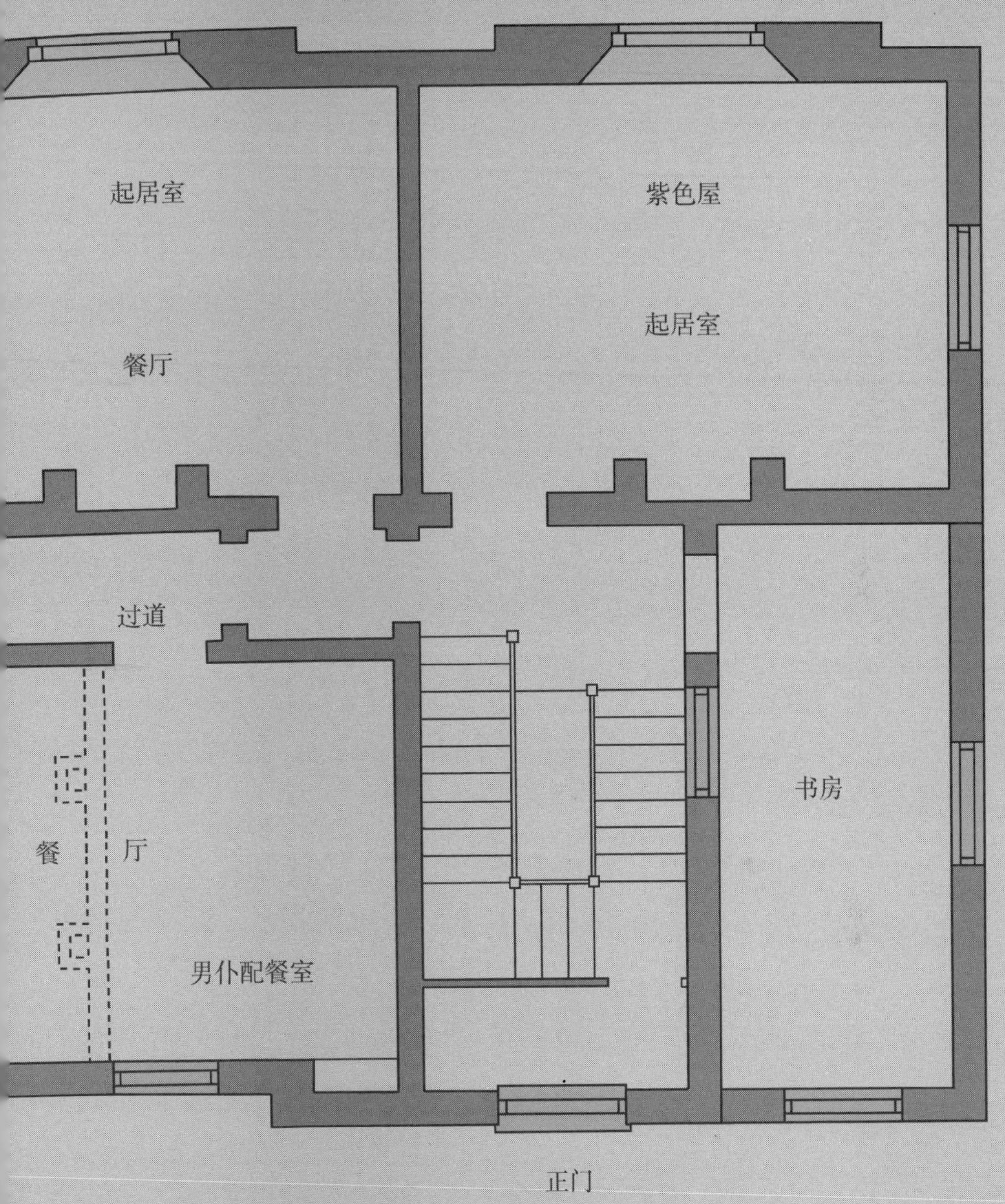

底层平面图

At Home A Short History of Private Life

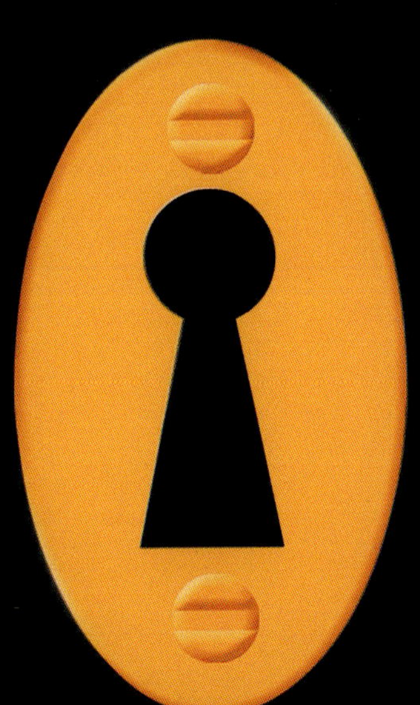

QUWEI SHENGHUO JIANSHI

趣味生活简史

[英] 比尔·布莱森 著 严维明 译

中译本序

著名文化学者、北京师范大学教授　于　丹

合上这部神奇的书稿时的感受，像是刚刚走出一座博物馆，又像是刚刚坐完一趟过山车，既想尖叫着表达自己的狂喜，又想浅笑合眸，安静回味……一花一世界，一叶一菩提，比尔·布莱森这本“穿着拖鞋”写出的历史书，所有发现的起点都在他的家里，在寻常得近乎乏味的琐碎日子里。几乎从窗口向草坪一瞥，就从我们这种非反刍类动物不能食草开始，引出了关于小麦、稻谷、玉米、高粱种种农作物进化的描摹；而餐桌上必不可少的盐和胡椒两种调料，就蕴藏了从医学到民俗学革命式的演进……

这本书像一部百科辞典那么严谨，数字精确，但这本书又像一部最激动人心的故事片，用一格一帧的特写，放大了人类生活进步背后所有的动因：那些必然或偶然的命运，那些隐秘的欢喜或忧伤……追求舒适的愿望驱动了整个人类的生活史，我们每个人都是历史的当事人，我们每个正在居住的家都是一座可以探索的博物馆——前提是我们都愿意像布莱森那样充满孩子般的好奇心，还有对琐碎日子深情的爱。

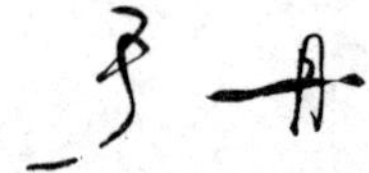

目　录

前　言

在英格兰东南部诺福克郡一个宁静而又普通的村子里，有一栋从前的英国圣公会教区长寓所。在我和妻子搬进去一些时候以后，为了查找一处缓慢而又神秘地滴水的地方，我有了上阁楼的理由。由于我们家的阁楼没有楼梯，我得借助一部高高的梯子，还要很不雅观地从天花板上的一扇活板门里钻进去，这是我之前没有上去过（也是之后我再也没有兴致上去）的原因。

当我终于爬进那间积满灰尘、光线昏暗的屋子，挣扎着立起身来时，却意外发现一面外墙上有一扇暗门，那扇门在屋外无论从哪个方向都是看不见的。门很容易打开了，向外通到一个小小的屋顶空间。这地方比餐桌的桌面大不了多少，介于房子的前后山墙之间。维多利亚时代的住宅往往充满了令人困惑的建筑结构，而这栋房子简直更是高深莫测：建筑师为什么要煞费苦心地专门为一个空间设置一扇门？而这块地方显然并不需要，也没有实际用途，这是无法解释的，但它确实有个神奇而又令人意想不到的作用：从这里可以看到最美妙的景色。

当你从一个崭新的角度来观察一个你非常熟悉的世界时，你心里总是觉得很兴奋。我身处诺福克郡的中部，在大约50英尺的高度，几乎可以确保看到全部景色。正中间是那座坚固的古老教堂，我们的这栋房子曾是它的附属建筑物。远处，在一个坡度不大的斜坡下面，离教堂和教区长寓所不太远的地方，就是二者所在的那个村子。在另一个方向，远处是怀蒙达姆修道院，那是一座宏伟的中世纪建筑物，高高矗立在南方的天际线上。在中间的一处田野上，一辆拖拉机隆隆驶过，在土里划出了一道道笔直的线条。除此之外，四面都是宁静惬意、亘古不变的英格兰乡村。

我对这一切之所以比较熟悉，是因为就在前一天，我和一位名叫布赖恩的朋友刚刚走过这片景色中的很大一部分地方。布赖恩才从郡考古学家的位子上退下来，对诺福克郡的历史和地貌了解得可能比哪个活着的人都要多。他从来没有去过我们村里的教堂，很想去看一眼。这是一座漂亮的古代建筑物，比巴黎圣母院还要古老，与沙特尔大教堂和索尔兹伯里大教堂差不多属于同一年代。不过，诺福克郡有许多中世纪的教堂——总共有659座，每平方英里上的教堂数量超过世界上的任何其他地方——因此哪一座都很容易被人忽略。

"你有没有注意到，"我们走进教堂庭院时，布赖恩问道，"乡村教堂看上去几乎总是在下沉？"他指出，眼前的这座教堂耸立在一个浅浅的凹坑里，就像一个放在垫子上的重锤，教堂的地基大约在周围庭院底下3英尺的地方，"你知道这是什么原因吗？"

我承认我不知道，我在跟着布赖恩转悠的过程中总是这么回答的。

"哎呀，这并不是因为教堂在下沉，"布赖恩笑着说，"而是因为教堂庭院在升高。你能猜到有多少人葬在这里吗？"

我朝坟地瞥了一眼，估计了一下说："不知道。80？100？"

"我觉得那很可能有点儿估计不足，"布赖恩以和蔼而又平和的口气说，"你想一想，这样一个乡村教区平均有250个居民，也就是说，每个世纪里就有大约1000个成人死亡，再加上几千个没能活到成年的可怜虫。把那个数字乘以教堂已经存在的世纪数，你就可以得知，葬在这里的人数不是80，也不是100，而是还要多，比如，很可能是2万。"

不要忘记，我们踏出我家正门以后才走了几步。"2万？"我说。

他满不在乎地点了点头。"不用说，这是个很大的数字，这就是地面隆起了3英尺的原因。"他停顿片刻，让我领会他的意思，然后接着说，"诺福克郡有1000个教区，把有人类活动的世纪总数乘以1000个教区，你就可以得知，你是在看着大量有形的文化。"他若有所思地望着面前的几处教堂尖塔，“你从这里望得见大约10—12个别的教区，因此就在这很近的地方——就在这一片始终是无比宁静，没有发生过多少事情的农村——你就很可能看得见大约25万个墓冢。”

布赖恩就是以这种方式来解释，为什么一个像诺福克这样一派田园风光、人口不多的郡，一年就有27000个考古发现，多于英格兰的任何别的郡。“很早以来——早在英格兰成为英格兰之前——人们就在这里留下东西。”他给我看一张地图，上面标明了我们郡里所有的考古发现。差不多每块地里都有收获——新石器时代的工具、罗马帝国时代的硬币和陶器、撒克逊人的饰针、青铜器时代的坟墓、北欧海盗的农庄。就在我们院落的外面，1985年有一名从地里走过的农夫拾到了一个稀有的、毫无疑问是罗马人使用的生殖器垂饰。

对我来说，这在过去甚至现在依然是一件不可思议的事：想象有个穿着托加袍的人，站在如今是我的地盘的边缘，全身上下拍了拍，吃惊地发现自己的宝贝东西丢了；之后，那个东西在土里埋了十七八个世纪，经历了无数代的人类活动，经历了撒克逊人、北欧海盗和诺曼人的出现和消失，经历了英语的产生、英格兰民族的诞生、君主政体的延续和发展等等，最后被一个20世纪末的农夫拾了起来，可能连他自己也是一脸吃惊的神色。

现在，当我站在自己家的屋顶上，望着这出人意料的美景的时候，我忽然感到，在2000年的人类活动过程中，唯一引起外界注意的事，哪怕是在短暂的时间里，竟然是发现了一个罗马人生殖器垂饰，真是很值得称颂的。剩下的就是一个世纪又一个世纪的人默默无闻地从事日常事务——吃饭，睡觉，过性生活，努力自娱自乐。我突然想到，就像经历360度大转弯那样强烈地想到，实际上，历史在很大程度上就是如此：广大民众做普通的事。连爱因斯坦在一生中也要花掉很大的一部分时间来考虑自己的假期，或买什么样的新吊床，或觉得从街对面电车上下来的那位年轻小姐的脚踝是多么娇美。我们的生活里、思想中就是充满了这些东西；然而，我们却认为这些事情是无足轻重的，几乎不值得认真考虑的。我不知道自己在念书的那些年头里用了多少个小时来研究《密苏里妥协案》[①]或玫瑰战争[②]，但比人家鼓励我或允许我花在研究吃饭、睡觉、过性生活或努力自娱自乐的历史上的时间要多得多。

于是，我觉得，用一本书的长度来考虑一下生活中的普通事情，给予它们一次关注，认为它们似乎也是很重要的，这或许是很有意思的。我环视一下我的住宅，不由得吃了一惊，有点可怕地意识到自己对身边的家庭生活了解得如此之少。一天下午，我坐在厨房的餐桌旁边，心不在焉地摆弄着盐瓶和胡椒瓶，心里突然想到，世界上有那么多种香料，为什么偏偏要对这两种东西情有独钟，我完全不知道。比如：为什么不是胡椒和豆蔻，或者为什么不是盐和桂皮呢？为什么叉子有4根齿尖，而不是3根或5根齿尖呢？这些事情一定是有原因的。

我一边穿衣服，一边心里转念，为什么我的西装上衣的每个袖子上都毫无意义地缝着一排扣子。我听到收音机里提到某人支付房费和“木板”费，意识到人们谈论房费和“木板”费时，自己不知道他们所谓的“木板”费指的是什么。突然之间，这个家对我来说似乎成了一个神秘的地方。

于是，我拿定主意要在家里转一转，从一间屋子转到另一间屋子，考虑一下每间屋子在居家生活的演变过程中起了什么作用。卫生间会是一部个人卫生的历史，厨房会是一部烹调的历史，卧室会是一部性爱、死亡和睡觉的历史，如此等等，我要在不出家门的情况下写一部世界史。

我必须说，这个想法有一定吸引力。最近我写过一本书，试图了解宇宙以及它的形成过程。那倒是个相当大的工程，你会意识到的。因此，写写完全在英格兰村子里一栋原教区长寓所范围之内的，严格限定在其框框内的事，这个想法显然是有吸引力的。这里终于有一本书，我可以穿着拖

---

① 指1820—1821年美国国会围绕密苏里加入联邦问题所通过的妥协案。——译注

② 玫瑰战争亦称“蔷薇战争”，是1455—1485年期间英国封建贵族为争夺王位而发生的战争。——译注

鞋就把它写出来。

事实上，情况根本不是这样的，住宅是个极其复杂的博物馆。我发现，无论世界上发生了什么——不管人们发现了什么，创造了什么，或激烈争夺了什么——最终都以这种或那种方式落实到你的家里，这大大出乎我的意料。战争、饥荒、工业革命、启蒙运动等，它们都在你的沙发里和五斗橱里，在你窗帘的皱褶里，在你松软的枕头里，在你家墙上的油漆里，在你家的自来水里。因此，家庭生活的历史，不仅是床、沙发和厨房炉灶的历史，就像我起初无知地以为的那样，而且是坏血病和鸟粪的历史、埃菲尔铁塔的历史、臭虫的历史、盗尸的历史，一切其他已经发生过的事的历史。住宅不是躲避历史的避难所，它们是历史的最终归宿。

我几乎无须指出，任何类型的历史书往往都是洋洋洒洒的。为了把居家生活的故事压缩在一本书里，我不得不从一开始就精心选择材料，这是明摆着的。因此，我虽然不时大胆地涉及遥远的过去（比如，若要讨论洗澡，你就不可能不谈到古罗马人），但接下来主要集中讨论发生在最近大约150年里的事，就是现代世界真正诞生的这段时间，也恰好是我们将要去转悠的那栋房子所存在的时间。

我们已经习惯于我们生活中的许多舒适条件——习惯于干净、暖和和吃好——我们忘了其中的大多数方面在不久以前是什么样的。实际上，我们实现这样的条件花了极其漫长的时间，而大部分又是一下子实现的。那么，这些条件是怎么实现的，为什么要花那么长的时间才实现，这将是本书要讨论的问题。

虽然我没有说出原教区长寓所所在的那个村子的名字，但我应当指出，这栋房子是真实存在的，与此有关的人（无论是过去的还是现在的）也都是真实存在的。我还应当指出，第一章里提到托马斯·贝斯牧师的那段文字，与我为《预见未来：科学与皇家学会的故事》写的前言中的略有不同。

约瑟夫·帕克斯顿为1851年博览会设计的水晶宫内景

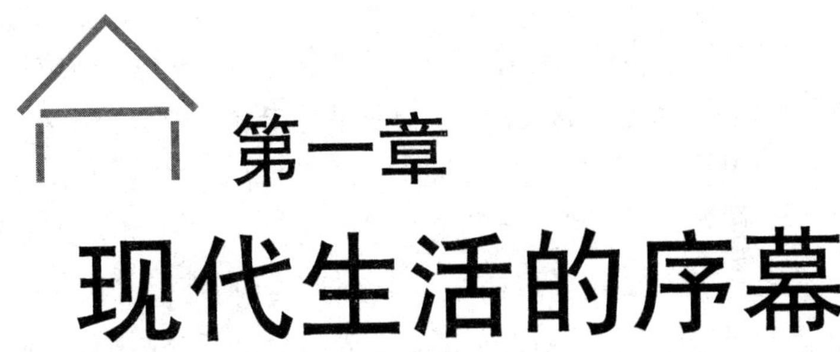

第一章

现代生活的序幕

以1851年5月1日在伦敦开幕的“万国工业博览会展览馆”为标志，现代生活的序幕由此拉开，电灯、电话、电报、抽水马桶、麻醉术、室内管道、煤气照明、制冷、汽车、飞机、摩天大楼如雨后春笋般冒出来。突然之间，有史以来第一次，在大多数人的生活当中什么都不缺，到处是一片生机勃勃的景象。

一

1850年秋，一栋非同寻常的建筑物在伦敦的海德公园拔地而起。那是个用钢铁和玻璃盖成的大棚，占地面积19英亩，其空间大得足以盛下4座圣保罗大教堂。在它存在的这段短暂的时间里，它是世界上最大的建筑物。它的正式名称叫做“万国工业博览会展览馆”。它无与伦比的宏伟，但它如此突然、如此亮丽、如此壮观地出现在那里，真让人缺乏思想准备，因此更显得非同一般。《潘趣》周刊的专栏作家道格拉斯·杰罗尔德把它称为水晶宫，后来人们就一直这么叫着。

盖这栋房子只花了5个月，它能盖得起来本身就是个奇迹。不到一年以前，连个影子还都没有。博览会是公务员亨利·科尔的梦想，他在历史上另一个值得注意的主要贡献是发明了圣诞贺卡（用来鼓励人们使用新的便士邮政）。1849年，科尔参观了巴黎博览会—— 一件相对地方性的事，限于法国制造商——很想在英国举办类似的博览会，但规模要比这大。他说服了包括艾伯特亲王在内的许多名流，唤起他们对举办博览会的兴趣。1850年1月11日，他们召开了第一次会议，计划博览会在次年5月1日开幕。这样，他们只有不足16个月的时间来设计和建造最大的建筑物，从世界各地吸引成千上万件展品，配置餐馆和休息室，招聘工作人员，安排保险和警力，印刷传单，以及其他千头万绪的事情。而英国人当时还根本不认为需要举办这样一个花钱很多、打乱一切的博览会呢。这显然是一件不可能办到的事，在随后的几个月里，他们也显然没有办到。在一次公开招标中，总共提交了245份展馆的设计图样，所有的图样都被认为不可行而被退回了。

面对这种灾难性的情况，委员会干了有时候别的委员会在困境中会干的事：它成立了另一个委员会，并起了个更好听的名字——万国工业博览会皇家筹备委员会建筑委员会。这个委员会由4名成员组成：马修·迪格比·怀亚特、欧文·琼斯、查尔斯·怀尔德和伟大的工程师伊桑巴德·金登·布鲁内尔——他们的使命只有一个，那就是提出一个配得上历史上最大的博览会的设计方案，而且时间只有10个月，资金极其短缺。在委员会的4名成员当中，只有年轻的怀亚特是受过训练的建筑师，而他实际上还没有建造过任何东西。在他职业生涯的这个阶段，他是以写作来谋生的。怀尔德是一名工程师，他以前基本上是跟船舶和桥梁打交道的。琼斯是一名室内装修工。只有布鲁内尔搞过大型工程，他无疑是个天才，不过是个令人担忧的天才，因为他几乎总是先要花掉大量的时间和金钱，才能在他的雄心壮志和客观现实之间找到一个契合点。

那4个人此时想出来的建筑物是个令人不快、不可思议的东西。又大又矮又暗，阴森森的，完全具备了一个斗兽场的气质，简直是闹着玩，仿佛是4个人在匆忙之中搞出来的东西。所需的费用几乎无法计算，但肯定是无论如何建不起来的。工程需要3000万块砖，没法保证这么多的砖头能弄得来，更不用说能及时把那些砖头砌起来了。最糟糕的是布鲁内尔的杰作：一个直径为200英尺的钢铁穹顶——这毫无疑问是个醒目的特色，但在单层建筑物上面搞这么个东西是相当古怪的，以前从来没有人造过这么大的铁家伙。而且，布鲁内尔在着手摆弄之前，下面先得有个建筑物，这一切需要10个月时间才能完成，而这项工程只打算存在半年还不到。事后谁来拆卸这一切？这么巨大的穹顶和几千万块砖头怎么办？这些问题简直不堪设想。

就在这场危机不断发展的过程中，有个人物不慌不忙地登上了舞台，他名叫约瑟夫·帕克斯顿，是德文郡公爵的公府查兹伍思府（但是，英格兰的情况说来也怪，这个地方位于德比郡）的首席园艺师。帕克斯顿是个奇才，他1803年生于贝德福德郡一个贫穷的农民家庭，14岁那年就被送出去当园艺学徒，但他很有出息，不到6年时间就在伦敦西部新成立的很有名气的园艺协会（不久就将更名为皇家园艺协会）经营一个实验树木园——对实际上还是个孩子的他来说，这是个责任重大的工作。有一天，他在那里跟德文郡公爵交谈起来。那位公爵拥有邻近的切西克府以及不列颠群岛上的其他许多地方——大约20万英亩良田以及负责管理这些田地的7栋豪宅。公爵顿时喜欢上了帕克斯顿，倒不是因为他展示了什么特别的才能，而是因为他说话声音铿然，清楚明白。公爵耳朵有点背，喜欢别人口齿清楚。他一时冲动，邀请帕克斯顿去查兹伍思府担任首席园艺师。帕克斯顿接受了邀请，那时他才22岁。

这是有史以来贵族做出的最明智的举动。帕克斯顿立即以饱满的精力和加倍的勤奋投入到工作中，真是令人赞叹不已。他设计并安装了著名的皇帝喷泉，喷出的水柱高达290英尺——这是个水力学工程方面的业绩，迄今在欧洲只被超越过一次；他建造了英国最大的假山；他设计了一个新的住宅区；他成为世界上主要的大丽菊专家；他因培育出英国最优良的瓜、无花果和桃子而多次获奖；他建造了一个大型热带暖房，名叫“大温室”，占地1英亩，其空间是如此之大，以至于1843年维多利亚女王来参观时竟可以坐着马车进去。通过提高房地产的管理水平，他帮公爵还清了100万英镑的债务。在公爵的赞助之下，他创办并经营两本园艺杂志和一份全国性的日报《每日新闻》。查尔斯·狄更斯一度担任过这家日报的编辑。他撰写园艺方面的书，聪明地投资铁路公司的股份，应邀担任其中3家铁路公司的董事会董事。他在利物浦附近的伯肯黑德设计并建造了世界上第一个城市公园。美国的弗雷德里克·劳·奥姆斯特德对此深感兴趣，按照这个模式在纽约建造了中央公园。1849年，邱园的首席植物学家给帕克斯顿送来一株稀有而又快要死掉的百合花，看他能不能把它救活。帕克斯顿设计了一个特别的暖房——你听了也不会感到意外——不到3个月，那株百合又开花了。

当他获悉博览会委员会的委员们正在千方百计为展馆寻觅设计方案时，他忽然想到，他设计的暖房那样的建筑物可能适用。在主持米德兰铁路公司委员会的一次会议过程中，他在一张吸墨纸上信手画了一张草图，并在两个星期里完成了图纸供委员会审阅。实际上，这份设计图样打破了所有的竞争规则，它是在过了截止时间才递交的，除了使用大量玻璃和钢

铁以外，还要使用许多易燃材料——比如几英亩面积的木地板——根据规定这是绝对禁止的。建筑顾问们不无道理地指出，帕克斯顿不是个受过训练的建筑师，以前从来没有尝试过建造这么大型的东西。不过，当然啰，当时谁也没有尝试过。因此，谁也不敢完全肯定说这个方案不行。很多人担心，一旦受到大量阳光照射，加上摩肩接踵的人群，那个建筑物会变得热得受不了。还有的人担心，上面玻璃之间的格条在夏天会受热膨胀，玻璃片会悄然脱落，砸在下面参观人群的身上。最令人担心的是，整个建筑物看上去不大牢固，会在暴风雨中彻底散架。

因此，帕克斯顿的设计图纸让人强烈感到风险很大。然而，经过几天焦虑不安的犹豫以后，委员们最终还是批准了这项计划。比之把该世纪最大胆、最有代表性的建筑工程交给一名园艺师，没有任何别的事情——实际上绝对没有——更能说明维多利亚时代的英国以及它那创造辉煌成就的能力。帕克斯顿的水晶宫根本不需要砖头——实际上也没有用灰浆，也没有用水泥，也没有打地基。它只是用螺栓拧在一起，像一顶帐篷那样建在地面上。这不仅聪明地解决了天大的难题，而且是个历史性的重大突破。

帕克斯顿的展览馆的最大优点，是它可以使用预制的标准部件。它的核心部件只有一个—— 一根3英尺宽、23.25英尺长的铸铁桁梁，可以跟配套的桁架安装在一起，构成一个框架，然后在上面装上玻璃。所用的玻璃面积将近100万平方英尺，是英国正常年份年产量的1/3。他还设计了一个专门的移动平台，可以顺着屋顶的承重部分移动，能使工人以每星期18000块的速度安装玻璃——这个工作效率无论在当时还是在现在都是个奇迹。为了安装必需的大量排水管道——总长度达到大约20英里——帕克斯顿设计了一台由一个小组来操作的机器，一天可以铺设2000英尺管道——这个量以前需要300名工人耗时一天才能完成。无论从哪个意义上说，这个工程都是个奇迹。

帕克斯顿在时间上很走运。恰恰在举办博览会的这个时候，玻璃突然不像以前那样货源稀少。玻璃一直是一种不大好使用的材料，实际上，玻璃也不大好生产，或者说不是特别容易生产。因此，在玻璃问世以后的很长时间里，它一直是一种奢侈品。幸亏有两项技术突破改变了那种局面。一是法国人发明了平板玻璃——之所以起这么个名字，是因为玻璃熔液要平铺在叫做平板的工作台上。这就可以第一次生产出真正大块的玻璃板，使得商店橱窗成为可能。然而，平板玻璃在碾平以后需要冷却10天，这意味着每张工作台在大部分时间里不能使用，接着，每块玻璃都要花大量工夫去磨光，这很自然使得玻璃的价钱昂贵。1838年，一种价格比较便宜的改进型平板玻璃问世了。它具有平板玻璃的大部分优点，但冷却得比较快，也不需要花太多工夫去磨光，因此价格要便宜得多。突然之间，可以经济地无限量地生产大块玻璃了。

与此同时，两项长期征收的税在这个时候取消了：窗户税和玻璃税（严格来说是一种消费税）。窗户税可以追溯到1696年，严重打击了人们开窗户的积极性，因此在建筑物上，人们在本来可以开窗户的地方就不开窗户了。用砖头堵住的窗洞就是今天英国许多早期建筑物上的一个特色，这些窗洞在过去一度用油漆漆成窗户的样子。（今天人们有时候依然采用这种方法，这是一件憾事。）这项税收遭到人们的痛恨，被称作是“空气和光线税”。这意味着许多仆人和其他经济拮据的人不得不生活在不透气的屋子里。

第二项税是从1746年开始征收的。它不是根据窗户的数量，而是根据窗户上玻璃的重量来征收，因此在整个乔治时代，玻璃都造得又薄又不结实，而窗户的框子不得不因此而做得很结实。著名的圆玻璃窗这时候也成了一大特色，这是当时的玻璃生产方式决定的：那种方式生产所谓的冠状玻璃（之所以叫这个名字，是因为那种玻璃稍稍呈凸形或王冠形）。玻璃板上像牛眼睛似的地方表明是吹制工的顶底杆——吹制工的工具——粘住的位置。由于玻璃的那个部分有疵点，可以不纳税，因此那种玻璃在节俭的人当中有某种吸引力。圆玻璃窗在廉价旅店和企业很受欢迎，也用在私人住宅的屋后，反正质量在那里并不重要。窗户税于1845年取消，在此之前征收了差不多100年时间；接着，玻璃税也于1851年适时废除。而恰好在那个时候，帕克斯顿所需要的玻璃数量比以往的任何人都要多，价钱也降了一半多。这一点，再加上技术进步提高了生产力，使得建造水晶宫成为可能。

那栋建筑物完工以后，恰好是1851英尺长（以庆祝1851年）、408英尺宽，中央顶梁处差不多有110英尺高——里面宽敞得容下了一条很漂亮的两边栽有榆树的林荫道，否则你还得把这批榆树砍掉呢。由于建筑物很大，因此需要使用大量建筑材料：293655块玻璃，33000根铸铁桁梁，几万英尺木地板，但由于帕克斯顿的方法得当，最后的成本是极其合意的8万英镑。从开工到完工，工程只花了不到35个星期。相比之下，修建圣保罗教堂历时35年。

两英里以外，新的国会大厦已经建了10年，离完工还远着呢。《潘趣》杂志的一位作家半开玩笑地建议，政府应当委托帕克斯顿设计一座水晶国会大厦。于是就产生一句口头禅，凡是遇到什么棘手的问题，人们就会说："快去请教帕克斯顿。"

水晶宫既是当时世界上最大的，又是最轻的建筑物。今天我们已经习惯于见到大量玻璃，但对生活在1851年的人来说，在一栋建筑物里面漫步走过几立方英亩明亮而宽敞的空间是会眼花缭乱的，甚至是头晕目眩的。参观者从远处走来第一眼看到那个博览会展览馆，只见它闪闪发亮，里外透明，他到底是什么感觉，我们确实是很难想象的。它或许像个肥皂泡，娇贵而又易碎，是个不大可能存在的奇迹。对任何来到海德公园的人来说，第一眼看到的是水晶宫飘浮在树顶上方，在阳光中闪耀，眼前的景象会使他一时间目瞪口呆。

二

1851年，在水晶宫在伦敦拔地而起的同时，在东北方向110英里的地方，在一座古老的乡村教堂旁边，在诺福克辽阔的天空底下，怀蒙翰集镇附近的一个村子里盖起了一栋小得多的建筑物：一栋没有特色、布局凌乱的牧师寓所。上面，屋顶没有规则，有着封檐板山墙和很漂亮的烟囱，是仔细按照哥特式风格建造的。底下，正如维多利亚时代深受欢迎的多产小说家玛格丽特·奥利芬特在她的小说《主持牧师》里描述这类房子时说的，是"一栋蛮大的房子，非常舒适，足以过上稳定、体面的生活"。

在接下来的篇幅里，我们将离不开这栋房子。它是由艾尔沙姆的一位名叫爱德华·塔尔的建筑师为很有教养的年轻牧师托马斯·J.G.马香设计的。我们将会看到，那位可爱的建筑师缺少普通的才华。马香29岁，是一种制度的受益者。那种制度为他和他那样的其他人提供了良好的生活条件而又几乎不要求多少回报。

1851年，当我们这个故事开始的时候，英国圣公会共有17621名神职人员。一位乡村教区长只要照管大约250名信徒，便可享受平均500英镑的收入——差不多相当于像博览会的幕后人物亨利·科尔那样的高级公务员的收入。投身神职工作成了贵族和绅士们的年轻儿子所走的捷径之一（另一条是从军），因此他们往往还带着家里的财富赴任。许多教士的俸金里还要加上从教区土地或农田征收来的大量地租。那些土地或农田是和任命附在一起的。连那些最没有特权的教区牧师一般也过着小康生活。简·奥斯丁①是在汉普郡斯蒂文顿一个她认为是寒酸不堪的教区长家里长大的，但就连那个家也有客厅、厨房、接待室、书房和图书室，以及7间卧室——算不上是一个艰苦的职位。最高的教士俸金是在剑桥郡的道丁顿，有38000英亩土地，每年为那位幸运的牧师带来7300英镑的收入——相当于今天的500万英镑——直到1865年那个地产被分解为止。②

---

① 奥斯丁（1775—1817），英国女小说家，著有长篇小说《傲慢与偏见》、《爱玛》等。——译注

② 1851年的价值无法和今天的价值进行直接比较，因为可以使用多种不同的衡量标准来计算。现在也许是价格昂贵的东西（如农田、住在雇主家的仆人等）在当时可能比较便宜，反之也是一样。我要感谢达勒姆大学的拉纳尔德·米基教授，他提出，最精确的计算方法是比较1851年和现在的零售价格指数。以这种方法来看，马香先生的500英镑大约相当于今天的40万英镑（或63万美元），1851年英国的人均收入是刚过20英镑。——原注

英国圣公会的神职人员可以分为两类：教区牧师和教区长。在教会里，二者差别不大，但在经济上，二者差别很大。在历史上，教区牧师是教区长的代表，但在马香先生的时代，那种差别在很大程度上已经消失。一名神职人员究竟是叫做教区牧师还是教区长，在很大程度上取决于当地的传统。然而，在收入上依然存在差别。

神职人员的薪金不是由教会支付的，而是来自租金和捐税。捐税有两种：大捐税来自主要作物，如小麦和大麦；小捐税来自菜园、喂家畜的饲料坚果以及其他次要的干饲料。教区长收取大捐税，教区牧师收取小捐税。这意味着，二者当中，教区长往往要富裕一些，有时候要富裕得多。捐税是造成教会和农民之间关系长期紧张的根源。1836年，即维多利亚女王登基的前一年，决定把事情简化一下。之后，农民不是把作物的规定部分交给当地神职人员，而是按照土地总的价值每年给他一笔固定的钱。这意味着，即使农民歉收，神职人员也可以拿到他的份额。而这又意味着，对于神职人员来说，年年都是好年成。

乡村神职人员的作用是不大明确的。虔诚不一定是个要求，甚至不一定是大家所期望的东西。在英国圣公会里，一个人被授予神职，需要大学学位，但大多数牧师攻读古典文学，不研究神学，因此在如何做祷告，如何提供精神鼓励和慰解，或在其他方面提供有意义的基督教义支持，他们没有受过训练。许多牧师甚至懒得组织布道材料，而只是买一大本现成的布道材料，每个星期照本宣读一篇。

虽然谁也没有想到，但结果却产生了一批受过良好教育、非常有钱的人。他们有的是空余时间。因此，他们中间的许多人自然而然地开始干一些了不起的事情。历史上从来没有哪批人从事过比他们更广泛且能给自己带来荣誉的活动。而实际上，无论从哪个意义上说，这都不是他们的本职工作。

请看下面几位神职人员：

约克郡的偏远地区有一位教区牧师，名叫乔治·贝尔顿。来他那里做礼拜的人太少，他就把教堂的一半地方改成了鸡舍，而他成了一位自学成才的语言学权威，编写了世界上第一部冰岛文词典。在不远的地方，约克附近有一位教区牧师，叫做劳伦斯·斯特恩，他写出了几部很受欢迎的小说，尤其有名的是《商第传》。莱斯特郡的乡村教区长埃德蒙·卡特赖特发明了动力驱动的织机，使得工业革命真正工业化，到举办博览会的时候，仅在英格兰就有25万多台这类织机在使用。

在德文郡，杰克·拉塞尔牧师培育出以他的名字命名的猎犬，而在牛津郡，威廉·巴克兰牧师是对恐龙进行科学描述的第一人，绝非偶然地成为世界上粪化石的主要权威。在萨里郡，托马斯·罗伯特·马尔萨斯写出了《人口论》（你应当从小学时代就记得，该书提出，从数学的道理来解释，粮食供应的增长永远也跟不上人口增长），从而创立了政治经济学这门学科。达勒姆郡的威廉·格林韦尔牧师是近代考古学的创始人，虽然在垂钓者当中可能更记得他发明了“格林韦尔的光荣”，即一种人们最喜欢用作钓饵的假蝇。

在多塞特郡，有着一个生气勃勃的名字的奥克塔维厄斯·皮卡德–坎布里奇成为世界上研究蜘蛛的主要权威，而和他同时代的威廉·谢泼德写出了一部淫秽笑话史。约克郡的约翰·克莱顿牧师首次展示了实用煤气照明装置。曼彻斯特的乔治·加勒特发明了潜艇[①]。开花的醉鱼草属植物是以埃塞克斯郡的植物学家兼教区牧师亚当·巴德尔的名字命名的。伯克郡的约翰·麦肯齐·培根是热气球运动的先驱，空中摄影的创始人。萨拜因·巴林–古尔德撰写了赞歌《前进，基督战士们》，更出人意料的是，他写出了第一部描述狼人的小说。康沃尔的罗伯特·斯蒂芬·霍克牧师写

① 那条船叫做“里萨根”号，意思是“我会再起来”。这证明是个不大吉利的名字。1878年下水3个月之后，它在一次风暴中沉没于爱尔兰海，再也没有起来。实际上，加勒特也没有东山再起，有过那番经历以后，他灰心丧气，放弃了布道和发明工作，移居佛罗里达。他在那里干起了农活，但那证明也是一场灾难。他在美西战争中成为美国军队中的一名步兵，结束了令他失望的每况愈下的生活。最后，他贫困不堪，被人遗忘，1902年患肺结核死于纽约。——原注

出了漂亮的诗歌，连朗费罗和丁尼生都非常喜欢，虽然他总是戴着一顶粉红色的毡帽，一生的大部分时间里吸着鸦片，令他教区里的居民有点儿吃惊。

汉普郡西威尔德地区的吉伯特·怀特成为那个时代最受敬重的博物学家，写出了通俗易懂、至今还很受喜爱的《塞尔本地区自然史》。在北安普顿郡，M.J.伯克利牧师成为真菌和树木疾病研究方面最杰出的权威；不大走运的是，他似乎要对许多有害疾病的扩散负责，包括在所有家庭园艺植物枯萎病中最致命的白粉病。德比郡的一位教区长约翰·米歇尔教会威廉·赫谢尔怎么制作望远镜，后来赫谢尔用那种望远镜发现了天王星。米歇尔还想出了一个称地球重量的方法，这可以被认为是整个18世纪最聪明的科学实践。但是，那个方法还没有付诸实施他就去世了。那个实验最后由亨利·卡文迪许在伦敦完成。卡文迪许是帕克斯顿的雇主德文郡公爵的一位很有才华的亲属。

最不同寻常的神职人员也许要算是来自肯特郡滕布里奇威尔斯的托马斯·贝斯牧师。他生活在大约1701年到1761年。根据各种流传的说法，他是个十分腼腆、毫无前途的牧师，但却是个出色的数学家。在某个时候——到底什么时候不大确定——他发明了一个数学等式，那个等式后来被称为贝斯定理。它是这样的：

$$p(\theta|y)=\frac{p(\theta)\ p(y|\theta)}{\int p(\eta)\ p(y|\eta)\,d\eta}$$

懂得这个公式的人可以用它来解决牵涉到概率分布（有时候也称作反概率）的各种极其复杂的问题。这是一种根据部分信息得出数据可靠的概率的方法。贝斯原理值得注意的特点是，在贝斯自己在世的时候，这个原理没有被实际使用过。你需要计算机才能完成必要的计算。因此，在贝斯的年代，那只是一种有趣而又毫无意义的活动。贝斯对自己的原理显然不大重视，因此也懒得把它公之于众。1763年，即贝斯去世后两年，一位朋友把它交给了伦敦的皇家学会。皇家学会把它刊登在该学会的《哲学学报》上，并起了个不大显眼的标题：《论用可能性学说来解决问题》。实际上，这个原理在数学史上是个伟大的里程碑。今天，贝斯原理用于模拟天气变化、预测股票市场动向、使用放射性碳测定年代、解释宇宙里发生的事件以及其他许多方面，只要在解释概率是个问题的地方——这都要归功于18世纪一名英国牧师留下的富有创见的笔记。

许多别的神职人员没有创作出伟大的作品，却生出相当伟大的子女。约翰·德莱顿、克里斯托弗·雷恩、罗伯特·胡克、托马斯·霍布斯、奥利弗·戈德史密斯、简·奥斯丁、乔舒亚·雷诺兹、塞缪尔·泰勒·柯尔律治、霍雷希亚·纳尔逊、勃朗特姐妹、艾尔弗雷德·洛德·丁尼生、塞西尔·罗兹以及刘易斯·卡罗尔（他本人也被授过神职，虽然始终没有干过那一行），他们都是牧师的后代。你可以在电子版的《牛津国家传记词典》上做一下词汇搜索，便可以了解一点神职人员那非比寻常的影响。输入“教区长”一词，你就能获得将近4600条提示，输入“教区牧师”可以再获得3300条。而输入“物理学家”只能获得338条，输入“经济学家”只能获得492条，输入“发明家”只能获得639条，输入“科学家”只能获得741条，这和神职人员相比肯定是比较少的了。（有意思的是，这类人的条目，比之输入“玩弄女性者”、“杀人犯”或“疯子”等词所出现的条目多不了多少，却远远地落在“怪人”这个有1010条搜索结果的词后面。）

神职人员中有那么多的杰出人物，于是我们就很容易忘记，这些人实际上是凤毛麟角，大多数人更像我们的马香先生。他们即使有什么成就的话，或者说，他们即使有什么雄心壮志的话，也没有留下任何痕迹。马香先生跟名望最沾边的地方，是他的曾祖父罗伯特·马香创立了物候学，即跟踪季节变化的科学（如果这么叫不太过分的话）——树木最早什么时候发芽，春天布谷鸟最早什么时候叫，等等。你也许会觉得这类事人们反正自然而然地会去做的，其实不然，至少不会很系统地去做。在马香的影响之下，观察季节变化在全世界成为一种非常流行、非

常被看重的娱乐活动。在美国，托马斯·杰斐逊就是一位虔诚的爱好者。即使在当了总统以后，他还挤出时间来注意华盛顿市场上37种水果和蔬菜什么时候第一次出现，什么时候最后一次出现；他还让在蒙蒂塞洛的代理人在那里做类似的观察，看看两地在相同的日期在气候上有什么大的不同。如果现代气候学家说春天苹果花比以前早开了3个星期等等，他们往往使用罗伯特·马香的记录作为原始资料。这位马香还是东英吉利最富有的地主之一，他在诺里奇附近那个有着奇特名字的“没有稻草的斯特拉顿村”有个很大的庄园。1822年，托马斯·约翰·戈登·马香就出生在那里并在那里度过大半辈子，然后才走出大约12英里路来到我们的村里担任教区长。

对于托马斯·马香在那里的生活，我们几乎一无所知。但是，恰好有一位牧师做了记录，因此我们对那个伟大的乡村牧师时代里的乡村牧师的日常生活了解得还不少。那位牧师生活在附近的威斯顿龙维尔教区，就在田野以北5英里的地方（从我们教区长寓所的屋顶上恰好看得见）。他叫詹姆斯·伍德福德，比马香要早50年，但生活情况不会有多大变化。伍德福德并不是特别专注，也不是很有学问，更谈不上天资聪明、才华横溢，但他能享受生活，连续45年写下了很生动的日记。日记作者对一位乡村牧师的生活有着特别详细的观察。这部日记被遗忘了200年，于1924年被重新发现，并以缩写本的形式出版成书，书名是《一位乡村牧师的日记》。它成为一本国际畅销书，尽管有一位批评家说它“不过是一个贪吃的人的流水账”。

18世纪餐桌上的食物丰富得惊人，伍德福德差不多把每顿饭都做了认真和详细的记录。下面是他在1784年坐下来吃的一顿典型正餐的内容：蚝油多佛尔鳎鱼、童子鸡、牛舌、烤牛肉、汤、小牛肉丝炒蘑菇、鸽肉馅饼、杂碎、仔鹅炒青豆、杏子酱、干酪饼、炖蘑菇等等。他描述的另一顿饭的内容是：一盘丁鲹鱼、火腿、三碟禽肉、两碟烤鸭、猪颈肉、梅子布丁和梅子馅饼、苹果馅饼以及各种水果和坚果，都用红葡萄酒和白葡萄酒、啤酒及苹果酒送进肚子。丰盛的饭菜是风雨无阻的，任何外界的干扰也挡不住。

他妹妹死的时候，伍德福德在日记里记下了他由衷的悲痛，但还是腾出地方来写道："今天的正餐是一顿美味的烤火鸡。"美国独立战争几乎没有提到，但1789年巴士底狱陷落的时候，他注意到了那个消息，但他用了更多的篇幅来记录早餐。真是恰当不过，他最后一篇日记记录的也是一顿饭的情况。

伍德福德是个正派不过的人——他时常把食品送给穷人，过着无可挑剔的生活——但是，他那些年的日记里没有任何内容表明他用片刻时间考虑过编写布道材料，或者对他的教区居民有什么特别的感情，除了写到要是有人邀请他吃饭，他会很高兴地和他们一起用餐。即使他不代表典型的情况，他也肯定代表了有可能发生的情况。

至于马香先生在哪些方面符合这种情况，那完全说不清楚。如果他的生活目标是尽量不在历史上留下痕迹，那么他做得很出色。1851年，他29岁，依然未婚。这种状况他一直保持终生。他的女管家，很有意思，她有个不同寻常的名字，叫伊丽莎白·沃姆①，她跟着他40年，直到1899年去世，因此至少她觉得他是个合得来的伙伴，但别人跟他是合得来还是合不来，那就不得而知了。

不过，有个令人鼓舞的小线索。1851年3月的最后一个星期天，英国圣公会做了个全国调查，看看那天实际上有多少人去教堂做礼拜，结果令人大吃一惊。英格兰和威尔士有一半以上的人根本不去教堂，只有20%的人去做圣公会的礼拜。无论他们怎么聪明，有本事创立原理，或者能编出冰岛文词典，神职人员对于社区来说已经不像过去那么重要。幸好，在马香的教区似乎还没有出现上述迹象。人口普查记录显示，那个礼拜天，有79名信徒参加了上午的仪式，86名出席了下午的仪式。那差不多相当于该教区70%的居民——这个结果比全国的平均数好得多。如果那个情况代表

① 沃姆的英语是Worm，是"虫子"的意思，因此作者说"很有意思"。——译注

了通常前来听他布道的听众数量，那么我们的马香先生似乎还是个挺受尊敬的人。

三

在英国圣公会对出席做礼拜的人数进行调查的同一个月，英国还进行了10年一次的人口普查。那次普查很有信心地显示，全国人口的精确数字为20959477人。这仅占世界总人口的1.6%，但可以有把握地说，这是世界上最富有、最具有生产力的一部分人。占世界人口1.6%的英国生产了世界上一半的煤和铁，控制着将近2/3的海运，从事着1/3的贸易。实际上，世界上所有的成品棉都产自英国的工厂，而那些工厂里的机器都是英国发明、英国制造的。伦敦银行里的存款，比世界上所有金融中心的存款的总和还要多。伦敦是一个不断扩大的巨型帝国的中心，这个帝国的面积在巅峰时候将要达到1150万平方英里，《上帝保佑女王》将成为世界上1/4人口的国歌。实际上，在每个可以计算得出数字的方面，英国都排在世界前列。英国是那个时代最富有、最有创造力、最有成就的国家——在那个国家里，连园艺师都可以变成大名人。

突然之间，有史以来第一次，在大多数人的生活当中什么都不缺，卡尔·马克思当时住在伦敦，他以一种惊讶的口气说，在英国你可以买到500种不同的锤子。到处是一片生机勃勃的景象，可以这么说，现代伦敦人生活在维多利亚时代留下的一个大城市，而维多利亚人亲眼看到这个城市的变化过程。伦敦在12年里修建了8个火车站。到处是一片纷乱的场景——沟渠，隧道，挖土开掘，拥挤的马车和其他车辆，烟雾，喧闹声，嘈杂声——这个城市里到处都在修建铁路、桥梁、下水道、泵站、电厂、地铁线等等，这意味着伦敦不仅是世界上最大的城市，而且是有史以来世界上最嘈杂、最肮脏、最泥泞、最繁忙、最压抑、翻了个底朝天的地方。

1851年的人口普查还显示，这时候英国的城市人口超过了农村人口——这是全世界第一次出现这种情况——最显而易见的结果是以前从来没有经历过的那么多人流。现在，人们一起干活，一起旅行，一起上学，大批进监狱，大批住医院，他们出门享受生活也是成群结队。他们以最大的热情、最大的喜悦要去的地方不是别处，就是水晶宫。

如果说那栋建筑物本身是个奇迹，那么里面奇妙的展品也绝不逊色，差不多有10万件展品摆放在1.4万张不同的展台上。新奇的物品包括一把有1851个刀刃的小刀、用家具大小的煤块雕刻而成的家具（只是为了表示这是办得到的）、一台可供4个人同时舒适地演奏的四边钢琴、一张可以用作救生艇的床和一张会自动把吃惊的使用者翻进刚放满水的浴缸里的床、各种飞翔装置（不过都是飞不起来的）、抽血的器械、一面世界上最大的镜子、一大块来自秘鲁的鸟粪、著名的蓝色希望钻石和光之山钻石①、一个建议中的连接英国和法国的吊桥的模型，以及无数来自世界各地的各种机器、纺织品和其他制品。据《泰晤士报》计算，要花上200个小时才能看个遍。

不是所有的展品都是吸引眼球的。纽芬兰把所有的展区都用来介绍历史，展示生产鳕鱼肝油的过程，因此将展区变成一片宁静的绿洲，成了想摆脱拥挤的人群来松口气的人非常爱去的地方。美国部分几乎没有摆满，国会为了节俭不愿意提供资金，因此这个费用不得不从私人那里募集。不幸的是，当美国产品运到伦敦的时候，发现组织者只付了够把货物运到码头的钱，因而不能继续运抵海德公园，而且显然也没有留出钱来布置展品和支付5个月的管理费用。幸好，居住在伦敦的美国慈善家乔治·皮博迪挺身而出，提供了15000美元的紧急资

① 两年前，在英国军队征服印度旁遮普的过程中，光之山钻石被解救出来（或者说被掠夺过来，取决于你从哪个角度看问题），成为一块御宝，大多数人认为那块宝石令人失望。虽然它体积很大，重达200克拉，但切工很差，光泽也不足。博览会以后，它被大胆整修，变成一颗闪闪发光的109克拉的宝石，镶嵌在王冠上。——原注

金，使美国代表团摆脱了自己制造的危机。这一切强化了那个几乎普遍存在的看法，美国人不过是可爱的乡下人，还没有准备好独立出门登上世界舞台。

因此，当展品摆出来，人们发现美国部分是最先进的发明创造的时候，感到有点儿吃惊。美国机器干的差不多都是世界人民迫切希望机器能干的事——冲压出螺钉呀，切割宝石呀，用模子制作蜡烛呀，而且利利索索，速度很快，连续作业，性能可靠，令其他国家瞠目。伊莱亚斯·豪发明的缝纫机令女士们赞叹不已，给她们带来了似乎不可能的希望：家庭生活中一桩最乏味的活儿原来可以变得令人激动和很有趣味。赛勒斯·麦考密克展出的收割机能干40个人的活儿——这个胆大包天的说法几乎没有人相信，最后把它送到伦敦附近某个郡的一个农场里，当众展示出它的本事。最激动人心的是塞缪尔·科尔特的连发左轮枪，它不仅杀伤力很强，而且是用可以更换的部件制成的。那种制造方法如此与众不同，后来被称为“美国操作系统”。只有一样本土的创造可以与之媲美：新颖、实用、机器时代的精确度，那就是帕克斯顿的巨大展馆本身。这个展馆在博览会结束以后还要继续保留。大洋彼岸那些嚼烟叶的乡巴佬在悄悄地缔造下一个工业大国，对于许多欧洲人来说，这是第一个令人不安的迹象。那种转变如此不大可能，即使到了那种事在发生的时候，大多数人还不愿意相信。

博览会上最受欢迎的部分并不是展览会，而是那些漂亮的“休息室”，参观者可以在那里舒适地方便一下。总共有82.7万人——平均每天1.1万人——满怀感激、热情高涨地去了那里。在1851年的时候，伦敦的公共设施奇缺。不列颠博物馆每天要接待3万名参观者，他们不得不一起使用仅有的两个室外厕所。在水晶宫，厕所实际上是可以冲水的，这令参观者们着了迷，于是开始了在家里修建抽水马桶的新潮。不过你将会看到，这一发展很快就会给伦敦带来灾难性的后果。

博览会不仅在卫生方面是个突破，而且在社交方面也是个突破。各阶层的人们第一次走到一起，进行近距离的接触。许多人担心，普通人——

前一年被威廉·梅克皮斯·萨克雷[1]在他的小说《彭登尼斯史》中称作“群氓”的那种人——会证明不配这种信任，坏他们上司的事，甚至还可能从事破坏活动。毕竟，这时候距1848年民众起义过去只不过3年，那些起义推翻了巴黎、柏林、克拉科夫、布达佩斯、维也纳、那不勒斯、布加勒斯特和萨格勒布的政府。

人们尤其担心博览会会吸引宪章派及其同伙。宪章运动是个民众运动，以1837年的《人民宪章》命名。这个运动寻求一系列政治改革——事后看起来都是不过分的——从废除腐败选区和口袋选区[2]，到采取男性普选权。在10多年的时间里，他们向议会提交了一系列请愿书。其中有一封长达6英里以上，据说有570万人签了名。议会很感动，但为了人民自身的利益还是一概拒收。大家普遍认为，普选权是个危险的主张——正如历史学家兼议员托马斯·巴宾顿·麦考利说的，它和“文明生活是水火不相容的”。

1848年，伦敦的事态发展到了关键时刻，宪章派宣布要在泰晤士河南岸的肯宁顿公地举行群众集会。人们担心，他们会变得群情激愤，蜂拥走过威斯敏斯特桥去占领国会。全市的政府建筑物都加强了防卫，处于备战状态。在外交部，外交大臣帕默斯顿爵士用一捆捆的《泰晤士报》堵住了窗户。在不列颠博物馆，男人们守在屋顶，身边放了很多砖头，准备砸向任何想要占领这座建筑物的人的脑袋。英格兰银行外面架起了大炮，许多

---

① 萨克雷（1811—1863），英国小说家，作品多讽刺上层社会，主要作品有《名利场》等。——译注

② 所谓腐败选区，就是指国会议员可以由少数人选出的选区。比如在苏格兰的布特，那里14000人当中只有一个人有选举权，因此显然可以选举自己。所谓口袋选区是指根本没有居民的选区，但在国会的席位依然保留。那个席位可以由控制那个席位的人卖给或让与别人（比如一个因各种原因而不能被雇用的人）。最有名的口袋选区是萨福克郡的海滨城镇顿尼奇。它原先是个很大的海港——英格兰的第三大港，但在1286年的一场风暴中被冲入海里。尽管这个镇显然已经不复存在，但直到1832年，仍一直有无足轻重的特权人士占据着国会里的相应席位。——原注

国家机构的雇员们配备了大刀和古时的火枪。那些火枪维护得怎么样就不好说了，反正其中许多对使用者和对敢于靠近他们的人来说同样存在危险。在威灵顿公爵的指挥下，17万名特种警察——大多数是富人以及他们的仆人——正在待命。这时候那位公爵已经82岁，走路摇摇晃晃，耳朵背得要大喊大叫才听得见。

最后，那次集会告吹了。有三个原因：第一，宪章派的领导人费格斯·奥康纳由于患有尚未确诊的梅毒引起的痴呆症，开始行为失常（次年，他因此将被送进精神病院）；第二，大多数参加的人实质上并不是革命者，不希望引起或参与严重的流血事件；第三，这时候下了一场倾盆大雨，大家突然觉得躲到酒店里去比冲击国会似乎是个更好的选择。《泰晤士报》认为：“伦敦的暴民虽然既不英勇，也没有诗意，也不爱国，也没有知识，也不干净，但他们还是一批本性比较敦厚的人。”尽管傲气十足，但那番话基本上还是对的。

尽管形势暂有所缓和，但在1851年，有些地区的情绪依然很强烈。亨利·梅休在他那年发表的一篇很有影响的文章《伦敦的劳工和伦敦的穷人》中指出，劳工当中“几乎每个人”都是“激进的无产者，持有激进的观点”。

然而，连那些最激进的无产者也似乎很喜欢博览会。1851年5月1日开幕那天太平无事——用维多利亚女王的话来说，“一个美丽、壮观、动人的场面”。她把开幕那天称作是“我们历史上最伟大的日子”，她心里也真是那么认为的。人们来自全国各地。有一位名叫玛丽·卡利纳克的妇女已经85岁，从康沃尔步行了250多英里，也因此出了名。在开门的5个半月时间里，总共有600万人参观了博览会。最繁忙的是10月7日，差不多有11万人入场。有一次，有9.2万人同时在那个建筑物里。那么多人待在一个屋檐下面，这还是第一次。

并不是每个参观者都对博览会着了迷。未来的设计师和美学家威廉·莫里斯当时17岁，他看到的情景是如此缺少情趣，人们趋之若鹜，他被吓得魂不附体，摇摇晃晃地出了展馆，去树林里呕吐。但是，大多人还是极其喜欢那个博览会的，差不多人人都表现良好。在整个博览会举办期间，只有25人被指控犯罪，其中15人是小偷，犯了轻度盗窃罪。实际情况甚至比听起来还要好得多。因为到了19世纪50年代，海德公园已经成为一个臭名远扬的危险地方，傍晚过后被抢劫的风险就很大，因此形成了只有成群结队才敢经过海德公园的习惯，而在举办博览会的将近半年时间里，由于人多势众，那个公园成了伦敦最安全的地方之一。

博览会获利18.6万英镑，得以在海德公园以南一个俗称艾伯特城的地区买下30英亩土地，在那里盖起了几个大博物馆和公共机构。直到今天，它们仍是该地区的主要建筑物，其中有皇家艾伯特纪念堂、维多利亚和艾伯特博物馆、自然史博物馆、皇家艺术学院、皇家音乐学院等等。

帕克斯顿设计的气势宏大的水晶宫耸立在海德公园，直到1852年夏天。在此期间，人们要决定个处置办法。几乎谁也不想把它完全拆掉，但对于它的去向大家几乎没有一致的看法。有个稍稍令人动心的建议是把它改建成一座1000英尺高的玻璃塔。最后，大家一致同意，把它搬到伦敦南部西德纳姆的一个新的公园——计划起名为水晶宫公园。在此过程中，不知怎么回事，工程搞得越来越大。新的水晶宫搞到了原先的一倍半那么大，使用了两倍的玻璃数量。由于新址选在一个斜坡上，重建工作更是一项挑战。它倒塌了4次。新建筑物使用了大约6400名工人，他们花了两年多时间才完成任务，其中有17个人死在工地上。过去，水晶宫似乎是个奇迹，受到赞美。说来也怪，这一切都渐渐成为过去。它再也没有在英国人的心中重新占据中心地位。1936年，整个建筑物在大火中化为灰烬。

举办博览会10年以后，艾伯特亲王去世。就在水晶宫原址以西的地方，建起那个哥特式大宇宙飞船，名叫艾伯特纪念堂，耗资达12万英镑，差不多是建造水晶宫费用的一倍半。今天，在一顶巨大的镀金华盖底下，艾伯特坐在里面的宝座上。他腿上搁着一本书：博览会的目录。伦敦没有约瑟夫·帕克斯顿或亨利·科尔的雕像或别的纪念物。原来的水晶宫本身，现在只剩下一对装饰性的大铁门。那是通向帕克斯顿的展览馆入口的检票处，如今已经不为人所注意，只是作为海德公园和肯辛顿花园之间的

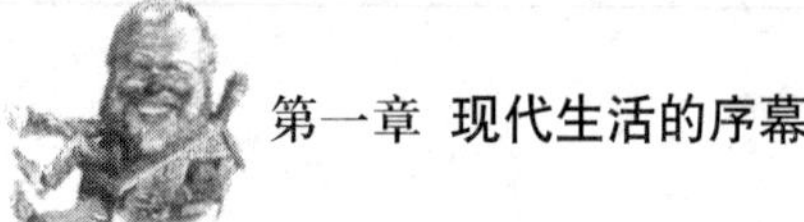

分界线。

乡村牧师的黄金时代也突然结束了。19世纪70年代，英国开始了一个严重的农业萧条时期。那场危机对土地所有者以及靠土地所有者过富裕日子的人都是个严重的打击。6年当中，有10万农场主和农场工人离开了土地。在我们的教区，人口在15年里几乎减少了一半。到了19世纪80年代中期，整个教区的应纳税额只有1713英镑——只比30年前托马斯·马香建造教区长寓所的费用勉强多出100英镑。

到了那个世纪末，英格兰牧师的平均收入还不到50年前的一半。如果再按照购买力调整一下，那更是可怜巴巴。乡村牧师不再是个有吸引力的工作轻闲而报酬优厚的职位，许多牧师连结婚都结不起。那些既有才智又有机会的人到别处去发挥才华了。戴维·坎那戴恩写道，到世纪之交的时候，“一代精英都不在教堂内而在教堂外”。

1899年，马香家的地产分成几块卖了，他家与郡里那种祥和而又处于支配地位的关系也就宣告结束。说来也有意思，发生在19世纪80年代及后来几年严重的农业萧条，在很大程度上是因为厨房里突然发生的事。我们很快就要开始讲述那段故事，但在此以前我们先要到房子里去走一走，也许需要先用几页的篇幅来考虑那个出人意料而又密切相关的问题，那就是，人究竟干吗非得要住在房子里。

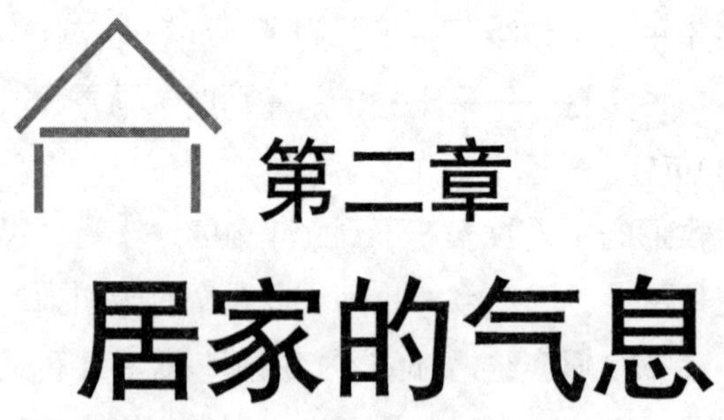

第二章 居家的气息

从古罗马人洞穴到普通住宅再到现代豪宅，居家生活的历史就是一部不断追求舒适的历史。你也许会有点吃惊地想到，对于这栋房子或任何其他房子来说，没有哪个部件的出现是必然的。一切都得经过思考——门呀，窗呀，烟囱呀，楼梯呀——其中许多经过了长时间的试验，比你想象的时间还要长得多。

一

假如我们设法让托马斯·马香牧师起死回生，回到他的教区长寓所，那么最令他吃惊的也许是——当然除了发现自己还能在这里以外——发现那栋房子好像变得看不见了。今天，它坐落在一片茂密的私家林地里，看上去有一种特别僻静的气氛，而在1851年，当这栋房子还是全新的时候，它在开阔的乡村里会显得很明显，甚至很刺眼。它是光秃秃的田野上的一堆红砖头。

然而，在许多其他方面，除了有点陈旧和多了几根电线和一根电视天线以外，它在很大程度上还是1851年的老样子。它在当时是一栋房子，现在显然还是一栋房子。它显示出一栋房子应当显示出的样子，它有一种居家的气息。

因此，你也许会有点吃惊地想到，对于这栋房子或任何其他房子来说，没有哪个部件的出现是必然的。一切都得经过思考——门呀，窗呀，烟囱呀，楼梯呀——你很快就会知道，其中许多经过了长时间的试验，比你想象的时间还要长得多。

房子确实是个很古怪的东西，它们几乎没有统一的规格：房子实际上可以是任何形状，完全可以使用任何材料，几乎可以是任何大小。然而，无论你走到世界的什么地方，你一眼就认得出那是房子。结果证明，这种家庭氛围自古有之。这是个引人注目的事实，最初是在1850年冬天碰巧发现的。那恰好是建造原教区长寓所的时候，英国遭受了一场大风暴的袭击。

这是几十年里最糟糕的风暴之一，造成了大范围的破坏。在肯特沿海的戈德温沙洲，有5条船被撞成碎片，全部船员死于非命。在苏塞克斯郡的沃辛沿海，有11个人驾着一条救生艇去救援一条遇险的船，结果救生艇被一个巨浪掀翻，那些人全部葬身海底。在一个叫做基尔基的地方，一艘驶往美国的爱尔兰帆船“埃德蒙”号操纵装置失灵，乘客和船员眼巴巴地看着它漂向礁石，被撞成碎片。96个人被淹死，只有几个人成功地游上了岸，其中有一位老太太，她拼命抓住了那位勇敢的船长的背。船长的名字叫威尔逊，《伦敦新闻画报》满意地着重提到，他是英格兰人。那天夜里，不列颠群岛的周围总共有200多人丧命。

在伦敦，海德公园里拔地而起的水晶宫已经盖了一半。刚装上的窗玻璃被吹起，发出砰砰的响声，但是没有掉下来。展览馆本身也顶住了烈风，几乎没有发出声音，令约瑟夫・帕克斯顿大大松了口气。他曾经保证，那个建筑物是防大风的，现在得到了证实，因此觉得很高兴。在700英里以北的苏格兰奥克尼群岛，风暴肆虐了两天。在一个叫做斯凯尔湾的地方，一个形状不规则的大山丘上的草皮被大风刮得一干二净。那种山丘在当地叫做“豪伊山”（howie），凡是知道的人都把它看成是个地标。

风暴终于平息下来，岛民们来到刚刚被改变了样子的海滩。他们吃惊地发现，那个山丘所在的位置现在露出了一个布局紧凑的古代石村的遗址。除了没有屋顶以外，其他方面都奇迹般地保存完好。村子包括9栋房子，所有房子里的许多物品还保持原样。这个村子可以追溯到5000年以前，比巨石阵和大金字塔还要古老，几乎比地球上的其他人工建筑物都要古老，除少数以外。这类遗址是极其罕见的，也是有重要意义的，它被起名为“斯卡拉坡”。

由于它的完整性和被很好地保护，斯卡拉坡让我们看到了一个幽闭的、几乎是神秘的家庭内部场景。关于石器时代的生活，哪里也不可能了解到比这更有说服力的情况。人人都说，好像那里的居民刚刚离开似的。斯卡拉坡的复杂结构永远令人感到惊讶。这是新石器时代的人居住的地方，但那些房子居然有能上锁的门，有排水系统，甚至好像还有简单的管道，墙壁里建有槽沟，可以用来排放污水。室内很宽敞，墙壁依然没有倒塌，有10英尺高，因此头顶的空间很大，地板是铺设的。每栋房子里都有嵌入墙内的碗橱、贮藏室、估计是用作床铺的隔间、贮水罐、能使室内保持舒适和干燥的防潮层。房子都是一样大小，按照同一方案建成，表明这是一种亲密和谐的公社，而不是一般等级森严的部落。房子之间有棚廊连接，通向一个经过铺设的公共区域——早期的考古学家称其为“市场”——在这里，事情可以在社交的气氛中办成。

斯卡拉坡居民的生活似乎是相当不错的，他们有珠宝和陶器，他们种植小麦和大麦，捕捞大量有壳类水生动物和鱼类，包括一条重达75磅的鳕鱼。他们饲养牛、羊、猪和狗，他们唯一缺乏的是木材。他们燃烧海藻来取暖。海藻是一种不大好用的燃料，对他们来说是个长期的挑战，但这对我们来说是个好消息。假如他们用木材来盖房子，那些房子早已荡然无存，斯卡拉坡会早已消失，永远没有人知道。

斯卡拉坡是罕见的，它的价值怎么说也不会过分。史前的欧洲在很大程度上是个空荡荡的地方。15000年以前，整个不列颠群岛的居民很可能只有2000人。但是到了斯卡拉坡时代，数量已经增加到2万人，但平均每3000英亩土地上仍然只有一个人。因此，发现任何新石器时代生活的迹象都是一件激动人心的事，在当时也同样是一件相当激动人心的事。

斯卡拉坡也有一些奇怪的事情。有一栋房子和别的房子稍稍隔开一段距离，而且是从外面闩住的，表明有人曾被关在里面，这就在相当程度上损害了那个村子是个有着一片祥和气氛的社会的印象。在那么个小社区里，为什么还有必要关押什么人呢？这显然是个问题，但时间相隔那么久远，我们是无法回答的。每个家里都能看到一种不漏水的贮存罐，这也有点令人费解。大家的解释是，这些罐子是用来盛放帽贝的。帽贝是一种硬壳的软体动物，在附近有很多，但是，为什么要在身边存放鲜帽贝呢？这也是一个无法回答的问题，即使你有极其丰富的想象力。帽贝是一种很蹩脚的食物，一个帽贝只能提供1卡路里热量，而且肉质很具韧性，实际上是不能吃的东西。他们要花很多力气来咀嚼，而得到的营养却很少，这其实是一件得不偿失的事。

我们对这些人一无所知——他们是从哪里来的，他们讲什么语言，他们为什么要在欧洲那个没有树木、那么荒凉的边缘地区定居下来——但从各种证据来看，斯卡拉坡似乎享受了600年的舒适、平静的生活。然后，大约在公元前2500年的一天，那里的居民不见了，似乎相当突然。在一栋房子外面的过道里，散落着一些饰珠，说明有一根项链断了，主人惊慌失措或心烦意乱，没有把它们捡起来，尽管那些饰珠对他来说几乎肯定是相当宝贵的。为什么斯卡拉坡幸福的田园生活突然终止了呢？像其他许多问题一样，这是回答不了的。

有意思的是，斯卡拉坡被发现以后，过了将近80年时间才有人去仔细看上一眼，来自附近斯凯尔庄园的威廉·瓦特拿走了几件东西。更可怕的是，1913年的一个周末，那个庄园的一帮子后人，扛着铁铲和其他工具从斯凯尔庄园出来，劲头十足地掠夺那个遗址，拿走了天知道什么东西作为纪念品，但斯卡拉坡就吸引人们这么一点儿注意力。然后，1924年，有栋房子的一部分在另一场风暴中被刮进了大海。大家这时候才认为，有必要对遗址进行正式调查，妥善保管。这项任务交给了爱丁堡大学的一位教授。那位教授出生在澳大利亚，脾气很古怪，但又很聪明。他讨厌实地工作，确实不喜欢出门，但也没有办法。他的名字叫维尔·戈登·蔡尔德。

蔡尔德不是一位受过训练的考古学家。20世纪20年代初，很少有人受过这方面的训练。他在悉尼大学读过古典文学和语文学，还在那里渐渐对激进思潮产生了深深的、持久的感情。那种激情蒙住了他的眼睛，使他看不见现实生活中的过分行为，但也使他在考古方面成果累累，这很有意思，也令人感到惊讶。1914年，他到剑桥大学读研究生，在那里开始阅读和思考，最后成为他那个时代关于早期人类的生活和流动研究的杰出权威。1927年，爱丁堡大学委任他担任史前考古学阿伯克龙比教授。这是个全新的职位。他成了苏格兰唯一的一位考古学家。因此，当斯卡拉坡这样的地方需要进行调查时，聘请书就向他发出了。就这样，1927年夏天，他乘坐火车和轮船北上，来到奥克尼。

凡是描述蔡尔德的文章，差不多每一篇都煞费苦心地说他的行为怎么古怪，他的长相怎么特别。他的同事马克斯·马洛温（关于他，现在人们记得最清楚的是——如果还记得他的话——他是阿加莎·克里斯蒂的第二

任丈夫）说，蔡尔德的脸“长得很丑，看了让人觉得很难受”。他的另一位同事回忆说，蔡尔德“个子很高，行为粗俗，长得很丑，服饰奇特，举止常常很唐突，表面形象离奇古怪，往往令人吃惊”。蔡尔德留下来的几张照片无疑证实他不是个美男子——他瘦骨嶙峋，没有下巴，眼睛眯着，戴着一副像猫头鹰眼睛似的眼镜，留着八字胡。那胡子看上去好像随时都会活起来爬走。但是，不管人们怎么不客气地说他脑袋外部的情况，他脑袋里面却有个金碧辉煌的地方。蔡尔德有个非常好使、记忆力很强的脑子，有非凡的语言才能。他看得懂至少12种活语言和死语言，因此能查阅他所感兴趣的问题的各种文献，无论是古代的还是现代的。他几乎对什么问题都感兴趣。他相貌古怪，说话含糊，缺乏自信，行为笨拙，而又智力超群，这些加起来令许多人受不了。有一位学生回忆说，在一个明显的社交晚会上，蔡尔德用五六种语言向在场的人发表演说，表演如何用罗马数字做长除法，抨击青铜器时代年代测定法的化学基础，根据记忆长篇大论地引用一系列经典文学作品的原文，许多人觉得他简直让人吃不消。

维尔·戈登·蔡尔德1930年在斯卡拉坡

说得婉转一点，他不是个天生的发掘者。他的同事斯图尔特·皮戈特几乎目瞪口呆地注意到，蔡尔德“不会鉴别现场考古证据的性质，不懂复原的过程，不会识别和解释”。他的许多书几乎都是根据阅读而不是个人经验写出来的。他对语言的掌握也不全面，他能正确无误地看懂，但发音却是自搞一套，说那些语言的人实际上是听不懂的。有一次在挪威，为了在同事面前露一手，他试图点一碟树莓，结果人家上了12客啤酒。

不管他的长相和举止方面有什么缺点，他在考古学方面永远是个有影响的人物，这点是没有疑问的。在35年时间里，他写出了600篇论文，出版了许多书，有通俗的，也有学术性的，包括畅销书《人类创造自己》（1936）和《历史上发生了什么》（1942）。许多后来的考古学家说，是那些书激励他们从事这个职业。他尤其是个有创见的思想家，在斯卡拉坡进行发掘工作的时候，他产生了也许是20世纪考古学方面最了不起、最有创见的思想。

人类的过去在传统上分为三个时间不等的时代——旧石器时代，从250万年以前到大约1万年以前；中石器时代，从1万年以前到6000年以前，包括从游牧—采集生活方式到大范围出现农业的过渡时期；新石器时代，包括史前生产力极其发达的最后2000年，直到青铜器时代。每个时代又细分为如奥杜瓦时期、莫斯特时期、格拉维特时期等等——这些时期主要是专家关心的事，用不着在这里分散我们的注意力。

我们要抓住的要点是，在最初99%的历史里，人类没有干多少事，除了繁衍后代，生存下来。但是，此后，全世界的人们发明了耕种、灌溉、文字、建筑、管理以及其他好东西，我们亲切地将其统称为文明，这些已经许多次被描述为人类历史上最重大的事件。第一个充分认识这整个复杂过程并将其理论化的人，就是维尔·戈登·蔡尔德，他把它叫做新石器时代革命。

它至今仍是人类发展过程中最大的谜团之一。即使到了现在，科学家能告诉你这一切是在什么时候发生的，发生在哪里，但说不出为什么发生。几乎可以肯定（哎呀，我们认为几乎可以肯定），这跟气候的几次大变化有点关系。大约在12000年以前，地球开始迅速变暖。然后，在1000年左右时间里，不知什么原因又突然重新变得极其寒冷——冰河时代的一种回光返照。这个时期被科学家称为小仙女木期（以北极地区一种植物仙女木命名。仙女木是在冰盖消退以后最先重新移生于陆地上的植物之一。还有一个老仙女木时期，但对人类发展并不重要）。又过了寒冷的1000年以后，世界再次迅速变暖，之后就保持着比较暖和的状态。我们作为高级动物所做的一切，都是在这短暂的黄金气候时期里完成的。

关于新石器时代革命，有意思的是，它在全球发生，在不可能知道远方的别人也在做完全相同的事的人当中发生。农业至少是在7个地方独立发明的——在中国、中东、新几内亚、安第斯山脉、亚马孙河流域、墨西哥和西非。同样，城市在6个地方出现——中国、埃及、印度、美索不达米亚、中美洲和安第斯山脉。这一切在世界各地发生，往往不可能互相交流。表面看来，这确实是相当不可思议的事。有一位历史学家指出，“科尔特斯①在墨西哥登陆的时候，他看到有道路、运河、城市、宫殿、学校、法庭、市场、灌溉工程、国王、教士、庙宇、农民、工匠、军队、天文学家、商人、体育运动、剧院、美术、音乐和书籍”，这些都是独立发明的，跟别的大陆类似的发展完全没有关系。毫无疑问，其中有一些有点儿不可思议。比如，狗是几乎在同一时期、在天各一方的地方——如英格兰、西伯利亚和北美洲——被驯化的。

人们不禁要把这看成是在全球一下子发生的事，但实际上把事情歪曲了。大多数发展其实都包含漫长的试验、犯错和调整时期，往往要经历几千年的过程。在黎凡特地区，农业始于11500年以前，而在中国则始于8000年以前，在南北美洲的大部分地区仅始于5000年稍多一点时间以前。人们和驯化的动物一起生活了4000年，才有人想到要利用大一点的

① 科尔特斯（1485—1547），西班牙殖民者，1518年率探险队前往美洲开辟新殖民地，1523年征服墨西哥。——译注

动物来拉犁。西方人一直使用一种又笨又重、效率极低的直刃犁，过了2000年才有人引进中国人自古以来就一直使用的一种简单的弯形犁。美索不达米亚人发明并使用轮子，而邻近的埃及人要过2000年才采用它。在中美洲，玛雅人也独自发明了轮子，但又不知道它能派什么实际用场，因此完全把它当做小孩子的玩具。印加人根本不用轮子，也不用钱币或铁，也没有文字。总之，前进的脚步绝非能预测到，也没有规律。

在很长的时间里，大家认为，定居和农耕是同时进行的。据认为，人们为了保证自己的食品供应，放弃了游牧生活，开始从事种植业。捕杀野兽是很难的，要靠运气，猎人必定常常空着手回到家里。要是能掌握自己的食物来源，长久而又方便地贮藏在自己身边，那可是要好得多啊。实际上，研究人员很早就已发现，定居根本不是那么容易。差不多就在蔡尔德在斯卡拉坡发掘的时候，牛津大学考古学家多萝西·加罗德也在巴勒斯坦一个叫苏克巴的地方进行发掘。她发现了一种古代文化，她根据附近一条河床的名字，为其起名为纳图夫文化。纳图夫人建造了第一批村子，建造了世界上第一个真正意义上的城市耶里哥。因此，他们是彻底定居的人，但是他们不搞农业。这是很出乎意料的。不过，在中东地区的其他发掘结果显示，人们在永久性的社区定居下来以后，过了好长时间才开始从事耕作，这种情况是不常见的，有时候要相隔8000年之久。

那么，如果人们定居下来不是为了从事农业，他们开始这种崭新的生活方式又是为了什么？我们不知道。或者说，我们实际上有好多种看法，但不知道其中有没有哪一种是正确的。据菲利普·费尔南德斯–阿默斯托说，至少已经有38种理论提了出来解释为什么人们开始住在社区里：有的说，因为气候变化，他们不得不那样做；有的说，因为他们希望和过世的家人待在一起；有的说，因为他们极想酿造和饮用啤酒，只有待在一个地方，才能满足这种欲望。有一种理论（简·雅各布在她1969年出版的划时代作品《城市经济》中列举了这种理论）显然是很严肃地提出来的，说宇宙射线的“吉祥簇射”使野草发生了变化，突然成为一种很有吸引力的食物来源。简单的回答是，谁也不知道为什么农业是以那种方式发展起来的。

从植物中获取食物是一项艰苦的工作。把小麦、稻谷、玉米、大麦和其他草类转变成主食是人类历史上一个伟大的成就，但也是一个意料之外的成就。你只要考虑一下窗外的草坪就会意识到，对于我们自己这种非反刍动物来说，处于自然状态下的草类能不能成为食物，这是不明显的。对于我们来说，把草类变成食物是一项挑战，可能要经过大量仔细的操作和持久的改良才能得以解决。以小麦为例，小麦不能食用，非得要把它变成像面包之类的某种复杂得多、好吃得多的东西才行。这就要花很大的力气，必须有人先把麦粒分离出来，把它磨成粗粉，再把粗粉变成面粉，再把面粉和酵母、盐等别的成分混合在一起做成生面团。然后，生面团要揉呀揉，揉到某种黏稠程度。最后，还要把那团东西一丝不苟地、小心翼翼地烤。光是这最后一步的失败率就很高，因此在面包作为主要食物的所有社会里，从很早时候起就把烘烤工作交给专业人员来做了。

耕种似乎也并没有使生活水准有多大改善。一个普通狩猎—采集者吃的食物花样更多，消耗的蛋白质和热量也比定居的人要多。他们摄取的维生素C是今天普通人的5倍。我们现在知道，即使在冰河时期最寒冷的时候，游牧的人也吃得特别好，因此也吃得特别健康。而定居的人要依赖品种少得多的食物，因此几乎可以肯定营养不足。史前3种主要的驯化作物是稻谷、小麦和玉米，但作为主食都有严重不足的地方。约翰·兰彻斯特解释说："稻谷抑制维生素A的作用；小麦里有一种化学物质，会妨碍锌的作用，会导致生长不良；玉米里缺少基本的氨基酸，还含有肌醇六磷酸，会阻碍铁的吸收。"在农耕时代的初期，中东人的平均身高要矮差不多6英寸。即使在史前生活也许已经很好的奥克尼群岛，一项对340副古人骨骼的分析报告显示，几乎没有人活过20多岁。

置奥克尼人于死地的不是营养不足，而是疾病。人们在一起生活更容易把疾病从一家传播到另一家。在驯化过程中要跟动物紧密接触，这意味着猪或家禽身上的流感，牛羊身上的天花和麻疹，马和山羊等身上的炭疽病，也可能成为人类疾病的组成部分。就我们所知，实际上，只是在人们开始一起生活以后，所有的传染病才得以流行。定居下来也使“人类的共栖体”——包括老鼠以及和我们生活在一起或生活在我们附近的动物——数量猛增，它们往往也都成为传播疾病的媒介。

因此，定居生活意味着更差的营养、更多的疾病，经常牙痛，经常牙龈发炎，以及早死。真正非同寻常的是，这些因素在我们今天的生活中依然存在。据认为，地球上存在3万种可以食用的植物。其中11种——玉米、稻谷、小麦、马铃薯、木薯、高粱、小米、豆子、大麦、黑麦和燕麦——就占了人类全部食物的93%，每一种都是我们新石器时代的祖先们最先种植的。饲养业也完全一样，我们之所以吃今天我们饲养的食用动物，并不是因为它们的味道特别鲜美，也不是它们的营养特别丰富，也不是把它们养在身边很有乐趣，而是因为它们是在石器时代最先被驯服的动物。

说到底，我们自己也是石器时代的人。从饮食的角度来看，我们依然处在新石器时代。我们可以在菜肴上面撒一些用来调味的干月桂叶和剁碎的茴香，但在一切的下面仍是石器时代的食物。如果我们得病，我们得的也是石器时代的疾病。

二

1万年以前，假如有人让你猜一猜，将来最伟大的文明会出现在哪里，你很可能会把目光落在中美洲或南美洲的某个地方，你的根据是，那里的人在食物方面正做出很惊人的事情。学者们把新大陆的这个部分称作中亚美利加洲。这是个便于被接受的模糊名称，完全可以界定为中美洲，加上南、北美洲的许多地方或很少地方，取决于你支持哪个假设。

中亚美利加人在历史上是最了不起的耕种者。他们在园艺方面有很多创新；但是从长远看来，最重要的和最出人意料的是，他们培育了玉蜀黍，也就是我老家的人称作玉米的东西[1]。我们仍然不知道他们是怎么办到的。如果你把原始形态的大麦、水稻或小麦与它们现代的对应物放在一起，然后看上一眼，你马上就能看出它们相似的地方。但是，野地里没有任何东西跟玉米相像，哪怕是有一点儿。从基因的角度来看，它最近的近亲是一种纤弱的野草，名叫墨西哥类蜀黍。但是，除了在染色体的层面上，二者没有明显的亲缘关系。玉米长在一根秆子上，形成一个相当大的棒子芯，它的颗粒被裹在硬邦邦的保护性苞叶里。相比之下，墨西哥类蜀黍的穗子还不到1英寸长，没有苞叶，长在多根秆子上。如果当做食物，它几乎没有价值，一粒玉米的营养比一穗墨西哥类蜀黍的营养还要多。

我们很难推测，人们到底是怎么能从这样一种又细又不相宜的植物上培育出玉米棒子的，甚至想到要试一试的。1969年，来自世界各地的食品科学家在伊利诺伊州大学开了个“玉米起源研讨大会”，希望一劳永逸地解决这个问题。辩论变得言辞激烈，时而骂骂咧咧，时而进行人身攻击，结果会议乱作一团，不欢而散，没有发表任何文件。之后，再也没有进行过类似的尝试。不过，现在科学家很有把握，玉米最初是在墨西哥西部平原上得以驯化的；而且，多亏了具有说服力的神奇的遗传学，可以肯定，玉米是从墨西哥类蜀黍设法慢慢培育而成的。但究竟是怎么办到的，现在和过去一样，这仍然是个谜。

无论他们是怎么办到的，他们创造了世界上第一种完全转基因的植物——这种植物完全受操纵，连它的生存都依赖于我们。玉米颗粒不会自行从棒子上脱落，因此非得有人去有意剥离并种植，否则就长不出玉米来。假如在过去的几千年里不是有人去不断加以照料，玉米早已灭绝。玉米的发明人不但创造了一种新的植物，而且创造了——的确是凭空构想出来的—— 一个世界上任何地方都不存在的新的生态系统。美索不达米亚

---

① 在英国，从盎格鲁—撒克逊人时代起，corn这个词就一直指任何谷物，它后来还指任何小的圆形物体，脚上鸡眼也用这个词。咸牛肉之所以叫corned beef，是因为以前咸牛肉是用盐粒来腌制的。而在美国，由于玉蜀黍的重要性，corn这个词在18世纪初就完全指玉蜀黍。——原注

已经到处生长着天然的草地，因此栽培工作在很大程度上是把天然的谷物地改造成可以管理的高级谷物地而已。而在中美洲贫瘠的丛林地带，谷物地是闻所未闻的事。谷物地不得不由以前从未见过这种东西的人从零开始创造出来，这就犹如有人在沙漠里想象草坪一样。

今天，玉米是不可或缺的，其重要程度远远超出了许多人的认识。玉米淀粉用来生产果味汽水、口香糖、冰激凌、花生酱、糨糊、番茄酱、汽车漆、尸体防腐注射液、火药、杀虫剂、除臭剂、肥皂、油炸土豆条、外科用敷料、指甲油、爽脚粉、色拉调料以及几百种别的用途。借用迈克尔·波伦的话来说，与其说我们驯服了玉米，还不如说玉米驯服了我们。

大家担心的是，随着作物经过转化，处于基因完全相同的状态，它们会失去起保护作用的多样性。今天，当你驱车经过一片玉米地的时候，你会看到它们的每根秆子彼此相同——不仅是表面相似，而且连分子结构也古怪的相同。它们生活在完全和谐的环境中，反正谁也竞争不过谁。但是，它们也有相同的弱点。1970年，玉米界人士着实吓了一跳，因为有一种名叫南方玉米叶枯萎病的疾病开始将全美国的玉米置于死地。人们意识到，实际上，全国所种的玉米，其种子的胞质都具有相同的基因。要是胞质受到直接影响，或者那种疾病证明是更加致命的，那么现在全世界的科学家都会在对着墨西哥类蜀黍抓头皮，我们都会在吃着味道不大对劲的油炸土豆条和冰激凌。

新世界的另一个重要粮食作物马铃薯，也有许多几乎同样神秘的故事。马铃薯属于茄属植物，当然，谁都知道，这个家族是有毒性的。在野生状态下，这类植物浑身上下都是含毒的甘油生物碱——在咖啡因和尼古丁里加入小剂量的这类东西，能起提神的作用。假如要安全地食用野生马铃薯，你就得降低甘油生物碱的含量——降低到正常水准的1/15到1/20。这就提出了一系列问题。第一个问题显然就是：他们是怎么办到的？他们在办这事的过程中，怎么知道自己是在办这种事？他们怎么知道有毒成分已经减少到比如说20%或35%，或某个别的中间数字？你怎么评估这一过程的进展程度？尤其是，他们怎么知道这整个活动是值得费那么大劲的，最后会得到一种又安全又有营养的食物？

当然，也许有一种没有毒性的马铃薯已经自发完成突变，这也是有可能的。这就省了他们花几代人的工夫来进行选择性的培育试验。但是，如果这样，他们怎么会知道它已经完成突变，怎么知道身边的那么多种有毒野马铃薯当中，这里终于有一种是可以安全食用的？实际情况是，古代世界的人做的事往往不仅令人惊讶，而且是不可揣测的。

三

当中亚美利加人在收获玉米和土豆（还有鳄梨、番茄、豆子以及我们现在少了它们就会觉得很单调的大约100种别的植物）的时候，地球另一边的人在建设第一批城市，这同样是不可思议和令人惊讶的。

究竟令人惊讶到什么程度，1958年土耳其的一次发现说明了问题。那年快到年底的一天，一位名叫詹姆斯·梅拉特的英国考古学家正和两位同事驱车经过安纳托利亚中部一个空荡荡的角落，突然注意到有一个看上去不大寻常的土墩—— 一个“长满蓟的小丘”——矗立在荒凉的平原上。那个土墩有50—60英尺高，2000英尺长。它总共占地大约33英亩，是一个不可思议的大区域。梅拉特次年回到那里，做了一些试验性的发掘工作。令他大吃一惊的是，他发现土墩里有个古代城市的遗址。

这被认为是不该发生的事，连外行也都知道，古代城市是美索不达米亚和黎凡特地区才有的现象，它们不应该存在于安纳托利亚。然而，这里偏偏有一个极其古老的城市——很可能是最古老的城市——恰好在土耳其中部。它的大小是前所未闻、令人吃惊的。卡塔尔尤克（这个名字的意思是“叉形土墩”）已经有9000年历史，它在1000多年时间里一直有人居住，最多的时候有8000人口。

梅拉特把卡塔尔尤克称作世界上的第一座城市。简·雅各布在她很有影响的《城市经济》一书中对这个结论分外重视并进行宣扬，但那是不正确的，理由有两点。第一，它不是个城市，其实只是个很大的村庄。（对考古学家来说，区别在于：城市不仅规模大，而且要有明显的行政结构。）更加相干的是，现在知道，别的社区，如巴勒斯坦的杰里科、以色列的马拉哈、叙利亚的阿布胡雷拉，年代要久远得多。不过，卡塔尔尤克证明，它比哪个地方都更加不可思议。

“新石器时代革命”的鼻祖维尔·戈登·蔡尔德活得不算长，没有能知道关于卡塔尔尤克的事。在发现那个村子之前不久，他35年来第一次回到故乡澳大利亚。他已经有半辈子的时间生活在异国他乡。在蓝山散步期间，他不是摔死，就是跳崖自尽了，反正他被发现在一个名叫戈维特断层的山丘底下。1000英尺上方，有个过路人发现了他仔细叠好的上衣，上面整齐地放着他的眼镜、指南针和烟斗。

他几乎肯定会对卡塔尔尤克产生浓厚的兴趣，因为那个地方的东西几乎都不大合乎情理。镇子里没有大街小巷；房子都挤在一起，几乎是坚实的一团。要想到中间的房子那儿去只能从许多别的房子的屋顶上爬过去。那些房子的高度各不相同，这样的布局使得生活特别不方便。没有广场，没有市场，没有市政管理建筑物，完全没有社会组织的迹象。每个建造者都建起四堵新墙，哪怕是靠着已有的墙。他们好像还没有懂得一起生活的意义，很可能还没有。我们肯定可以清楚地想到，社区以及里面的房子不是事先规划的。我们也许会自然地在地面上装上门，用大街或小巷把房子互相隔开，但卡塔尔尤克的居民显然完全是从另一个角度来看问题的。

那里也没有进出社区的大路或小道。村子建在一个沼泽地带，一个冲积平原上。周围几英里是一片空旷地带，然而人们却紧紧地挨在一起，仿佛被四周袭来的洪水逼到了绝境。没有任何迹象表明，为什么几千个人要聚居在那里，而他们本来是可以分散到周边地区的。

人们从事耕作——但至少在7英里以外的农田里。村子周围的土地上只有稀疏的牧草，根本没有水果、坚果或别的有营养的自然资源。那里也没有可以用作燃料的木材。总之，根本没有明显的理由人们要定居在那个地方。然而，显然有很多人生活在这里。

卡塔尔尤克无论如何算不上是一个原始地方。它在当时显然是高级的、先进的——村子里有许多织造工、篮子编制工、木匠、细木工、串珠子工、弓匠以及许多其他掌握专门技术的人。居民从事高级的工艺活动，不仅能编制物品，而且能编制出各种各样漂亮的物品。他们甚至能编织出条纹，这显然不是一件容易的事。漂亮的外表对他们来说是很重要的。真是不可思议，他们在想到门窗之前竟然先想到了带条纹的织物。

这一切又使我们想到，我们对古人的生活方式和习惯知道得如此之少，甚至连想象都不敢想象。带着那种想法，我们终于要走进房子，并开始认识到，我们对里面的事情也是知道得如此之少。

第三章

门厅

没有哪间屋子的地位在历史上落得比门厅更靠后。门厅现在是擦鞋底、挂帽子的地方，而曾经却是住宅里最重要的屋子。直到烟囱问世，使得房子一层一层往上发展成了可能，从那之后，人们开始有了隐私和个人空间的概念，而房间的空间拓展正是建立在人们对效用和隐私不断改变的看法之上的。

一

没有哪间屋子的地位在历史上落得比门厅更靠后。它现在是擦鞋底、挂帽子的地方，而曾经却是住宅里最重要的屋子。在很长一段时间里，它实际上就是住宅。事情怎么会弄到这种滑稽的地步，故事要追溯到英格兰的起源，追溯到1600年以前。那时候，一船又一船来自欧洲大陆的人在这里上岸，开始以完全神秘的方式接收这个地方。他们是些什么人，我们知道得极少，而我们所知道的一丁点儿又往往说不通。但是，英格兰的历史和现代住宅的历史就从这里开始。

根据通常的说法，事情是明确无疑的：公元410年，罗马帝国垮台，罗马人慌忙从不列颠岛撤退；日耳曼部落——无数教科书上所说的盎格鲁人、撒克逊人和朱特人——蜂拥而来接替他们的位子。但是，其中很多情况可能并不是那样的。

首先，入侵者不一定是蜂拥而来的。根据一种估计，在罗马人离开以后的一个世纪里，也许只有1万外地人移居到不列颠岛，仅仅平均每年100人。许多历史学家认为，这个数字简直太小了，但谁也说不出一个更加肯定的数字来取而代之。实际上，也没有人说得出究竟有多少当地布立吞人在那里迎接或反抗入侵者。大家说法不一，从150万人到500万人不等。这本身就说明，对于我们在这里研究的那个时期，许多方面都是含混不清的。但是，好像几乎可以肯定的是，被征服者在人数上大大地超过了入侵者。

为什么被征服的布立吞人找不到手段或振作不起精神来进行更加有效的抵抗，这是个难以破解的谜。他们毕竟放弃了很多东西。在将近400年时间里，他们曾经是地球上最强大的文明的组成部分，获得了很多好处——自来水、中央供热系统、良好的通信、有序的管理、热水澡——对此，那些粗野的征服者显然不熟悉，觉得不舒服。当地人发现自己被那些来自欧洲丛林边缘地区的不识字、不讲卫生的异教徒征服的时候，他们可能会有什么样的蒙受侮辱的感觉，这是很难想象的。在新的统治下，他们要放弃差不多所有的物质优势，其中有许多要过1000年才能重新享有。

这是个“许多民族漫游四方”的时代。古代世界各地的许多群体，匈奴人、汪达尔人、哥特人、西哥特人、东哥特人、马札尔人、法兰克人、盎格鲁人、撒克逊人、斯堪的纳维亚人、阿勒曼尼人等等，养成了一种古怪的、似乎无法克服的静不下来的习惯，入侵不列颠岛显然是其中的一部分。我们所掌握的有关的唯一文字记录，是由那位名叫圣比德[①]的修道士留下来的。他做记录的时候，事情已经过去3个世纪。是比德告诉我们，入侵者由盎格鲁人、撒克逊人和朱特人组成，但他们究竟是些什么人，他们之间是什么关系，这就不得而知了。

我们对朱特人完全不了解。人们通常推测，他们来自丹麦，因为丹麦有个省叫日德兰（Jutland）。但是，历史学家F.M.斯滕顿指出了一个问题，即日德兰获得这个名字的时候，朱特人早已离开。用不再在那里的人来命名一个地方，这种举动会是不寻常的，甚至是绝无仅有的。无论如何，Jutland源自斯堪的纳维亚语的Jotar，后者不一定和任何群体或任何民族有什么关系，哪怕是貌似有理的关系。实际上，比德只是在引文里提到过朱特人，而且之后他再也没有引用过这句话。有的学者认为，那个引文是后来有人加上去的，跟比德根本没有关系。

盎格鲁人的情况只是稍稍明朗一些。欧洲的文献中时而提到他们。因此，至少我们可以有把握地说，他们是确实存在的。但是，从关于他们的文献中，根本看不出他们有多重要。如果有人害怕他们或羡慕他们，那也只是很小范围里的事。因此，很有讽刺意味的是，他们的名称渐渐——多少有点碰巧——跟一个国家联系在一起。而在那个国家的建立过程中，他

① 圣比德（672—735），盎格鲁—撒克逊神学家、历史学家，主要著作有《英格兰人教会史》。——译注

们只是稍稍帮了点儿忙。

现在只剩下了撒克逊人。毫无疑问，他们在欧洲大陆上存在过——现代德国存在着各种各样“萨克森”、“萨克森—科堡”等名称就证明了这一点——虽然似乎也不是一个特别强大的存在。对于他们，斯滕顿至多只能说，他们是3个民族当中“最不模糊的”。与洗劫罗马城的哥特人或横扫西班牙的汪达尔人相比，撒克逊人只能算作边民，不列颠岛似乎是被农夫而不是被武士征服的。

他们几乎没有带来任何新东西，除了语言和他们自己的DNA以外。就他们的技术和生活方式而言，哪个方面也没有对已经存在的技术和生活方式起到哪怕是一定的改进作用。他们不可能是非常讨人喜欢的，他们似乎也没有给人留下很深刻的印象。然而，不知什么原因，他们的影响是如此深远，即使在1500多年以后的今天，他们的文化依然在我们的生活中占有非同寻常的、极其重要的地位。我们或许对他们的信仰一无所知，但我们仍然在敬奉他们的3个神——蒂乌、沃登和托尔，一个星期中间的三天的名称就源自他们的名字，而且每个星期五都永远地纪念沃登的妻子弗丽嘉。[①]这是一种相当了不起的延续。

他们完全消灭了现存的文化。罗马人在不列颠岛待了367年，凯尔特人待了至少1000年，然而现在看来他们似乎从来没有待过，这类事在别处根本没有发生过。罗马人离开高卢和西班牙以后，那里的生活在很大程度上保持原样。居民们还是讲他们自己的那几种拉丁语，那些语言已经在演变成为现代的法语和西班牙语。政府延续，商业繁荣，货币流通，社会结构原封不动。然而，在不列颠岛，罗马人仅仅留下了5个词语。凯尔特人

① 在英语中，一个星期中间三天的名称，即Tuesday（星期二）、Wednesday（星期三）和Thursday（星期四）分别源自那三个神的名字，即Tiw（蒂乌）、Woden（沃登）和Thor（托尔）。英语中Friday（星期五）的名称则源自沃登的妻子的名字Frig（弗丽嘉）。蒂乌是神话中的战争和天空之神，沃登是神话中的主神，托尔是北欧神话中的雷神。弗丽嘉是北欧神话中主宰爱情、婚姻和家庭的女神。——译注

留下来不到20个词语，大多数是地名，描写不列颠岛特有的地理特征。比如，crag（险崖）是个凯尔特语词，tor也是，意思是“岩石露头”。

罗马人撤退以后，有的凯尔特人逃往法国，建立了布立塔尼。毫无疑问，有的凯尔特人因反抗而被杀害或充当奴隶。但是，大多数人似乎完全接受了被入侵这个令人不快的现实，并相应地调整了生活。“没有必要让许多人被杀戮或流血。”诺福克郡前考古学家、我的朋友布赖恩·艾尔斯对我说，我们正望着我家对面的一片农田，“有一天，你往外朝这块地一看，很可能会看到有20个人正在那里安营扎寨。你渐渐明白，他们不打算离开，他们是在掠夺你的土地。毫无疑问，有的地方发生了一些流血冲突，但总的来说，我认为，环境已经发生巨大变化，现在只是当地人学会适应这个环境的问题。”

有各种各样关于战役的记述。据说，有一次战役发生在克雷根滩（一个无法考证的地方），4000个布立吞人丢了性命。当然，民间传说中有许多关于亚瑟王和他的部下进行英勇抵抗的故事，但传说总是传说。考古记录中没有任何东西能说明发生过大规模杀戳，或人们像在暴风雨来临之前那样逃离的情况。据我们所知，入侵者既不是勇猛的战士，甚至也不是好的猎手。全部考古证据都表明，从到达之时起，他们靠驯化的动物过日子，实际上不去打猎，农耕活动也似乎毫不间断地进行着。根据记载，这个过渡似乎很顺利，就像工厂里换班一样。情况当然不可能是那样的，但是到底发生了什么事，我们永远也没法知道了。不列颠岛不再只是在已知世界的尽头，现在，它在世界之外了。

即使是我们可以从考古学知道的情况，也往往是难以捉摸的。举个例子来说，新来的人不愿意住在罗马人的房子里，即使罗马人的房子是现成的，更不用说那些房子都盖得很好，比他们老家的任何房子还要高级。相反，他们盖起了一些标准低得多的建筑物，常常就在罗马人废弃的别墅旁边。他们也不使用罗马人建筑的城镇，在300年时间里，伦敦在很大程度上是空荡荡的。

在欧洲大陆，日耳曼民族一般都住长屋——农夫的“经典”住宅，

通常是一头住人，另一头养牲畜。但是，在此后的600年时间里，入侵者对那类房屋也是弃之不用，谁也不知道什么原因。相反，他们在田野里星罗棋布地盖起了许多样子古怪的小房子，实际上是“洞穴房”，虽然完全有理由怀疑那究竟算不算房子。那种房子只包括一个大约1英尺半深的斜坑，上面架起一个小小的建筑物。在盎格鲁—撒克逊人占领下的最初200年里，这种房子是该国数量最多、显然很重要的新建筑。许多考古学家认为，地坑里铺设了地板，变成一个浅窖，但究竟派什么用场，这很难说得清楚。两种最普通的理论是：其一，地坑用来贮藏东西，因为他们认为下面凉快，能更好地保存容易腐败的东西；其二，按照设计，地坑通风比较好，可以防止地板腐烂。但是，地坑——有的是直接从岩基上砍出来的——掘得越深，似乎显然对空气流动越是不利。无论如何，大家认为，改善通风条件绝不可能产生上述两种理论中提到的效果。

直到1921年，才在苏顿科特内（现属牛津郡，当时归伯克郡管辖）的一次发掘中首次发现洞穴房。考虑到现在所知的这类结构如此之多，这是相当晚的。发现人是牛津阿什莫林博物馆的爱德华·瑟洛·利兹，坦率地讲，他根本不喜欢自己看到的场面。住在里面的人曾过着“一种半穴居的生活”，其肮脏的程度“令现代人难以置信”，利兹教授在他1936年出版的一本专著中几乎语无伦次地说。他接着说，居民住在“肮脏的垃圾堆里，到处都是碎骨、食物、陶器碎片……在一种几乎难以想象的原始条件中。他们不讲究卫生，宁愿把残羹剩饭倒在小屋偏僻的角落里，然后就不管了”，利兹似乎把洞穴房看成是对文明的背叛。

在将近30年时间里，这种看法占主导地位。但是，权威们渐渐开始提出质疑，人们是不是真的住在这种古怪的小屋里。首先，房子太小——一般只有大约7英尺×10英尺——连最下等的农夫也会觉得房子很小，尤其还要生火。在洞穴房里，地面只有9英尺（2.7米）宽，火炉就要占去7英尺（2.1米）多，这样人就没有住的地方了。因此，也许那里根本不是人住的地方，而是工场或贮藏室，至于为什么要建在地下，这很可能永远是个谜。

还算好，新来的人——英格兰人，从现在开始我们也许可以这么称呼他们——带来了另一种建筑物，虽然远不如洞穴房数量大，但绝对要比洞穴房重要得多。那类建筑物要比洞穴房大得多，但我们对它们的了解也就这么多。它们确实很大，有谷仓那么大的空间，中央有个敞开的火炉。这类建筑物的名字，在公元410年的时候已经不新鲜了，现在成了英语第一批词汇中的一个，他们称其为“门厅”（hall）。

实际上，所有的日常活动，无论是醒着还是睡着，都是在这一间通常光秃秃的，总是烟雾腾腾的大屋子里完成的。仆人和家庭成员在一起吃饭，一起穿衣，一起睡觉。“这个习俗既不能给人舒服感，也不利于遵守礼节”，正如J.艾尔弗雷德·戈奇在他1909年出版的经典著作《英格兰住宅发展史》中说的。很明显，他说这番话的时候，他自己也觉得不大舒服。在整个中世纪，直到进入15世纪好多年以后，门厅实际上就是住宅，因此习惯上把它的名称用作整个住宅的名称，如哈德威克府或托德府。①

家里的每个成员，包括仆人、扈从、寡妇以及任何有连带关系的人，都被认为是家里人。门厅里最居高临下的（通常也是穿堂风最吹不着的）位置，是一个垒起的平台，叫做“台”（dais），户主和他的家人就在那里吃饭。英国的大学和寄宿学校依然摆着较其他餐桌稍高的贵宾桌，具有一种悠久传统的感觉，有时候完全是为了给人这种感觉。那种贵宾桌使人想起这个习俗，一家之主是丈夫，在英语里叫做husband——“husband”是个复合词，字面意思是“房屋的持有人”或“房屋的所有人”。他所起的管理作用和供养家庭的作用是极其重要的，因此经营土地的工作，即农业，在英语里就叫做husbandry。只是到了很晚的时候，husband才开始指婚姻中的配偶。

即使是最豪华的家也只有三四个室内空间——门厅、厨房，也许加

---

① 府第和门厅的英文都是hall。这两处府第的英文名称分别是Hardwick Hall和Toad Hall。——译注

上一两间边屋。边屋的叫法很多，有叫闺房的，有叫起居室的，也有叫卧室的，一家之主可以退隐这里处理私人事务。到9世纪或10世纪的时候，往往还有一间祈祷室，虽然这个地方既可用来拜神，也可用来办理事情。有时候，这类私人小屋有两层，上面一层叫做太阳室（solar）或屋顶室，从梯子或很简单的楼梯爬上去。太阳室听上去阳光明媚，光线很好，但实际上只是法语中solive这个词的变体。在法语中，solive的意思是“地板的格栅”或“梁”，太阳室只是架在格栅上的房间。在很长时间里，太阳室是大多数住宅能有的唯一的楼上房间，它们往往只是贮藏室，人们心目中的房间（room）不是现代意义上的房间。在英语里，只是到了都铎王朝才有记载，room有了“一个围住的屋子或独立空间”的意思。

社会主要由自由民、农奴和奴隶组成。农奴死了以后，主人有权拿走一件小小的个人物品，比如一件衣服，作为一种遗产税。农夫往往只有一件主要的衣服，那是一种名叫上衣的宽松袍子（它最后演变成现代的外套）。实际上，这是农夫拿得出的最好的东西。庄园主会要这个东西，光从这一点你就能知道中世纪各阶层人们的生活质量。农奴制是一种使人永远束缚于某个庄园主的奴役方式，往往以一种宗教性质的约定加在人的头上。这种举动令许多后裔处于绝望的境地。这是因为，一旦做出约定，农奴制将永远延续下去，延续到做出约定一方的子孙后代。农奴制的主要后果是，剥夺了租户迁移别处的自由以及与庄园之外的人结婚的自由。但是，农奴仍可以富裕起来。在中世纪后期，20个农奴当中就有一个拥有50英亩或以上土地，这在当时是非常多的财产。而最下层的自由民虽然在理论上享有自由，但往往穷得无法行使自由。

奴隶往往是在战争中被俘获的敌人。从9世纪到11世纪，奴隶的数量很大——“最终税册”[①]列举有个庄园拥有70多名奴隶——但不大像是我们所认为的那种比较近代的灭绝人性的奴役制度，比如不像美国南方的那

---

① “最终税册”是指英国1085—1086年钦定土地调查清册。——译注

种奴隶制度。奴隶是财产，可以变卖，可以卖不少钱：一个健康的男性奴隶值8头牛。但奴隶也可以拥有财产、结婚，在社区范围内自由迁移。古英语中奴隶叫做thrall。我们受到感情的支配时，会说自己“沦为感情的奴隶”（enthralled），就是这个道理。

中世纪的庄园往往很分散。11世纪有一位大乡绅名叫乌尔弗里克，他在英格兰各地拥有72处财产。连较小的庄园也常常分成几处。因此，中世纪的家庭总是在不停地迁移，它们还往往是很大的家庭。王族家庭很可能拥有500名仆人和扈从，重要的贵族和高级教士家庭也不大可能少于100人。由于人数如此众多，带一家人去吃饭和给一家人送饭同样方便，因此几乎总是处于流动状态。一切都设计得便于移动（这就是为什么在法语和意大利语里，“家具”一词分别是meubles和mobili）。所以，家具往往是朴素的、轻便的，完全实用的。用威托尔德·赖布津斯基的话来说，家具“被看成是器具，而不是宝贵的个人财产”。

要求轻便也解释了为什么许多旧的箱子和衣箱都有半球形盖子，是为了在旅行途中不会积水。衣箱的最大缺点是，为了拿到箱底的东西，你先得把上面的东西拿出去。过了相当长的时间——直到17世纪初——才有人想到要在里面装抽屉，于是衣箱就变成了五斗橱。

即使在最好的房子里，地面一般也就是在光秃秃的泥土上铺一层草茎。正如荷兰神学家兼旅行家德西迪里厄斯·伊拉斯谟在1524年简明扼要地归纳的：草茎里什么都有，狗和人的“唾沫啦，呕吐物啦，尿啦，洒掉的啤酒啦，残羹剩饭啦，以及其他说不出口的肮脏东西”。在通常情况下，每年要铺设两次新的草茎，但旧的一层是很少清除的。因此，伊拉斯谟沮丧地接着说：“底下那层很可能20年不去动。”实际上，地面是个很大的巢穴，深受昆虫和出没无常的老鼠的喜爱，也是个滋生瘟疫的良好基地。然而，厚厚的地面通常是威望的标志。法国人谈到某个富人时常说，他是个“禾秆齐腰深的人”。

直到20世纪，在英国和爱尔兰的许多乡村地区，光秃秃的泥土地面依然很平常。正如历史学家詹姆斯·艾尔斯所说：“‘底层’这个名字起得挺恰当的[①]。”即使到了大约莎士比亚时代，木地板和砖地面在条件优越的家庭里开始越来越普遍的时候，地毯依然太珍贵，不会铺在脚底下。地毯只能挂在墙上，或者铺在桌子上。而且，地毯往往保存在箱子里，只有在为了给贵客留下好印象的时候才会拿出来使用。

餐桌不过是搁在支架上的几块木板。碗橱名副其实地只是放置杯子和其他器皿的几块普通木板。[②]但是，碗橱也并不多见。玻璃器皿更是稀罕，就餐者一般要和坐在边上的人共同使用。最后，“碗橱”变成了比较华丽的备餐柜。备餐柜跟衣服没有关系，而跟加工食物有关系。[③]

在寒酸一点的住宅里，情况一般说来就最简单不过了。餐桌徒有其名，不过是一块普通的木板。那块板不用时挂在墙壁上，开饭时就搁在就餐者的膝盖上。后来，“木板”这个词的意思开始不仅指桌面，而且指饭菜本身。“膳宿”这个词组就是由此而来的。这还解释了为什么房客叫做“寄膳者”，为什么诚实的人——某个把双手放在看得见的地方的人——被称作是“放在桌面上”。[④]

人们坐的是普通的凳子。在法语里，凳子叫做bancs，源自banquet（宴会）。直到17世纪初，椅子是很少见的——“椅子”这个词只是到了大约1300年才开始出现——目的不是为了舒适，而是为了显示权威。当然，即使到了现在，主持会议的人还叫做主席，公司的负责人叫做董事会主席。这个叫法附带地——还有点儿怪怪地——使人想起了中世纪农夫的就餐习惯。[⑤]

---

① 底层在英语里叫做ground floor，直译的意思是“地面”。——译注

② 碗橱的英文名字是cupboard，即“放置杯子的木板”。——译注

③ 备餐柜，即旧时放置已经烧好的盆菜的柜子，和衣橱在英语里都叫dresser，所以说“跟衣服没有关系”；而加工食物的“加工”在英语里叫做dress，所以说“跟加工食物”有关系。——译注

④ 在英语里，“膳宿”叫做room and board，“寄膳者”叫做boarder。“放在桌面上”即above the board，意思是“光明正大的”。这些说法都和最初用作餐桌的木板即board有关系。——译注

⑤ “椅子”在英语里叫做chair，而“主持会议”叫做chair a meeting，“主席”叫做chairman，“董事会主席”叫做chairman of the board。这些说法都和chair有关系。——译注

中世纪宴会

中世纪的宴会显示，人们吃各种各样异乎寻常的食物——这类食物现在不再有人吃——尤其是鸟类。老鹰、鹭鸶、孔雀、麻雀、云雀、燕雀、天鹅以及几乎所有其他飞的东西，各个地方都吃。倒不是因为天鹅和别的不寻常的鸟类味道特别鲜美——这类鸟的味道并不鲜美，这是我们现在不吃的原因——而是因为没有更好吃的别的肉类食物。有1000年时间，人们几乎不吃牛肉、羊肉和小羊肉。这类动物很宝贵，人们很需要它们的毛、粪便或力气，因此舍不得宰杀。在中世纪的很长时间里，对于大多数人来说，最大的动物蛋白质来源是熏鲱鱼。

即使肉类食物供应充足，在很多时候也是禁吃的。中世纪的人不得不一星期吃3天鱼，加上40天的大斋节和禁吃陆基肉类食物的其他宗教节日。有食物限制的总天数在各个时代是不一样的，但在最多的时候，一年差不多有一半的日子是所谓的“无脂肪”日。凡是鱼和其他水里游动的东西，那是没有不吃的。赫里福德郡主教的厨房账单显示，他家吃的这类食物有鲱鱼、鳕鱼、黑线鳕、鲑鱼、狗鱼、欧鳊鱼、鲭鱼、杖鱼类、江鳕、狗鳕、斜齿鳊、鳗、七鳃鳗、海鳕、丁鲹、鳟鱼、米诺鱼、虾虎鱼、鲂鮄等等，总共20多种。普遍吃的还有鲃鱼、鳊鱼、鲮鱼，甚至海豚。直到亨利八世时代，不遵守吃鱼日的习俗有可能要被判处死刑，至少在理论上是这样。和罗马人决裂以后吃鱼日才废除，但伊丽莎白女王又加以恢复，以支持英国捕鱼船队。教会也热衷于保留吃鱼日，倒不是出于任何宗教信念，而是因为它通过变卖分配到的鱼，已经建立了一个有利可图的副业。

睡觉的安排往往是很随便的。我们今天所以要“准备床铺”，是因为这在中世纪是你非得要做的事——你铺开一块布垫子，或者堆放一堆稻草，找一个大氅或弄一条毯子，怎么舒适就怎么办。在很长时间里，睡觉方式似乎一直是比较随便的。《坎特伯雷故事集》里有个故事情节，磨坊主的妻子在自己家里睡错了床。要是每天夜里她总是睡在同一个地方，这种事是几乎不可能发生的。直到进入17世纪以后的很长时间里，“床”一直是指垫子以及里面的填料，而不是指框架及其附件。因此，才有了单独一个词——床架。

伊丽莎白时代的家用物品目录显示，人们十分重视床和床上用品，其次是厨房用具。只有在那个时候，普通家具才被列入财产目录，然而一般说来没有确切的数目，比如“几张桌子、一些凳子”。人们似乎不那么重视自己的家具，就像现在我们在感情上不大重视自己的家用器具一样。当然，要是没有那些东西，他们也是不愿意的，但它们算不上是传家宝。人们仔细记录的另一样东西，说来有点令人感到意外，是窗玻璃。除了教堂和少数富裕家庭以外，直到进入17世纪以后好长时间，窗玻璃还是个稀罕的物品。在《英国玻璃制造业的发展（1560—1640）》一书中，戈弗雷注意到，1590年，唐克斯特有一位高级市政官把房子留给了妻子，而把窗子留给了儿子。在同一时代，阿尔尼克堡的主人出门时总是把窗户卸下来放好，把打碎的风险降到最小程度。即使在最大的房子里，一般情况下也只有最重要的屋子里的窗户才装上玻璃，别的窗户通通使用百叶窗。在经济比较拮据的人家，玻璃窗仍然是很稀罕的，直到很晚的时候。在1564年莎士比亚出生的那个时候，连装玻璃工也很少在自己家里装玻璃窗。到半个世纪之后莎士比亚去世的时候，情况有了一些变化，虽然不是很彻底。到那个时候，大多数中产阶级家庭里大约有一半屋子装上了玻璃窗。

有一点是肯定的，即使在最好的家庭里生活也谈不上很舒适。人们要花上很长时间才能达到哪怕是最起码的舒适程度，这确实是令人惊奇的。对此，有一个有充分根据的理由：生活很艰难。在整个中世纪，每个人在一生中要把相当多的时间完全用来求生存，饥荒是司空见惯的。中世纪的世界是个没有储备的世界。要是收成不好，而平均每4年中就有一年农业歉收，马上就会有人吃不饱肚子。要是庄稼绝收，其后果势必就是饥荒。英格兰在1272年、1277年、1283年、1292年和1311年遭受灾难性的农业歉收，接着，它从1315年到1319年又连续遭受造成大批人死亡的歉收。当然，这还不是全部，还发生了夺去几百万人生命的瘟疫和其他疾病。人们注定活不长，势必长期过艰苦生活，因此也许不大可能考虑室内装饰的问题。但是，尽管如此，人们却还是在慢慢地努力提高哪怕是一点儿的舒适程度，这是不可思议的。比如，房顶上的洞能把烟放出去，但也把雨和风放了进来。最后，终于有人发明了一种带百叶板的灯笼状结构，烟出得去，雨、鸟和风进不来。这是个了不起的发明，但是晚了一点，到14世纪那个办法想出来的时候，烟囱已经开始流行，不再需要带百叶板的罩子了。

除此以外，我们对中世纪中期以前的住宅内部情况实际上一无所知。事实上，据家具史学家爱德华·路西-史密斯说，我们对800年以前英格兰人情况的了解，还不如对古代希腊人和罗马人的了解，我们知道后者是怎么坐的、怎么躺的。几乎没有1300年左右以前的家具存留下来；文献上的插图或图片很少，而且自相矛盾。资料如此匮乏，家具史学家甚至不得不从儿歌中进行搜罗。往往有人这样写道：中世纪有一种坐时搁脚用的脚凳，名叫矮凳（tuffet）——这一推测完全根据那行古老的儿童诗句："小朋友穆非特小姐坐在一张矮凳上。"实际上，在古英语中，那个词只是在那首儿歌中出现过一次。如果矮凳真的存在过，在别处也没有记载。

这一切也同样适用于比较富裕的家庭，不过要记住两点：高档家庭不一定那么高档，低档的家庭也不一定那么低档。总的来说，比较豪华的家庭里并不是在结构上更加复杂，只是门厅大一点而已。

至于房子本身，我们往往知道得更少，因为从早期定居时期存留在地面上的东西几乎没有。盎格鲁—撒克逊人极其喜欢用木材作为建筑材料，因此他们在建筑物的名字上都加上个"木"字。不幸的是，木头容易腐烂，因此几乎没有一间存留到现在。据知，在全英国，盎格鲁—撒克逊时代留下来的只有一扇门——威斯敏斯特教堂外侧门厅里的一扇破旧的门。这扇门一直没有引起注意，直到2005年人们才意识到它是950年前的老古董。因此，它是英国最古老的门。

有个问题值得考虑，那就是，你怎么能确定一扇门的年代。树木年代学—— 一门用科学方法来计算树木年轮的学科——能回答这个问题。根据树木的年轮，你能很精确地知道树木的年代。每个年轮代表一年，加起来的总数就构成树木的一种"指纹"。要是你有一块知道确切年代的木头，你就可以利用上面的年轮花纹，和同一时代的其他几块木头进行比较，从而确定后者的年代。你只要找出重叠的花纹，就能往前追溯数百年。比如，如果你有一棵生长在1850—1910年期间的树和另一棵生长在1890—1970年期间的树，它们应当显示出1890—1910年间的花纹是重叠的，因为在此期间两棵树都活着。通过建立一个年轮顺序库，你就能往前追溯很长时间。

在英国，幸运的是，很多房子是用栎木盖的。在英国的树木当中，只有栎树提供了清楚而可用的证据。但是，即使是最好的树木也有问题，没有哪两棵树会有完全相同的花纹。一棵树的年轮可能会比另一棵树的狭窄一点，因为它生长在阴处，或在地面上遇到更多竞争，或水的供应较差。实际上，为了建立一个可靠的数据库，你需要有大量的树木年轮顺序；为了得出一个精确的读数，你必须做许多巧妙的数据校正工作。这就需要我们在第一章里提到的托马斯·贝斯牧师那个神奇的定理了。

科学家们拿起一根铅笔粗细的木头样品，使用上面提到的所有测定方法，计算出了威斯敏斯特教堂的那扇门是用1032—1064年期间——刚好在诺曼征服之前，也就是在盎格鲁—撒克逊时代快要结束的时候——砍伐的木材做成的。那扇孤零零的门几乎就是那个时代留下来的全部东西。[①]

由于能成为依据的东西如此之少，势必就会有很多争论的余地。简·格伦维尔在她的权威性的学术著作《中世纪的房屋》中有两幅引人注目的插图，说明两支考古队利用相同的信息，想象约克郡华伦帕西一个不复存在的村子里一栋长屋的模样。一幅插图显示了一栋极其简单朴素的住宅，墙壁是用泥土或硬化黏土（一种泥土加牲畜粪便的混合物）垒的，房顶是用草或草皮盖的。另一幅插图显示了一个坚实得多、更加复杂的曲木结构建筑物。在这栋房子里，笨重的桁梁巧妙而精心地装配在一起。简单的事实是，考古学证据所显示的，在很大程度上是建筑物如何与地面接

① 欧洲有许多老房子，门都很低矮，不留神常常会碰头。大家通常认为，这些门之所以低矮，是因为以前的人个子较矮，要求较小的净空高度。事实上，遥远过去的人们并不都是那种矮个子。门之所以矮小，和窗户矮小的道理是一样的：装门窗要花很多的钱。——原注

触，而不是它们的外表是什么样子的。

在很长的时间里，人们认为，中世纪农夫的房子只不过是原始小屋——那种用树枝搭成的很不结实的建筑物，就像童话故事里说的，连狼都能把它们吹倒。给人的感觉是，这类房子不可能存在一代人以上的时间。格伦维尔引用了一位学者的话，那位学者很有把握地断言，普通人的房子“在整个英格兰质量都很差”，直到都铎王朝时代——这是个总括性的说法，似乎也是个错误的说法。现在的证据越来越表明，中世纪的——很可能是在此很久以前的——普通人盖得出好房子，只要他们想盖的话。有迹象显示，在中世纪末期，专业化的行业已经发展起来，比如屋顶盖草工、木工、泥灰工等等。装锁的门越来越多，这清楚地说明，房子以及里面的东西是很宝贵的。尤其是，农舍的种类越来越多，什么“全威尔德式”、“半威尔德式”、“双桩式”、“后部外闭式”、“H形式”、“门厅敞开式”、“带牛棚的交叉走廊式”、“不带牛棚的交叉走廊式”等等。这些区别都无关紧要，但对于生活在那些房子里的人来说，却使他们的房子显出个性和与众不同之处。几乎可以肯定，对拥有房子——哪怕是很简陋的房子——的自豪感，早已有之。

有一件事没有逃脱中世纪人的注意力：头顶上方的空间几乎都是没有用的，因为一般说来都积满了烟。开放式的火炉有某些明显的优点，它朝各个方向散热，人们可以坐在四周，但这也好像在起居室中央生起了一堆永不熄灭的篝火。穿堂风吹向哪里，烟和火星就被带到哪里——由于有许多人来来往往，加上所有的窗户都没有玻璃，每吹来一阵风便会朝哪个人吹一脸烟——要不就升到天花板，浓浓地挂在那里，直到从屋顶的哪个窟窿里泄出去。

这时候需要一样东西，这样东西表面看来似乎并不复杂，非常简单：一个实用的烟囱。然而，这东西过了很久才出现，倒不是因为没有这个愿望，而是由于技术上的难度。大壁炉里的熊熊烈火产生大量热量，需要牢固的烟道和挡板（用建筑学的术语来说，叫做背壁）。然而，大约在1330年（这时候，“烟囱”首次在英语中有了记载）之前，好的烟道和背壁谁也不知道怎么建造。壁炉已经存在，是诺曼人引进到英格兰的，但并没有给人深刻印象。诺曼人造壁炉只是把他们城堡厚厚的城墙挖掉一部分，在外墙上捅个洞，把烟放出去。那类壁炉空气很难进去，因此火烧不太旺，也烧不太热，也因此在城堡外面不太采用。在木头房子里使用那类壁炉根本不安全，而当时许多房子就是用木头盖的。

最终使这一情况得以改变的，是造出了好的砖头。砖头在长时间耐热方面的性能几乎超过任何岩石，烟囱也使得改用煤作为燃料成为可能。这个改变正是时候，因为英国的木材供应正迅速减少。煤烟是酸性的，有毒，因此必须控制在壁炉或起初所谓的壁炉台（以区别于也称为壁炉的敞开式火炉）里，火苗和烟可以顺着烟道上去。这样，家里就比较干净，但外部世界就比较肮脏了。我们将会看到，这对住宅的外观和设计产生了非常深刻的影响。

与此同时，不是每个人都对失去开放式火炉感到很高兴的。很多人怀念那飘飘悠悠的烟雾，正如有一位观察家说的，他们认为自己的身体“在木柴烟雾的熏陶之中”更健康。直到1577年，一位名叫威廉·哈里森的人还坚持说，在使用敞开式火炉的日子里，“我们从来不头痛”。烟雾积贮在屋顶空间里使鸟雀不敢来筑巢，据说还能使木架子更牢固。人们尤其抱怨说，屋子里根本不像以前那么暖和。这话没有错。由于取暖效果不佳，壁炉就不断加大。有的壁炉竟然大到里面有凳子，人可以坐在壁炉里，那几乎是家里唯一可能感到真正暖和的地方。

不管在暖和及舒适方面有多大损失，在空间方面获得的益处证明是很有吸引力的。因此，发展壁炉成了室内变迁史上一个重大的突破。人们突然之间发现，可以把木板搁在梁上，在楼上创造一个全新的天地。

二

房子向上拓展改变了一切。随着富裕的户主发现自己拥有独立的空间

有着众多的乐趣，房间的数量开始不断增加。一般说来，第一步是在楼上盖一间新的大屋子，名叫“大房间”（great chamber）。主人和他的家人在这里做以前在门厅里做的所有事情——吃饭、睡觉、休息和玩耍——而周围又没有许多别人干扰，只是在举办宴席和别的特别活动时才回到楼下的大门厅里。仆人不再是家庭的组成部分，成为真正意义上的仆人。

个人空间的概念现在对我们来说似乎是很自然的，但在当时是一种新发现。空间再大，人们也觉得不够。很快，人们发现，仅仅跟下人分开生活是根本不够的，还必须要有不跟同等人在一起的时间。随着房子加出侧翼，不断扩展，内部设施越来越复杂，创造或借用了很多词语来描述各种新的房间形式：书房、卧室、专用房间、私室、（供祷告用的）小礼拜堂、客厅、起居室和（家庭概念上的而不是机构意义上的）图书室，这些都可以追溯到14世纪或更早一些。很快接着而来的还有走廊、长廊、接见厅、（供穿衣服用的）化妆室、会客室、公寓、寄宿舍和套房。“这跟古代全家日夜生活在一间大厅里的习俗有着天壤之别啊！”戈奇写道，一时间流露出少有的激动。还有一种新的形式戈奇没有提到，那就是“闺房”，字面意思是“供生闷气的房间”。从很早的时候起，它就跟私通有关联。

相对说来，隐私程度有了改善，但与今天相比，生活还是要集体和公开得多。厕所里往往有多个位子，便于聊天；画上经常显示，夫妻躺在床上或浴缸里随意嬉笑，而仆人们就在一旁侍候着他们，他们的朋友和蔼地坐在附近打牌或说话，完全在看得见和听得见的距离之内。

在很长时间里，新增加的那些房间的用途并不像现在那样有严格的分工，所有的房间在某种意义上都是起居室。从文艺复兴时期以及更早以来，意大利的建筑蓝图上根本不标明房间的类型，因为它们没有固定的用途。人们在家里走来走去，寻找阴凉或阳光，还常常带着家具。因此，即使标明的话，一般也只给房间标上“mattina”（供上午使用）或“sera”（供下午使用），这种不拘形式的格局在英格兰也是大同小异。卧室不仅用来睡觉，也可以作为私人进餐和招待特别受喜爱的客人的地方。实际上，卧室成了一个派普通用场的地方，因此有必要在卧室以外设置更加隐蔽的场所。（莎士比亚在他1590年左右完成的《仲夏夜之梦》中最早使用“卧室”一词，虽然他只是指“床里的空间”[①]。要到下一个世纪才普遍用bedroom这个词来专门指卧室。）

卧室附近的小房间派各种各样的隐蔽用场，从拉大便到幽会。因此，传到我们这一代人的这类房间的用词很不一致。马克·吉罗尔德在《英国乡村小屋生活》一书中告诉我们，closet这个词“有一段很长的光荣历史，最后才落到了这个不光彩的意思：大的碗橱或女仆放洗涤槽和拖把的屋子”。原先，它更像一间“书房”，而不是“贮藏室”。cabinet起初指小型的茅舍，到16世纪最初10年的中期，它已经用来指保管贵重物品的盒子。此后不久——仅仅大约10年之后——它已经用来指房间本身。法国人也经常把原先的概念细化为多种房间类型，所以到18世纪，法国的大型城堡里可能有会客室、聚会室、收藏室和盥洗室，再加上普通的房间。

在英语中，cabinet开始指所有房间中最专用、最隐蔽的一间——最幽深处的密室，最秘密的会议就可以在里面召开。接着，它迈出了异乎寻常的跳跃性一步。词语有时候会是那个样子的。到1605年，它开始不仅指国王跟他的大臣们开会的地方，而且作为集体名词指大臣们本身[②]。这就解释了为什么这个词现在既可以指政府里那个最亲密、最显要的顾问团，又可以指卫生间里那个放洗发剂等物品的带架子的壁龛。

这种密室常常在附近有个小间或凹室，通常称之为privy，但也可以叫别的名字，其中有jakes、latrine、draughts、place of easement、necessarium、garderobe、house of office或gong[③]，里面有一张带孔的凳子，很有策略地搁在一个长长的入口上方，通到护城河或深井里。常常有人推测，有时候也有人这样写道，privy成了英格兰一些政府附属物的名字，尤

① 卧室的英语名字是bedroom，字面意思可以是“床里的空间”。——译注

② 在英语里，cabinet有“内阁”的意思。——译注

③ 这些词的基本意思都是“厕所”。——译注

其是王玺和枢密院[①]。事实上，这些词语是由诺曼人带到英格兰来的，两个世纪以后才有厕所的含义。不过，没有错，皇家厕所的负责人叫做“马桶间侍从官”；随着时间的过去，厕所清洁工被提升为君主信赖的顾问。

同样的过程也发生在许多别的词语身上。Wardrobe原先指放衣服的房间。后来，它相继变成了起居室、卧室、厕所，最后成了一件家具。在此过程中，它还获得了“某人一整套衣服”的意思。

为了给各种新的房间形式提供空间，房屋就向外、向上拓展。一种名叫“奇房”（prodigy house）的崭新形式的房屋开始在整个乡村出现并急剧增加。这类房子几乎从来不低于3层高，有时候不低于4层高，而且往往特别宏大。其中最大的要算是肯特郡的诺尔府。它不断扩展，最后占地将近4英亩，包括7个天井（意思是一个星期有7天），52座楼梯（意思是一年有52个星期），365个房间（意思是一年有365天），反正长期以来人们是这么说来着。

现在望着那种房子，有时候你会吃惊地觉得，那些建筑师是怎样边干边学的。德比郡的哈德威克府是个鲜明的例子，它是1591年为什鲁斯伯里女伯爵——人们总是称她为哈德威克的贝丝——建造的。哈德威克府是那个时代的奇迹，很快以宽大的窗户闻名遐迩，有人因此作了一首经常被引用的短诗：“哈德威克宅第，墙壁少于玻璃。”在现代人眼里，窗子的大小和分布似乎都完全接近正常，但在1591年，那是令人眼花缭乱的新奇事物，实际上连建筑师（据认为是罗伯特·史密斯森）都不知道怎样把这么多窗户安装起来。有的窗户其实是没有用的，用来遮盖烟囱；有的供不同楼层的房间共同使用。有的大房间里窗户根本不够用；有的小房间里窗户又太多。偶尔窗户和它们所要照明的空间才是真正相称的。

贝丝把家里塞得满满当当，都是各种各样精美而昂贵的银器、挂毯、

① 王玺和枢密院在英语里分别叫做Privy Seal和 Privy Council，都含 privy一词。——译注

画卷等等，可与英格兰的任何私人住宅媲美。然而，在现代人眼里，最突出的一点是，总体效果却是如此空阔，如此朴实无华。地板上铺着简陋的灯芯草席子，宏大的长屋有166英尺长，却只放着3张桌子、几张直靠背椅和凳子，以及两面镜子（在伊丽莎白时代的英格兰，那是价值连城的宝贝，比任何画卷还要值钱）。

人们不仅盖大房子，而且盖好多大房子。哈德威克府之所以引人注目，是因为已经有一栋非常好的哈德威克宅第（现在就被叫做哈德威克老宅），就在庭院对面。今天它已经是个废墟，但在贝丝的时代依然在使用，又使用了150多年时间。

在传统上，伟大的房屋建造者（和房屋收藏者）是一些君主。亨利八世到死的时候拥有不少于42个王宫。但是他的女儿伊丽莎白机敏地发现，出去走访别人，让他们来承担她的旅费，这样做要省钱得多。于是，她就急忙恢复了王室每年巡行的古老习俗。实际上，那位女王不是个喜欢旅行的人，她从没有离开过英格兰，即使在英格兰也从不敢走得很远，但是她走访了很多人。她每年巡行8—12个星期，参观大约二十来户人家。

受君主拜访的人对王室的巡行几乎总是怀着很复杂的心情，又激动又害怕。一方面，君主巡行提供了难得的机会，可以升官，提高社会地位。另一方面，这类事要花费很多钱。王室成员多达1500人左右，其中相当多的人——就伊丽莎白一世而言，大约是150人——每年陪伴君主出巡。主人们不仅要承担浩大的开支来为一大群娇生惯养的特权人士提供吃住和娱乐，而且许多东西会失窃，大量财物受损，还可能发生一些不大有利的意外。大约在1660年，查理二世和宫廷人员离开牛津以后，有一位留在后面的人员以惊骇的口气说，王室访客们留下的“粪便遍布每个角落：烟囱里，书房里，煤屋里，地窖里”。

由于一次成功的王室巡访可能带来很大好处，因此许多主人挖空心思，不辞劳苦，拼命要讨好来访的君主。主人们懂得，最起码要精心策划几次化装舞会和盛装游行，而许多人还建造了划船用的湖泊，拓展了房子，重新美化了环境，希望能让君主轻轻地发出一阵惊喜声。纪念品是滥

给的，有一位名叫约翰·帕克林爵士的马屁精很是倒霉，他给了伊丽莎白一把饰有钻石的丝扇、几块零碎的宝石、一件漂亮无比的女裙服和一对特别精美的维金纳琴，然后在第一次晚宴上望见女王陛下对银餐具和一个盐瓶爱不释手，不声不响地把它们放进了自己的手袋里。

连她最老的大臣们也高度敏感，学会了讨好女王。当伊丽莎白抱怨伯利爵士在林肯郡的乡村住宅太远时，他就在伦敦附近的沃尔萨姆克罗斯（位于现在伦敦东北郊）又买了一栋，因为这个地方近一些，并加以扩展。为了接待女王，伊丽莎白的大法官克里斯托弗·哈顿马上盖了一栋宏伟的宅第，名叫霍顿比府。最后她根本没有去，而他死的时候却欠了1.8万英镑的债——这在当时是一笔巨款，相当于今天的900万英镑。

有时候，盖房子的人也没有多大选择。詹姆斯一世命令忠心耿耿而又无足轻重的弗朗西斯·费恩爵士大规模重建他在北安普敦郡的阿普索普府，以便他和他的挚友白金汉公爵在去卧室的途中能漫步经过几个比较豪华的房间。

最糟糕的是被指派为国王承担耗时很久而又开支很大的义务，这就是哈德威克的贝丝的丈夫——第六代施鲁斯伯里爵士——的命运。在长达16年的时间里，他被要求担任苏格兰女王玛丽的看守人。实际上，这意味着要把一个极不忠诚的小国的王室养在自己家里。我们只能想象，当他看到一溜儿80辆马车——简直可以排成一支1/3英里长的队伍——载着那位苏格兰女王、50名仆人和秘书，以及他们的物品出现在他的车道上时，他的心情会是多么沮丧。除了要为这一大队人马提供吃住，施鲁斯伯里还不得不养一支私人军队来确保他们的安全。庞大的开支和精神压力势必使他和贝丝的婚姻不幸福，虽然这桩婚姻本来也是不可能幸福的。贝丝很需要男人，施鲁斯伯里是她的第四任丈夫。她和他的结合与其说是两颗心贴在一起，不如说是商业上的合并。最后，她甚至指责他和那位苏格兰女王私通——不管是真还是假，这种指控是很危险的，他们分居了。就是在那个时候，贝丝盖了那个时代最宏大的宅第之一。

随着生活越来越退缩到越来越大的房子里，“门厅”不再派原先的用场，仅仅成为一个建有楼梯的过道—— 一间迎接客人、走向更重要的空间的屋子。哈德威克府就是这样一个例子，虽然在它的名字里还保留着hall这个词。所有重要的房间都在楼上。从此，这个词不再被用来指任何真正重要的房间。早在1663年，这个词被用来指任何不太大的空间，尤其是入口处及相连的走廊。与此同时，它的原意却得以保留，实际上还扩大了，用来指一些重要的大空间，尤其是公共场所，其中包括卡内基大楼、皇家艾伯特纪念堂、市政厅、名人纪念堂，还有许多别的。

然而，在住宅里，它在语义学上成为——现在仍然是——家里地位最低的房间。在原教区长寓所，就像如今的大多数家里一样，它是个面积不大的门厅，一间实用的小方块，有小橱和钩子，可以在里面脱鞋子、挂外套——这显然是踏进房子本身的第一步。我们大多数人不知不觉地承认这个事实，因为我们让访客进屋时要请两次：第一次在门口，把他们带进室内；然后，在他们脱掉外套和帽子以后，再请他们踏进房子本身，并以亲切而有力的口气连喊两声：“请进！请进！”

听到那个声音，我们就可以把外套留在这里，终于踏进家里真正的第一个房间。

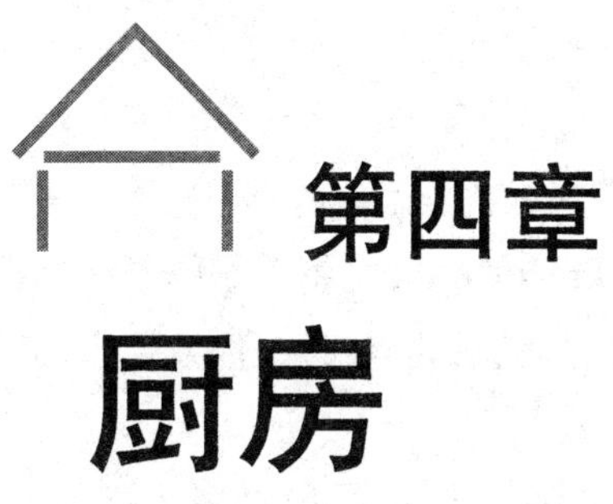

第四章 厨房

据认为，地球上存在3万种可以食用的植物。其中11种——玉米、稻谷、小麦、马铃薯、木薯、高粱、小米、豆子、大麦、黑麦和燕麦——就占了人类全部食物的93%，每一种都是我们新石器时代的祖先们最先种植的。说到底，我们自己也是石器时代的人。

一

1662年夏天，当时英国海军部里有一位崭露头角的年轻人塞缪尔·佩皮斯，他邀请他的上司海军专员彼得·佩特上他在伦敦塔附近的家里吃饭。佩皮斯29岁，很可能希望要给他的上司留个好印象。恰恰相反，令他惊恐和失望的是，当一盘鲟鱼端到他的面前时，他发现里面有“好多小爬虫”。

发现自己的食物里长满虫子，即使在佩皮斯的时代也不是常有的事——他确实感到失了面子——但是，对食物的新鲜和完整程度有点缺少把握，至少这是比较常有的事。食物即使不是因保管不好而在迅速腐烂，也很可能会变颜色，或者长出了某种令人讨厌的危险东西。

在食品里掺假的商人，好像对几乎所有东西都动了手脚。食糖和别的价钱昂贵的原料，常常掺入石膏、熟石膏、沙子、尘土和其他形式的“粗货”——人们把这类添加物统称为“粗货”。据报道，黄油由于加入了动物脂油和猪油而膨胀。据各种权威说，喝茶的人有可能不知不觉地把从锯木屑到碾碎的羊粪等任何东西喝进嘴里。朱迪思·弗兰德斯报道说，经过仔细检查，有一船货证明只有一半多一点儿是茶叶，其余都是沙子和泥土。硫酸加在醋里使醋的味道更浓，白垩加在牛奶里，松脂加在杜松子酒里。砷化铜使蔬菜更绿，使果冻发亮。铬酸铅使烘烤食品闪耀出一种黄灿灿的光华，使芥子酱发亮。醋酸铅作为甜味剂添加到饮料里，铅丹不知怎的能使格洛斯特奶酪看上去更可爱，如果不是吃起来更安全的话。

在零售商看来，只要动一点儿欺骗性的手脚，几乎没有哪种食品的外观是不能变得更好看的，成本是不能变得更低的。托拜厄斯·斯莫利特报道，连樱桃也能变得又新鲜又亮泽，小贩只要把它放进嘴里轻轻地转一转，再摆出来卖。他心里转念，不知道有多少对质量毫无疑心的太太享

用过了一盘甘美多汁的樱桃，而实际上这些樱桃已经“在圣贾尔市场上一名小贩肮脏的——也许是患有溃疡的——嘴巴里滚动过，沾满了他的唾沫”。

面包似乎尤其是一个目标。斯莫利特在他的热门小说《汉弗莱·克林克远征记》（1771）中，把伦敦的面包描述成一种“白垩、明矾和骨灰”的有毒混合物，“吃起来淡而无味，对人体有害”。但是，实际上，这类指责在那个时候——很可能已经在很长时间里——是司空见惯的，在关于杰克和豆茎的故事中有诗为证：“我要把他的骨头碾成粉来做我的面包。”迄今发现，关于面包存在普遍掺假现象的正式说法，最早是在一本1757年出版的名叫《发现毒素：或可怕的事实真相》的书里。作者不愿透露姓名，自称是“我的朋友，一位内科医生”。他透露说，“据非常可靠的权威人士的消息”，“有些面包商一麻袋一麻袋地使用老骨头，这不是不常有的事”；“死人的藏骸所被搜了个遍，以便把肮脏的东西加到活人的食物里”。几乎同一时候，另一本非常类似的书问世：《面包的性质：老实人烤的和不老实的人烤的》，作者是医学博士约瑟夫·曼宁。他报道说，面包商把豆面、白垩、铅白、熟石灰和骨灰添加到他们烤出的每一块面包里，这是很普遍的事。

即使现在，这类说法也经常作为事实来报道，尽管在70多年以前弗雷德里克·A.菲尔比已经在他的经典著作《食品掺假》中很有说服力地指出，这类指控不大可能是真的。菲尔比走出了很有意思而又能说明问题的一步，即使用所指控的假料，按照所描述的方法和比例来烘烤面包。除了一次以外，每次烤出来的面包不是硬得像混凝土，就是根本不成形。几乎所有的面包不是很难闻，就是很难吃。有的烘烤时间比普通面包还要长，因此实际的制作成本还要高，掺假的面包没有一块是能吃的。

事实上，面包是一种很敏感的东西。要是你往里面掺入杂质，无论量大量小，肯定会很明显。不过，大多数食品都是这种情况。有人喝了一杯茶，而没有注意到里面有一半是铁锉屑，这是很难令人相信的。虽然有的掺假毫无疑问真有其事，尤其是为了增强颜色或显得新鲜，但大多数所说的掺假事件有可能是个别例子，或者不是真的。传说往面包里掺入种种东西，肯定就属于这种情况（除了一个令人瞩目的例子，那就是掺入明矾，我们过一会儿还要谈到这个问题）。

在整个19世纪，面包在英国人饮食中的重要性，你怎么强调也不会过分。对于许多人来说，面包不仅是一顿饭的重要组成部分，它就是饭本身。据面包史学家克里斯琴·彼得森说，花在食品上的钱，多达家庭总支出的80%，而其中80%是花在面包上的。即使对于中产阶级的人来说，花在食品上的钱也要占到他们收入的2/3（相比之下，今天只占到大约1/4）。而在食品中，面包是较大的和敏感的部分。对于比较贫困的家庭来说，几乎每种记载都告诉我们，每天的食物很可能包括几盎司茶叶和糖，一些蔬菜，一两片奶酪，偶尔才有一丁点儿肉，剩下的全部都是面包。

面包如此重要，因此法律对它的纯度进行严格的监管，惩罚是很严厉的。欺骗顾客的面包商会被罚款，每块面包罚10英镑，或在监狱里服一个月劳役，当局还一度认真考虑过把违法乱纪的面包商发配到澳大利亚。面包商对此真的很担心，因为每一块面包在烘烤过程中都会因水分蒸发而减轻分量，一不小心就会犯错误。由于这个原因，面包商有时候会多加一点儿——这就是著名的“一打加一”①。

然而，明矾是另一回事了。明矾是一种化合物——从技术上来讲，是一种硫酸复盐——用作染料的定色剂（正式的名称叫媒染剂）。它在各种工业加工过程中用作净化剂，还用来鞣皮。它对面粉有很好的增白作用，但那不一定是一件坏事。首先，明矾的需要量很小。三四匙明矾就能增白一袋280磅的面粉。这么一点儿经过稀释的量对人体不会有任何伤害。实际上，即使现在，明矾依然添加在食物和药品里。它常常是发酵粉和疫苗的一种成分；由于它的净化特性，明矾有时候还加在饮用水里。实际上，

① “一打加一”源自面包师傅为免遭顾客短斤缺两的指责而在出售面包时附带奉送一个的习俗。——译注

它被用来生产初级面粉——那种营养绝对好但样子不大好看的面粉——群众可以接受，因此面包商可以更有效地利用小麦。明矾还作为干燥剂加在面粉里，这完全合法。

食品里含有杂质，并不总是因为想要膨化食品，有时候杂质完全是掉进去的。1862年，议会在对面包房的一次调查中发现，许多面包房里“到处挂着一串串的蜘蛛网，上面积满了粉尘”，随时会掉进从下面拿过的罐子或盘子里。昆虫和蟑螂从墙壁和工作台上爬过。据亚当·哈特-戴维斯说，1881年对在伦敦出售的冰激凌抽样调查发现，里面有人的头发、猫的毛、昆虫、棉絮和几种别的不卫生的东西。不过，这反映出的问题很可能是不讲究卫生，而不是蓄意添加膨化剂。同一时期，伦敦有一名甜食商被罚款，“原因是他用涂小推车剩下来的涂料把糖果染成绿色”。不过，这类事情吸引报界的注意力，恰恰说明它们是个别事件，而不是惯常现象。

书信形式的长篇小说《汉弗莱·克林克远征记》极其生动地描绘了18世纪英格兰的生活情况，直到现在还有很多人加以引用，因此几乎可以肯定，它负有很大的责任。在一段绘声绘色的文字中，作者斯莫利特描述了牛奶装在没有盖子的桶里送过伦敦的大街小巷的过程。好多东西扑通扑通地掉进桶里，其中有“过路人的唾沫、鼻涕和口中咀嚼过的烟草块，推土车上溢出的东西，马车轮子溅起的泥浆，调皮的男孩闹着玩地扔进去的泥土和垃圾，婴儿的呕吐物……最后，还有从那位销售这种宝贵混合物的邋遢商贩的破衣服上掉进去的蟑螂……”有一点容易被人忽视，即这本书原打算讽刺而不是写实。斯莫利特写这本书的时候，他甚至不在英格兰，而在意大利，并且已经到了生命的尽头（他在这本书出版3个月以后就去世了）。

这一切不等于说，糟糕的食物不存在，存在是绝对肯定的，污染的、腐败的肉类食品尤其是个问题。伦敦主要的肉类交易所史密斯菲尔德市场的肮脏是远近驰名的。1828年议会做了一次调查，有一位证人说，他看到“一头牛的畜体腐烂到这样的程度，肥肉不过是滴个不停的黄色黏液”。

牲畜被从遥远的地方徒步赶来，到达时往往已经精疲力竭，患上毛病，而到了目的地以后的情况也好不了多少。据报道，有时候，羊在活着时就被剥了皮，许多牲畜身上长满了疮癣。史密斯菲尔德市场卖出了那么多的坏肉，人们私下里称其为“烂货市场”。它是两个土话词语的缩写，字面意思是“不值钱的蹩脚货”。

即使生产商的想法是干净的，食品本身也并不总是很干净。把食品运到遥远的市场而且还能吃，这始终是个挑战。人们梦想能吃到来自远方的食品或非当令食品。1859年1月，一艘满载30万个多汁橙子的船扬帆从波多黎各快速驶向新英格兰，以表明这是办得到的。美国许多地方迫不及待地仿效。然而，那条船到达港口的时候，2/3的货物已经烂成散发着香气的糊糊。更远地方的生产商连这一点也休想办到。阿根廷人在一望无际、气候适宜的大草原上饲养了大批牛，但没有办法把牛肉运出去，因此大多数牛只是被煮烂了取其骨头和油脂，肉就完全浪费了。为了想办法帮助他们，德国化学家尤斯图斯·李比希①发明了一种生产牛肉汁的配方，后来被叫做“牛奥”（Oxo）。但是，很明显，它起不了什么大作用。

现在迫切需要的是一种安全的保鲜方法，使食品的保存时间超过大自然的允许范围。18世纪末，有个名叫弗朗西斯·阿珀特（也许名叫尼古拉斯·阿珀特——资料上的说法各不相同，有点混乱）的法国人写了一本书，书名叫做《各种肉类和蔬菜贮存几年的艺术》。这代表了一个真正的突破。阿珀特的方法主要包括把食品封存在玻璃罐里，然后再慢慢加热。一般说来，这种方法比较有效，但封条不是绝对保险的，有时候空气和污染物会进去，吃了里面东西的人会肠胃不舒服。由于不可能对阿珀特的罐子抱有绝对的信心，因此就没有人对它有信心。

总之，食品在到达餐桌的过程中，有可能出很多问题。因此，当19世纪40年代初出现了一件神奇的产品，有可能使情况发生改变时，人们兴奋

---

① 尤斯图斯·李比希（1803—1873），德国化学家，他最重要的贡献在于农业和生物化学。他创立了有机化学，被称为“化学之父”。——译注

不已。出人意料的是，这件产品大家都很熟悉：冰。

二

1844年夏天，温汉姆湖制冰公司——以美国马萨诸塞州一个湖泊的名字命名——在伦敦的施特兰德落成，每天在橱窗里放着一大块刚刚制成的冰。英格兰人以前谁也没有见过那么大的冰块——当然更不用说是在夏天，而且是在伦敦市中心。冰块晶亮、透明，实际上你可透过它来看报：冰块后面经常放一张报纸，因此过路人可以亲眼目睹这个惊人的事实。那个橱窗成了轰动一时的场所，经常围着一群看得发了呆的人。

萨克雷在他的小说里提到过温汉姆湖出品的冰的名字。维多利亚女王和艾伯特亲王坚持要在白金汉宫使用这种冰，还授予该公司一份皇家证书。许多人以为温汉姆湖是个大湖，具有五大湖之一的规模。英国地质学家查尔斯·莱尔那么感兴趣，在美国作巡回演讲的过程中还专门从波士顿去了一趟温汉姆湖——这可不是一件很容易的事。他见到温汉姆湖的冰融化得很慢，简直着了迷，估计这与它的高纯度有关系。实际上，温汉姆湖的冰的融化速度与任何别的冰一模一样。除了进行过长途旅行以外，它其实没有任何特别的地方。

湖冰是一种神奇的产品：它自行产生，不花生产商任何成本，干净，可以再生，供应量没有穷尽。唯一的缺憾是没有生产和保存它的基础设施，没有可以销售的市场。为了创建冰工业，必须想办法大规模地切割和取出冰块，建造仓库，获得营业许可，雇用一条龙的发货商和代理商，尤其要使很少见过或从来没有见过冰的地方，以及冰肯定不是任何人打算花钱买的地方，产生对冰的需求。干这一切的，是一位出身高贵、喜欢挑战的波士顿人，名叫弗雷德里克·图德，他对做冰生意完全着了魔。

把冰块从新英格兰运到遥远的港口，这种想法被认为是简直发疯——用他一位同时代的人的话来说，“是脑子错乱的人的狂想”。第一批发往英国的冰令海关官员感到纳闷，不知道它属于哪类货物，结果全部300吨冰还没有离港就融化了。船主们很不愿意接受这类货。他们不想因为到港时装了一船没有用的水而被人耻笑，而且还担心几吨冰块会滑动，冰块融化成的水会晃动，致使船体不稳，产生实实在在的危险。毕竟，这些人的航海本能是完全建立在不让水进入船舱这种观念的基础之上的，因此他们不愿意冒这样一种异乎寻常的风险，何况到头来连市场都找不到一个。

图德是个很难相处的怪人——丹尼尔·J.布尔斯廷认为，他“飞扬跋扈，虚荣心强，对竞争者鄙夷不屑，对敌人毫不宽容”。他把最亲密的朋友都视作异己，辜负了同事们的信任，似乎差不多把这么做当做是自己一生的雄心大志。使冰块有可能成为一种行业的全部技术创新，实际上都是他那生性孤僻、言听计从、很有忍耐精神的合伙人纳撒尼尔·韦思的功劳。图德花了多年努力，饱受挫折，倾家荡产，才把冰的生意安排停当，开始运转。但是，这种生意渐渐地站住了脚，最终使他和许多别的人发了财。有几十年时间，冰块以重量来计算，成了美国第二大产品。要是隔热良好的话，冰块可以保存很长时间。冰块从波士顿运到孟买要行驶16000英里，历时130天，但也不会融化——至少大约2/3不会融化，足以使这种长途运输有利可图。从新英格兰到加利福尼亚州，绕过合恩角，冰块运到了南美洲最遥远的角落。以前毫无价值的锯屑，证明是一种优良的隔热材料，为缅因州的锯木厂增加了很有用处的额外收入。

实际上，温汉姆湖对美国的冰业来说完全是一件附带的事。它的年产量从来没有超过大约1万吨；相比之下，光从缅因州肯尼贝克河采的冰一年就达差不多100万吨。在英国，谈论温汉姆湖冰的人很多，使用温汉姆湖冰的人却不多。有几家企业定期进货，但几乎没有任何家庭这么做（除了王室以外）。到19世纪50年代，英国市场上销售的大部分冰块不仅不是产自温汉姆湖的，甚至根本不是产自美国的。挪威人—— 一个你通常不会把不择手段的赢利行为与其联系在一起的民族——把奥斯陆附近的奥珀加德湖的名字改成了温汉姆湖，那样就可以利用这个有利可图的市场。到19世纪50年代，英国出售的大部分冰实际上都是挪威的冰，虽然不得不

说，冰块在英国人当中向来用得不多。即使现在，冰在那里也往往是配给的，就像按照处方配药一样。结果发现，真正的市场是在美国本地。

加文·韦特曼在关于这个行业的历史《冻水贸易》一书中写道，美国人比以前的任何人都要喜欢冰。他们用它来冰镇啤酒和葡萄酒，做可口的冰镇鸡尾酒，发烧时降低热度，制作各种各样的冷冻食品。冰激凌越来越受欢迎，而且也特别有创造性。在纽约著名的戴尔莫尼可饭店，顾客可以点黑麦冰激凌和芦笋冰激凌，以及许多别的令人意想不到的口味的冰激凌。仅纽约市一年就要消费将近100万吨冰。布鲁克林吃掉33.4万吨，波士顿38万吨，费城37.7万吨。美国人越来越对文明利用冰的好处感到自豪。“要是你任何时候听到有人辱骂美国，”有个美国人对来访的英国人萨拉·莫利说，“不要忘记冰。”

冰真正的用武之地，是在铁路的冷藏车。有了冷藏车，就可以把肉类和其他易腐败的东西运到全美各地。芝加哥之所以成为铁路工业的中心，一定程度上是因为它可制造和贮存大批量的冰。芝加哥几家冰库里贮存的冰，多达25万吨。在使用冰以前，在炎热的天气里，牛奶（当然是新鲜牛奶）在变质以前只能保存一两个小时。鸡在宰杀当天就要吃掉。鲜肉过了一天多时间以后再吃几乎是不安全的。现在，食物既可以在当地长期贮藏，也可以在远方的市场出售。芝加哥在1842年获得了第一只龙虾，那是用冷藏车从东海岸运来的。芝加哥人瞪大眼睛看着它，仿佛它来自哪个遥远的星球。食物不必再在产地附近消费，这在历史上是第一次。生活在美国中西部一望无际的平原上的农民，不仅能以比任何别处更低的成本生产更多的食品，而且现在还可以将食品卖到差不多任何地方。

与此同时，其他方面的开发也极大地拓展了食物可贮存的范围。1859年，有一位名叫约翰·兰迪斯·梅森的美国人，解决了半个多世纪以前法国人弗朗西斯（或尼古拉斯）·阿珀特没有掌握的那个挑战性问题。梅森获得了带有密封螺旋金属盖的大口玻璃瓶的专利权，这就提供了一种完美的密封装置，能保存各种以前会腐败的食品。梅森食品瓶在各地引起轰动，虽然梅森本人几乎没有从中得到好处。他以不多的钱把专利权卖给了别人，然后把注意力转向别的发明——折叠式救生艇、雪茄烟保鲜盒和自动排水的肥皂盒——他估计这些东西会使他发财。但是，那些发明不但没有取得成功，而且也不是很有用处。由于遭受一个又一个失败，梅森有点精神错乱，过着贫苦的生活。他孤苦伶仃，被人遗忘，1902年在纽约一栋经济公寓中死去。

另一种贮藏食物的方法，也是最后证明更加成功的方法，是制作罐头，这项技术是由布赖恩·唐金在1810—1820年期间完善的。唐金的发明能很好地保存食物，虽然早期的罐头是用铸铁做的，又重又很难打开。有个商标上印着说明，开罐要用锤子和凿子。士兵们通常用刺刀来向它们发起进攻，或者用子弹来击穿它们。真正的突破要等到开发出分量轻一点的材料，那种材料使批量生产成为可能。在19世纪的最初几年里，一个干活卖力的人一天大约可以生产60个罐头。到1880年，机器一天可以生产出1500个罐头。令人感到意外的是，在很长时间里，开罐头仍是个严重的障碍。有多种切割工具获得了专利，但差不多都很难使用，一失手还很危险。现代那种使用安全、人工操作的开罐器，即带两个转轮和一个弯曲的扳手的那一种，仅能追溯到1925年。

食品保存方面所取得的进展，只是食品生产方面一场范围大得多的革命的组成部分，那场革命改变了各地农业的发展态势。麦克考密克牌收割机使批量生产粮食成为可能，转而美国又可以以工业规模饲养牲畜。这又转而导致大的肉类加工业中心的形成和冷冻方法的不断改进——在进入近代以后的很长时间里，这一切的核心依然是冰。早在1930年，美国已经有18.1万节冷藏车厢，全都是用冰来制冷的。

突然之间能远距离运送食品，并且能新鲜地抵达千里之外的市场，这改变了许多遥远的国家的农业。堪萨斯州的小麦、阿根廷的牛肉和新西兰的小羊肉，以及来自世界各地的其他食品，开始出现在几千英里以外的餐桌上，这对传统的农业地区产生了巨大的影响。你无须冒险深入任何新英格兰的森林，就能发现幽灵似的房基和断垣残壁，表明这是19世纪被遗弃的一个农场。整个地区的农场主已经一批批地离开他们的农场，不是去工厂做工，就是碰碰运气，到更西部好一点的土地上去耕种。在一代人时间里，佛蒙特州几乎失去了一半人口，欧洲同样受到损失。“在19世纪的最后一代人的时间里，英国农业差不多垮了。”菲利普·费尔南德斯-阿姆斯托说。随之垮台的还有以前靠农业支撑的一切：农场工人、村庄、乡村教堂和一个拥有土地的贵族阶级——教区牧师。最后，我们的教区长寓所和成千上万栋别的这类教区长寓所都转到了私人手里。

2007年秋，在一次访问新英格兰的过程中，我从波士顿驱车来到温汉姆湖，想看看这个当年世界上最著名的湖泊。今天，温汉姆位于波士顿以北大约15英里的美丽乡村，旁边有一条静悄悄的高速公路。谁驱车从温汉姆和伊普斯威奇两个小镇中间通过，都可以瞥见景色如画的水面。温汉姆湖现在是为波士顿提供淡水的水库，因此四周筑有钢丝围栏，不对公众开放。公路旁有一块纪念碑，显示1935年庆祝温汉姆镇建镇300周年，但没有提到曾经使其名扬四海的冰贸易。

三

假如我们在1851年踏进教区长寓所的厨房，我们会马上注意到有许多不同之处。首先，不会有水槽。19世纪中叶的厨房只供做饭用（至少在中产阶级的家里是这样）；洗餐具在单独的洗涤室里完成，我们接下来将会去参观。这意味着，每个碟子和锅都得拿到走廊对面的屋子里去洗刷、晾干、放好，然后等下一次需要时再搬回厨房里。这可能要走好多趟路，因为维多利亚时代的人要花好多工夫来做饭，使用大量碟子。有一位玛丽亚·克拉特巴克夫人（她其实是查尔斯·狄更斯夫人）在1851年写了一本很受欢迎的书，很好地记录了当年进行的那种烹调活动。有一份推荐的菜单——供6个人的正餐使用——包括“胡萝卜汤、虾酱大菱鲆、龙虾馅饼、炖腰花、烤羔羊脊肉、白烧火鸡、火腿、土豆泥和烤土豆、炖洋葱、面包布丁、牛奶冻和奶油，以及通心粉”。有人计算，吃这么一顿饭，要洗的东西可能会有450件。厨房通向洗涤室的双开式弹簧门，肯定要来回摆动很多次。

假如你来的时候恰逢女管家沃姆小姐和她19岁的助手村里姑娘玛莎·西利在烤东西或煮东西，你很可能会发现她们在做直到最近还根本不做的事——仔细称各种原料的分量。直到几乎该世纪中叶之前，烹调书上的操作说明总是非常简单，只要求“一些面粉”或“足够的牛奶”。改变这一切的是一本富有革命性的书。书的作者是肯特郡一位非常腼腆，而根据各种流传的说法又讨人喜欢的诗人，名叫伊莱扎·阿克顿。由于她的诗销路不好，出版商很有礼貌地建议她不妨试着写一点比较商业性的东西。1845年，阿克顿小姐写出了《现代家庭烹饪法》。这是第一本提出要仔细计算分量和烹调时间的书。打那以后，几乎总是无意识地，它成为差不多所有烹饪书的范本。

这本书取得了很大的成功，但接着一下子被一本突然出现的作品挤到一边。这本书叫《家政管理手册》，作者是伊莎贝拉·比顿。它的影响之深远、持久、强大，令人大惑不解。无论在影响还是在内容方面，还从没有哪一本书像它那样。它顿时取得成功，而且在进入下个世纪很多年以后，依然是个成功的作品。

比顿夫人从第一行字起就明确指出，管理一个家是一件责任重大、没有乐趣的事。“一个家的主妇，就相当于一支军队的指挥员，一个企业的领导人。”她声称。就在片刻之前，她还颂扬过自己无私的英雄主义。“我必须承认，假如我事先知道写这本书要花那么大的力气，我根本不会有这个勇气来动笔。”她说，令读者觉得有点难受和内疚。

尽管名字叫做《家政管理手册》，但这本书只用了23页来匆匆讨论所声称的主题，然后就用其余全部900页的篇幅来谈论烹饪。然而，尽管如此偏爱于厨房，比顿夫人其实并不喜欢做饭。只要可能，她不走近自己的厨房。你无须深入研究里面的烹饪法，就会开始产生怀疑——比如，她推荐说，意大利面食要煮1个小时3刻钟才能端上餐桌。像她的许多国人和同代人一样，她天生对外来食品抱怀疑态度。她说“只有对松脂不抱偏见的人”才爱吃芒果。她认为龙虾“很不好消化”，而且“并不像大家所认为的那么有营养”。大蒜“令人作呕”，马铃薯“吃了让人不放心，很多有麻醉作用，许多会对身体造成伤害”。她认为奶酪只适合坐办公室的人，她没有说明原因，而且也只能“吃很少一点儿”。尤其不能吃长了菌纹的奶酪，因为这些东西都属于真菌类。“总的说来，”她接着有点模棱两可地说，“腐败的东西完全不能吃。一定要划一条界线。”最糟糕的是西红柿：“整株番茄有一种难闻的味道；它的汁在火的作用下会散发出一种强烈的水蒸气，会使人眩晕和呕吐。”

比顿夫人似乎对冰能起防腐作用不大熟悉，但我们可以很有把握地推测，她不会喜欢冰，因为她总的说来不喜欢冷的东西。“老人、体弱的人和孩子们应当回避冰，不喝冷的饮料，”她写道，“身上很热的人，或刚做过剧烈运动的人，也都不要吃冷的东西。有些例子已经说明，吃了会得病，最后送掉性命。”在比顿夫人的书里，我们可以看到许多食品和活动会有致命的后果。

尽管比顿夫人摆出一副主妇般的稳重样子，但她动笔写这本书时才刚刚23岁。她是为她丈夫的出版公司写的，从1859年（也就是查尔斯·达尔文发表《物种起源》的同一年）起以每月一篇的连载形式出现，总共33篇，1861年汇集成一册出版。塞缪尔·比顿已经通过出版《汤姆叔叔的小屋》挣了许多钱，像在美国一样，这本书在英国也是轰动一时。他还创办了几本通俗杂志，包括《英国妇女家庭生活杂志》（1852）。这本杂志有许多创新之处——问题专页、医药专栏、服装图案等，今天的妇女杂志里仍可以找到这些栏目。

《家政管理手册》一书，几乎全都是粗制滥造，仓促拼凑起来的。烹饪法大多由读者提供，别的几乎都是抄袭来的。比顿夫人不怕难为情地从最明显的、完全能查得到的资料来源里进行剽窃。弗洛伦斯·南丁格尔的自传被整段整段原封不动地剽窃。别的直接从伊莱扎·阿克顿的作品里抄袭。有意思的是，比顿夫人连性别都懒得去调整。因此，有一两个故事在叙述时的口气很不协调，令人费解，只可能是男人的口气。总体来说，文章结构乱作一团。她在制作甲鱼汤方面所用的篇幅，比用在早餐、中餐和晚餐方面的总和还要多，而压根儿没有提到下午茶。前后矛盾几乎是惊人的，就在长篇大论地解释西红柿的危险缺点（已经发现，西红柿里含有一种特别的酸，一种易挥发的油，一种很香的、含大量树脂的褐色物质，一种植物性矿物质，黏稠的糖精，几种盐，很可能还有一种生物碱）的那页上，她介绍了一则炖西红柿的方法，把它称作“美味的伴菜”，并说“它是一种有益健康的水果，很容易消化。它的味道能刺激食欲，几乎人人都予以赞许”。

尽管比顿夫人的书有许多古怪的地方，但它获得了巨大而持久的成功。它有两个无可怀疑的优点：它充满信心，涉及面广。维多利亚时代是个浮躁的时代，而比顿夫人的指南有望指引家庭主妇越过生活中的每一个艰难险阻。家庭主妇只要翻阅这本书，便能学会怎么叠餐巾，怎么解雇仆人，怎么去除雀斑，怎么制作菜单，怎么使用抽血的器械，怎么做双色蛋糕，怎么抢救遭到雷击的人。比顿夫人解释怎么一步一步地做热的黄油吐司。她提供治疗口吃和鹅口疮的方法，讨论羊羔作为祭品的历史，介绍凡是渴望卫生和体面的家庭都用得着的一连串各种各样的刷子（炉刷、檐刷、栏杆刷、掸帚、地毯刷、面包屑刷……总共大约有40种），讨论匆忙结交朋友的危险，介绍探望病人的一系列注意事项。这是一本操作手册，可以严格照办，这正是人们所需要的一本书。比顿夫人在每个话题上都是斩钉截铁的，相当于家政事务方面一名领操的军士。

她生完第四胎8天以后死于产褥热，年仅28岁，但她的书依然很有生命力，仅在出版以后的最初10年里就销售了200多万册，在进入20世纪以后的好多年里仍然销路不错。

现在回过头来看，几乎不可能对维多利亚时代的人及其饮食下个定论。

首先，食物的范围令人眼花缭乱。实际上，人们似乎什么都吃，只要是灌木丛里动的、水里捞得着的。雷鸟、鲟鱼、云雀、野兔、丘鹬、鲂

鲱、鲃鱼、胡瓜鱼、凤头麦鸡、沙锥、鲌鱼、鲮鱼、鳗鱼、丁鲹、西鲱、小火鸡以及更多的在很大程度上已被忘却的美味佳肴，都出现在比顿夫人的烹饪法里。水果和蔬菜多得几乎不可计数。仅苹果一项，就有2000多个品种可供选择，简直令人难以置信——什么伍斯特红皮苹果啦，浴美人啦，科克斯橙味点心苹果啦，如此等等，富有诗意的一长串名字。19世纪初，托马斯·杰斐逊在蒙蒂塞洛种了23种不同的豆子、250种水果和蔬菜。（杰斐逊实际上是个素食者，只吃很少一点儿肉作为“调味品”，这在他那个时代是很不寻常的。）除了我们今天熟知的醋栗、草莓、梅子、无花果和别的农产品以外，杰斐逊和他的同时代人还喜欢吃暗红果、艾菊、马齿苋、白里叶莓、布拉斯李子、欧楂、海甘蓝、露兜树、大豌豆、泽芹（一种味甜的根）、刺菜蓟（一种蓟）、鸦葱（一种波罗门参）、拉维纪草、芜菁菜，还有几十种如今很少碰见或根本碰不见的品种。顺便说一句，杰斐逊在食物方面还是个伟大的冒险家。他有许多别的成就，其中，他在美国是把土豆切成长条进行油炸的第一人。他是《独立宣言》的作者，又是美国法式炸薯条的鼻祖。

为什么人们能吃得那么好，一定程度上是因为我们现在认为是珍馐美味的许多食品在当时十分丰富。龙虾在英国沿海如此之多，连犯人和孤儿也吃得上，还被研碎了当肥料；仆人要跟雇主签订书面协议，一个星期里主人不得给他们吃两顿以上龙虾。美国人的龙虾数量还要多，仅纽约港就拥有世界龙虾贮量的一半，收获的鲟鱼如此之多，连酒吧的快餐都提供鱼子酱。（人们的说法是，吃了咸的食物会多喝啤酒。）提供的菜肴和调味品的量是如此之大，品种是如此之多，简直激动人心。1867年，纽约有一家宾馆的菜谱上有145种菜肴。美国1853年出版的一本通俗菜谱书《家庭烹饪术》，漫不经心地提到往一锅秋葵汤里加了100只牡蛎，以“增强味道”。仅在调料方面，比顿夫人介绍的制作方法就不少于135种。

值得注意的是，维多利亚时代的人的胃口其实还是比较克制的。暴饮暴食的黄金时代，实际上是在18世纪。那是约翰牛时代，是有史以来哪个国家也没有创造出过的面色最红、吃得过多、随时会得冠心病的形象，为的是给别的国家留下个好印象。在18世纪的最初10年里，英国历史上两位最胖的君主花了大量的精力来吃，这也许不是偶然的了。第一位是安妮女王，虽然安妮的肖像画总是巧妙地让她看上去稍微有点儿胖，就像佛兰德斯画家鲁本斯笔下的一位胖乎乎的美女，但她实际上是个大块头——用她以前最好的朋友莫尔伯勒女公爵直言不讳的话来说，“特别臃肿，特别肥胖”。最后，安妮胖到那种程度，连上下楼梯都不行。在她温莎堡的房间里，地板上不得不开个洞，装一扇活板门。侍者用滑轮和绞车，把她从这扇门里下降到底下办公的房间里，你见了这种情景一定会觉得很惊讶。她死了以后，埋葬时用的棺材“几乎是正方形的”。更加有名的大胖子是摄政王——未来的乔治四世。据说，如果他的紧身裤放松一下，他的大腹可以垂到膝盖。到了40岁，他的腰围已经超过4英尺。

哪怕是比较苗条的人，食量通常也似乎难以置信的大，如果不是吃了肚皮不舒服的话。威灵顿公爵记录过一顿早餐的内容，包括“两只鸽子

暴饮暴食的黄金时代

和三块牛排，四分之三瓶莫泽尔葡萄酒，一杯香槟酒，两杯波尔图葡萄酒和一杯白兰地”——这还是他觉得身体有点儿不舒服的时候。悉尼·史密斯牧师虽然是一名教士，但也领会那个时代的精神，饭前饭后不愿意做祷告。“你长着一张贪吃的嘴，掺入宗教感情似乎不很恰当，”他解释说，“用流着口水的嘴喃喃地赞美上帝，意图是不明确的。”

到19世纪中叶，食量大已经成为一种习俗，一种常规。下面是比顿夫人介绍的一个小型晚餐会的食谱：仿甲鱼汤、奶油大菱鲆丝、鳀鱼沙司浇油炸鳎鱼、兔肉、小牛肉、炖牛臀肉、烤禽肉、煮火腿、一盘烤鸽子或烤云雀，最后是大黄馅饼、调合蛋白、纯果冻、奶油、冰布丁和蛋奶酥。这就是比顿夫人的书里为6个人用餐设计的食谱。

具有讽刺意味的是，维多利亚时代的人越是重视食物，似乎越是对食物感到不自在。比顿夫人实际上似乎根本不喜欢吃饭，她对待吃饭的态度，就像她对待许多事情一样，把它当做一种讨厌而又不得不做的事，应当快速而果断地了结之。她尤其对能使食物增加香味的任何东西持怀疑态度，她憎恶大蒜，辣椒几乎不值一提，连黑胡椒也只是鲁莽人吃的东西。“永远不要忘记，”她警告读者说，“即使是很少的量，那种东西也会损害在发炎的肌体。”贯穿整个时代，这种担忧在书里和杂志里不断被附和。

最后，许多维多利亚时代的家庭完全不再讲究食物的味道，只是一心努力让端到餐桌上的菜饭是热的。在大一点的家庭里，做到这一点也要有雄心才行，因为厨房很可能离餐厅远得很。埃塞克斯郡的奥德利·恩德在这方面创造了一种纪录，他家的厨房和餐厅相隔200多码之远。在柴郡的塔顿府，为了快速运送食物，还修了一条室内铁路线，这样，装有脚轮的小车便可快速从厨房推到远处的上菜架，再从那里把食物快速分送到各处。纽卡斯尔附近贝尔赛府的阿瑟·米德尔顿爵士对送到他餐桌的食物的温度是如此不放心，竟然把温度计插进每一碟送来的菜肴里，凡是显示出的温度没有达到预期的标准的任何食物，他便会送回去再热一热，有时候要连续送回去几次。因此，他的晚餐经常吃得很晚，饭菜几乎已经处于碳化的状态。伦敦萨沃伊宾馆的法国大厨师奥古斯特·埃斯科菲尔之所以受到英国客人的赞扬，不仅因为他饭菜做得很可口，而且因为他在厨房里采用了专业分工制度，不同的厨师负责制作不同的菜肴—— 一名厨师负责做肉食，一名厨师负责做蔬菜，如此等等，因此什么菜都能马上盛到盘子里，热气腾腾地端到餐桌上。

当然，这一切与早先谈到的关于19世纪普通人饮食之贫乏是显然不同的。实际情况是，证据非常混乱，搞不清人们吃得好到什么程度，或不好到什么程度。

如果普通的消费情况能说明一点问题的话，那么人们吃了相当多的健康食品：1851年，人均吃梨将近8磅，而现在只吃3磅；吃葡萄和其他无核小果接近9磅，大体上是现在所吃的数量的两倍；吃干果将近18磅，而今天只吃3磅。吃蔬菜的数字更是令人瞠目。1851年，普通伦敦人吃洋葱31.8磅，而今天只吃13.2磅；吃芜菁和瑞典芜菁40磅以上，而今天只吃2.3磅；每年吃卷心菜将近70磅，而现在只吃21磅。糖的人均消费量大约是30磅，不到今天消费量的1/3。因此，总体来说，人们似乎吃得很健康。

然而，许多逸事形式的记述，无论是当时还是后来写的，都表明事情恰好相反。亨利·梅休的经典著作《伦敦的工人和伦敦的穷人》，在建造我们的教区长寓所的同一年出版。他在书中指出，一个工人的普通晚餐就是一块面包和一个洋葱头，而一本很久以后才出版（理所当然地大受赞扬）的历史书《吃喝的热情》却说，“19世纪中叶，工人阶级和许多下层中产阶级的主食包括面包或马铃薯、一点儿黄油、奶酪或腊肉，加糖的茶”。

肯定符合事实的是，无法掌握自己饮食的人往往确实吃得很差。1810年，英格兰北部有一位地方行政官写过一个报告，介绍一家工厂里的情况。报告披露，徒工在机器旁从上午5点50分一直做到晚上9点10分或9点15分，中间只是在吃中饭时有一次短暂的休息。他写道，“他们早饭和晚饭只吃稀粥”，在机器旁边吃，“中饭一般吃燕麦饼加糖浆，或者燕麦饼

加清汤”。几乎可以肯定，这就是不得不生活在工厂里、监狱里、孤儿院里或其他无能为力的情况下的人的通常伙食。

同样符合事实的是，许多比较穷的人的饮食是相当单调的。在19世纪最初几年里，苏格兰的农场工人每星期平均得到一份17.5磅燕麦的定量，再加上一点儿牛奶，别的几乎没有了，虽然他们觉得自己还算运气好，至少不需要吃马铃薯。马铃薯被引进到欧洲以后的最初150年左右时间里，普遍被人瞧不起。许多人认为马铃薯是一种不卫生的蔬菜，因为它的可吃部分长在地下，而不是高贵地伸向太阳。牧师们有时候还在做祷告时谴责马铃薯，理由是《圣经》中没有一处提到过马铃薯。

只有爱尔兰没有办法这么讲究。对他们来说，马铃薯产量很高，真是天赐之物。1英亩多石的土地就能养活一个六口之家，要是愿意吃大量土豆的话，而爱尔兰人势必愿意这么做。到1780年，那时90%的人完全或几乎完全依靠马铃薯活下去。不幸的是，马铃薯也是最脆弱的植物之一，容易受到260种以上细菌和寄生虫的侵扰。自马铃薯被引进到欧洲之时起，歉收是家常便饭。在大饥荒之前的120年里，马铃薯歉收不下24次，1739年的一次歉收就造成30万人死亡。但是，与1845年到1846年期间的死亡和苦难规模相比，那个可怕的总数似乎是微不足道的。

这场灾难发生得很快。直到8月份，庄稼看上去还长势不错，然后突然之间打蔫了，枯萎了。挖出来一看，块茎呈海绵状，已经在腐烂。那年，那里有一半马铃薯绝收，第二年的实际上全部死光。罪魁祸首是一种名叫致病疫霉的真菌，但是人们并不知道。相反，他们责怪能想得到的几乎任何其他东西——蒸汽火车冒出的蒸汽，电报信号的电流，刚刚开始普遍使用的新的肥料鸟粪。马铃薯歉收不仅发生在爱尔兰，整个欧洲都是一个样，只是因为爱尔兰人特别依靠马铃薯。

救援来得特别慢，饥馑开始数个月以后，英国首相罗伯特·皮尔仍在提醒大家要谨慎。“爱尔兰人的报告老是有一种夸大事实和不求准确的倾向，因此慢一点采取行动总是可取的。”他写道。在饥荒最严重的那一年，伦敦的比林斯格特鱼市场售出了5亿只牡蛎、10亿条鲜鲱鱼、将近1亿条鳎鱼、4.98亿只虾、3.04亿个滨螺、3300万条欧鲽、2300万条鲐鱼以及同样大量的其他海鲜，而其中没有哪样东西有一丁点儿被送到爱尔兰去救济那里挨饿的人。

最大的悲剧是，爱尔兰本土其实有大量的食品可以拿出来帮助挨饿的人。那个国家生产了大量的鸡蛋、谷物和各种肉类食品，还从海里捕捞了大量食物，但几乎通通都出口了。因此，150万人就不必要地挨饿，这是自黑死病[①]以来欧洲死人最多的地方。

① 指14世纪蔓延于欧亚两洲的鼠疫，造成了大约7500万人死亡，其中2500万人为欧洲人，是人类历史上最严重的瘟疫之一。——译注

第五章

洗碟间和食品库

在住宅的设计过程中，越来越注意把仆人挡在看不见的地方，与主人家隔开一段距离，除了绝对需要以外。厨房刚够放一张桌子和两把椅子，连在一起的洗碟间和食品库的空间更小，因为很大程度上那里是仆人们的天地。这无疑是个很怪的世界，仆人构成了人类的一个阶级，从根本上说，他们的存在是为了确保人类的另一个阶级在想要什么时，几乎马上就能伸手拿到什么。

原教区长寓所里有许多小小的谜团。其中之一是，仆人们不干活的时候，他们待在哪里？按照原先的设计，给他们留出的地方不多。厨房刚够放一张桌子和两把椅子。连在一起的洗碟间和食品库的空间更小①，我现在已经把你带到这两个地方。

几乎可以肯定，和厨房一样，走进这两间屋子马香太太是提心吊胆的，如果她会进去的话，因为很大程度上那里是仆人们的天地——虽然不是个很大的天地。按照当时的标准，一栋教区长寓所里为仆人们留出这么一点地方是非常不够的。在肯特郡，在差不多同一时候盖的巴勒姆教区长寓所，建筑师为仆人们提供的活动空间不仅有厨房、食品库和洗碟间，还有餐具室、贮藏室、储煤室、各种各样的贮藏室，尤其重要的是管家的房间，这里显然是供退避和休息的场所。

这一切之所以很难弄清楚，是因为造的房子并不总是与爱德华·塔尔的设计方案相吻合，马香先生显然建议（也许甚至坚持）作某些重大的改动。这并不完全出人意料，因为塔尔为他设计的房子有好多明显的怪异之处。塔尔把正门开在房子的侧面，毫无合乎逻辑的或可以推测的理由。他把卫生间设在主楼梯的平台上——这个位置确实很怪，并不常见——结果

---

① 洗碟间（scullery）源自古法语词 *escullier*，意思是碟子，因此，这是个洗刷和存放碟子的地方，你在这里可以看到一个又大又深的洗涤槽。食品库（larder）不像有人也许会推测的那样，与“猪油”（lard）有什么直接关系。它源自法语的lardon，意思是腊肉，是存放肉类食物的地方。这两个词都是按照原意来使用的，但仆人们很可能把食品库叫做食品贮藏室（pantry）。pantry源自拉丁文 *panna*，即“面包房”，到19世纪中叶，这个词用来指存放普通食物的地方。——原注

楼梯没了窗户，即使在白天也黑得像个地窖。他为主卧室设计了一间配套的梳妆室，但又没有门与之相连。他建了一个没有楼梯的阁楼，却装了一扇无处可通的高级门。

这些比较怪异的地方，在这栋房子建造之前或建造过程中得到了修正，没有付诸实施。最后，大门按照比较常规的做法设在正面，不是侧面。卫生间始终就没有建起来，楼梯上开了个大窗户。即使到了现在，只要出太阳，楼梯沐浴在阳光之中，从窗户里可以看到对面教堂的美丽景色。有两个房间——楼下的书房和上方的卧室或幼儿房，是加出来的。总之，建成的房子和塔尔所设计的有很大的差别。

在所有这一切修改当中，有一处特别令人感兴趣。在塔尔原来的方案里，现在餐厅所拥有的空间要小得多，包括为“男仆的食品贮藏室”——显然是个供仆人们吃饭和休息的地方——留出的空间，那个地方始终没有建成。而餐厅大约扩大了一倍，占满了整个空间。为什么那位单身汉教区长决定要剥夺雇员们一个休息的场所，让自己享有一个确实很宽敞的餐厅呢？由于时间相隔那么久远，这当然是说不清楚的。结果，仆人们在不干活时连个舒适的休息地方都没有，也许他们是几乎不休息的，仆人们往往不休息。

马香先生家里有3名仆人：管家沃姆小姐、担任仆人助理的村姑玛莎·西利和马夫兼园丁詹姆斯·贝克。和他们的主人一样，这3个人都没有结婚。由3名仆人侍候一位单身汉牧师，在我们看来似乎有点过分，但在马香的时代似乎谁也不会那样认为。大多数教区长至少有4名仆人，有的有10名，有的甚至更多。家里有仆人，犹如现代人家里有电器。连普通工人也有仆人。有时候，仆人也有仆人。

仆人不但为人提供帮助和方便，还是地位的重要标志。出席午餐会的人很可能发现，他们的座位是按照他们家仆的多少安排的，他们几乎像留住自己的小命一样留住仆人。即使在美国的边疆地区，即使在一次失败的冒险生意中几乎失去了一切，小说家安东尼·特罗洛普的母亲弗朗西丝·特罗洛普还留下了一名穿号衣的男仆。

因此，雇用仆人是许许多多人生活的一个重要组成部分。到1851年，当仆人的伦敦年轻女子，即15—25岁左右的年轻女子，占到该地年轻女子总数的1/3，还有1/3当妓女。对于许多妇女来说，那是她们唯一的选择。伦敦的仆人总数，包括男仆和女仆，超过除英格兰6个最大城市以外的总人口。这在很大程度上是个女性的世界。1851年，女性当仆人的人数，以10∶1的比例超过男性。然而，对于妇女来说，这很少是个终生的职业。大部分人在35岁以前就离开了这个行业，通常是为了结婚，极少有人在一个岗位上待到一年以上。我们将会看到，这几乎是不足为怪的。一般说来，当仆人是个艰苦而没有人会说声谢谢的工作。

你可以预料到，人员多少的差别是很大的，但上限通常是个相当大的数目。一个乡村大家庭里一般有40名室内服务人员。光棍伦斯戴尔伯爵一个人过日子，却用了49个人来照顾他。德比爵士仅侍候他吃饭的人就有两打。第一代钱多斯公爵养了一支私人乐队，在吃饭时为他演奏。有的乐师他还充分利用，让他们干仆人的活，比如要求一名小提琴手每天为他的儿子刮胡子。

室外人员的数目更多，尤其如果主人经常出去骑马或射击。在萨福克郡的吉尼斯家族的埃尔夫顿庄园，家里雇用了16名猎场看守人、9名助理看守人、28名养兔场饲养员（负责剔除劣种兔子）和20多名各种帮手，总共77人，仅仅为了确保主人和他们的客人始终有大量惊慌失措的鸟儿作为射击的靶子，到埃尔夫顿的访客每年能干掉10万多只鸟。有一次，第六代沃尔辛厄姆伯爵一个人在一天中就射杀了1070只松鸡。这个杀戮纪录后来没有人打破过，我们也许有理由希望这个纪录永远不会被打破。（估计，沃尔辛厄姆有一帮子装填手，连续不断地为他提供装好弹药的猎枪，那样射出所需的大量子弹就容易了。真正的挑战在于源源不断地提供靶子。几乎可以肯定，松鸡是几只几只地从笼子里放出来的。沃尔辛厄姆倒不如直接朝笼子里开枪算了，同样可以起到娱乐作用，还能有多一点的喝茶时间。）

客人们还带来自己的仆人，因此到了周末，某个乡村宅第里一下子

增加了150人，这也不是不常见的。19世纪90年代，有名的浪荡子查尔斯·贝雷斯福德爵士有一次闯入他以为是他情妇的卧室，淫荡地大叫一声“噢噢噢”，纵身钻进被窝里，结果发现里面睡的是切斯特主教和他的妻子。为了避免这样的混乱，温特伍思伍德豪斯府——约克郡一栋富丽堂皇的建筑物——给宾客们发银盒子，里面放着个性化的五彩纸屑，供他们撒在走廊里，以帮助他们找到回房间的路，或者找到两个房间之间的路。

往往一切都是大规模的。德文郡的索尔特兰府有600只铜罐和铜锅，这是相当平常的。普通的乡村府第可能有多达600条毛巾及差不多数量的被单和枕套。光把这一切做上记号，登记造册，放在正确的架子上，就已经是一件十分繁重的工作。即使是比较中等的规模，比如在牧师寓所，10个人用餐也很可能要使用并洗刷400多件不同的碟子、玻璃杯、刀具等等。

各个阶层的仆人都要长时间努力干活。1925年，有一位退休的仆人拿起了笔，回忆当年如何不得不早早起来生火，擦亮20双靴子，擦拭并整理35盏灯，他必须在家里的其他人快要醒来之前干完这一切。小说家乔治·穆尔根据自己的经历写出了他的回忆录《一个年轻人的忏悔录》。他说，仆人的命运是一天工作17个小时，“从厨房里出出进进做苦活，拿着煤、端着早餐和提着热水壶奔上楼，要不就是在楼下跪在炉子旁……房客们有时候说一句好话，但没有哪个人会把你当做自己人，只有给予狗的那种怜悯”。

在铺设室内管道之前，水得提到每个卧室里，而用完以后还得把水提走。一般说来，每个有人睡的房间从早餐到就寝要进去整理5次。每次都需要带着各种复杂的容器和擦布。比如，盛着脏水拿下去的容器，不能再盛着干净水提上来。女仆要带3块擦布——一块擦饮酒用的玻璃杯，一块擦五斗橱，一块擦洗脸池——还要记住使用时不能搞错（要不然会挨女主人一顿臭骂）。当然，这还是一般的清洗，是个轻活儿。要是哪个客人或主人要洗澡，工作量马上急剧攀升。1加仑水的重量相当于8磅，洗一次澡一般要用45加仑水，都要在厨房里烧热，然后装在专门的罐子里送上去。

一个晚上有可能要在20多个浴缸里放满水。做饭往往同样需要耗费大量力气和能量储备。一个盛满食物的烧锅可能重达60磅。

家具、炉栅、窗帘、镜子、窗户、大理石、铜器、玻璃和银器，这一切都要经常洗净、擦亮，通常使用专门的自制上光剂。为了保持钢制刀叉闪闪发亮，光洗净擦亮是不够的，还要在一块革砥上用力磨。革砥上涂有一种用刚玉粉、白垩、砖屑、擦粉或鹿角精与猪油调制而成的糊状物。在存放之前，刀具都要抹上一层羊油（为了防锈），用包装纸包好，因此下次就必须先剥掉包装纸，洗净、晾干才能再用。洗刀具是一件单调而又繁重的活儿，因此洗刀机成了最先出现的节省劳力的工具之一。那种器械主要是一个箱子，带一个柄，用来转动一把硬邦邦的刷子。有一种洗刀机在市场上被称作“仆人之友”。毫无疑问是的。

这还不仅是干活的问题，而且要按照苛刻的标准来干活，而这类标准一般都只有那些自己不用干活的人才想得出来。在诺森伯兰郡的豪华住宅曼德斯顿府里，一帮工人要一年两次，每次花整整3天时间来拆卸、擦亮，然后重新安装一座大楼梯。有些额外的活儿是既有辱人格，又没有意义的。历史学家伊丽莎白·加勒特注意到，有一户人家要求管家和他的手下在餐厅的餐桌上摆餐具以前，先把楼梯上多余的地毯铺在餐桌四周，以免踩着好地毯。伦敦有一名女仆抱怨说，雇主让她先脱掉工作服，换上体面一点的衣服，然后再被派到街上去为他们叫出租马车。

解决一家子的粮食是一桩需要操心的大事。粮食一年里只买进两三次，然后大批量地贮存起来。茶叶和面粉分别是成箱成桶购买的，食糖进货时是大的圆锥体，称之为“块”（loaf）。仆人们都成了长期贮存物品的能手，自给自足既是合意的，又是必需的。这不仅是干活的问题，而且要为干成活准备好材料。如果你需要给领子上浆，或把鞋子擦亮，你就得自己配制原料。直到19世纪90年代，商店里才卖鞋油。在此之前，你必须在家里用一种混合物烧制擦亮剂。在此过程中，不仅弄脏了靴子，还弄脏了锅子，弄脏了用来搅动的匙子，弄脏了与其接触的任何东西。浆衣服用的淀粉浆也得费大力气用大米或马铃薯制作。连被单在进货时也不是成品。你买来一卷卷的布料，然后将其做成桌布、床单、衬衣、毛巾等等。

大多数大户人家都有一间酿酒用的蒸馏室，在这里“酿造”出各种各样的物品——墨水、除草剂、肥皂、牙膏、蜡烛、地板蜡、醋和腌菜、润肤霜和化妆品、灭鼠药、灭蚤粉、洗发膏、药品，以及用来去除大理石上的污渍、消除裤子上的亮斑、浆硬衣领，甚至去除雀斑的药水（据说，一种用硼砂、柠檬汁和糖配制的溶液有那种效果）。这些宝贵的调制品可能含有不知多少成分——蜂蜡、小公牛的胆汁、明矾、醋、松脂以及甚至更令人吃惊的其他东西。19世纪中叶有一份手册的作者推荐，画卷每年可以用一种“盐和陈尿”的混合物来清洗，虽然究竟是谁的尿，陈到什么程度，要由读者来判定。

许多房子被食品室、贮藏室和其他服务区域占得满满当当，实际上房子的大部分成了仆人的天地。在1864年出版的《绅士府第》一书中，罗伯特·克尔说，豪华住宅一般有400个房间（包括所有用来贮藏物品的空间），其中差不多正好一半是家务料理室，也就是说，留给仆人在里面干活或睡觉的屋子。如果再加上马厩和别的附属建筑物，那么可以说那份财产绝对掌握在仆人手里。

内部分工有可能是极其复杂的。克尔把家务料理室分为9类：厨房、面包烘房兼蒸馏室、上等仆人室、下等仆人室、地窖和附属房屋、洗衣房、单人独用房、“补充房”和通道。别的住宅使用不同的计算方法，爱尔兰的弗洛伦斯宅第有70多个部门，而伊顿府，即威斯敏斯特公爵在柴郡的邸宅，只有16个部门——一个不太大的数字，考虑到他有300多名仆人。这完全取决于男主人、女主人、男管家和女管家的组织意向。

大的乡村邸宅很可能有猎具室、灯具室、蒸馏房、点心房、司膳总管配餐室、鱼类贮藏室、面包烘房、储煤室、野味贮藏室、酿酒房、刀具房、刷子室、鞋子室以及至少十来个派其他用途的房间。康沃尔郡的兰海特罗克府有个房间专门用于处理床上便盆。据历史学家朱丽叶·加德纳说，威尔士还有一家，有个房间留出来用于烫平报纸。最宏伟的或最古老的邸宅或许还有调料室、香料室、禽肉贮藏室、酒类及食品贮藏室

（buttery）以及有着更富有异国情调的名字的其他屋子，如ewery（存放水壶的房间，该词源自 *aquaria*）、chandry（存放蜡烛的房间）、avenery（饲养作为打猎目标的野兽的地方）、napery（存放家用亚麻布的房间）等等。

有些工作间的名字并不完全是字面上的意思。buttery跟黄油butter毫无关系。它是指butts（大桶），如butts of ale（大桶啤酒）。（它从*boutellerie*变形而来，butler和bottle也源自这个词。原先，butler的活儿就是照管酒瓶。）奇怪的是，有个服务间不是以里面所存放的产品来命名的。这就是dairy（奶牛场）。这个名字源自一个古法语词dey，意思是少女。换句话说，那是可以找到挤奶姑娘的屋子。由此，我们有理由推测，与找到牛奶相比，古代的法国男人更有兴趣找到挤奶姑娘。

除了在最一般的家庭以外，主人很少踏进厨房或仆人的活动领域。正如朱丽叶·加德纳所说："有关仆人的生活情况，他们只有通过报告才知道。"户主除了知道仆人的名字之外对别的情况一无所知，这也不是不常有的，大多数户主几乎不知道怎么走过光线昏暗的仆人活动区。

生活的方方面面都是等级森严的，不仅对仆人是这样，那些令人不安的差别也同样适用于客人和家人。严格的礼仪规定了一个人可以进房子里的哪些部分——他可以使用哪些走廊和楼梯，他可以开哪几扇门——取决于他是客人还是近亲，是家庭女教师还是男教师，是小孩还是大人，是贵族还是平民，是男性还是女性，是上等家仆还是下等家仆。在《绅士府第》（1864）一书中，马克·吉罗尔德注意到，礼仪严格到了这样的程度，在有一户豪宅，11个不同阶层的人在11个不同的地方喝下午茶。帕梅拉·萨姆布鲁克在她关于乡村家仆的史书里注意到，有姐妹二人在同一户人家当仆人，一个是负责客厅和卧室的女仆，一个是照管儿童的保姆，但两个人相遇时不准说话或表示认识，因为她们生活在不同的社会领域。

很少给仆人一点时间搞个人卫生，却要经常责怪他们身上肮脏。这肯定是不公平的，因为仆人一般要从早上6点半忙到晚上10点钟，假如晚上还有社交活动，那要忙到更晚。有一本家务手册的作者怏怏不乐地提到，她很乐意让她的仆人住更好的房间，但遗憾的是，他们身上总是越来越脏。“因此，仆人的房间里家具越简单越好”，她认为。到爱德华时代，仆人每个星期可以休息半天，每个月可以休息一整天——这也许是不够的，你想一想，他们要在这么点时间里采购个人物品、理发、回家探亲、谈情说爱、休息，或者享受几个小时宝贵的自由。

最难办的也许是要完全依附和依赖那些不大瞧得起你的人。弗吉尼亚·伍尔夫的日记，几乎全部写的是关于仆人以及跟他们打交道要保持耐心的事。她写到有一名仆人时说：“她处于自然状态：没有经过培训，没有受过教育……因此你看到一个人脑在赤裸裸地蠕动。” 作为一个阶级，他们像“厨房里的苍蝇”那样烦人。伍尔夫的同时代人埃德娜·圣文森特·米莱更是直言不讳。“我唯一恨的人就是仆人，”她写道，“他们其实根本不算人。”

这无疑是个很怪的世界，仆人构成了人类的一个阶级，从根本上说，他们的存在是为了确保人类的另一个阶级在想要什么时，几乎马上就能伸手拿到什么。受到这样照料的人的娇生惯养之程度，几乎是无法想象的。20世纪20年代，第十代莫尔伯勒公爵去看望他的女儿时，因女儿的房子太小而没法让仆人们和他同住。他从浴室里走出来，一副不知所措的样子，因为他的牙刷上不像往常那样有泡沫。原来，他牙刷上的牙膏总是由他的贴身男仆为他挤上的，那位公爵还不知道牙刷是不会自动再次挤上牙膏的。

仆人们做了所有这一切，受到的待遇却往往是很可怕的。女主人为了测试仆人的老实程度，在肯定能看得见的地方放一些诱人的东西，比如在地板上放一枚硬币，然后，假如他们把它塞进自己的口袋，她就惩罚他们。这么做，是为了让仆人们多一点顾虑：他们的面前是一位无所不知的高人。仆人还被怀疑提供内部消息，故意不把门锁上，帮窃贼的忙，这种事情肯定会使双方都感到不高兴。仆人，尤其是小户人家的仆人，往往认为他们的主人是无理的、苛刻的。而主人则认为仆人是懒惰的、不可信的。

随便蒙受羞辱对仆人来说是生活中一个经常性的特色。例如，仆人有时候被要求改用新的名字，那样的话，家里再来一个男仆总是被叫做比如

“约翰逊”，从而每当有一名男仆退休或倒在马车轮子底下时，那家的人就无须再没趣地去记一个新的名字。司膳总管尤其是个微妙的问题，主人指望他具有绅士的风度和举止，穿着相应的衣服，但又往往有意识地要求他在服装方面显得不大得体，比如穿一条与上衣不配套的裤子，以确保别人一眼就能看出他是个下人。①

有一本手册还真的教你一套方法——实际上提供了一个可以上演的剧本——教你如何当着孩子的面羞辱一名仆人，这样做对孩子和仆人都有好处。在这个范本中，孩子被叫到书房，只见母亲站在那里，受到羞辱的仆人一声不吭地流着眼泪。

“保姆玛丽要告诉你，”那位母亲开言道，“没有哪个黑人敢在黑暗里偷偷地溜进小孩的房间，趁着他们淘气把他们拐走。我要听着保姆玛丽对你说这番话，因为她今天就要走了，你很可能再也见不到她了。”

接着，她拿出一桩桩可笑的事情与那名保姆对质，再让保姆当面一一认错。

孩子仔细地听着，然后向那名将要离去的雇员伸出了手。“谢谢你，保姆，”他简单地说，“我本不该害怕，可是我信了你，你是知道的。”接着，他朝她母亲转过身去，“我现在不会害怕了，妈妈。”他以恰如其分的男子汉方式向妈妈保证。然后，大家又都恢复了正常生活，当然，除了那名保姆，她很可能再也找不到体面的工作了。

解雇，尤其对女性来说，是最可怕的灾难，因为这意味着失去了工作，失去了住处，失去了前程，失去了一切。比顿夫人特别煞费苦心地警告，不要出于情感、基督徒慈悲为怀的精神或任何别的感情考虑，为被解雇的人写假的或骗人的推荐信。“在写证明信的时候，几乎没有必要要求

---

① 顺便说一句，在我们的脑海里，仆人的标准形象是身穿黑色制服，头戴褶边帽，系着上过浆的围裙，如此等等。实际上，这种形象在现实生活中只存在过比较短的时间。要到19世纪50年代，开始进口棉花以后，仆人们才经常穿制服。在此以前，只要看一眼就能知道，上层阶级所穿的衣服要比劳动阶级所穿的衣服质量好，你无须通过制服来识别仆人。——原注

女主人严格按照正义感来办事。把自己不要的仆人推荐给别的女主人，这是不公平的。”比顿夫人写道。任何人在考虑那个问题时都需要这样。

随着维多利亚时代不断往前推移，对仆人的要求也越来越高，不仅要诚实、干净、干活卖力、为人持重、尽心尽责、谨慎小心，而且要尽量成为隐身人。珍妮·乌格洛在她的园艺史中提到一处庄园，要是那户人家恰好在家，园丁们在清倒手推车上装的东西时，必须绕道1英里，免得让主人见了不开心。而在萨福克郡有一户人家，仆人们要是看到主子的家人恰好从身边走过，就必须把脸贴着墙壁。

在住宅的设计过程中，越来越注意把仆人挡在看不见的地方，与主人家隔开一段距离，除了绝对需要以外。为达到此目的，在建筑方面的最大改进是添加了后楼梯。“绅士们上楼梯时，不会再在楼梯上碰上仆人正把他们昨夜排出的粪便提下来。”马克·吉罗尔德是这样利落地描述的。“这样的隐私双方都觉得很重要。”罗伯特·克尔在他1864年出版的《绅士府第》一书中写道，但是我们可以很有把握地推测，相比之下，克尔先生更熟悉的是使用便桶的人的感情，而不是清倒便桶的人的感情。

在最高阶层，尽可能少露面的要求，不光是对仆人，也是对客人和主人家的永久性成员提出来的。当维多利亚女王下午绕着怀特岛上奥斯本宫的庭园散步时，任何人，无论来自哪个社会阶层，都不准和她照面。据说，你可以通过观察人们在她前面慌忙逃离的情景，来确定她在宫里的位置，无论她在什么地方。有一次，财政大臣威廉·哈考特爵士发现自己恰好身处一块空地，除了一簇矮小的灌木丛以外没有任何藏身之地。哈考特身高6英尺4英寸，而且很肥胖，躲藏也不过是个象征性的举动。女王陛下假装没有看见他。不过话得说回来，她在视而不见这方面是很有造诣的。在室内，如果不可避免在走廊里照面，她习惯于带着一种傲慢的目光，目不转睛地看着前方，只当没有看见沿途碰上的任何人。除了极其信任的仆人以外，任何仆人都不准正眼看着她。

“分成阶级是最危险、最应受到谴责的事，根本不符合自然法则。本王一直在致力于改变这种状况。”女王曾经写道。但是，有个没有实施这条高尚的原则的地方她却视而不见，那就是她自己的御前。

男管家是一户人家最高级的仆人。与之相对应的女性仆人是女管家。在他们之下，依次是厨房总管、厨师，以及各类女仆、客厅侍女、贴身男仆、一般男仆和跑腿男仆。跑腿男仆原先就是在主人坐的轿子或马车跟前跑动的人，沿途摆摆威风，提供必要的服务。到了17世纪，他们像赛马用的马那样受到珍爱；有时候，主人还出大笔奖金让他们赛跑。家里面大多数出头露面的事都由跑腿男仆来做，如客人来时开门、侍候进餐、送信，因此在选择时往往考虑身高、举止和长相。这令比顿夫人很反感。“如果时髦太太在选择跑腿男仆时只考虑身高、体形和腿肚子的大小，她会找个对家里人没有感情的佣人，这是不足为奇的。”她嗤之以鼻地说。

人们通常认为，在英国有些比较宽松的家庭里，跑腿男仆和女主人的关系是一个令人感兴趣的方面。有个著名的例子，克朗梅尔的莱戈尼尔子爵发现自己的妻子在与意大利贵族维托利奥·阿梅地奥·阿尔费里伯爵勾搭。莱戈尼尔要求决斗，这是维护名誉所必须要做的。两个男人就从附近商店里借来了宝剑，在格林公园进行了某种形式的决斗，但他们的心思其实不在决斗上面，很可能是因为他们知道，他们不值得为那位水性杨花的莱戈尼尔夫人流血。这种怀疑几乎马上得到了证实，因为她和她的跑腿男仆私奔了。这件事在全国传为笑柄，并激起某些人的诗意。我仅引用下列对句：

瞧瞧那位莱戈尼尔荡妇
宁要马夫不要贵族丈夫

仆人的生活绝不是很糟糕的。一般说来，乡村里的大户人家，一年当中只有两三个月有人居住。因此，对有的仆人来说，在很长时间里生活是比较悠闲的，只是随着季节的变化有时候要长时间做点苦活。而对于城里的仆人来说，情况通常恰好相反。

他们穿得暖，吃得饱，衣着体面，每天晚上有个地方睡觉。这些东西在当时是非常重要的。有人计算，把这些待遇都计算进去，一名高级仆人的薪水相当于今天的5万英镑。那些头脑灵活或敢作敢为的仆人，还可以捞到外快。比如，在查特斯沃思府，啤酒是通过一根管子从啤酒厂输送到家里的。它经过约瑟夫·帕克斯顿管理的大暖房。在有一次进行日常维护的过程中发现，家里有个胆子很大的家伙也经常在利用这管子。

仆人们还常常拿到很多小费。晚宴结束以后，客人离开时要经过一溜儿五六名仆人，每一名仆人都指望拿到1先令，这种情况是很常见的。因此，出门吃饭对谁来说都是一件很花钱的事，除了对仆人以外。周末的客人也被指望给小费时出手很大方，仆人陪客人参观也可以挣到钱。18世纪形成了一个陪同衣着体面的客人参观的习俗。中产阶级人士参观豪宅变得非常普遍，很大程度上就像今天那样。1776年，一位参观威尔顿府的人注意到，她是那年第3025位访客，而当时还只是8月份。有的邸宅接待的观光客人如此之多，以至于不得不把安排程式化，以免事态失控。查特斯沃思府每星期指定开放两天。沃伯恩府、布伦海姆府、卡斯尔霍华德府、哈德威克府和汉普顿宫也同样设定了开放时间，试图限制参观人流。游客们把特威肯翰的草莓山府的主人霍勒斯·沃波尔弄得苦不堪言，最后不得不采取发票的方式，还气呼呼地印发了一长串规定，规定准许这个，禁止那个。比如，如果有人申请4张票，结果来了5个人，那么这5个人都不让进。别的府第比较肯通融。约克郡的罗克比邸宅还开设了一个茶室。

较小宅第里的仆人往往最累，一个仆人很可能要做别处两三个仆人做的事。不出所料，比顿夫人在这个问题上谈了好多。她说，一个人究竟需要多少名仆人，这取决于他的经济地位和出身。她认为，一个贵族出身的人起码需要25名仆人。一个年薪1000英镑的人需要5名仆人—— 一名厨师、两名女仆、一名保姆和一名男仆。中产阶级的专业人士家庭至少要有3名仆人——客厅侍女、女仆和厨师。即使是年薪只有150英镑的人也被认为很富，可以雇一名全能女仆（这个头衔实际上已经说明了一切）。比顿夫人自己有4名仆人。然而，实际上，大多数人所雇用的仆人似乎根本不像比顿夫人认为他们应当雇用的那么多。

历史学家托马斯·卡莱尔[①]和他的妻子简的家，是个典型得多的人家。他们在切尔西的大切尼街5号的家里只有一名女仆。这个没有受到充分赏识的家伙不但要做饭、打扫卫生、收拾碟子、照管炉子、运走炉灰、应付访客、经管物资等等，而且每次卡莱尔夫妇想要洗澡——他们要洗好多次澡——她就得去提取、烧热8—10加仑水，并把热水送上三段楼梯，然后还要重复那个相反的过程。

在卡莱尔夫妇家里，那名女仆没有自己的房间，而是生活在厨房里，睡在厨房里——在小户人家，一般都是这种做法，即使是在卡莱尔夫妇这样有教养的人家。大切尼街的厨房在地下室，又暖和又舒适，虽然光线有点儿暗，但连这么起码的空间也不在她的掌控之下。托马斯·卡莱尔也喜欢这里的温馨气氛，晚上常常愿意来这里看书，把女仆打发到“厨房后面”去。这个名字听上去似乎不算可怕，但实际上只是个不生火的贮藏室。她待在一袋袋的马铃薯和其他食品堆里歇息，直到听见卡莱尔移动椅子的声音，在炉栅上叩烟斗的响声，以及他离去的响声——他往往很晚才离开，她才终于能占有她那张简朴的床铺。

在大切尼街生活的32年里，卡莱尔夫妇总共雇用过34名女仆——卡莱尔夫妇还是比较容易侍候的人，因为他们没有孩子，比较有耐心，天生富有同情心。但是，几乎找不着能符合他们苛刻标准的仆人。有时候，仆人们之失职令人吃惊。比如，1843年有一天下午，卡莱尔夫人回到家里，发现女管家烂醉如泥，躺在厨房的地板上，“一张椅子翻倒在她的身边，四周是乱七八糟的脏碟子和瓶瓶罐罐的碎片”。还有一次，卡莱尔夫人十分震惊地获悉，她不在家的时候，有一名女仆在楼下的客厅里生了个私生儿。她尤其愤慨的是，那名女子把“我的全部高档餐巾”都用光了。然而，大多数女仆之所以离开，或被要求离开，是因为她们干活不愿意像卡

① 托马斯·卡莱尔（1795—1881），苏格兰散文作家和历史学家，主要作品有《法国革命》、《论英雄、英雄崇拜和历史上的英雄事迹》等。——译注

莱尔夫妇所期望的那样卖力。

不可规避的事实是，仆人只是普通人。若要满足雇主无休止的怪要求，必须具有一定的才智、本领、忍耐力和耐心。这样的仆人只有极少数。而真正具有成为一名出类拔萃的仆人所必须具有的多种才能的任何人，都不大可能愿意成为一名仆人。

仆人最大的弱点是没有权利，几乎什么事都可以怪到他们的头上。从来没有这种现成的替罪羊，卡莱尔夫妇就发现了这一点。1835年3月6日晚上，发生了一件很有名的事。当时，卡莱尔夫妇刚从故乡苏格兰搬到伦敦，希望托马斯在那里能成为一名职业作家。他38岁，已经有点小名气——不得不说，只是很小的名气——出版过一本充满难懂的个人哲学的著作，名叫《裁缝里萨特斯》，但还不得不写出自己的大部头作品。他打算写一部多卷本的法国大革命史来弥补这个不足。1835年冬，他花费很多心血终于完成了第一卷，把手稿交给他的朋友兼导师约翰·斯图尔特·米尔，征求他的宝贵意见。

就是在这种背景下，3月初那个阴冷的夜晚，脸色苍白的米尔出现在卡莱尔家门口，他的情妇哈丽亚特·泰勒坐在后面的一辆马车里等着。泰勒是一位商人的妻子，而那位商人秉性豪放，实际上与米尔共享哈丽亚特，甚至在伦敦以西的泰晤士河上的沃尔顿为他们提供了一套别墅，他们可以在那里幽会。说到这里，我就让卡莱尔本人接着讲那件事情：

> 听到米尔在叩门。他进门时脸色苍白，说不出话，气喘吁吁地把我的妻子叫到楼下去跟泰勒太太说说话。他（拉着我的手，脸上挂着吃惊的神色）走上前来，一副绝望的样子。他含含糊糊说了几句意思差不多的话以后，告诉我说，我的第一卷（被他丢了，是在他看了以后或是在看的过程中，他太粗心大意了）除了四五张碎片以外，已经不可挽回地毁了！我记得，现在依然记得，我花了九牛二虎之力写出来的东西，现在它没了，全世界和把它作为精神支柱的我自己都无法把它弄回来了。过去的精神也

已不复存在了……它没了，一去不复返了。

米尔解释说，有个仆人看到书稿放在火炉的围栏上，便用它来生炉子了。不过，这件事你用不着仔细一想，便能发现那种解释有几个问题。首先，一份手写的书稿无论以什么方式放置，都不会看上去无足轻重；任何在米尔家工作的女仆都会经常看见那份书稿，脑子里不会不知道它的重要性和价值。无论如何，生炉子也几乎用不了整部稿子。烧掉整部书稿，必须要有耐心，一次几页地投入火中——要是你要处理掉整部稿子，你会这么做的，而如果只是为了生一次炉子，那是不会这样做的。总而言之，简直无法想象，会出现女仆意外而又让人可信地把这样一部作品整个儿烧毁的事情，无论她怎么愚蠢，怎么无能。

另一种可能性是，米尔本人因为一时嫉妒和生气把书稿烧了。米尔是法国大革命的权威，曾经对卡莱尔说他打算有朝一日写一本这方面的书。因此，嫉妒肯定有可能是一种缘由。而且，这时候米尔正经历一场个人危机：泰勒太太刚刚对他说，她不愿意离开她的丈夫，但坚持要维持他们的这种古怪的三角关系。因此，我们可以这么认为，他的脑子受到干扰，失去了平衡。不过，这样一种恣意的破坏行为，无论是跟米尔先前的善良性格，还是跟他为此损失而表露出的似乎真实的惊恐和痛心，都不完全能合拍。剩下的唯一可能性是，稳重的卡莱尔夫妇不大喜欢的泰勒太太，要对此负某种说不清道不明的责任。米尔曾经对卡莱尔夫妇说过，他曾在沃尔顿把很大一部分书稿念给她听。因此，人们就产生了怀疑，在发生这场灾难的时候，书稿是由她来保管的，不管怎么说她是这件事难以说清和令人不快的核心人物。

有件事卡莱尔夫妇是不会做的，那就是对这番话提出任何疑问，即使是以绝望的设问形式。礼节上规定，卡莱尔夫妇不得不把米尔的话当做事实，不允许追问这场匪夷所思的可怕灾难究竟是怎么发生的。一个莫名其妙的仆人粗心大意地毁了卡莱尔的全部手稿，事情就到此为止。

卡莱尔没有别的出路，只好坐下身来，竭尽全力把书稿再写一遍。这项任务变得更加富有挑战性，因为他已经没有笔记可以查阅。他有个古怪而显然又是错误的习惯：他每写完一章就要把笔记付之一炬，以庆祝大功告成。米尔坚持要赔偿卡莱尔100英镑，够他在重写书稿的过程中一年的生活费。但是，他们的友谊再也没有修复，这是不足为怪的。3个星期以后，卡莱尔在给他的弟弟的信中抱怨说，米尔连让他们在私下里难过一阵子的意思都没有，而是“继续不知趣地待到差不多半夜，我可怜的太太和我不得不坐着，聊一些无关紧要的事情；直到那个时候，我们才能无拘无束地发牢骚”。

重写的书稿跟原先的究竟有什么区别，我们已经无法知道。可以说的是，现有的那一卷是有史以来最难读懂的书之一，不大可能在那个时代受到很高的评价。全书完全用现在时，语言古怪、造作，似乎总是到达语无伦次的边缘。卡莱尔是这样描述那个快上断头台的人的——

> 尊敬的吉洛廷医师，我们希望再见他一次吗？如果不是在这里，这位医师就不该在这里。我们以预言家的目光看着他：巴黎众议院议员们确实都迟到了一会儿。孤单单的吉洛廷，尊敬的医师；一种具有讽刺意味的命运注定他要享有那份最古怪的不朽荣耀。那种荣耀使得默默无闻的凡人不去安息之地，那个被人遗忘的天国！……倒霉的医师！22年没有听说过断头台，耳朵里听到的会全都是关于断头台的事；然后死去，将成为一个郁郁寡欢的野鬼，可以这么说，在漫长的岁月中，游荡在冥河和忘川的对面；他可能要比恺撒大帝更持久地名垂青史。

读者从来没有遇到过哪本书写得如此生动、如此亲切，觉得非常震撼人心。这本作品狄更斯声称看过500遍，并把写《双城记》的灵感归功于它。奥斯卡·王尔德很崇敬卡莱尔。“他首次用我们的语言把历史变成了一首歌，”他写道，“他是我们的英语基本拍。”在半个世纪的时间里，卡莱尔对文学界人士来说是一位神。

他于1881年去世。他写的历史在他去世以后很少有人去读，但他的个人历史却一代代地传诵下来，这在很大程度上是由于他和他的妻子留下了大量的书信，足以印成密密麻麻的30卷。假如托马斯·卡莱尔今天获悉，他写的历史书在很大程度上没有人读过，而大家对他日常生活中的细枝末节却都很清楚，包括他在几十年时间里对仆人的小小抱怨，他准会感到吃惊和沮丧。当然，具有讽刺意味的是，正是因为他雇用了一个又一个不知感恩的仆人，他和他的妻子才有那个空闲时间来写那么多书信。

这种事情在很大程度上总是这样的。跟卡莱尔夫妇一样，不过要比他们早差不多两个世纪，塞缪尔·佩皮斯[①]和他的妻子伊丽莎白在佩皮斯写日记的8年半时间里，也是似乎不断地雇用仆人。也许这是不足为怪的，因为塞缪尔花了大量时间来抚弄女仆，狠打男仆——不过，实际上，他也经常打女孩子。有一次，他拿起扫帚对着一个名叫简的女仆，“把她打得哇哇大哭”。她的罪名是衣着不整洁。佩皮斯雇了一个男孩子，他的主要作用似乎一直是为佩皮斯提供一个随手可打的对象——“用手杖打，或用桦条打，或用鞭子打，或用绳头打，甚至用咸鳗打”，历史学家莉莎·皮卡德如此说。

佩皮斯还是个解雇仆人的能手。有个仆人被解雇，是因为说了“几句粗鲁话”；另一个仆人被解雇，是因为爱传布流言飞语。有个仆人刚到就发给了新衣服，但在当天夜里就跑了。那个仆人被抓回来以后，佩皮斯收回了衣服，坚持要狠狠地揍她一顿。别的仆人被解雇是由于喝酒或偷吃东西。有的肯定是被辞退的，因为她们不愿意随他色迷迷地乱摸。然而，有多得让人惊讶的女仆屈从了。在写日记的8年半时间里，佩皮斯至少跟除他的妻子以外的10个女人发生了性关系，还跟另外40个异性邂逅，其中许多是仆人。有个女仆名叫玛丽·默瑟，《国家传记词典》里谈到这个女人时不当一回事地说：“她早晨来替他穿衣服时，塞缪尔似乎总是要抚摸她

① 塞缪尔·佩皮斯（1633—1703），英国文学家，以所写日记（1660—1669）闻名，日记记述了王政复辟、鼠疫和伦敦大火等重大历史事件。——译注

的胸部。”（有意思的是，浪荡子“塞缪尔”是我们的英雄，“默瑟”倒是贱货。）她们不在替他穿衣服、挨拳头或被当做鸡窝乱摸的时候，佩皮斯就要仆人替他梳头发、洗耳朵。除此以外，仆人们还要完成每天日常生活中的做饭、打扫、做杂务等工作。佩皮斯夫妇找仆人很难，留仆人也很难，这是一点儿也不奇怪的。

佩皮斯的经历也表明，仆人会背叛。1679年，佩皮斯解雇了他的男管家，因为他和女管家睡觉（有意思的是，女管家没有被解雇）。为了报复，男管家对佩皮斯的政敌说，佩皮斯是个天主教徒。这件事发生在宗教狂热时期。佩皮斯被关进了伦敦塔。只是由于男管家良心发现，承认整个事情都是他胡编出来的，佩皮斯才被获准释放。但是，这件事极其生动地提醒大家：主人可以摆布仆人，仆人也同样可以摆布主人。

至于仆人本身，我们总的说来对他们了解甚少，他们的经历基本上没有记载。汉纳·卡尔威克是个很有意思的例外，她记了将近40年日记，而且记得异常详细。卡尔威克1833年生于什罗普郡，8岁就当厨房里的女仆，开始做全日制家务劳动。在漫长的职业生涯中，她先后当过低级女仆、厨房女仆、厨师、厨师下手和总管。无论当什么，干的是苦活儿，干的时间很长。她于1859年在25岁那年开始写日记，一直写到了快到65岁生日。由于时间跨度很大，她的日记成了那个伟大的奴役时代里一名低级仆人日常生活的最完整的记录。像大多数家仆一样，她从早上7点以前一直干到晚上9点、10点，有时候更晚。她的日记在很大程度上是所干的活儿的流水账，缺乏感情色彩。下面是一则典型的日记，记的是1860年7月14日发生的事：

> 打开百叶窗，生着厨房里的炉子。在灰洞里抖掉身上的煤灰，清干净里面的煤灰。打扫了房间和门厅。在炉膛里添放燃料，把早餐端到楼上。擦了两双靴子。叠好床铺，倒掉了吃剩的东西。洗刷了早餐餐具。刷净了盘子，刷净了刀具，把午餐端上

> 了楼。打扫卫生。打扫了厨房，打开一篮子食品。把两只鸡送到布鲁尔太太家，捎回来口信。做了果馅饼，把两只鸭子拔了毛、开了膛，然后烤了。跪在地上打扫了台阶和石板。给屋子前面的刮泥板抹上石墨。打扫了街头的石板，也是跪着干的。在洗碟间里洗刷餐具。跪着打扫食品贮藏室，擦净了餐桌。擦拭了屋子四周的石板，还把窗台擦了一遍。为主人和沃里克太太准备茶水……跪在地上打扫了厕所、走廊以及洗碟间的地板。给狗洗了个澡，擦拭了水槽。准备好晚餐，让安端上楼去，因为我身上太脏，又太累，不想上楼了。在浴缸里洗了个澡，上床睡了。

这是最平常的一天，其中最不寻常的是她还洗了个澡。在大多数日子里，她的日记总是以充满倦意而又无可奈何地说："不管身子多么肮脏就睡了。"

除了不加渲染地叙述自己所干的活儿，汉纳·卡尔威克的日记里还提到一件她自己生活中更加非同寻常的事情：从1873年到1909年去世的36年间，她秘密嫁给了一位名叫阿瑟·芒比的公务员兼小诗人。后者没有把这个关系告诉家人或朋友。要是没有旁人，他们过夫妻生活；要是来了客人，卡尔威克又成了女仆。要是客人在家里过夜，卡尔威克就不上婚床，睡在厨房里。芒比是个有点地位的人，他跻身于拉斯金、罗塞蒂和勃朗宁的行列，他们是他家里的常客，但谁也没有想到，那个叫他"先生"的女人其实是他的妻子。即使在私下里，他们的关系也至少可以说有点不正常。按照他的要求，她叫他"主人"，还弄黑了皮肤，让自己看上去像个奴隶。现在得知，她之所以写日记，在很大程度上是为了给他看，让他知道自己身上是怎么弄脏的。

只是到了1910年，在他去世和他的遗嘱公布以后，消息才传出来，引起了小小的震动。汉纳·卡尔威克之所以有名，倒不是因为她的日记，而是由于她古怪的婚姻。

汉纳·卡尔威克在做仆人的各种活儿，穿着烟囱清扫工的服装（右下）
（照片由她丈夫拍摄）

在仆人队伍里处于最底层的是洗衣女仆，她们的地位是如此低下，在屋里往往几乎完全不见她们的身影。要洗的衣物是有人拿给她们的，而不是她们自己去取的。洗衣的活儿被人瞧不起，在大一点的家庭里，有时候把仆人送去洗衣房作为一种惩罚。这是个耗费力气的活儿。在大的乡村邸宅里，洗衣工每星期很可能要处理六七百件衣物、毛巾以及床单和枕套。由于19世纪50年代以前没有洗涤剂，一堆堆要洗的衣物不得不在肥皂水或碱液里泡上几个小时，然后再用力捶打、擦洗，煮一个小时或更长时间，反复漂洗，用手拧干，或者（大约在1850年以后）放进一只滚筒，再拿出去挂在树篱上或铺在草坪上晾干。（乡村里最常见的一种犯罪行为是偷晾晒的衣物，因此常常得有人看着，直到衣物晾干。）朱迪思·弗兰德斯在《维多利亚时代的住宅》一书中说，一项简单的洗衣活儿，比如洗床单和别的床上用品，总共可能要包括至少8道独立的工序。但是，好多要洗的东西远不是那么简单的。难洗的或容易洗坏的物品得小心翼翼地处理。不同纤维做的衣物，比如丝绒的和有网眼的衣物，往往不得不仔细拆开，单独洗净，然后再重新缝合在一起。

大多数颜色不是永不退色的，是很难侍候的，因此为了保持或恢复颜色，每次洗衣服时都必须在水里加入精确剂量的化学混合物：绿色的衣物加入明矾和醋，紫色的衣物加入小苏打，红色的衣服加入矾油。每个熟练的洗衣女工均有一系列配方，能去除各种不同的污迹。床单常常要浸泡在陈尿里，或者家禽粪便的稀溶液里，因为这种东西起漂白作用。但是，由于这些东西有一股臭味（这是不足为怪的），需要用力多漂洗几次，通常还要使用某种草汁，使味道好闻一些。

上浆是一件很费劲的事情，常常要留到第二天来完成。熨烫是另一件繁重的活儿，要分开来做，令人望而却步。熨斗凉得很快，因此非得快速使用，然后再换上刚刚加热过的。通常有一个在使用，两个在加热。熨斗本身很重，要花很大力气才能压下去取得理想的效果。但是，熨斗用起来还必须小心翼翼，因为上面没有控制温度的装置，很容易把织物烫焦。熨斗是在炉子上加热的，还往往会沾满炉灰，因此得不断擦干净。要是衣物上还有浆，浆会粘在熨斗底部，那样还得用砂纸或刚玉板来擦拭。

到了洗衣日，往往必须有人凌晨3点钟起床把热水准备好。许多只有一名仆人的家庭，这一天就需要从外面雇一名洗衣女工，有的人家把衣物送到外面去洗。但是，在发明石炭酸和其他有效的消毒剂以前，这种做法总是让人担心，衣物送回来时会感染某种可怕的疾病，比如猩红热。而且，人们提心吊胆地不知道自己的衣物和谁的衣物混在一起洗了。伦敦有一家大型百货店——怀特利百货店，从1892年起提供洗衣服务，但生意一直不好。最后，店里有一位经理想到贴出一张大型告示，说仆人的衣服和顾客的衣服总是分开洗的。直到进入20世纪好多年以后，许多伦敦最富有的市民还是愿意每星期一次乘火车把衣服送到自己在乡下的庄园去，由他们觉得可以信赖的人来办这件事。

在美国，仆人的情况几乎在哪个方面都有很大的不同。书里常常写到，美国人根本不像欧洲人那样雇用很多仆人。在某种程度上说，这是真的，因为美国人有奴隶。托马斯·杰斐逊养了200多个奴隶，光为他干家务活的就有25人。有一位他的传记作家说：“当杰斐逊写到，他种了橄榄树和石榴树，你应当记住，他根本不会使铁锹，完全是指挥他的奴隶干的。”

奴隶制度和种族歧视不是在早年自动形成的。有的黑人被作为契约奴对待，到期以后可以像任何其他人那样获得自由。17世纪有一名黑人名叫安东尼·约翰逊，他拥有一个250英亩大的烟草种植园，后来富得自己可以成为奴隶主。奴隶制度起初也不是美国南部特有的制度。1827年以前，奴隶制度在纽约州是合法的。在宾夕法尼亚州，威廉·佩恩蓄有奴隶。1757年本杰明·富兰克林搬到伦敦来住的时候，还带着两名奴隶，分别叫做金和彼得。

美国没有的是大量自由的仆人。即使在巅峰时刻，也只有不足一半的美国家庭雇有一名仆人，而且许多仆人也根本不把自己看成是仆人。许多仆人不愿意穿制服，许多仆人还要坐下来跟主人家一起进餐。总之，他们差不多要求平起平坐。

正如有一位历史学家说的，比之试图改造仆人，改造家政更加容易一些。因此，从很早的时候起，美国人就开始对方便和省力的器具着迷，尽管使用19世纪的器具所省的力气与所多费的力气也差不了多少。1899年，据波士顿家政学校计算，一个煤炉一天需要54分钟的悉心照料——清除炉灰、添煤、擦拭等等——劳累半天的主妇才能烧上一壶水。煤气的使用实际上使情况变得更糟。有一本名叫《清洁的代价》的书中计算，一栋装有煤气设备的普通八居室房子，每年要专门花1400小时的时间来做繁重的擦拭工作，包括每月花10个小时来洗刷窗子。

无论如何，许多由新发明来干的活儿，以前在很大程度上是由男人干的，比如劈柴，因此对妇女没有多少好处。实际上，由于住房面积越来越大，饭菜越来越复杂，洗衣服的量越来越大，次数越来越多，对卫生的要求也越来越高，所以生活方式的变化和技术的提高在很大程度上只是给妇女增加了工作量。

但是，一种有效而又无形的存在，即将改变大家生活中的这一切。关于那方面的故事，我们不需要走到另一个房间，只需要看一眼挂在墙上的一个小盒子。

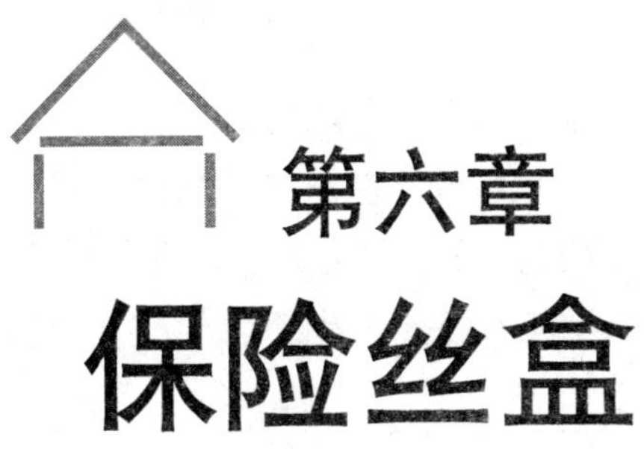

第六章

保险丝盒

我们忘了，在发明电以前，世界上的光线是多么暗淡。一支蜡烛——一支好的蜡烛——所提供的照度，勉强相当于一盏100瓦电灯1%的照度。打开你家的冰箱门，里面射出的光比18世纪大多数家庭享有的光的总和还多。在历史的大部分时间里，夜晚的世界确实是个很黑暗的地方。

1939年秋，在随着战争爆发而产生的有点神经质的混乱之中，英国采取了严格的灯火管制规定，以挫败德国空军的任何狼子野心。有3个月时间，夜里亮灯实质上都是非法的，不管灯光多么暗淡。破坏规定的人，无论是在门洞里点香烟，还是举起一根火柴看路标，都可能遭到逮捕。有个人因为没有遮住热带鱼缸里加热灯的灯光而被罚款。宾馆和办公室每天要花几个小时放上和取下挡住灯光的遮布。司机不得不在几乎完全看不清的情况下开车，连仪表板上的灯也是不允许打开的。因此，他们不仅要测算路在哪里，还要估计行进的速度是多少。

自中世纪以来，英国还从来没有那么黑暗过。后果是众说纷纭，影响深远的。为了避免撞着路缘或停在旁边的任何东西，汽车养成了顺着马路中央的白线开的习惯。这个办法倒是不错，可是这是在遇上另一辆车以同样的方式从对面开过来之前。行人发现自己经常处于危险的境地，因为每一条人行道都成了由看不见的电线杆、树木和街头公共设施构成的障碍跑训练场。被大家尊称为“无声危险”的有轨电车尤其令人害怕。“在战争的最初4个月里”，朱丽叶·加德纳在《战时》一书中说，“总共有4133个人死在马路上”，比上一年增加了一倍。其中将近3/4的受害者是行人。正如《英国医学杂志》说的，德国空军不投一枚炸弹就可以每月杀死600个人。

幸运的是，事情很快就平息下来，允许人们的生活中有一点儿照明，足以防止大多数的伤害事故。但是，这是很有好处的，提醒大家世界已经养成了灯光明亮的习惯。

我们忘了，在发明电以前，世界上的光线是多么暗淡。一支蜡烛——一支好的蜡烛——所提供的照度，勉强相当于一盏100瓦电灯1%的照度。

打开你家的冰箱门，里面射出的光比18世纪大多数家庭享有的光的总和还多。在历史的大部分时间里，夜晚的世界确实是个很黑暗的地方。

偶尔，我们可以了解到一点光线昏暗的程度，可以这么说，要是我们能看到一些对被认为是豪华场面的描述的话。比如，弗吉尼亚州某个种植园（诺米尼宅第）的一位客人在他的日记里惊叹，在举行宴会的时候，餐厅里是多么“明亮和漂亮”，里面总共点了7根蜡烛——餐桌上点了4根，屋子里的其他地方点了3根。对他来说，这已经是灯火辉煌了。在差不多同一时候，在大洋彼岸的英格兰，约翰·哈登 —— 一位很有才华的业余画家，留下了一组很漂亮的画卷，描绘自己家里（威斯特摩兰郡的布拉塞府）的家庭生活。引人注目的是，家人所期望或要求的照明度就那么少一点儿。在一幅典型的画上，4个人亲热地围坐在一张桌子旁边，凭着一根蜡烛的光做针线活、看书、聊天。大家丝毫不觉得艰苦或贫困，肯定没有迹象表明，有人会因为想要得到一丁点儿光线，以便把一个页面或一件绣品照得更亮一些，而露出不顾一切的样子。有一幅伦勃朗的画，名叫《烛光下的学生》，实际上要接近现实得多。画上，一位年轻人坐在桌子旁，差不多隐没在身边墙上一根孤零零的蜡烛光无法穿透的阴影和昏暗深处。然而，他拿着一张报纸。实际情况是，人们过惯昏暗的夜晚，不知道还有别样的夜晚。①

很多人认为，在使用电以前，世界上的人天一黑就上床睡觉。这种看法似乎完全根据这样的推测：要是没有明亮的灯光，任何人都会觉得无可奈何，不得不歇息。实际上，许多人睡得似乎并不很早——在使用电以前的日子里，大多数人一般要在晚上9点、10点就寝；有的人，尤其是城里人，睡得甚至更晚。对于那些能够掌握自己工作时间的人来说，当时的就寝时间和起床时间至少和现在一样各不相同，好像跟光线的多少没有多大关系。塞缪尔·佩皮斯在他的日记里写到有个地方凌晨4点钟就起床，

① 据罗歇·埃克奇说，法国人有个有意思的说法，我在这里不加评论地告诉大家：“在烛光之下，山羊也像一位贵妇人。”——原注

在烛光下阅读

但在另一个地方凌晨4点钟才睡觉。大家都知道，塞缪尔·约翰逊睡懒觉一直睡到中午，只要可能，而一般说来是可能的。作家约瑟夫·艾迪生夏天经常凌晨3点钟起床（有时候更早），但冬天不到11点钟不会起床，而一天的生活似乎肯定没有必要匆匆忙忙地结束。18世纪到过伦敦的人注意到，店铺一直开门到晚上10点钟；假如没有顾客，商店就不会开门，这是显而易见的。要是家里来了客人，通常要到晚上10点钟才开晚饭，大家要待到午夜前后。先是交谈，后是音乐，一顿正餐可能要持续7个小时，甚至更长时间。舞会常常要进行到凌晨两三点钟，然后才上晚餐。人们对出门过夜如此热情，没有什么事情可以挡道。1785年，有一位名叫路易莎·斯图尔特的女人在给她妹妹的信中写道，法国大使“昨天中风瘫痪了”，但是那天晚上客人照样上门，“玩法罗牌戏什么的，仿佛他不是在隔壁房间里快要死去，我们真是个古怪的民族”。

外面那么黑，出门走动是相当困难的。在漆黑的夜晚，跌跌撞撞的走路人“脑袋撞在电线杆上”或出乎意料地碰上别的麻烦事，这也不是不常有的。人们不得不在黑暗中摸索着前进，在有些情况下完全是在摸——1763年，伦敦的照明是如此差劲，詹姆斯·鲍斯韦尔竟然能在威斯敏斯特桥上和妓女交媾，而那里还算不上是男女幽会最隐蔽的场所。黑暗也意味着危险，窃贼到处作案，正如有一位伦敦官员在1718年所说，人们晚上往往不大愿意出门，担心“自己会被蒙住眼睛，击倒在地，砍上一刀，或捅上一刀”。为了避免撞上硬东西，或中了强盗的伏击，人们往往求助执火把人的服务——之所以叫做执火把人，是因为他们手里拿着用浸透松脂和其他一些可燃材料的粗绳子制作的火把——把自己送回家。不幸的是，执火把人本身也并不总是可信之人。有时候，他们把顾客带进偏僻的小巷里，然后和他们的同伙一起夺走顾客的钱和丝绸衣物。

即使到了19世纪中叶广泛使用煤气路灯以后，按照现代的标准，天黑以后的世界依然是光线昏暗的。最亮的煤气路灯还不及现代一只25瓦的白炽灯，而且，路灯彼此相隔很远。两支路灯之间至少有30码距离的黑暗，但在有的马路上，比如横穿伦敦切尔西的国王路，路灯彼此相隔70码，因此与其说是照亮了路，不如说是在远处设了几个亮点，作为行进的目标。然而，煤气灯在有些地区使用了相当长的时间。直到20世纪30年代，伦敦差不多仍有半数街道是用煤气灯来照明的。

在电气化之前的世界里，若说有什么原因促使人们不得不早早上床睡觉，那不是因为他们觉得无聊，而是因为他们感到太累，许多人一天要工作很长的时间。在伊丽莎白时代，《1563年技工条例》规定，所有技工和工人“在上午5点钟或5点钟之前都必须上班和继续上班，晚上七八点钟才能下班”——每周要工作84个小时。同时，不要忘记，伦敦一家普通的剧院，比如莎士比亚环球剧院，可以容纳2000名观众——约1%的伦敦人口——其中很大部分是劳动群众，而且任何时候都有几家剧院在同时营业，还有别的娱乐活动，比如斗熊和斗鸡。因此，无论法令做出什么规定，在任何指定的一天，都有数千名伦敦工人不是在工作岗位上，而是在外面玩得很开心。

使长时间工作日得到强化的，毫无疑问是工业革命和工厂制度的兴起。在工厂里，工人在周日要在岗位上从上午7点钟做到下午7点钟，周六从上午7点钟做到下午2点钟。但是，在一年中最忙的时期——所谓的“旺季”，他们可能要在机器旁从上午3点钟做到晚上10点钟，一天工作19个小时。在1833年实施《工厂法》以前，7岁的小孩子也被要求工作那么长的时间。在那种情况下，人们抓住一切可能抓住的时间吃饭、睡觉，这是不足为怪的。

富人们的日子则过得比较宽松。1768年，范妮·伯尼在写到乡村生活时说：“我们总是10点钟吃早饭，想在此前什么时候起床就什么时候起床。我们下午2点钟吃中饭，大约晚上6点钟喝茶，9点钟吃晚饭。”她的生活规律在她那个阶层其他人的无数日记和信件中都有反映。大约1780年，有一位年轻记者在写给爱德华·吉本的信中说：“我只要叙述一天的情况，你就知道了每一天的情况。”她写道，她的一天从9点钟开始，10点钟吃早饭。“然后，11点钟左右，我弹琴或画画。下午1点钟搞点翻译，2点钟再次到外面去走一走。3点钟一般看点书，4点钟吃中饭，吃过中饭以后玩弹子游戏。晚上7点钟喝茶，10点钟之前工作或弹钢琴，10点钟吃点晚饭，11点钟上床睡觉。”

照明的方法有很多种，但按现代的标准都不大令人满意。最基本的形式是灯芯草蜡烛，制作方法是：先把灯芯草切成大约1英尺半长的小段，然后涂上动物脂肪，通常是羊的脂肪，然后放在金属烛台上，像点细细的小蜡烛那样点燃。一支灯芯草蜡烛通常可以持续15—20分钟。因此，过一个漫长的夜晚不但需要大量灯芯草，还需要耐心。灯芯草一年采集一次，在春天采集，因此必须费点心思计算一下，在未来的12月里需要多少灯芯草来照明。

对于小康家庭来说，通常的照明形式是蜡烛。蜡烛有两种——脂油制作的和石蜡制作的。脂油是从动物脂肪提取的，它有很大的优点，能在家里用任何宰杀的动物的脂肪熬炼出来，因此很便宜，至少在1709年以前是那样的。在烛商行会的压力之下，议会制定了一部法律，规定在家里制造蜡烛为非法。这项规定在乡村引起了很大的愤慨，很可能有好多人没有遵照执行，但要冒点风险。制作灯芯草蜡烛还是允许的，虽然有时候这在很大程度上只是理论上的自由。灯芯草蜡烛需要一定量的动物脂肪，但在困难时期农民没有可以屠宰的牲畜，因此晚上不但要饿肚子，而且要在黑暗里熬过去。

脂油是一种令人恼火的材料。它熔化得很快，蜡烛不断融流，一个小时需要整修多达40次。脂油燃烧时发出的光不均匀，还有一股臭味。而且，由于脂油实际上只是一种开始分解的有机物质，脂油蜡烛存放的时间越长，它的味道就越难闻。用蜂蜡制作的蜡烛那可是要好得多。那种蜡烛发出的光比较稳定，需要整修的次数也少，但是成本大约要高3倍，因此往往只用在最需要的场合。一个人所使用的照明度的多少，是其地位的显著标志。伊丽莎白·加斯克尔有一部小说里有个人物，名叫詹金斯小姐，她把两支蜡烛放在外面，但一次只点一支。为了保持两支蜡烛的长度完全相同，她就不断地小题大做，一会儿点这支，一会儿点那支。那样的话，要是家里来了客人，他们就找不到不一样长的蜡烛，要不然会认为她不够节俭，那多不好意思呀。

在缺少常用燃料的地方，人们就利用能利用的东西——荆豆、蕨类植物、海藻、动物的干粪等等，只要点得起来就行。据詹姆斯·鲍斯韦尔说，在设得兰群岛，海燕含有丰富的天然油料，有时候人们只要往这类鸟儿的喉咙插一根灯芯，就能点着。不过，我怀疑鲍斯韦尔有点轻信了。在苏格兰的其他地方，人们把拾来的牲畜的粪晾干用作光源和燃料。由于耕地缺少粪来上肥，因此大量土地变得很贫瘠，据说这加快了那个地区农业的衰退速度。有些人比其他人运气好一点。在多塞特郡的金梅里奇湾一带，海滩上有含油丰富的页岩，能像煤那样燃烧，不用花钱就可拾来使用，实际上具有更好的照明效果。对于那些花得起钱的人来说，煤油灯是最有效的选择，但煤油很贵，煤油灯又很脏，需要每天擦拭。在一个晚上的时间里，一盏煤油灯有可能会减少40%的照明度，因为灯罩上积了大量烟灰。要是照管不当，煤油灯有可能很脏。伊丽莎白·加雷特记录了一位姑娘在新英格兰参加派对的情况。那位姑娘事后说，那里的煤油灯把“我们的鼻子都熏黑了，衣服也都变成了灰色……完全毁坏了”。因此，许多人坚持使用蜡烛，即使后来还有别的选择。直到1869年，凯瑟琳·比彻和她的妹妹哈丽雅特·比彻·斯托在《美国妇女治家手册》里——在某种意义上，这本书在美国相当于比顿夫人的《家政管理手册》——还在继续传授在家里制作蜡烛的方法。

到18世纪末，照明的质量已经有大约3000年时间没有变化。但是，在1783年，有一位名叫阿米·阿尔冈的瑞士物理学家发明了一种灯，他通过给火焰输送较多氧气的简单办法，极大地提高了照明度。阿尔冈发明的灯上还安了个旋钮，用户可以用它来调节火焰的亮度——这个新奇玩意儿令许多用户感激得几乎无法用言语来表达。托马斯·杰斐逊很早就是一位热心人，坦言自己的羡慕之情。他说，一盏阿尔冈灯的照明度及得上半打蜡烛。给他留下的印象如此之深，1790年他还从巴黎带回来几盏阿尔冈灯。

阿尔冈本人根本没有获得他应得的财富。他的专利权在法国得不到尊重，所以他迁居英国，但他的专利权在那里也同样得不到尊重。实际上在哪里都得不到尊重，阿尔冈几乎没有从他潜心的发明中挣到什么钱。

最好的光源要数鲸油，而最好的鲸油又取自抹香鲸头部的鲸蜡①。抹香鲸是一种神秘而又出没无踪的动物，即使现在都对它们了解甚少。它们在颅骨的深腔里生产和贮藏着大量的鲸蜡——最多可达3吨。尽管有那个英文名称，鲸蜡不是精子，没有繁殖功能。它是一种半透明的水状液体，但接触到空气就变成一种乳白色的乳膏。我们一下子就明白为什么水手们把抹香鲸叫做精子鲸了。鲸蜡究竟是干什么用的，至今谁也说不清楚。它也许以某种方式帮助增加浮力，也许帮助代谢血里的氮。抹香鲸能以很快的速度潜到很深的地方，深达1英里，没有明显的不良反应。有人认为，鲸蜡也许解释了它们不得减压病的原因，只是我们现在还说不清楚。另一

① 鲸蜡的英文名称叫spermaceti，意思是精子。抹香鲸叫sperm whale，即精子鲸。——译注

种理论是，雄性抹香鲸在争夺交配权的时候，鲸蜡对它们起防震作用。这倒有利于解释一个臭名昭著的现象，抹香鲸被激怒时，喜欢用脑袋撞击捕鲸船，而且往往是毁灭性的。但是，实际上还不清楚抹香鲸是不是用脑袋来互相顶撞。同样神秘的是，它们还分泌出名叫龙涎香的名贵物质。（龙涎香的英文名字叫ambergris，源自法语，意思是“灰色的琥珀”，而实际上龙涎香有可能是灰色的，也有可能是黑色的。）龙涎香形成于抹香鲸的消化系统，定期从体内排出。直到最近才确定，龙涎香的原料是鱿鱼的喙状嘴，鱿鱼身上就这一部分抹香鲸没法消化。几百年以来，有人看到这种东西漂浮在海里，或者被海浪冲到海滩上，所以没有人知道是从哪里来的。它被用作香水的一种无与伦比的固定剂，大大地增加了香水的价值，虽然吃得起的人还吃龙涎香。英格兰的查理二世认为龙涎香和蛋类是世界上最美味的菜肴。（据说，龙涎香的味道使人想起了香草的味道。）不管怎么说，龙涎香，加上极其名贵的鲸蜡，使得抹香鲸特别引人注目，成了捕猎对象。

和其他种类的鲸一样，抹香鲸的脂油在工业上也特别需要，可在制造肥皂和油漆时用作润滑剂，也可用作机器的润滑油。鲸还产出令人满意的数量的鲸须。那是一种骨头一般的材料，取自鲸的上颌。它提供了一种结实而又柔韧的材料，用于制作需要具有一定弹性的紧身衣撑条、马鞭等物品。

无论在生产方面，还是在消费方面，鲸油都是美国的特产。早期，是捕鲸业给新英格兰的南特基特和塞勒姆这类港口带来了大量财富。1846年，美国有650多条捕鲸船，差不多是世界其他地方捕鲸船总量的3倍。在整个欧洲，鲸油都要缴很重的税，因此那里的人通常使用菜油，即从油菜子里提炼出来的油，或者使用一种松脂制剂——莰烯。莰烯用来点灯效果甚佳，只是灯光很不稳定，容易发生爆炸，十分吓人。

谁也说不清在那个伟大的捕鲸时代有多少头鲸死于非命。不过，有人估计，到1870年为止的40年左右时间里，大约有30万头鲸遭到杀戮。那也许算不上是个特别巨大的数字，但首先鲸的数量也不多。无论如何，捕猎活动足以使许多物种到达灭绝的边缘。随着鲸的数量越来越少，捕鲸船出航的时间越来越长—— 长达4年是家常便饭，5年也不是没有听说过——捕鲸不得不行驶到最遥远的海洋，到去的人最少的角落寻找它们的踪影。这一切都极大地增加了成本。到19世纪50年代，1加仑鲸油要卖到2.5美元，相当于普通工人半个星期工资，然而那种不知自责的捕猎活动继续进行。要不是从1846年开始在新斯科舍发生了一系列不大可能发生的事情，许多种类的鲸——很可能是所有种类的鲸——会永远消失。就在那里，有一位名叫亚伯拉罕·格斯纳的人发明了一种产品。在一段时间里，这种东西将成为地球上最宝贵的产品。

格斯纳是一位职业物理学家，但他对煤地质学怀有一股奇特的热情。在用煤焦油——把煤加工成煤气时留下来的一种没有用处的黏糊糊的残渣——做实验的过程中，他发明了一种通过蒸馏把煤焦油变成一种可燃液体的方法。（不知什么原因）他把这种液体称为煤油。煤油燃烧的效果很好，发出的光又强又稳定，可与鲸油相比，但具有以便宜得多的成本投入生产的潜力，问题是大量生产似乎是不可能的。格斯纳制造了足够供哈利法克斯的路灯使用的煤油，最后在纽约市开设了一家工厂，此举确保了他财源滚滚。但是，从煤里挤出来的煤油在世界各地都将不过是一种次要产品。到19世纪50年代末期，美国一天的总产量也不过600桶。（另一方面，人们很快发现，煤焦油本身具有广泛的用途——生产油漆、染料、杀虫剂、医药等等都用得着它，煤焦油成为现代化学工业的基础。）

在这种困境下，出人意料地站出来另一位英雄——一位聪明的年轻人，名叫乔治·比斯尔。他在公共教育方面出色地干了一阵子以后，刚从新奥尔良学监的岗位上退下来。1853年，在访问自己的故乡新罕布什尔州的汉诺威过程中，比斯尔在他的母校达特茅斯学院拜访了一位教授。就在那里，他注意到那位教授的书架上有一瓶石油。教授对他说，岩石油——就是我们现在将会说的石油——在宾夕法尼亚州西部渗出了地面。要是你把一块旧布在里面浸泡一下，那块布就会燃烧。但是，除了作为制造成药的一种成分以外，还没有人发现石油有什么用途。比斯尔用石油做了一些实验，发现它可以成为一种很好的发光体，只要能以工业规模开采。

他创建了一个公司，名叫宾夕法尼亚石油公司，并在宾夕法尼亚州西部靠近铁托斯维尔的地方，在一条名叫油溪的水流缓慢的水道两侧，买下了矿产承租权。比斯尔的新想法是钻探石油，就像钻探水源那样。以前人人都通过挖掘的办法来寻找水源。作为起步，他派了一个名叫埃德温·德雷克的人——在史书上总是被称为埃德温·德雷克“上校”——到铁托斯维尔，指令他在那里钻探。德雷克没有钻探的技术，也不是上校。他是铁路上的一名列车长。他不久以前已经因健康不佳而不得不退休。对于这家企业来说，他的唯一优势是，他仍然持有铁路通行证，可以免费去宾夕法尼亚。为了提升他的形象，比斯尔和他的合伙人在给德雷克写信时，称他为“E.L.德雷克上校”。

德雷克借了一沓钱，委任一个钻探队开始寻找石油。虽然钻探工认为德雷克是个和蔼可亲的傻瓜，但他们还是很高兴地接受了这项工作，开始根据他的指示钻探。工程几乎马上就遇到了技术方面的困难。令大家感到惊奇的是，德雷克在解决机械问题方面展示了出人意料的本领，让工程继续进行下去。他们钻探了一年半多时间，但没有找到石油。到1859年夏天，德雷克和他的合伙人已经把资金耗尽。他们不大情愿地给德雷克去了一封信，让他停工。然而，在信送达之前，1859年8月27日，在刚刚挖到还不足70英尺深的时候，德雷克和他的工人们找到了石油。不是我们传统上会跟发现石油联系在一起的那种高高地喷涌而出的油柱，这次找到的石油不得不费力地用泵抽到地面。不过，黏稠的蓝绿色液体源源不断地被抽了上来。

虽然当时谁也不喜欢这种液体，哪怕是一丁点儿，但它们已经完全地、永远地改变了世界。

公司遇到的第一个问题是，他们把生产出来的石油贮存在哪里。当地没有那么多桶。因此，在最初的几个星期里，他们把石油贮存在浴缸里、洗脸池里、水桶里，以及能找到的任何其他容器里。最后，他们开始制造容量为40加仑的专用油桶。直到今天，这种桶仍然是石油的标准计量单位。接下来是那个更加紧迫的问题：如何把它变作商品。在它的自然状态下，石油确实不过是可怕的脏东西。比斯尔着手把它提炼成为纯一点的东西。在此过程中他发现，石油经过提纯，不仅是一种优质的润滑剂，而且还产生大量的汽油和煤油[①]这样的副产品。汽油没有用处，它挥发得很快，因此就倒掉了。但正如比斯尔所希望的那样，煤油灯很亮，而且成本要比格斯纳从煤里挤出来的产品要低得多。世界上终于有了一种可与鲸油相比的廉价光源。

当别人发现开采石油和把石油变成煤油那么容易，争购土地的热潮就开始了。过不多久，几百座钻塔挤满了油溪四周的大地。“3个月时间里，”约翰·麦克菲在他的《在不足信的地带》一书中说，“被亲切地命名为地坑城的人口从零增加到15000人。别的城镇也在整个地区拔地而起——石油城、汽油中心、狂热镇。约翰·威尔克斯·布思来了，损失了积蓄，然后离去要杀总统。”

在德雷克发现石油的那一年，美国生产了2000桶。10年之内，已经远远超过了400万桶；40年以后，变成了6000万桶。不幸的是，比斯尔、德雷克以及其他在他的公司（现在已重新命名为塞讷卡石油公司）投资的人，都没有发财发到他们所希望的那种程度。别的油井的产量要高得多——有一口叫做普尔井的，一天抽上来3000桶——那么多油井为市场提供那么多石油，使得石油供过于求，因此油价猛跌，从1861年1月的每桶10美元跌到了那年年底的每桶只有10分钱。这对消费者和鲸来说是个好消息，但对石油商来说这个消息就不那么好了。随着繁荣变成萧条，地价一

---

① 开头，gasoline（汽油）和kerosene（煤油）两个词有各种各样的拼写方法。在1854年的专利申请书中，格斯纳把他的产品叫做kerocene。科学家们讨厌不一致，石油地质学家总是想把结尾音节的拼法统一起来，但显然没有成功。对于hydrocarbons（碳氢化合物）的结尾读音，他们也没有取得成功，turnpentine（松脂）就是个证明。英国人把煤油叫做paraffin，解决了部分问题。——原注

落千丈。1878年，地坑城的一块地只卖4.37美元。13年以前，该城卖地的收入达200万美元。

当别的公司都在破产，拼命想从石油生意中摆脱出来的时候，克利夫兰有一家通常只做猪肉和其他农产品生意的小公司——克拉克和洛克菲勒公司——却决定动手干。它开始从别人手里买进不成功的租赁地。到1877年，也就是在宾夕法尼亚州发现石油以后不到10年时间，克拉克已经销声匿迹，约翰·D.洛克菲勒[①]控制了美国的大约90%的石油生意。石油不仅为一种极其有利可图的照明形式提供了原料，而且解决了新的工业时代给发动机和机器上油的迫切需要。由于洛克菲勒实际上垄断了这个行业，因此他能使价格保持稳定，在此过程中变得富得冒油。到那个世纪的最后几年里，如果以今天的币值来计算，他的个人财富在以每年大约10亿美元的速度增长，而且那是个没有个人所得税的时代。近代史上没有哪个人比他更加富有。

比斯尔和他的伙伴的财富就不那么单一，而且肯定是中等水平的。塞讷卡公司在很短的时间赚过钱，但到了1864年，德雷克在钻探上取得突破刚刚过去5年，公司就失去了竞争力，倒闭了。德雷克把挣来的钱挥霍殆尽，最后身无分文，因患神经痛而残疾，过不多久就死了。比斯尔的情况要好得多，他把挣来的钱投资在一家银行和其他企业，积累了一笔小小的财富，足以在达特茅斯盖一座漂亮的体育馆，它现在还耸立在那里。

煤油越来越成为千家万户选择的光源，尤其在小城镇和农村地区。与此同时，它在大一点的社区受到那个时代另一个奇物煤气的挑战。从大约1820年开始，对于许多大城市的小康人家来说，煤气是另一种选择。不过，煤气的主要用户是工厂和店铺，还用于路灯。快到那个世纪中叶的时候，家庭才普遍使用煤气。

---

① 约翰·D.洛克菲勒（1839—1937），美国洛克菲勒财团创始人，1870年创办俄亥俄美孚石油公司。——译注

煤气有好多缺点。在装有煤气设备的办公室里工作过的人，或者在用煤气照明的剧院里看过戏的人，常常抱怨头痛和感到恶心。为了把这种麻烦降到最小程度，有时候把煤气灯安装在工厂的窗户外面。煤气会熏黑天花板，使织物退色，腐蚀金属，在每个平面上留下一层油腻腻的烟灰。花儿碰到煤气很快凋谢，大多数植物发黄，除非把它们隔离在玻璃容器里。只有蜘蛛抱蛋不受煤气的负面影响。这就说明，为什么差不多每张维多利亚时代的客厅照片里都有那种植物。使用煤气还得小心。白天是煤气需求最少的时候，大多数煤气公司减少管道里的流量。因此，如果想在白天点着煤气喷灯，你就不得不把阀门开大，才可能发出像样的光。但是，到了白天的晚些时候，随着压力加大，煤气灯有可能突然变得很亮。这很危险，要是忘了关小阀门，会烧焦天花板，甚至引发火灾。所以，煤气不但很脏，还很危险。

然而，煤气灯有个富有诱惑力的优点。它很亮，至少比得上出现电灯以前世界上的任何光源，有煤气灯的普通房间要比以前亮20倍。它不是一种可以近距离使用的灯，你不能像移台灯那样把它移过来看书或做针线，但是它提供极好的总体照明。它使阅读、打牌甚至交谈更加惬意。就餐者看得见饭菜的情况，他们能避开细小的鱼刺，知道瓶口里出来多少盐。你可以掉一根针，在天亮以前找到它。架子上的书的名字看上去一清二楚。人们看书看得更多，睡觉睡得更晚。19世纪中叶，报纸、杂志、书籍、乐谱的出版业突然之间显现一派兴旺的景象，而且持续的时间很长。报纸和杂志的数量从该世纪初的不足150种，一下子增加到该世纪末的将近5000种。

煤气在美国和英国尤其得到广泛使用。到1850年，两国的多数大城市都能用上煤气。然而，煤气仍是中产阶级享用的东西。穷人用不起它，而富人往往瞧不起它，原因有三：其一，安装费用昂贵，安装会打乱家里的生活秩序；其二，煤气会损坏画卷和名贵的织物；其三，事情已经都由仆人来做，不必急着再花钱去添置便利的设施。结果，具有讽刺意味的是，不仅在中产阶级的家庭，而且像精神病院和监狱这样的机构，灯光更明亮，实际上也更加暖和，而英格兰最豪华的住宅要做到这一点，还要过很长时间。

对多数人来说，直到19世纪末，取暖仍是个挑战。在教区长寓所里，除了厨房里有笨重的炉子以外，马香先生实际上在每个房间里都有壁炉，连梳妆室里也有。为那么多壁炉擦拭、添加燃料、烧火的工作量一定很大。尽管如此，一年中仍有几个月时间家里几乎肯定是冷得不舒服的（现在依然如此）。壁炉的效果并不佳，只能使极小的空间变得暖和。在英格兰这样的温带地区，这倒是几乎感觉不到，但在北美洲许多地区的严冬里，壁炉的威力不够，无法把热量送到某个房间去，这就有很明显的感觉了。托马斯·杰斐逊有一次抱怨说，有一天晚上他不得不停止写东西，因为墨水池里墨水已经结冰。有一位名叫乔治·坦普尔顿·斯特朗的波士顿人在1866年冬天的日记中写道，即使生了两个炉子，所有的壁炉都烧得很旺，他家里的温度仍超不过38华氏度。

果然不出所料，这个问题引起了本杰明·富兰克林的关注，他发明了后来所谓的富兰克林（或宾夕法尼亚）壁炉。富兰克林的取暖炉无疑是个改进——虽然主要在纸上，而不是在实际应用上。它实质上是把取暖炉嵌入一个壁炉，但增加一些烟道和通风口，巧妙地改变气流的方向，把较多的热量送回房间里。但是，这种壁炉的结构也很复杂，成本很高，而且，凡是安装这类炉子的房间，其布局都会被极大地打乱，这往往是令人无法忍受的。该系统的核心是后部的另一条烟道，结果证明，要是不全部拆卸下来，里面根本无法进行清扫。那种炉子还需要在地板下面有一个凉空气的进气口，这实际上意味着，楼上的房间或者底下没有地下室的地方，是无法安装这类炉子的，因此，好多房子就完全不适合安装这类炉子。富兰克林的设计在美国得到了戴维·里滕豪斯的改进，在欧洲经过了鲁姆福德伯爵本杰明·汤普森的完善，但人们要真正感到舒适，还要等到采用了封闭式壁炉，把取暖炉完全搬进房间的时候。那种炉子叫做荷兰炉，它闻上去有股热铁的味道，还烤干了空气里的水分，但至少能让房间里的人觉得很暖和。

随着美国人往西迁移，来到大草原以及更远的地方，由于缺少用作燃料的木材，产生了很多问题。玉米棒子以及晒干的牛粪——人们委婉而又相当动听地把它叫做“地表煤块”——被广泛用作燃料。在荒原地区，美国人还烧各种动物脂肪——猪油、鹿油、熊油，甚至信鸽的脂油，还有鱼油，尽管这些东西燃烧时烟都很多，还有一股臭味。

美国人对取暖炉着了迷，到20世纪初，在美国专利局登记的有7000多个类型。它们共同的特点是，为了确保其运作，你得付出大量的劳力。据波士顿一项研究表明，在1899年，一个普通的炉子每个星期大约要烧掉300磅煤，产生27磅炉灰，需要花3小时11分钟时间来照管。要是在厨房和起居室里都有炉子，别处也许还有开放式火炉，那意味着还要花更多的力气。封闭式炉子的另一个重要缺点是，它挡掉了房间里的很大一部分光线。

在使用电灯以前的世界里，明火和可燃材料的结合，给日常生活的每个方面都带来了一丝惊讶和兴奋。塞缪尔·佩皮斯在他的日记里写到，他俯身对着蜡烛在桌子旁工作，过不多久就闻到一股可怕的刺鼻味道，仿佛羊毛被烧着了。这时候他才意识到，他新买的价钱很贵的假发套着火了，这样小小的火灾是常有的事。几乎每栋房子的每个房间里都有明火，至少在有时候是这样。几乎每栋房子都是很容易着火的，因为房子里面和房子上面的差不多每一样东西，从床上的草垫到茅草屋顶，都是一种随时可以点着的燃料。为了在夜里减少危险，通常用一种半球形的盖子盖住炉火。那种盖子叫做couvre-feu（curfew这个词，即“宵禁”，就是由此而来的），然而危险是不可能完全避免的。

有时候，技术进步提高了光的质量，但也常常增加了火灾的风险。为了让燃料较好地输送到灯芯，阿尔冈灯的贮燃料器不得不往上抬高一些，这么做就使那种灯头重脚轻，容易给碰倒。要是泼出来或溢出来的是煤油，一旦着火就几乎无法扑灭。到19世纪70年代，仅在美国每年就有多达6000人死于煤油引发的火灾。

公共场所的火灾也引起人们很大的关注，尤其是在发明一种如今已被忘记而在当时充满活力的照明形式以后。它的名字叫德拉蒙德灯，以英国皇家工程师协会一位名叫托马斯·德拉蒙德的人的名字命名。人们一般都把在19世纪20年代初发明的这种灯归功于他，但那是错误的。实际上，它是由一个名叫戈兹沃西·格内爵士的人发明的。他也是一名工程师，一名很有才华的发明家。德拉蒙德只是推广了这种灯，从来没有说过那种灯是他发明的。但是，不知怎的，功劳归到了他的头上，而且自那以来始终如此。德拉蒙德灯，也称石灰光灯，是以一种已经了解很久的现象为基础的，即要是你拿起一块石灰或者氧化镁，把它放在温度很高的火里燃烧，便会发出强烈的白光。格内用一种由富有氧气和酒精的混合物燃烧产生的火焰，把一团不比孩子玩耍的弹子大的石灰，加热到它的亮光在60英里之外都看得见的程度。这种装置被成功地用于灯塔，也被剧院采用。它的光不仅很完美、稳定，而且可以聚成一束，照在特定的演员身上——这就是“成为注意中心”这一词组的来源[①]。不足之处是，石灰光灯散发出的热量很厉害，造成了许多次火灾。10年当中，美国有400多家剧院被烧毁。据1899年威廉·保罗·格哈特——当时关于火灾的主要权威——发表的一份报告说，在整个19世纪，英国有将近1万人在剧院发生的火灾中丧生。

火灾甚至对移动的物体也很危险，实际上往往更加危险，因为逃生的方法受到限制，或者没有办法逃生。1858年，运送移民的“奥地利”号船在驶往美国的途中在海上起火。随着他们脚下的船被大火吞没，有将近500个人可怖地死于非命。火车也很危险，从大约1840年起，客车车厢里在冬天安装了烧柴或者烧煤的炉子，还配有看书用的油灯，在火车行驶过程中会摇晃，发生灾难的可能性是不难想象的。就在1921年，一列火车在费城附近由炉子引发火灾，27个人丧生。

在坚实的陆地上，最大的担心是，火灾会失去控制并蔓延，烧毁整个

① 这里指英语中in the limelight这个词组，原意是“在石灰光灯灯光下”，引申为“成为注意中心”。——译注

街坊和地区。历史上最有名的城市大火几乎肯定要算是发生在1666年的伦敦大火。它始自伦敦桥附近一家面包店的小火灾，但很快蔓延到半英里范围。连远在牛津的人都可以看到黑烟，隐约听到火发出的噼噼啪啪的可怕声音。大火总共焚毁了13200栋房子和140座教堂。但是，1666年的火灾实际上是伦敦的第二次大火。1212年发生的一次火灾损失要大得多，它虽然范围要比1666年的那次小，但蔓延速度更快，火势更猛，从一条街窜到另一条街的速度是如此之快，赶上了许多逃命的人，没有给他们留下逃跑的路。这场大火总共夺走了12000条生命。相比之下，据我们所知，在1666年的火灾中只死了5个人。在454年的时间里，1212年的火灾一直被叫做“伦敦大火”。实际上，它现在还应该这么叫。

多数城市里不时发生破坏性极大的火灾，有的城市里还不断发生。波士顿在1653年、1676年、1679年、1771年和1761年发生了5次。接着，中间停了一下。然后，1834年冬天的一个夜里又发生一次火灾，焚毁了700栋楼房，占闹市区的大部分。火势凶猛，蔓延到停泊在港口里的船。但是，与1871年10月那次横扫芝加哥的大火相比，所有的城市火灾都会相形见绌。那次火灾发生在一个刮着大风的夜晚。一般认为，家住德科文街的帕特里克·奥利里太太的一头奶牛踢翻了挤奶棚里的煤油灯，接着，各种各样可怕的混乱场面就很快发生了。大火烧毁了18000座建筑物，造成15万人无家可归。损失高达2亿美元，导致51家保险公司破产。

凡是在房子密集的地方，比如在欧洲的城市里，谁也拿不出很多办法，虽然建筑师们确实想出过一个有用的补救措施。原先，英国联立房屋的托梁是从一侧伸到另一侧的，搁在房屋之间的隔墙上。这样，一个街区的众多托梁实际上形成了一条直线，增加了大火从一家蔓延到另一家的风险。因此，从乔治时代开始，托梁改为从屋前向屋后延伸，把隔墙变成了防火障。然而，把托梁改为从屋前向屋后伸展，意味着需要很多承重墙。这就限死了房间的大小，进而又决定了房间的用途以及房屋的居住方式。

有个自然现象有望消除前面提到的所有危险和缺点：电。电是一种激动人心的东西，但很难想办法把它派上实际用场。18世纪意大利的物理学家、医生卢吉·伽伐尼使用青蛙腿和普通电池里的电做实验，显示电能使肌肉抽动。他的外甥乔伐尼·阿尔迪尼发现可以用这种办法来赚钱，便搞了一出舞台表演。他用电激活刚刚被处决的杀人犯的身体和从断头台弄来的死人脑袋，使其眼睛睁开，嘴巴做出各种无声的姿势。从逻辑上推测，既然电能让死人动，那么想象一下，它对活人也可能有帮助。小剂量的电（至少我们希望是小剂量的）可以用于治疗各种疾病，从治疗便秘，到阻止男青年不正当的勃起（至少阻止他们从中取乐）。查尔斯·达尔文一生饱受一种神秘的疾病的折磨，长期无精打采，他经常给自己套上通电的锌链子，把醋洒在身体上，愁眉苦脸地忍受几个小时的刺痛，希望病情能有些好转。结果是徒劳无益，根本没有任何效果。詹姆斯·加菲尔德总统中了凶手的子弹，虽然已经奄奄一息，但当发现亚历山大·格雷厄姆·贝尔在给他挂上通电的金属丝，试图确定子弹的位置时，他还露出依稀可辨的惊愕神色。

真正需要的是一种实用的电灯。1846年，真有点像晴空霹雳一样，有个名叫弗雷德里克·黑尔·霍姆斯的人获得了一种电弧灯的专利。霍姆斯通过产生一股强大的电流，迫使它在两个碳棒中间跳动，制造了那种灯。这项技术在40多年以前汉弗莱·戴维早已展示过，只是没有加以利用。到了霍姆斯手里，结果是亮得耀眼的光。我们对霍姆斯几乎一无所知，他是哪里人，受过什么教育，怎样学会掌握了电，都不清楚。唯一知道的是，他在布鲁塞尔的军事学校工作，跟弗罗里斯·诺莱教授一起搞出了这种发明，然后回到英格兰，把这项发明带给了伟大的迈克尔·法拉第[①]，法拉第马上发现它可以为灯塔提供完美的光源。

第一只灯安装在南福兰灯塔上，就在多佛尔的外面，于1858年12月8

① 法拉第（1791—1867），英国物理学家和化学家，发现电磁感应现象、电解定律和磁与光的关系。——译注

日通电。[①]它使用了13年。别的地方也安装了这种灯。但是，弧光灯从来没有取得巨大成功，因为它又复杂又昂贵。它同时需要一台电磁马达和一台蒸汽发动机，重达2吨，而且需要经常维护才能平稳运转。

关于弧光灯，有一点需要说一说，那种灯特别亮。格拉斯哥的圣伊诺克火车站用了6个克朗普顿灯——以其制造商R.E.克朗普顿的名字命名——来照明，每个号称有6000烛光。在巴黎，俄罗斯出生的发明家保罗·雅布洛奇科夫发明了一种弧光灯，后来被叫做雅布洛奇科夫蜡烛。19世纪70年代，这种灯被用来照亮巴黎的许多街道和纪念碑，成为轰动一时的东西。不幸的是，那种装置价格昂贵，效果不是很好。那种灯是依次运作的，只要一个不亮，就全都不亮，就像圣诞树上的灯一样。不亮是经常发生的事。过了仅仅5年，雅布洛奇科夫公司就破产了。

弧光灯太亮，不适合家庭使用。现在需要的是一种能够长时间发出稳定的光的、适合家用的灯丝。很久以前白炽灯的原理就已被了解，实际上已被掌握。威廉·格罗夫爵士是一名律师兼法官，又是一名杰出的业余科学家，尤其对电感兴趣。早在1840年，也就是再过7年托马斯·爱迪生才出生的时候， 格罗夫已经展示了一盏白炽灯。他的灯工作了几个小时，但谁也不想要一个花很多钱才能制造出来，只能工作几个小时的电灯泡。因此，格罗夫没有把这项发明再进一步搞下去。在纽卡斯尔，有一位年轻的药剂师、精明的发明家，名叫约瑟夫·斯旺[②]，他见过一次格罗夫灯的操作过程，自己也进行过几次试验，取得了成功，但当时的技术还制造不出具有真正良好的真空的灯泡。要是没有那种真空，任何灯丝都会被很快烧断，那样的话灯泡的成本就很高，使用寿命很短，人们用不起。而且，斯旺还对其他方面感兴趣，尤其是对摄影，在这方面作出了许多重要的

① 南福兰灯塔如今在全国信托机构的管辖之下，很值得去参观一下。1899年，古列尔莫·马可尼从那里发射了第一个国际无线电信号到法国的维姆勒，使这座灯塔再次扬名。——原注

② 约瑟夫·斯旺（1828—1914），英国物理学家和化学家，制成炭丝白炽灯，发明摄影干板以及溴化银相纸。——译注

贡献。他发明了溴化银相纸，从而印出了第一批高质量的照片。他完善了用火棉胶处理的过程，还对摄影用的化学品作了几次改进。与此同时，他的医药生意，包括制造和零售，也欣欣向荣。1867年，他的妹夫兼生意上的伙伴约翰·莫森，在城外一个码头上处理硝化甘油时出了一起奇特的事故，死了。总之，对斯旺来说，这是一个心情复杂的、无法集中注意力的时期。有30年时间，他没有再对照明发生兴趣。

接着，19世纪70年代初，在伦敦工作的德国化学家赫尔曼·施普伦格尔发明了一件装置，后来被叫做施普伦格尔水银泵。这是一项关键性的发明，真正使家庭照明成为可能。不幸的是，历史上只有一个人认为赫尔曼·施普伦格尔应该享有更高的知名度。那就是赫尔曼·施普伦格尔本人。施普伦格尔的泵，能把一个玻璃器内的空气减少到正常量的百万分之一，在这种情况下，灯丝可以燃烧几百个小时。现在所需要的，就是找到一种可以制作灯丝的合适材料。

最坚定的并得到充分宣传的探索，是由美国最重要的发明家托马斯·爱迪生进行的。到1877年，即在他着手研究制造能在商业上取得成功的发光体的时候，爱迪生已经越来越被人称作“门洛公园的奇才”。爱迪生不是个很有魅力的人，他撒谎骗人毫无顾忌，还试图窃取专利权，或贿赂记者，让他们写出有利于他的报道。用一位同时代人的话来说，他身上有“一处真空，他的良心应该就在那里”。但是，他是个很有进取心的、工作很努力的人，他的组织能力也是无人能比的。

爱迪生派了几个人到世界遥远的角落搜寻潜在的灯丝，叫几个小组每次对多达250种材料做试验，希望发现一种材料能够具有耐久性和电阻方面的必要特性。他们什么东西都试，甚至包括从家里一位友人的颏上拔下来的几根红胡子。就在1879年感恩节前夕，工人们研制出一块碳化卡纸板。经过拧细和仔细折叠以后，它可以燃烧长达13个小时，但离实用的要求依然差得很远。在1879年的最后一天，爱迪生邀请一批有见识的观众来看他演示新的白炽灯。当他们来到位于新泽西州门洛公园的爱迪生家时，一看见两处建筑物里亮着暖融融的灯光，禁不住赞不绝口。大家没有发觉的是，这灯光主要不是由电灯发出来的。爱迪生手下的玻璃吹制工加班加点也只准备了34个灯泡，因此其实大部分灯光来自仔细地摆放在适当位置上的油灯。

直到1877年，斯旺才重新投入研究电灯的工作。但是，他是在没有别人帮忙的情况下干的，独自研究出了差不多同样的照明系统。1879年1月或者2月，斯旺在纽卡斯尔向公众展示了他新研制的白炽电灯。具体日期不大确切，因为他在1月份究竟是在一次公开演讲中演示过那种灯，还是仅仅谈到了这件事，这不敢肯定；但在2月份，完全可以肯定，他当着一群有欣赏力的观众的面点亮了他的灯。无论是哪种情况，他的演示要比爱迪生所能做出的任何成绩至少早8个月。同年，斯旺在自己的家里安装了电灯。到1881年，他已经在伟大的科学家开尔文勋爵在格拉斯哥的家里拉起了电线，这又比爱迪生所能取得的任何成就要早得多。

然而，当爱迪生的第一个实用的装置真正问世的时候，它要卓越得多，因此也更具有持久意义。爱迪生给下曼哈顿的一个地区都安装了电线，就在华尔街一带，由设在珀尔街上的两栋快要废弃的楼里的电厂供电。从1881年冬天到1882年的春天和夏天，爱迪生铺设了15英里电缆，以疯狂的速度对他的系统进行了检测再检测。不是一切都进展得很顺利，附近的马显得很容易受惊吓，大家后来才明白，原来是漏出的电刺痛了马蹄。再说在爱迪生的车间里，他的工人过度接触施普伦格尔的水银泵，因水银中毒而掉了牙齿。但是，到了最后，这些问题都得以解决。1882年9月4日下午，爱迪生站在金融家J.P.摩根的办公室里，扳动一个开关，点亮了支持他的计划的85家企业里的800盏电灯。

爱迪生是整个系统的一名组织者，这是他真正出类拔萃的地方。发明电灯泡是一件了不起的事情，但如果你没有插座，那也没有多大实用价值。爱迪生和他那些不知疲倦的工人不得不从零开始，设计和制造从电站到便宜而又可靠的电线、灯柱、开关的整个系统。在几个月时间里，爱迪生在世界各地建立的小型发电厂已经不少于334座；在一年左右时间里，他的工厂已经在为13000盏电灯供电。他精明地把那些灯安装在肯定能产生最大影响的地方：在纽约证券交易所，在芝加哥的帕尔默豪斯宾馆，在米兰的斯卡拉歌剧院，在伦敦英国众议院的餐厅里。与此同时，斯旺仍在自己家里做一些制造工作。总之，他在很大程度上缺少远见。实际上，他甚至没有申请专利。爱迪生取得各个地方的专利权，包括1879年11月在英国取得的专利权，因此也确保了他的卓越地位。

按照现代标准，最初的那些电灯发出的光是相当微弱的，但在当时的人看来，电灯是个能发出夺目光华的奇迹——“一个小太阳，一盏真正的阿拉丁神灯”，《纽约先驱报》的一名记者激动地报道说。我们现在很难想象，这种新出现的灯有多么亮、多么干净、多么稳定。1882年9月，当富尔顿街上的电灯亮起的时候，目瞪口呆的《纽约先驱报》记者为读者描述了这一情景：“昏暗而又摇曳的煤气灯”一下子把天下让给了一种明亮“而又稳定的强光灯……固定不动，毫不摇曳”。这是一件令人激动的事情，但显然还要有个习惯过程。

当然，电还远不只是提供照明。早在1893年，在芝加哥举办的美国博览会上就展出了一个“样板电气化厨房”。这也是令人激动的，虽然还不很实用。一方面，由于电的配送范围还不大，多数用户还必须在家里建造自己的“发电厂”来提供所需的电。即使你很走运，家里已经用电线和外部世界连接，公用事业公司也不可能输送足够的电来使电器真正很好地运转。预热一个炉子就要花1个小时。即便如此，也只能产生不算高的热量，超不过600瓦。你总不能在使用炉子的同时使用炉盖。设计上也有某些不足之处，调节热量的旋钮离地面很近。以现代人的眼光看来，这种新的电炉样子很怪，是用木头制造的，一般是栎木，边上镶着锌条和一些别的保护性材料。白色瓷炉的样品要到20世纪20年代才问世，而到它们真正问世的时候，还被认为样子很怪。许多人觉得，这种炉子似乎应该在医院或工厂里使用，而不是用在家里。

随着电用得越来越广泛，许多人觉得，依赖一种无形的力量来获得舒适的生活是很可怕的。那种力量有可能很快变成冷面杀手。大多数电工是匆忙培训出来的，势必都缺少经验。因此，这很快成为一种亡命徒的职业，电工触电身亡是经常发生的事。要是哪名电工出了这样的事，报纸就进行详细而生动的报道。在英国，诗人希莱勒·贝洛克奉献了一段反映当时公众情绪的打油诗：

随意一摸——不守规矩的手一滑——
电路接头——一道闪光——一声“刺啦！”
受惊的空气里弥漫着一股焦味——
那名电工就此西归！

1896年，爱迪生以前的合作伙伴富兰克林·波普在自己家里安装电线的时候触电身亡。这件事令许多人很满意，证明了电是很危险的，对专家也是如此。因电路毛病而造成火灾也是常见的，灯泡有时候发生爆炸，总是吓人一跳，有时候还带来灾难性的后果。1911年，有个灯泡爆裂造成火灾，把科尼岛上新建的游乐园化为灰烬。接触不良迸发出来的火星引发了好几处煤气主管道爆炸。这说明，你不是非得跟电源连接才会有危险。

科尼利厄斯·范德比尔特夫人的例子，在一定程度上反映了普遍存在的矛盾心理。她扮作一盏电灯参加一个化装舞会，庆祝她在纽约第五大道的家通了电。但是，后来她怀疑电灯是一次小小火灾的缘由，便把整个系统拆了。其他人察觉到了更多潜在的威胁。有一位名叫S.F.墨菲的官员发现了一系列电引发的毛病——眼疲劳，头痛，浑身不舒服，甚至可能“未老先衰”。有一位建筑师敢保证，电灯使人脸上长雀斑。

在最初几年里，没有人想到插头和插座。因此，任何家用电器都必须直接接到系统上。当插座终于在世纪之交问世的时候，也只是作为吊灯器材的组成部分才有供应。这意味着，要把早期的任何电器接通电源，你都不得不立在椅子或者梯子上。过不多久，安在墙上的插座接着出现，但不总是很可靠。据报道，早期的插座往往会发出噼啪的响声，还冒出烟雾，有时候还会冒火花。据历史学家朱丽叶·加德纳说，苏格兰有个名叫曼德斯顿的豪宅，直到进入爱德华时代好多年，那里还经常朝墙上一个特别容

易冒火花的插座扔垫子。

19世纪90年代是个经济萧条时期，这也阻止了消费者人数的增长。但是，从根本上说，用电来照明是个不可阻挡的潮流。它清洁，光线稳定，容易维护，可以即时安装，只要开关啪地一开就可以无限量地使用。煤气照明用了半个世纪才站稳脚跟，但是电灯的发展速度要快得多。到1900年，电灯反正在城市里已经越来越成为生活的准则——各种家用电器势不可当地相继出现：1891年的电扇，1901年的真空吸尘器，1909年的洗衣机和电熨斗，1910年的烤面包片机，以及1918年的冰箱和洗碟机。到那个时候，大约有50种家用电器已经使用得相当普遍。电动小玩意儿如此时髦，凡是能想得到的，从卷发钳到电动土豆削皮器，制造商都一一生产出来。美国每年的人均用电量，从1902年的79千瓦小时，增加到1929年的960千瓦小时，再增加到今天的远远超过13000千瓦小时。

这方面的很多功劳归于爱迪生，这是没有错的，只要我们记住，他的天才并不在于发明了电灯，而在于创造了以商业规模生产和供应电灯的方法。实际上，后者是一项大得多的、更富于挑战性的事业。但是，这也是一项有利可图得多的事业。多亏了爱迪生，电灯成了那个时代的一个奇迹。有意思的是，我们过一会儿就会看到，结果证明，爱迪生的发明中只有极少数真正起到了他所希望起到的作用，使用电来照明便是其中之一。

约瑟夫·斯旺已经完全失势，出了英格兰很少有人听说过他。他在英格兰也不是非常出众的，英国的《国家传记词典》只给了他不长的3页，还不及给交际花基蒂·费希尔或者许多毫无才华的贵族的篇幅。不过，他所占的篇幅要比弗雷德里克·黑尔·霍姆斯多得多。《国家传记词典》对后者根本只字未提。历史往往就是那样。

第七章

起居室

若要领会舒适的家庭生活的精神，没有哪里比得上一个有着奇特名字的地方：起居室（drawing room）。这个词是一个古老得多的词withdrawing room的缩略形式，意思是“一处家人可以离开家里的其他人以享有更多隐私的空间”。这个词根本没有在英语里完全扎根和得到广泛使用，到14世纪中叶，除了在最上流的社会里以外，这个词已被sitting room取而代之。

一

如果你不得不用一句话来进行归纳，你可以说，居家生活的历史就是一部慢慢地变得舒服的历史。直到18世纪，家庭生活中舒适的概念是没有听说过的，甚至还没有一个词来表达那种情况。comfortable的意思只是“能被安慰的”。安慰就是你给予伤员或不幸的人的东西。把这个词用作现代意义的第一人是作家霍勒斯·沃波尔。他在1770年给一位朋友的信中说，某个怀特太太把他照顾得挺好，尽最大努力让他“感到舒服”。到了19世纪初，人人都在谈论有个舒适的家，或者享受舒适的生活，但在沃波尔的时代之前没有人用过comfortable这个词来表达“舒适”的意思。

若要领会舒适的家庭生活的精神，没有哪里比得上一个有着奇特名字的地方（虽然这并不总是符合实际情况），我们现在已经来到这间屋子：起居室（drawing room）。这个词是一个古老得多的词withdrawing room的缩略形式，意思是“一处家人可以离开家里的其他人以享有更多隐私的空间”。这个词根本没有在英语里完全扎根和得到广泛使用。在17世纪和18世纪的一段时间里，在比较高雅的阶层里受到了法语里的词salon的挑战。有时候写成英国化的saloon，但这两个词接下来渐渐跟家庭外面的空间发生关系。saloon先是指旅馆里或船上一个供社交用的房间，接着指一个专门用于饮酒的地方，最后有点儿出人意料地指一种小轿车。与此同时，salon总是跟与艺术活动有关的场所联系在一起，后来（从1910年左右起）又被理发店和美容院占用。在很长时间里，美国人喜欢把家里的主屋叫做parlour，因为它让人感觉到一种19世纪边疆生活的气息，但是实际上它是其中最古老的一个词。这个词的最早记录是在1225年，指“一间修士们可以去说话的屋子”（源自法语中的parler，意思是“说话”），然后在14世纪的最后25年里用到了世俗的范围。

爱德华·塔尔在教区长寓所的平面图上用了drawing room这个词。因此，几乎可以肯定，有着良好教养的马香先生用了这个词，虽然即使在当时，他很可能仍处于少数。到14世纪中叶，除了在最上流的社会里以外，这个词已被sitting room取而代之。Sitting room第一次出现在英语里是在1806年。后来发起挑战的还有lounge，这个词原先指一种椅子或沙发，后来又指一种休息时穿的上衣，最后从1881年起指一间屋子。

假设马香先生是个普通类型的人，他就会争取把这间屋子搞成家里最舒适的房间，放上最柔软的、最精美的家具。然而，实际上，在一年的许多时间里，它很可能并不是一个很舒适的地方，因为里面只有一个壁炉。那个壁炉至多只能使屋子中央的一小块地方暖和。我可以作证，即使火烧得很旺，要是你在严冬时节站在屋子对面，你很可能看得到自己呼出的气息。

虽然起居室成为舒适的家庭生活的核心，故事实际上并不是从这里讲起，也根本不是从家里讲起。故事从户外讲起，从马香先生出生以前一个世纪左右讲起。当时，人们有个简单的发现，这个发现将使像他那样有土地的家庭变得很富有，有朝一日能为自己建造一栋漂亮的教区长寓所。那个发现就是这样一回事：土地不需要经常休耕也能保持肥力。这算不上是最闪耀着智慧火花的省悟，但却改变了世界。

传统上，英国的大部分农田划分为狭长的地块，名叫弗隆①。每三个季节中，每个弗隆休耕一个季节，有时候两个季节中休耕一个季节，以恢复地力。这意味着，每年至少有1/3的耕地闲置着，结果就没有足够的饲料确保大量的牲畜活着度过冬天。因此，地主们不得不在每年秋天宰杀大部分牲口，然后面临一个漫长而又缺少收益的冬天，直到次年春天。

接着，英国的农民发现了一件荷兰农民已经知道很久的事：要是在闲置的地里种上芜菁、红花草或别的一两种合适的作物，土壤就会奇迹般地

---

① 弗隆（furlong）在赛马运动中为码，或1/8英里，但在农业上，弗隆原先没有特定的长度，这个词的意思只是“狭长的地块”。——原注

得到休息，同时又生产出大量过冬饲料。这是因为输入了氮的缘故，但要再过将近200年人们才会懂得这个道理。当时人们懂得而且为此觉得很高兴的是，这种办法极大地改变了农业的命运。而且，由于更多的牲畜能够活过冬天，还增加了大量肥料，牲畜产生的这些不要钱的宝贵粪便使土地变得更加肥沃。

所有这一切似乎真是个奇迹，你怎么说也不会过分。18世纪以前，英国的农业经历了一场又一场危机，发展缓慢。有一位名叫W.G.霍斯金斯的学者（在1964年）计算过，1480年和1700年间，每4次收成中就有一次歉收，差不多每5次当中就有一次灾难性的绝收。如今，由于有了作物轮作制这个简单的对策，农业能进入一个持续的、几乎是可靠的繁荣时期。就是这个漫长的黄金时期，使许多农村地区呈现出一派欣欣向荣的气象，直到今天。这也使像马香先生那样的人享有那种令人满意的新的好处：舒适。

农民们还受益于一种新的带轮子的机械，它是由伯克郡的农场主兼农业思想家杰思罗·塔尔在1700年左右发明的。那种机械名叫种子条播机，可以把种子直接种到土壤里，而不是用手来撒播。种子的价钱是很贵的，塔尔新发明的条播机把每英亩所需的3—4蒲式耳减少到1蒲式耳以下。由于播下的种子深度一样，行距整齐，成功发芽的更多，因此产量也大幅度提高，从每英亩的20—40蒲式耳提高到了多达80蒲式耳。

新的活力还反映在繁殖工程方面。就牛而言，所有大的品种，娟姗牛、格恩西乳牛、赫里福德牛、阿伯丁牛、安格斯牛、艾尔夏牛[①]，几乎都是18世纪的产物。羊也是一样，经过成功的人工繁育，变成了我们今

① 艾尔夏牛是詹姆斯·鲍斯韦尔的远房堂弟，善于发明的布鲁斯·坎贝尔培育出来的。鲍斯韦尔宁愿在伦敦过一种喝酒聊天的生活，也不愿意在苏格兰低地从事养牛工作。只是鲍斯韦尔本人不愿意承担那个责任以后，坎贝宁才接管了在苏格兰的那份家族产业。假如鲍斯韦尔比较有责任心的话，那么就不会有伟大的《约翰逊传》，也不会有世界上一种最佳的乳牛。——原注

天所看到的那种不自然地浑身长着长毛的家伙。一只中世纪的羊可产大约1磅半羊毛，18世纪重新培育的羊可产多达9磅羊毛。在那可爱的羊毛下面，羊还令人满意地长得更肥。从1700年到1800年，在伦敦史密斯菲尔德市场上出售的羊的平均重量翻了一番还多，从38磅增加到80磅。菜牛得到类似的增长，乳品的产量也上去了。

然而，取得所有这一切成就，是要付出代价的。为了创建新的生产制度，就需要把小片土地合并成大片，让农民从土地上搬走。在这场圈地运动中，以前养活许多人的小片土地，如今变成了让少数人富起来的大得多的、加有围栏的大片土地。这场运动使得农业对于拥有大片土地的人来说变得极其有利可图——过不多久，许多地区几乎只有这一种类型的土地了。圈地已经缓慢地进行了几个世纪，但在1750年到1830年加快了速度。期间，英国大约有600万英亩耕地被圈走。圈地对于失去家园的人来说是很残酷的，但确实也使他们以及他们的后代方便地迁往城市，成为新发生的工业革命的劳苦大众。工业革命也刚刚开始，而工业革命的资金，在很大程度上来自那些比以往任何时候都富裕的地主所享有的剩余财富。

许多地主还发现，他们的屁股底下有大煤层，而这恰好是工业突然需要煤的时候。尽管煤矿的开采对环境有着极大的破坏作用，但是它们确实变成了令人快意的巨额财富。在18世纪，一度可以从查特沃思府望见85座露天煤矿，反正书上是这么写的。还有的人通过把土地出租给铁路公司，或修筑运河以控制通行权的办法来赚钱。布里奇沃特公爵在西部乡村垄断了一条运河，每年获得高达40%的收益。实际上，再也没有比这更能赚钱的了。这一切都发生在一个没有所得税、没有资本收益税、没有红利税或利息税的时代，钱源源不断地存入银行，几乎没有任何因素会来干扰。许多人生在这样一个世界，他们实际上无须用手里的财富办任何事，只要把财富堆积起来。这方面的例子很多，这里仅举一例。第三代伯林顿伯爵在爱尔兰拥有大量地产，总共大约42000英亩，却从来没有到过那里。最后，他成为爱尔兰财政大臣，仍然没有去过那里。

这个富裕的特权阶层以及他们的后代，在英国乡村到处以极度夸耀的

方式表达他们这种新的富裕的乐趣。据一项统计数字，从1710年到该世纪末，在英格兰至少盖起了840栋大的乡村住宅——“像硕大的珍奇梅干，散布在乡村这块大布丁上。”霍勒斯·沃波尔是以这样生动的语言来描述的。

不同寻常的房子，需要不同寻常的人来设计和建造，也许谁也不会比约翰·范布勒爵士更不寻常，至少不会比他更出人意料。范布勒（1664—1726）出生在一个大家庭，是19个孩子当中的一个。他的家很富，原籍荷兰，虽然到范布勒本人出生的时候，他们已经在英格兰定居了将近半个世纪。用诗人尼古拉斯·罗的话来说，“他是一位性格温和的绅士，讨人喜欢”。谁遇到范布勒，都似乎很喜欢他（我们将会看到，马尔伯勒公爵夫人竟然是个例外）。他的一幅肖像画挂在伦敦的国家肖像馆里。这幅画大约在他40岁那年由戈弗雷·奈勒爵士所作，显示出他是个讨人喜欢的人，长着一张红扑扑、胖乎乎的普通的脸，戴着漂亮的巴洛克风格的假发，这在当时是很时尚的。

在他一生的前30年里，他没有显示出特别的方向感。他在一家家庭葡萄酒厂工作，作为东印度公司——在当时还是一家比较新的、普通的企业——的代表去过印度，最后从了军，虽然在部队里干得也不是很出色。他被派往法国，几乎一踏上岸就被当做间谍逮捕，在监狱里度过了将近5年时间，尽管条件还比较舒适，过得像个绅士。

监狱生活似乎对他产生了一种振奋作用。一回到英国，他很快成为一名杰出的剧作家，以飞快的速度连续写出了两部当时最受欢迎的喜剧《故态复萌》和《恼怒的妻子》。主要角色中有方达尔威夫（爱妻）、福平顿爵士、滕贝利·克拉姆西爵士和约翰·布鲁特爵士这样的名字。在我们看来，这些名字似乎有点粗俗，但在那个矫揉造作、尽情取乐的年代是幽默的巅峰，这是相当有伤风化的东西。有一名“改造举止协会”的成员气愤地说，范布勒“败坏了舞台风气，其轻率程度超过了以往任何时代”。别的人喜欢他的剧本完全出于同样的原因，诗人塞缪尔·罗杰斯认为他“几乎是有史以来最伟大的天才”。

范布勒总共为舞台创作或改编了10件作品，但与此同时，也同样突然使人大吃一惊的是，他还把自己的才华转向建筑学。这种冲动所产生的结果对我们来说是个谜，对他的同时代人来说也是个谜。我们所知道的全部内容就是，1701年，他在35岁时开始了建造英格兰最宏伟的住宅之一的工程——约克郡的霍华德堡。他究竟是怎么说服他的朋友第三代卡莱尔伯爵查尔斯·霍华德（有一位建筑史学家称霍华德是个“难以形容，而又显然富得冒油”的人）答应这项似乎发疯的巨大工程，也是不得而知的。这不光是一栋大房子，而且确定无疑是个宫殿般的地方，用范布勒的传记作家克里·唐斯的话来说，其“建筑规模可与以前王室的特权相比”。显而易见，卡莱尔伯爵从范布勒的草图中看出点什么；应当说，范布勒确实有一位很有天赋的真正建筑师尼古拉斯·霍克斯莫尔的支持。霍克斯莫尔已经有20年经验，但是奇怪得很，他甘心当范布勒的助手。而且，范布勒似乎是免费干活的（从来没有发现过付钱的迹象——就这两个人而言，双方对这类事都是要做记录的）。反正卡莱尔解聘了原来打算使用的杰出建筑师威廉·塔尔曼，听任新手范布勒去摆布。

范布勒和卡莱尔都是一个名叫基特-卡特俱乐部的神秘社团的成员。这个社团倾向于辉格党[①]，其成立几乎完全是为了确保汉诺威王室继位，即保证未来的英国君主都是新教徒的王朝更迭，即使在短时间内他们明显不是英国人。基特-卡特俱乐部的人达到了这个目的，这绝不是一个很小的成就，因为他们的候选人不会讲英语，几乎没有一点儿可爱的地方，有人计算过他在王位继承人的顺序中还不到第58位。除了这一点政治手腕以外，俱乐部运作得如此小心谨慎，我们对它几乎一无所知。它的一位

---

① Whig（辉格党）是Whiggamore的缩略词，是17世纪苏格兰一批反叛国王者的名称。Whiggamore本身的出处无法确定，它后来又怎么贴切地成为英格兰一批强大贵族的名称，这个问题也同样无法确定。这个词最初被Tories（保守党）用来嘲笑对方，而对方却自豪地接纳了这个名称，Tory这个词的情况也完全一样。——原注

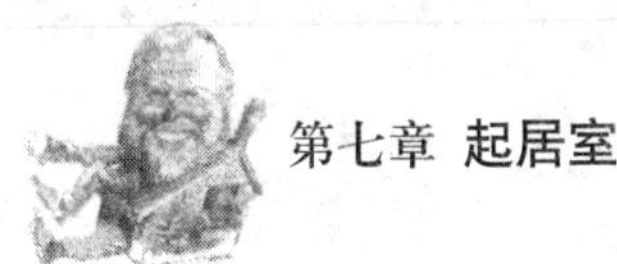

创始人是个点心师傅，名叫克里斯托弗·卡特，也称基特-卡特，基特-卡特也是他所制作的很有名的羊肉馅饼的名字。因此，究竟那个俱乐部是以他的名字，还是以他所制作的馅饼的名字命名的，这是300年来某些很小的范围里一直在辩论的问题。俱乐部只是从大约1696年延续到1720年，具体情况不详，成员总人数只有大约50人，其中2/3是王国的贵族。5名成员——卡莱尔爵士、哈利法克斯爵士和斯卡伯勒爵士，以及曼彻斯特公爵和马尔伯勒公爵——把活儿委托给范布勒。成员中还包括首相罗伯特·沃波尔（霍勒斯的父亲）、记者约瑟夫·艾迪森和理查德·斯蒂尔以及剧作家威廉·康格里夫。

在霍华德堡，范布勒并没有完全对古典特点置之不理。他只是在表面加上一种巴洛克风格的装饰性的野葛。范布勒的结构总是与众不同，但霍华德堡是非同寻常的非同寻常，可以这么说。它有大量正式房间，一层有13个，但卧室很少——根本不是通常会预期的那么多。许多房间形状很怪，或者光线很暗。许多外部的小装饰不同一般，如果不能完全说古怪的话。房子一侧的圆柱是简单的多利斯型的，而另一侧的是比较华丽的科林斯式的（范布勒以某种逻辑争辩说，没有人能同时看得见两侧的柱子）。最鲜明的特点是，至少在最初的25年里是这样，这栋房子盖起来时缺了西翼，虽然这实际上不是范布勒的过错。卡莱尔注意力不集中，忘了把西翼盖起来，使这栋房子看上去明显没有完工。当25年以后，由另一批人最终把西翼盖起来的时候，使用了一种完全不同的风格。因此，今天的参观者所看到的是巴洛克风格的东翼，正如范布勒所想要的那样，和完全不配套的帕拉弟奥风格的西翼。后者使一位后来的主人感到很满意，但别的人几乎都不满意。

霍华德堡最著名的特色是门厅上方的那个王冠形穹顶（外形像一盏灯笼，源自希腊语中的一个词，意思是可使光线进来）。这是后来添加的，跟底下的建筑显然比例失调。它太高大、太单薄，看上去似乎完全是为另一个建筑物设计的。正如一位建筑学批评家婉转地说的，“近看，它似乎跟下面的建筑物不大合拍”。它至少很新颖。当时，英格兰仅有的另一处穹顶建筑是克里斯托弗·雷恩设计的新落成的圣保罗大教堂。自古以来，没有哪个地方的哪栋房子是这种式样的。

总而言之，霍华德堡是一栋很棒的住宅，棒就棒在它的式样完全是独一无二的。穹顶也许有点儿怪，但是，没有这个穹顶，霍华德堡就会无足轻重。我们可以信心十足地说这个话，因为在20年时间里，霍华德堡实际上就是没有穹顶的。1940年11月9日深夜，东翼发生了火情。在那个年代，房子里只有一部电话，而人还没有能跑到它的跟前，电话机已经像巧克力糖那样融化了。因此，必须跑到1英里外的门楼，从那里叫消防队。等消防队员从6英里外的马尔顿抵达的时候，两个小时已经过去了，房子的很多部分已被烧毁。穹顶在热浪中坍塌了，倒在房子上面。在接下来的20年时间里，霍华德堡没了穹顶，不过看上去样子还可以，仍然很富丽，仍然很雄伟，仍然很威严，但是它的特殊地位没了。20世纪60年代初，穹顶终于得以修复。霍华德堡又顿时受到人们的喜爱，这是很怪的。

尽管经验有限，但范布勒现在被委任设计英国有史以来最重要的房子之一——布莱尼姆宫。这个无比辉煌的大家伙建在牛津郡的沃德斯托克。布莱尼姆宫打算作为国家的礼物赠给马尔伯勒公爵，因为他1704年在巴伐利亚的布林德海姆（不知怎的，英国人把这个词英国化了，变成布莱尼姆）战役中打败了法国人。庄园占有22000英亩良田，年收入达6000英镑，这在当时是一笔不小的钱，但是，哎呀，完全不足以支付像布莱尼姆宫这么大的房子的开支——布莱尼姆宫太大了，这样的规模很容易入不敷出。

宫里有300个房间，占地7英亩。①对于一栋豪宅来说，正面有250英尺

---

① 一般说来，一栋大房子里的房间统计数量不一定符合实际。这取决于你在什么程度上把贮藏室、私室之类算作独立的房间（而且，毫无疑问，还取决于你计算时的仔细程度）。布莱尼姆宫公布过的房间总数从187间到320间不等，差距很大。——原注

的宽度就是很大的了，而布莱尼姆宫的正面宽度达到了856英尺。这是英国历史上最大的虚荣心纪念碑。上面，每一英寸都布满了华丽的石青色饰物。它的宏伟程度超过了任何王宫，因此花钱也特别特别多，这是不足为怪的。那位公爵也是基特-卡特俱乐部的成员，似乎和范布勒关系甚好。但是，他在认定工程的基本原则以后，又打仗去了，把家里的事情交给了马尔伯勒公爵夫人——他的妻子萨拉。因此，大部分工程由她来照管。她从一开始就跟范布勒相处不好，压根儿不好。

工程于1705年夏天上马，从一开始就遇到了麻烦。工程一边进行，一边不得不作出许多调整，这是很花钱的。有一农舍的主人拒绝搬迁，主要入口不得不改换位置，因此大门开设在伍德斯托克后面一个很怪的地方，参观者得沿着主街走去，拐一个弯，穿过一个在今天都觉得怪怪的、像是商人家的入口（尽管这个入口很宏伟），才走到了庭园里面。

布莱尼姆宫的工程预算是4万英镑，结果花去了大约30万英镑。这是很不幸的，因为马尔伯勒夫妇视钱如命是有名的。公爵吝啬到这样的程度，为了节省墨水，他写字时连字母“i”上面的一点都不愿意加。这项工程究竟由谁来埋单，是安妮女王、财政部，还是马尔伯勒夫妇自己，这一点始终不清楚。公爵夫人和安妮女王有着一种密切的、相当古怪的、很可能是很亲密的关系。她们单独在一起的时候，互相呼唤对方古怪的昵称——“莫利太太”和“弗里曼太太”，以避免因一位是女王、一位不是而出现尴尬场面。不幸的是，修建布莱尼姆宫的时候，恰逢她俩的感情冷下来的时候，这就增加了谁来埋单的不确定性。女王在1714年去世，取而代之的是一位国王，他对马尔伯勒夫妇没有特别的感情，也不觉得欠他们什么东西，因此，之后的情况变得更加复杂。由于争吵不断，许多建筑工人好几年都没有拿到工资，大多数人最终只拿到了拖欠工资的一小部分。从1712年到1716年，有4年时间工程完全停了下来。工程重新上马以后，许多没有拿到工资的工人不愿意返回工地，这是可以理解的。范布勒本人直到1725年才领到工资，差不多在工程开始整整20年以后。

即使是在工程取得进展的时候，范布勒和公爵夫人也是吵个没完。她认为那个宫殿“太大、太暗、太森严”，她指责范布勒铺张浪费，不听指挥，认定他是个坏蛋。1716年，她干脆把他解雇了，虽然同时指令工人们继续执行他的计划。1725年，范布勒带着妻子来看那栋已经完工的大楼——他在上面投入了他大约2/3的建筑生涯和他1/3的人生，但是他在大门口被告知，公爵夫人留下了长期有效的指示：他不得入内。因此，他始终没有见到他那已经完工的杰作，只能从远处看到一点微光。8个月以后，他离开了人世。

和霍华德堡一样，布莱尼姆宫用的也是巴洛克建筑风格，只是特色更加鲜明。林立的球状物、瓮状物和别的竖立的装饰物构成了屋顶的轮廓线，富有节日气氛，许多人不喜欢它的巨大规模和摆弄阔气。艾尔斯伯里伯爵轻蔑地认为它是“一块大石头，既没有情趣，也没有滋味”。亚历山大·波普在详尽无遗地罗列了它的缺点之后得出结论说：“总而言之，这是花了很多钱办的一件蠢事。”施鲁斯伯里公爵认为它不过是“一个大型露天采石场”。有一位名叫埃布尔·埃文斯的爱打趣的人为范布勒写了个模拟墓志铭：

> 地球啊，重重地压在他的身上吧，
> 他在你的身上压了很多重重的东西。

毫无疑问，布莱尼姆宫是个过分铺张的工程，不过也是个令人瞠目的工程。其规模如此之大，以至于初次来访的人见了几乎肯定会目瞪口呆。很难相信，有谁会想要住在这么个令人窒息的大家伙里。实际上，马尔伯勒夫妇几乎没有在里面住过，他们直到1719年才搬进去，仅仅两年以后公爵就死了。

不管人们怎么看待范布勒和他的作品，著名建筑师的时代已经开始。[①]

在范布勒的时代之前，建筑师是没有多少名气的。一般说来，出名的是那些出钱造房子的人，而不是那些设计房子的人。我们在前面“门厅”一章里谈到的哈德威克府是当时的大建筑物之一，但只是推测，它的建筑师是罗伯特·史密斯森。这个推测有着各种各样的道理，在相当程度上是可以被接受的，但是拿不出真凭实据。史密斯森实际上是被称为建筑师的第一人，或者说差不多是被称为建筑师的第一人。在一块大约建于1588年的纪念碑上，他被描述为“建筑师和测量员”。但是，跟那个时代的许多人一样，人们对他的早期生活知之甚少，包括他的出生地点和出生时间。他第一次露面是在1568年威尔特郡朗利特府的记录中，当时他已经30多岁，是一名砖瓦匠领班。之前他在哪里，我们完全不知道。

即使建筑被确定为一种职业以后，大部分从业人员也都来自别的行业。伊尼戈·琼斯是戏剧演出的设计员，克里斯托弗·雷恩是天文学家，

① 实际上，这也是著名工艺师的时代，伟大的雕刻家格林林·吉本斯就是这么一位。他1648年出生，1723年去世。他的教名很有意思，是他母亲的娘家姓。他的父母是英国人，但他在荷兰长大，大约在1667年来到英国，是在查理二世恢复王位以后。他在伦敦东南部的德普福德安顿下来，靠为船舶雕刻艏饰像维持基本生活。但是，1671年的一天，日记作者约翰·伊夫林恰好从他的工场前面经过，立刻对吉本斯的技术、个人举止，很可能还有漂亮的外貌发生兴趣（根据各种流传的说法，吉本斯漂亮到了惊人的程度）。他鼓励这位年轻人接受更富挑战性的任务，并把他介绍给有影响的人士，比如克里斯托弗·雷恩。

由于伊夫林的支持，吉本斯在事业上非常成功，但是他的大部分财富实际上是通过经营一个生产雕像和其他石制品的工场获得的。把英国英雄刻画成穿托加袍和草鞋的罗马政治家，这似乎是吉本斯想出来的点子。这使得他的石制品很受时髦人物的欢迎。虽然他被许多人认为是近代最伟大的木刻家，但他生前在这方面并不特别有名。就布莱尼姆宫而言，吉本斯生产了价值4000英镑的装饰性石制品，而只生产了价值36英镑的木刻。一定程度上由于存在数量不是很多，所以他华丽的木刻在今天非常宝贵。——原注

罗伯特·胡克是科学家，范布勒是军人和剧作家，威廉·肯特是画家兼室内装饰设计师。建筑作为一种职业，实际上是很晚才发展起来的。1882年英国才开始规定要通过考试，1895年才有大学把建筑学作为一门全日制的学科开始招生。

然而，到18世纪中叶，住宅建筑越来越受到很多人的尊敬和关注。既受到尊敬又受到关注的人，一度只有罗伯特·亚当一人。如果范布勒是第一位著名建筑师，那么亚当是最伟大的建筑师。他1728年生于苏格兰，是一位建筑师的儿子。他是四兄弟之一，他们都成为成功的建筑师，虽然罗伯特无疑是家里的天才，是唯一被载入史册的人，1755年到1785年这段时间有时候被称作亚当时代。

伦敦的国家肖像馆里有一幅亚当的肖像画，该画作于1770年左右，他当时40岁刚出头。画上的亚当是个样子很和蔼的人，戴着撒有粉的灰色假发套，但事实上他不是个特别可敬爱的人。他很傲慢，很自私，待自己的雇员很差，给他们很低的工资，却要他们像服长期劳役那样干活儿。要是他发现他们不是在为他干活，而是在干别的活，哪怕是画一张自娱自乐的图，他就要严厉处罚他们。然而，亚当的客户敬重他的才能，有30年时间，他们有了活儿都交给他做。亚当兄弟成就了一种被称为建筑的工业，他们拥有采石场、一家木材企业、砖窑、一家生产灰泥的公司以及别的许多资产。他们一度雇用过2000名人员。他们不仅设计住宅，而且设计住宅里面的每一种物品——家具、壁炉、地毯、床、灯具和别的所有东西，直到门拉手、拉铃索手柄和墨水台。

亚当的设计太过分，有时候简直让人受不了，因此他渐渐不受欢迎。他有个不容忽视的弱点，那就是装饰过头。走进亚当设计的一个房间，很像是走进一块糖霜撒得太多的蛋糕。实际上，有一位同时代的批评家称他为“点心师傅”。到18世纪80年代末，亚当被人们指责为“甜得腻人，过于纤巧”。他已经如此不受欢迎，最后回到了他的故乡苏格兰。1792年，他在苏格兰去世。到1831年，他已经彻底被人遗忘，连那本很有影响的《英国最著名的建筑师》都根本没有提及他的名字。然而，这样的排斥并没有持续太长时间，到19世纪60年代，他的名气渐渐恢复。这一态势今天仍在继续，虽然当今人们记得的不是他的建筑工艺，而是富丽的室内装饰。

在亚当的时代，建筑物都有一个共同之处：特别强调对称。必须承认，范布勒的霍华德堡没有完全实现对称，但这在很大程度上是个偶然例子。而在别处，对称是作为一个不可改变的设计法则严格遵守的。每个侧翼都非得有个与之匹配的侧翼，不管需不需要。大门口一边的每扇窗户和每个山花饰，另一边必须有完全对应的窗户和山花饰，无论窗户后面是什么。结果往往是建造谁也不是真正想要的侧翼。直到19世纪，这种荒唐的做法才渐渐停止。是威尔特郡一座不同凡响的建筑物，有史以来最非同寻常的建筑物，开始了这个进程。

它叫方特希尔府，是两位性情古怪而又很有魅力的人威廉·贝克福德和建筑师詹姆斯·怀亚特的作品。贝克福德家里极其富有，牙买加到处都有他家的种植园，控制西印度群岛的糖业贸易达100年之久。母亲对贝克福德溺爱备至，要让她的儿子在成长过程中享有各种方便条件。8岁的沃尔夫冈·莫扎特被叫来给他上钢琴课，国王的建筑师威廉·钱伯斯教他画画。贝克福德的财富多得用之不竭，他21岁生日那天继承家业时，生日派对就花去了4万英镑——这是一笔令人发指的巨款。拜伦在一首诗里称他是“英格兰最富有的儿子”，很可能没有错。

1784年，贝克福德被发现参与了两起轰动一时而又极其危险的调戏事件，成了那个年代一起最引人注目、最富刺激性的丑闻的核心人物。一起是对他的嫡亲堂弟的妻子路易莎·贝克福德。同时，他还迷恋上了一个苗条清秀的男青年，名叫威廉·考特尼。考特尼是未来的第九代德文伯爵，被公认为是英格兰最漂亮的小伙子。在干柴烈火，也许是令人精疲力竭的几年里，贝克福德跟这两个人都保持着关系，常常是在同一屋檐下。但是，1784年秋天，突然之间产生了不和。贝克福德不是收到了一张字条，就是在考特尼手里发现了一张字条，他顿时妒火中烧，大发雷霆。没有记录说明字条上说了些什么，但这张字条促使贝克福德采取了过激行动。

他来到考特尼的房间里，用另一位也在他家里过夜的客人有点语无伦次的话来说："用马鞭子抽了他，发出一阵响声，门开着，发现考特尼穿着衬衣，贝克福德是某种姿势。事情真怪。"

确实很怪。

在这件事中，特别倒霉的是考特尼，他是家里的宝贝，是14个孩子中唯一的男孩子，年纪还很小。发生这件事的时候，他只有16岁，但也许从10岁起就一直受不道德的贝克福德的支配。倒不是怕考特尼家会把事情说出去，我们可以想当然地认为，那位被贝克福德戴了绿帽子的堂弟心里也很不开心。贝克福德丢了面子，在毫无挽救希望的情况下逃往欧洲大陆。他游览了很多地方，用法语写了一本哥特派小说《瓦提克：一则阿拉伯故事》。这本书现在毫无可读性，但在当时却很受赞赏。

然后，1796年，丑闻还远没有平息下去的时候，贝克福德做了一件完全出人意料的事。他回到英格兰，宣布了一个计划，要把在威尔特郡建造了不过40年左右的自家宅第方特希尔斯普伦顿斯府拆掉，在原址上建造一栋新房子，不是普通房子，而是自布莱尼姆宫以来英格兰最大的房子。这真是一件怪事，因为看来没有人会跟他一起住在里面，他为这项有点疯狂的工程选定的建筑师就是詹姆斯·怀亚特。

说来很怪，怀亚特是个不受重视的人物。半个多世纪以前，才由安东尼·戴尔出版了唯一一本有关他的内容详尽的传记。要不是他设计的许多建筑物如今已经不复存在，他本来也许会更加有名。今天人们记得他，不是因为他建造了什么，而是因为他拆掉了什么。

怀亚特生于斯塔福德郡，是农场主的儿子。他年轻时就对建筑有兴趣，曾花6年时间在意大利攻读建筑制图。1770年，年仅24岁的他，就大致根据罗马的同名古代建筑物设计了万人殿———座展览馆兼礼堂。它占领了伦敦牛津街的一处黄金地段达160年之久，霍勒斯·沃波尔认为它是"英格兰最漂亮的大厦"。不幸的是，马克斯—斯潘塞百货公司可不这么认为，在1931年把它拆了，把地方让给了一个新店。

怀亚特是一位才华横溢、声誉很高的建筑师，在乔治三世时代，他被任命为工程部测量员，实际上是国家级的官方建筑师。但是，作为一个人，他常年一副委靡不振的样子。他办事缺乏条理，健忘，长期生活放荡。他是个有名的酒鬼，有时候毫无节制地饮酒作乐。有一年，他一连50次缺席工程部每周一次的例会。办公室的工作他也管理不善，有个人竟然被发现休假了3年。然而，他清醒的时候，还是很讨人喜欢的，他的魅力、温和的性情和建筑方面的见地都受到广泛的称赞。伦敦的国家肖像馆里有他的一尊半身像，胡子刮得很干净（确实干净，这种情况对他来说有点非同寻常），长着一头密密的头发，脸上似乎露出古怪的忧伤神情，或者也许只是有点宿醉未醒的样子。

尽管缺点不少，但他成为那个时代最吃香的建筑师，他接受的任务太多，应付不过来，很少给予哪项任务令人满意的关注，这使得他的客户气愤不已。他的一位客户曾灰心丧气地写道："要是生着一炉旺火，身边有个酒瓶，别的他就什么都不管了。"

他的传记作者戴尔写道："大家都一致认为，怀亚特有三个突出的毛病：完全缺乏做生意的能力；完全缺乏长时间工作或集中精力工作的能力……以及完全缺乏远见。"这是一位怀有同情心的旁观者说的话。总而言之，怀亚特是个不负责任、无可救药的人。有一位名叫威廉·温德姆的客户忍受了11年时间，他的一项工程才完工，而本来这项工程只需要花其中的一小部分时间。"当一个人没有能从你那里获得几个钟头的活儿，因此发现自己家的主要房间完全没法住人时，"温德姆有一次在写给那位没有上班的建筑师的信中焦急地说，"他还是有权感到不耐烦。"谁成为怀亚特的客户，谁就会长时间受罪。

然而，怀亚特的职业生涯非常成功，成果累累。在40年的时间里，他建造或翻造了100栋乡村住宅，大手笔地翻造了5座大教堂，为改变英国的建筑面貌作出了很大的贡献——应当指出，并不总是向好的方向改变。大教堂他翻修得特别毛糙，特别彻底。有一位名叫约翰·卡特的批评家，对怀亚特喜欢拆毁古代的室内修饰物感到很气愤，把他称作"破坏分子"，在《绅士杂志》上写了212篇文章——基本上是他一生的心血——抨击怀亚特的风格和性格。

在德拉姆大教堂，怀亚特计划在建筑物上面安个雄伟的尖塔。这个计划始终未获通过，这也许不是一件坏事，因为怀亚特过不多久就要在方特希尔府显示，没有什么地方比在怀亚特设计的塔底下更加危险。他还想把古老的加利利教堂全部拆掉，该教堂是圣彼得的长眠之地，是英国诺曼建筑的巨大成就之一，那个计划幸亏也被拒绝了。

贝克福德被怀亚特出众的才华所征服，但是怀亚特浪荡成性，为人完全不可靠，贝克福德感到气急败坏，心烦意乱。不过，他还是设法让这个任性的建筑师集中足够的注意力来制订了一个计划。快到世纪之交的时候，工程上马了。

按照设计，方特希尔府的一切都规模宏大。窗户要50英尺高。楼梯的宽度和长度一个样。前门高达30英尺，但会显得更高，因为贝克福德习惯使用矮个子门卫。中央大厅是个八角形建筑物，4个长长的侧翼向外伸展，4个穹门上挂着80英尺长的窗帘。从中央走廊向前望去，目光所及可达300多英尺。餐厅里的餐桌有50英尺长。

每天，贝克福德是唯一的就餐者。每个房间的天花板都望不到头，消失在远处悬臂托梁的阴影里。方特希尔府很可能是有史以来最耗费资源的住宅，全都是为了一个独居的人，为了一个“谁都知道没有邻居愿意去拜访的人”。为了保护隐私，贝克福德在庄园周围建起了高大的围墙，人称“大屏障”。围墙高12英尺，长12英里，上面安装了尖尖的铁钉。

按照计划，在附带建筑物中有一座125英尺长的巨大的坟墓，他的棺材将放在里面距地面25英尺的平台上，他认为这样爬虫就爬不到他身边了。

方特希尔府设计得自由奔放，故意不搞对称——用历史学家西蒙·瑟莱的话来说，是“建筑上的无政府主义”。它按照装饰华丽的哥特式风格建造，这使得它看上去像一座中世纪大教堂和德拉科拉的城堡的杂交产物。新哥特风格不是怀亚特创建的，那份荣誉应归于霍勒斯·沃波尔，是他设计了位于外伦敦的草莓山府第。这种风格有时候也被称作假哥特式，

方特希尔府的西大走廊，通向八角形的中央大厅

以区别于真正的中世纪风格。假哥特式原先并不指建筑风格，而是指一种调子低沉、矫揉造作的小说。那个也是沃波尔在1764年出版了《奥特朗特堡》以后创立的。然而，草莓山府第是一座比较谨慎、别具一格的建筑物，和普通的住宅差不多，只是加了一些哥特式窗花格和别的附加饰物。怀亚特的哥特式作品要沉闷得多，笨拙得多。它们有高耸的塔楼、浪漫的尖塔以及纷乱的屋顶轮廓线。这些都是有意不对称的，因此整个建筑物看上去像是在几个世纪里天然长出来的。这有点像好莱坞出现以前，过去的人想象中的好莱坞。沃波尔创造了一个词——“忧郁式”，来表达假哥特式的格调。沃波尔设计的住宅就是忧郁式建筑的精华，[①]它们处处流露出那种风格。

贝克福德一心要把工程搞结束，因此让多达500名工人夜以继日地干活，但是经常出问题。方特希尔府的塔楼高达280英尺，是有史以来私人住宅上面所建造的最高的塔楼。这是一场噩梦。怀亚特草率地使用了一种新的灰泥，名叫帕克罗马水泥，由詹姆斯·帕克牧师发明。他是那种爱钻研的神职人员队伍中的又一名成员，本书开头部分里已经提到过他的名字。究竟什么原因帕克牧师先生进入了建筑材料的领域，是不得而知的，

---

① 虽然沃波尔的作品现在很少有人再阅读，但他写的历史书和浪漫故事在他那个年代还是极其受欢迎的，他尤其是个造词能手，《牛津英语词典》把至少233个新创造的词语归功于他。有许多这类词没有站稳脚跟，比如gloomth（忧郁式）、greenth（绿式）、fluctuable（波浪式）和betweenity（中间式），但大量别的词语被接受了。他创造的或引入英语的词语有不少，其中有airsickness（晕机）、anteroom（前厅）、bask（晒太阳）、beefy（结实的）、boulevard（林荫大道）、café（咖啡馆）、cause celebre（轰动的案件）、caricature（漫画）、fairy tale（童话）、falsetto（假声）、frisson（颤抖）、impresario（乐队指挥）、malaria（疟疾）、mudbath（泥浴）、nuance（细微差别）、serendipity（意外的发现）、sombre（昏暗的）、souvenir（纪念品），以及上面提到过的现代意义上的comfortable（舒适的）。——原注（几个没有被接受的词的意思是译者之推测，不一定正确，仅供参考。——译注）

但他想要根据一种已经失传的方法，制造一种速干的水泥，那种水泥罗马人曾经使用过。不幸的是，他的那种水泥没有多少力道，如果不是把材料按照绝对准确的比例来搅拌，很容易散成团块——在方特希尔府就出现了这样的情况。贝克福德吃惊地发现，他雄伟的住宅尚在建造中就已经开始崩塌。它在建造过程中倒塌过两次，即使在完工以后，它仍嘎吱嘎吱地发出不祥的响声。

令贝克福德感到无比生气的是，他常常找不着怀亚特的人，不是因为喝醉了酒，就是由于在为别的工程工作。正当方特希尔府的事态实际上快到不可收拾的地步，500名工人不是已经出逃，就是闲得发慌，等着指令的时候，怀亚特却在忙于一项大工程，为乔治三世在邱这个地方盖一座新的宫殿，这项工程后来流产了。为什么乔治三世想要在邱盖一座新的宫殿？这个问题提得有道理，因为他在那里已经有了一座很好的宫殿。但是，怀亚特一意孤行，设计了一座令人惊叹的大厦（外号叫做“巴士底狱”，因为它的样子令人望而生畏），这是世界上第一栋用铸铁作为建筑材料盖成的建筑物。我们不知道那座新宫殿是什么样子的，因为不存在同样的建筑物。但是，它肯定是相当壮观的，因为除了门和地板以外，全部都是用铸铁建造的。住在里面，很可能就像住在一口大锅里一样。不幸的是，正当大楼从泰晤士河畔拔地而起的时候，国王渐渐失明，对自己看不见的东西开始失去兴趣。反正他也从来不大喜欢怀亚特。因此，当工程进行到一半，已经耗资10万多英镑的时候，突然停工了。有大约20年时间，那栋房子一直是个没有完工的空壳子，最后新的国王乔治四世才下令把它拆了。

贝克福德不断怒气冲冲地给怀亚特写信，他在一封颇具代表性的信中责问道：“你这该死的老家伙到底藏在哪家低级酒店，哪家臭烘烘的客栈，哪家梅毒肆虐的妓院？”他喜欢把怀亚特叫做“甘蔗渣”，即男妓。每封信都是怒气冲冲，充斥着具有创造性的辱骂，怀亚特确实是个令人恼怒的人。有一次他离开方特希尔府去伦敦，表面上是为了急事，但他只走了3英里，来到贝克福德的另一处住宅。他在那里遇到了另一位酒量很大的客人。一个星期以后，贝克福德发现他们混在一起，喝得烂醉如泥，身边堆放着许多空酒瓶。

方特希尔府最终耗资多少，没有人知道，但1801年有一位消息灵通的旁观者估计，贝克福德已经花掉了24.2万英镑，足以建造两座水晶宫，而且工程完成了还不到一半。虽然还没有完工，但贝克福德于1807年夏天搬进了那栋住宅。住在里面根本不舒服，西蒙·瑟莱在《大不列颠消失的建筑》一书中写道："冬天和夏天必须有60个火炉连续不断地生着，以确保房子干燥，且不说暖和。"大多数卧室是没有陈设的，就像是寺院里的小屋；13个卧室里没有窗户。贝克福德自己的寝室特别简朴，里面只有一张狭窄的床。

怀亚特还是时来时不来，他经常不照面，把贝克福德气得火冒三丈。1813年9月初，刚过67岁生日的怀亚特同一位客户乘马车从格洛斯特郡返回伦敦，突然间马车翻倒，把他甩了出去，脑袋磕在墙上，受了致命伤。他很快死于非命，留下个一贫如洗的寡妇。

就在这个时候，糖价陷入一个低谷，贝克福德受到资本主义衰退的影响，最后过得很不自在。到1823年，他已经如此缺少资金，不得不变卖了方特希尔府。以30万英镑价钱买下方特希尔府的是一位性格古怪的人物，名叫约翰·法夸尔。法夸尔生于苏格兰农村，但年轻时去了印度，靠制造火药发了财。他于1814年回到英国，在伦敦波特曼广场一栋漂亮的房子里安顿下来。他也显然不大会照管自己，以至于到了这样的程度，他在附近散步的时候，有时候会被当做可疑的流浪汉拦住去路，受到盘问。他买下方特希尔府以后，几乎没有去过那里。然而，在方特希尔府短暂的存在期间，有那么最注目的一天，就在1825年圣诞节之前，他恰好住在里面，塔楼突然间连续不断地发出轻微的嘎吱声，然后第三次也是最后一次倒塌了。气浪把一名仆人沿着走廊掀出去30英尺，但无论是他还是任何别人都奇迹般地没有受伤。大约有1/3的房子被压在塔楼的一大堆残骸下面，从此再也不能住人了。法夸尔对这场不幸的反应相当平静，只是说，这样一来就用不着再花那么大的劲来照管这个地方了。他第二年就死了，虽然富得冒油，但是没有留下遗嘱。他那些吵个没完的亲属谁也不愿意接管那栋

房子，剩下的部分就拆了，过不多久就清理完毕。

与此同时，贝克福德带着那30万英镑退隐到巴斯，他在那里建了一个比较具有古典风格的154英尺高的塔楼。塔楼落成以后，被叫做兰斯顿塔。由于选材优良，工艺精细，那个塔至今还在那里。

二

方特希尔府标志着住宅建设领域里雄心和愚蠢的顶峰，也标志着不舒适的顶峰。一种有意思的反比关系——对房子所投入的财力的多少和实际所取得的适居程度之间的反比关系——似乎已经出现。伟大的住宅建设时代使英国人居家生活的考究和豪华程度上了一个新的台阶，但几乎谈不上舒适、暖和和方便。

那种具有家庭氛围的特色，将由新一类的人创造出来。那类人在一代人左右的时间以前还几乎不存在——中产阶级职业人员。当然，从来就有中等层次的人；但是，一个整体和一支力量被看成是中产阶级，这是18世纪的现象。“中产阶级”这个词要到1745年才出现（偏偏是在一本关于爱尔兰羊毛贸易的书里），但从那时起，英国的大街上和咖啡屋里到处都是信心十足、口若悬河、生活富裕的人。这些人符合这样的描述：银行家、律师、艺术家、出版商、设计师、商人、住宅开发商以及一般都具有创新精神和雄心壮志的其他人。这个新生的并不断壮大的中产阶级不但为富有的人服务，而且互相服务，这甚至更加有利可图。正是这种变化，创造了现代世界。

中产阶级的发明创造，使社会需求提高到新的水平。突然之间，大批在城里拥有住房的人都需要家具。同样突然之间，世界上到处都是可以把家里塞得满满当当的理想物品，地毯啦，镜子啦，窗帘啦，装有软垫的和上了刺绣的陈设啦，以及无数别的东西。这些东西在1750年以前家里是几乎看不到的，而现在比比皆是。

帝国的扩大，海外贸易利润的增加，也都产生了巨大的影响，往往是以出人意料的方式。以木材为例，当英国还是个与外界隔绝的岛国时，制造家具基本上只使用一种木材：栎木。栎木是一种优质材料，结实耐用，可以毫不夸张地说，跟铁一样坚硬，但实际上它只适合制作笨拙、坚硬的家具——衣箱、床、笨重的餐桌等等。但是，英国海军的发展和英国商业利益的扩大，意味着可以获得许多种类的木材，如来自弗吉尼亚的胡桃木，来自两个卡罗来纳的鹅掌楸轻木材，来自亚洲的柚木。这些改变了家里的一切，包括人们坐的方式、聊天的方式、娱乐的方式。

其中最宝贵的木材是来自加勒比海地区的红木，红木光泽好，防翘曲，适应新环境的性能极强。它可以雕凿出精美的形状，做上回纹，完全适合用于生气勃勃的洛可可风格，而又仍然坚实得不失为一件家具。以前没有哪种木材具有这些特点：突然之间，家具有了一种雕塑般的质量。椅子中部的立骨——背板——原来可以做成这种样子；对于一个只见过温莎椅，从来没有见过坐着不出响声的任何椅子的民族来说，这简直是太妙了。椅子腿有了流畅的曲线，漂亮的脚；扶手一路平滑到末端的涡卷饰和螺旋饰，连握一握也是一种享受，看一眼也是一种快乐。每一把椅子，实际上是家里每一样制品，似乎一下子都变得精美，有了风格，有了流畅的线条。

要是没有来自地球那一边的另一种神奇的新材料，红木本来会像以往一样，不过是一种受到尊崇的木材而已。但是，那种材料给了它最漂亮的罩面漆：虫胶。虫胶是印度紫胶虫的一种坚硬的树脂状分泌物，在一年当中的某些时候，紫胶虫在印度的部分地区大批出现，它们的分泌物能使清漆变得无毒无味，光泽好，高度抗摩擦，不退色。它在潮湿的情况下不沾灰尘，几分钟就干。即使在如今这个化学时代，虫胶仍有几十种用途，这是合成产品无法与之相比的。比如，你玩的保龄球，是虫胶才使得球道无比光亮。

新的木材和清漆改变了家具可能具有的形式，但还需要别的东西——一种新的生产模式——来生产大批量的优质家具，以满足源源不断的需

求。像罗伯特·亚当那样的传统设计师要为每一项任务拿出一份新图纸，而现在的家具制造商认识到，用一份图纸来生产许多家具要划算得多。他们开始运用大规模的工厂体制，按照模板快速切割出部件，再由专门分工的团队来组装为成品，批量生产的时代已经到来。

为创建批量生产技术作出最大贡献的人，就是由于他们的精湛工艺而现在最受我们崇敬的人，这样的看法具有某种讽刺意味。最符合这种情况的莫过于一位来自英格兰北部的名不见经传的农具制造商托马斯·奇彭代尔，他的影响很大。他是名字是被用来命名一种家具款式的第一位普通人；在此以前，那些名字毫无例外地让人想起了君主：都铎式、伊丽莎白女王式、路易十四式、安妮女王式。然而，他的情况我们了解得相当少。比如，我们不知道他外表是什么模样的。我们只知道他在约克郡谷地边缘的集镇奥特利出生长大。除此以外，对他的早年生活一无所知。他在文字记载中第一次出现是在1748年。当时，已经30岁的他来到伦敦，开始了一种新型家用陈设制造商和供应商的生涯，即所谓的家具装饰用品商。

那是个雄心勃勃的事业，因为家具装饰用品商的业务往往很复杂，很广泛。乔治·塞登就是其中最成功的一位，他雇用了400名工人，有雕刻工、镀金工、细木工、制镜工、铜匠等等。奇彭代尔的经营规模没有那么大，但也雇用了四五十个人。他的地盘位于圣马丁巷60—62号，占了两个门面，就在现在特拉法尔加广场（虽然那个广场还要过80年才会存在）的拐角处。他还提供极其全面的服务，制造和出售椅子、临时茶几、梳妆台、写字台、棋牌桌、书柜、衣柜、镜子、钟罩、大枝形吊灯、立式烛台、乐谱架、壁式烛台、洗脸台以及一种新奇的物品，他管它叫“沙发”。沙发很有挑逗性，甚至很有刺激性，因为沙发像床，因此意味着可以躺在上面搞暧昧活动。他的商号还供应墙纸和地毯，承办修理、家具搬运，甚至葬礼等业务。

托马斯·奇彭代尔制作的家具很精美，这点是没有争议的，但许多别人制作的也同样如此。在18世纪，仅圣马丁巷里就有30户家具商，还有几百家分布在伦敦各地和全英国。我们今天之所以都知道奇彭代尔的名字，是因为他在1754年干了一件相当大胆的事情。他出版了一本关于设计的书，名叫《绅士和家具制造商指南》，里面有160幅插图。在过去的将近200年里，这种事情建筑师们一直在做，但没有人想到在家具方面也办这样的一件事。那些插图出人意料地吸引人。它们不像标准的那样是平展的二维模板，而都是透视画，阴影和光泽俱全。未来的客户可以马上想象出来，这些漂亮、可心的物品放在自己家里将会是什么样子。如果把奇彭代尔这本书的出版称作是一件具有轰动效应的事，那是不恰当的，因为总共只卖出去308册，但买书的人当中有49位贵族。那样的话，影响就不相称的大了。这本书还被别的家具制造商和工艺师抢购回去，产生了另一个奇怪的问题——奇彭代尔公开请他的竞争对手利用他的图样为他们的商业利益服务。这一招有利于确保奇彭代尔的子孙后代的利益，但对他本人的财富没有起多大作用。这是因为，如今有一定技术的细木工就可以制作奇彭代尔式家具，潜在的顾客可以用较为便宜的价钱买到它们。这种做法也意味着，有200年的时间，家具史学家们将难以确定哪些家具是奇彭代尔做的“真货”，哪些是利用他那本书做的仿制品。即使是一件“真货”，也不等于说奇彭代尔什么时候摸过它，更不用说他是不是知道它的存在，也不一定意味着这件家具是他设计的。谁也不清楚它在多大程度上体现了他的才华，或者说他书里的图样实际上是不是出于他之手。一件真正的奇彭代尔式家具只能说明，它产自他的工场。

然而，这就是奇彭代尔光环，一件家具甚至还不需要跟他有那么近的关系。1756年，在殖民地时代的波士顿，一位名叫约翰·韦尔奇的家具制造商以奇彭代尔的图样为指导，做了一张红木书桌，卖给了一个叫杜布洛伊斯的人。那张书桌在杜布洛伊斯家里放了250年。2007年，他们拿到纽约的苏富比拍卖行去拍卖。虽然托马斯·奇彭代尔跟它没有直接关系，它却以将近330万美元的价钱卖出。

别的英国家具商受到奇彭代尔之成功的启发，出版了自己的图样书籍。乔治·赫普尔怀特在1788年出版了《家具木工和家具装饰用品商指南》。托马斯·谢拉顿紧紧跟上，他的《家具木工和家具装饰用品商之图

样手册》在1791年到1794年间以连载形式出现。谢拉顿的书的征订者比奇彭代尔的多出一倍多，并被译成德文。这一殊荣是奇彭代尔本人的书没有获得过的，赫普尔怀特和谢拉顿在美国尤其受到欢迎。

跟这3个人当中任何一个人有直接关系的任何家具，在今天都是价值连城。尽管如此，在他们活着的时候，那样的家具主要是讨人喜欢，而不是有名，有时候甚至根本不受人喜欢。奇彭代尔最先走下坡路。他是一位杰出的家具制造商，但是缺乏经营一个企业的能力。1766年，他的合伙人詹姆斯·兰尼一死，他的这种不足之处就凸显出来。兰尼是经营活动的智囊，没有了他，奇彭代尔在余生中坎坷不平，经历了一场又一场危机。这一切都是极富讽刺意味的：奇彭代尔一方面在努力支付员工的工资，避免因负债而被关进牢房，另一方面却在为英国一些最富的人家制作最优质的物品，并在和主要的建筑师和设计师，如罗伯特·亚当、詹姆斯·怀亚特、威廉·钱伯斯勋爵等紧密合作。然而，他的个人事业却是无情地每况愈下。

在那个年代做生意是一件不容易的事，顾客们经常不能及时付款。演员兼剧团经理戴维·盖里克欠钱长期不还，奇彭代尔不得不用法律行动来威胁他；奇彭代尔还把诺斯特尔普赖里府——约克郡的一处豪宅——的工程停下来，因为那里拖欠他的款项已达6838英镑，这是一笔巨额债务。“我口袋里一个几尼也没有，明天拿什么给我的工人发工资？”他有一次绝望地写道。很明显，奇彭代尔在这一生的很多时间里都在发愁，几乎没有一时一刻享有安全感。到他1779年去世的时候，他的个人财产只剩下28镑2先令9便士，还不够从他自己的陈列室里买一件稍微像样的镀有金色铜的器物。他的商号在他儿子的指导下勉强维持下去，但最后在1804年不得不宣告破产。

世人几乎没有注意到奇彭代尔的去世，没有任何报纸刊登讣告。在他去世14年以后，谢拉顿在写到奇彭代尔的设计时说：“它们现在已经完全过时，不再被使用。”到19世纪最初的10年快要过去的时候，他的名声已经一落千丈，《国家传记词典》第一版只给了他一段的篇幅——比给谢拉顿和赫普尔怀特的少得多——其中许多是批判性的，还有不少错误的地方。作者对奇彭代尔的生平掌握得如此之少，竟然把他说成是伍斯特郡人，而不是约克郡人。

谢拉顿（1751—1806）和赫普尔怀特（1727？—1786）不能夸口说自己成绩辉煌。赫普尔怀特的店铺开设在一个肮脏的地区，名叫克里普尔格特。他几乎默默无闻，同时代人有的称他为凯普尔怀特，有的称他为赫普尔威特，大家对他的个人生活几乎一无所知。到他那本关于图样的书出版时，他实际上已经去世两年。谢拉顿的命运更加奇特，他似乎从来没有开设过店铺，迄今发现的家具中没有一件可以归功于他。他也许根本没有制作过家具，只是担任制图员和设计师。虽然他的书销路不错，但也似乎没有使他富起来，因为他还不得不通过教授制图课和透视法来贴补收入。他一度放弃了设计家具的工作，接受一个名叫“狭义浸礼会”的新教派别的牧师培训，实质上成了一名街头传道士。1806年，他在伦敦一个“满是尘土和臭虫”的极其恶劣的环境中死去，留下妻子和两个孩子。

作为家具制造商，奇彭代尔和他的同时代人毫无疑问是大师，但他们享有一种特殊的有利条件，那种条件永远不会再有——使用有史以来存在过的最优良的家具木材，一种名叫桃花心木的红木。桃花心木只产于加勒比海中的古巴和伊斯帕尼奥拉岛（就是今天海地和多米尼加共和国共享的那个岛）。它的华丽程度、精致程度和实用价值都是举世无双的。对它的需求量是如此之大，以至于它在被发现以后的50年里被全部用光，无可挽回地灭绝了。今天世界上存在的大约200种其他红木，大多数是很好的木材，但和已经不复存在的桃花心木相比，无论是在华丽程度还是在极好的可塑性方面，都是天上地下。世界也许有一天可能产生比奇彭代尔和他的同事们更好的椅子制造商，但永远也不可能再制作出更漂亮的椅子。

奇怪的是，在很长的时间里，根本就没有人能鉴别这一切。在一个或一个多世纪时间里，现在被认为是无价之宝的许多奇彭代尔式椅子以及其他家具，被随便闲置在仆人的住处，到爱德华时代才被重新发现，放回主屋里。现在，总共大约有600件奇彭代尔式家具得到确认。其他的不是传

给了后代，就是在变卖家产的过程中已经处理掉，很可能搁置在哪个乡村农舍或者郊区的半独立式住宅里，还没有人注意到，而这些椅子比它们所在的房子还要值钱。

三

假如我们能返回奇彭代尔时代的一栋住宅，我们马上就会发现一个不同之处，即椅子和别的家具一般都挪到靠墙的位置，使每间屋子看上去像个候车室。要是椅子和桌子放在屋子中央，乔治时代的人就会觉得放得不是地方，正如要是有个衣柜放在屋子中央，我们今天也会觉得放得不合适一样。（把它们挪到边上，理由之一是，在黑暗里从屋子里走过比较方便，不会被家具绊倒。）由于靠墙而放，早期的软椅和长靠椅往往是没有靠背的，就像我们今天的五斗橱和衣柜的背后不装镶板一样。

要是哪家来了客人，习惯上是把恰当数量的椅子往前移，围成一个圈子或半个圈子，很像小学里上故事课那样。这么做的结果是，谈话几乎势必会变得很紧张和不自然。霍勒斯·沃波尔在一个圈子里痛苦地坐着，傻头傻脑地交谈了4个半小时。之后，他说："我们谈完了风和天气又谈歌剧和戏剧，谈完了歌剧和戏剧又谈……每个话题只有在正式场合才适用。"然而，当勇敢的女主人把椅子安排成三张一堆、四张一簇，更加紧密一点，想要使谈话变得自然一些时，许多人觉得其结果简直是一片混乱，不少人想到谈话就在他们的背后进行实在是感到不习惯。

就那个时代的椅子而言，有个问题就是坐在上面不是特别舒服。很明显的解决办法就是装上衬垫，但这比想象中的要难，因为要做出一把好的有衬垫的椅子需要各种技术，而这样的工匠很少。制造商费了九牛二虎之力把织物和木头相交处的边角弄平整——原先采用滚边和凸纹来掩饰这些不足之处——但经常无力为椅座制造出能永久保持穹形的坐垫。只有鞍工制作的东西才能确保必要的耐用性，这就是为什么那么多早期带填料的家具都是皮面的。用织物做垫衬料的商家还遇到一个问题，工业革命之前，许多织物的宽度只能达到20英寸左右，结果是在不该有接缝的地方出现了接缝。只是在1733年约翰·凯发明飞梭以后，生产3英尺左右宽的织物才成为可能。

纺织和印花工艺的提高，也改善了家具以外的装饰性行业的前景，这是个广泛使用地毯、壁纸和亮丽织物的时代。油漆也首次有各种华丽的颜色可供选择。结果，到了18世纪末，家里摆满了好东西，这些东西在一个世纪以前是难以想象的享受。现代住宅，比如大家熟悉的那种住宅，已经开始出现。在罗马人带着他们的热水澡盆、有衬垫的沙发和中央供热系统撤离大约1400年以后，英国人终于开始重新发现新的合意的居住条件。他们还没有完全成为舒适的主人，但肯定已经发现了一个吸引人的概念。生活，以及和生活一起存在的期望，从此不再会是老样子。

然而，这一切产生了一个结果。由于舒适的家居条件的出现，尤其是软质家具的广泛使用，家具被弄污、烧穿和受到其他不小心的损坏的可能性也大得多了。为了使最宝贵的家具免除最糟糕的风险，一种新的房间已经出现。它就在近处，接下来我们就去那里看看。

第八章 餐厅

出现餐厅的原因，不是因为大家突然想要在一个专门的地方吃饭，总的说来是由于家里女主人的一个简单的愿望，她不想让漂亮的装有软垫的新家具沾上油污。我们最近发现，这类家具价钱很贵，得意的主人不愿意看到任何人在上面擦手指。餐厅的到来，标志着一种变化，不仅是摆饭地方的变化，而且是吃饭方式和吃饭时间的变化。

一

到马香先生开始建造自己的住宅的时候，要是像他那样地位的人没有个可以用来款待客人的正式餐厅，那是不可想象的。但是，正式到什么程度，宽敞到什么程度，是设于屋子前部还是设于屋子后部，这些都是需要考虑的问题，因为餐厅仍是个新鲜事物，它们的大小和位置是无法想当然地确定的。最后，就像我们所看到的那样，马香先生决定去掉建议中的仆人用膳的地方，为自己创建一个30英尺长的餐厅，大小足以坐得下18—20位客人，这对一名乡村牧师来说是个很大的数目。即使他经常宴请，实际情况似乎就是那样，但在那些只有他一个人吃饭的晚上，它一定仍是个很冷清的地方。每当这个时候，至少对面的墓地是个赏心悦目的景致。

马香先生究竟是怎样利用这间屋子的，我们几乎一无所知。这不完全是因为我们对马香先生了解得不多，还因为我们对餐厅本身的某些方面了解得特别少。餐桌中央有可能放着一件价钱很贵而又很漂亮的物品，名叫分隔饰盘（epergne），由一些碟子组成。碟子之间放着观赏植物，每个碟子里都装有精选的水果或坚果。在一个世纪左右的时间里，哪张高雅的餐桌上都放有分隔饰盘，但为什么叫做分隔饰盘，没有人知道。法语中没有这个词，它仿佛完全是从天上掉下来的。

在马香先生的餐桌上，饰盘四周很可能放着调味品瓶架——精美的小支架，通常是银质的，上面放着调味品。这里面也有一个谜团。传统的调味品瓶架带有两个有塞子的玻璃瓶，一个装油，一个装醋，还有3个配套的细眼调味品瓶——盖子上有小孔的瓶子，用来往食物上撒调味品。其中两个瓶子分别装盐和胡椒，但第三个究竟装什么不清楚。一般推测，里面装的是干芥末，不过那是因为没有人能想得出更有可能的东西。“没有人提出过更令人满意的选择。”这是食品史学家杰勒德·布雷特说的话。

实际上，没有证据表明，历史上有哪个时期就餐人员想使用或如此方便地使用过芥末。很可能由于这个原因，到马香先生的时代，那第三个瓶子很快就从餐桌上消失了——实际上调味瓶架本身也是如此。现在，每顿饭使用的调味品都不一样，而且越来越是这样，因为某些调味品已经和特定的食物联系在一起，如薄荷沙司配小羊肉、芥末配火腿、辣根沙司配牛肉等等。厨房里还使用几十种别的调味品，但是，只有两种调味品被认为是不可缺少的，从来没有离开过餐桌，我当然指的是盐和胡椒。

世界上有几百种香料和调味品，为什么偏偏这两种受到持久的珍爱，这是本书一开头就提出的问题之一。答案是复杂的，也是富有戏剧性的。我可以马上告诉你，在你今天接触到的事物中，没有哪样与流血、苦难和悲伤的关联，比得上这两位平淡无奇的台柱子：盐和胡椒。

先说说盐，由于一个很根本的原因，盐是我们食谱中一个宝贵的组成部分。我们需要它，没有它我们就活不成。它是大约40种小粒状的杂物之一 ——在化学世界里算是零星东西——我们必须摄入我们的体内，使自己具有必要的活力和平衡能力，以维持日常生活。它们统称为维生素和矿物质，有关它们的许多情况——实际上是多得令人惊讶的情况——我们还不了解，比如它们中间有多少种是我们需要的，它们有的究竟起什么作用，我们服用多大的量效果最好。

人体需要维生素和矿物质，这是一门学问，要过相当长的时间才搞明白。直到进入19世纪好多年，谁也没有想到过饮食要搭配均匀的观念。大家认为，所有的食物都含有一种不明确的而又能维持生命的物质——“万能营养物”。一磅牛肉和一磅苹果、欧洲萝卜或别的东西对人体具有同样的价值，一个人的全部需要就是摄入充足数量的东西。人们还没有认识到，某些食物里含有重要的元素，它们对一个人的健康是至关重要的。因此，营养不良的症状——精神不振、关节痛、容易感染、视力模糊——人们很少认为是由饮食不平衡引起的，这就不足为怪了。即使今天，要是你开始掉头发，或者脚踝肿得厉害，你首先想到的不大可能是最近吃了什么，你更不会想一想你没有吃什么。迷惑不解的欧洲人也是这种情况。在很长的时间里，常常有大批的人死去，而又不知道什么原因。

据认为，仅仅死于坏血病的水手，在1500年到1850年期间就多达200万。一般情况下，在任何一次远距离航行途中，总有大约一半船员死于这种病。各种应急的办法都试过。瓦斯科·达·伽马[①]在一次往返印度的航行中，鼓励他的手下人用尿洗嘴巴。这种办法对他们的坏血病毫无疗效，对提高他们的士气也不起多大作用。有时候，死亡人数确实惊人。18世纪40时代，在一次为期3年的航行中，乔治·安森指挥的一支由2000人组成的英国海军远征军损失了1400人。其中4人被敌人杀死，其余的实际上都是死于坏血病。

人们发现，患坏血病的水手在抵达港口，摄入新鲜食物以后，常常就康复了。但是，那些食物究竟是怎么帮了他们的忙，大家的看法不尽一致。有的认为起作用的根本不是那些食物，只是因为换了一下空气。无论如何，在远距离航行时，不可能把食物保鲜几个星期，因此仅仅识别有疗效的蔬菜之类，这是有点不得要领的。需要的是某种提取出来的精华，就是医务人员所说的抗坏血病药剂，既能有效防止坏血病，又便于携带。18世纪60年代，一位名叫威廉·斯塔克的苏格兰医生，显然是在本杰明·富兰克林的鼓励之下，进行了一系列非常鲁莽的实验。他试图找到那个起作用的因素，但用的办法有点怪，他让自己的身体里缺少那种东西。有几个星期时间，他只靠最基本的食物活命，主要是面包和水，看看会有什么结果。结果，仅仅过了6个多月，他就得坏血病死了，没有得出任何有用的结论。在差不多同一时间里，海军外科医生詹姆斯·林德进行了一次很严格的（个人风险较小的）科学实验。他找来12名已经患坏血病的水手，把他们分成6组，给每组一种不同的“药”—— 一组给醋，一组给蒜和芥末，一组给橙子和柠檬，如此等等。其中5组没有好转的迹象，但拿到橙子和柠檬的那两个人很快就完全康复了。令人吃惊的是，林德决定不理会这项实验结果的重要意义，而是顽固地坚持自己的看法：坏血病是由于食

① 达·伽马（1469？—1524），葡萄牙航海家。——译注

物没有完全消化，在体内积聚毒素引起的。

让事情进入正确轨道的任务，落到了伟大的詹姆斯·库克船长[①]的身上。在1768年到1771年的环球航行途中，库克船长带上了几箱各种各样的抗坏血病材料做实验，其中，为每一位船员准备了30加仑胡萝卜酱和100磅泡菜。没有一个人死于航行途中，这是个奇迹，与他发现澳大利亚或在那次漫长而又艰巨的任务中取得的任何其他成就一样，这些使他成了民族英雄。英国首屈一指的科学机构皇家学会如此钦佩，授予他皇家学会的最高荣誉——科普利勋章。哎呀，英国海军本身的动作没有那么快。面对各种证据，它又磨蹭了一代人的时间才终于开始经常为水兵提供橘子汁。[②]

饮食不适当不光是坏血病的原因，也是一系列普通疾病的原因，认识到这一点是个相当缓慢的过程。直到1897年，一位在爪哇工作的名叫克里斯蒂安·艾克曼的荷兰医生才注意到，食用糙米的人不得脚气病，而食用精米的人经常得这种病。这是一种神经性毛病，患了这种病，人就没有力气。显而易见，有的食物中含有某种东西或某些东西，而别的食物中则没有，它们起着决定一个人健康的作用。这是了解所谓“营养缺乏病”的起点。艾克曼因此获得了诺贝尔医学奖，虽然他不知道那些起作用的因素到底是什么东西。

真正的突破发生在1912年，在伦敦利斯特研究所工作的波兰生物化学家卡西米尔·芬克[③]分离出了硫胺素，就是现在通常所说的维生素B_1。他认识到它是分子家族的组成部分，就把vital（维持生命所必需的）和amine

---

① 詹姆斯·库克（1728—1779），英国海军上校、航海家，太平洋和南极海洋探险家，在绘制海图、防止坏血病等方面成就卓著。——译注

② 海军部使用的是酸橙汁，不是柠檬汁，因为前者比较便宜。这就是英国水兵被称作酸橙佬（这是译者根据原文的译法，一般只简单地译作“英国兵”、“英国佬”等等，不反映原文的意思。——译注）的原因，酸橙汁的效果根本不如柠檬汁。——原注

③ 卡西米尔·芬克（1884—1967），美籍波兰生物化学家，研究维生素的先驱。——译注

（胺）这两个词组合起来构成一个新词vitamines。虽然芬克关于“维持生命所必需的”部分说得不错，但只有一些维生素是胺（也就是说，是含氮的），因此，这个名字就改成了vitamins（维生素），用安东尼·史密斯的妙语来说，使其“不要过分不准确”。

芬克还断言，缺少几种特定的胺和某些疾病，尤其是坏血病、糙皮病和佝偻病的出现有着直接的关联。这是极有洞察力的看法，有可能挽救几百万病入膏肓的人的生命，但不幸的是，这种看法没有引起人们的重视。当时的主要医学教科书仍然坚持认为，坏血病是多种因素引起的——书的作者认为值得列举的主要因素有“环境不卫生、劳累、精神委靡和接触阴冷潮湿的环境”——只是稍稍提到了营养不良。更加糟糕的是，美国的著名营养学家、威斯康星大学的E.V.麦科勒姆——还是造出维生素A和维生素B这两个词的那个人——在1917年宣称坏血病实际上根本不是缺乏营养的疾病，而是由便秘引起的。

最后，1939年，一位名叫约翰·克兰登的哈佛大学医学院外科医生决心一劳永逸地解决这个问题。他用的是老掉牙的办法，即停止从食物中摄取维生素C，直到使自己真正病倒，这花了很长时间。在最初的18个月里，他唯一的症状是极其疲劳。（了不起的是，他在这段时间里还一直在为病人做手术。）但是，到了第19个月，他的身体状况突然恶化。情况如此严重，要不是他在医生的严密监护之下，他几乎肯定会死去。他注射了1000毫克维生素C，几乎马上恢复了生命力。有意思的是，他从头至尾没有出现人人认为跟坏血病有关的那些症状：牙齿掉落和牙龈出血。

与此同时，芬克发现的硫胺素证明完全不是原先认为的那样是一个连贯的群体。维生素B证明不是一种维生素，而是几种维生素，这就是为什么我们会有维生素B_1、维生素B_2等等。更加混乱的是，维生素K跟字母顺序毫无关系。它之所以被叫做维生素K，是因为发现这种维生素的人、丹麦的亨利克·丹根据它在血液凝结过程中的作用，管它叫“凝血维生素”（Koagulations vitamin）。之后，这个群体中还增加了叶酸，它有时候被叫做维生素B_9，但更经常被称作叶酸。另外两种维生素——泛酸和生物素——没有数字编号，或者说，实际上很低调。但是，这很大程度上是因为它们从来没有给我们制造过麻烦，还没有发现哪个人缺少过这两种维生素。

总而言之，维生素是个乱糟糟的群体，我们几乎不可能下个能够轻易涵盖所有维生素的定义。教科书上的标准定义是：维生素是“不是在人体内制造的、人体为了维持正常的新陈代谢必须要有少量的一种有机分子”。但是，维生素K实际上就是在人体内制造的，由肠胃中的细菌制造。作为维持生命最重要的物质之一的维生素D，实际上是一种激素，主要不是通过食物进入我们体内，而是通过阳光照射皮肤的神奇作用产生的。

维生素是很有意思的东西，首先，很怪，虽然我们的健康那么依赖于维生素，但我们自身制造不出来。要是马铃薯能制造维生素C，为什么我们就不能呢？在动物世界里，只有人类和豚鼠没有能力在自己的体内合成维生素C。为什么只有我们和豚鼠？不必问，谁也不知道。关于维生素，另一件值得注意的事是，剂量和效果明显不成比例。简而言之，我们很需要维生素，但我们不需要很多维生素。3盎司维生素A，要是分成少而又均匀的量，便够你受用一辈子。你需要的维生素B_1更少——1盎司就能维持七八十年。但是，不信你就试试，要是不摄入那些给你活力的小东西，看看要多久你的身体就会开始垮掉。

同样的考虑完全适用于与维生素同类的小粒子——矿物质。维生素和矿物质最根本的区别在于，维生素来自生物世界，如植物、细菌等等，而矿物质不是。在饮食范畴里，“矿物质”完全是维持我们生命的化学元素的另一个名字——钙、铁、碘、钾等等。有92种元素在地球上天然存在，虽然有的元素量很小。比如，钫非常稀少，据认为，在任何一个特定时刻，这个星球上也许总共只有20个钫原子。至于其他的元素，大多数在这个或那个时刻经过我们体内，有时候还很经常，但它们是不是重要，往往还不得而知。你的组织里分布着大量溴，它似乎在那里起某种作用，但究竟起什么作用谁也搞不清。如果把饮食中的锌去掉，你就会患一种名叫味觉减退症的病：你的味蕾会停止起作用，食物变得没有味道，甚至令人反胃。但是，直到1977年，锌还被认为在饮食方面根本不起作用。

汞、铊、铅等几种元素似乎对我们不起好作用，要是摄入的量太多，肯定会损害我们的身体。[①]别的元素也是人体不需要的，但要无害得多，其中最值得注意的是金。这就是金可以用作补牙材料的原因：它对你无害。据《医学地质学基础》一书说，在其余的元素中，大约有22种已知或据认为对生命是至关重要的。对其中的16种我们很有把握，其余6种我们只是认为很重要。营养学是一门相当不确切的科学，以镁为例子，对于有效地管理好细胞内部的蛋白质，镁是不可缺少的。大豆、谷物和绿叶蔬菜里含有丰富的镁，但是现代的食品加工使镁的成分损失了多达90%——有效地令镁消失。因此，我们大多数人每天根本没有摄入推荐的量——倒不是说有谁真的知道应当摄入多少的量。也没有谁能明确说出缺镁会有什么后果，我们有可能少活几年，有可能少了几分智商，有可能记忆不那么敏捷，有可能会发生你愿意想到的几乎任何其他不好的事情，我们完全不知道。我们对砷同样没有把握，显而易见，要是你摄入体内太多的砷，你很快就会希望你没有那么做。但是，我们大家的日常饮食里都有一点儿砷。有的权威绝对肯定，这一丁点儿砷对我们的健康是至关重要的，还有的就没有那么大把握了。

我们兜了一个很大的圈子，现在又回过头来说说盐。在所有的矿物质里，在饮食方面最重要的是钠，我们消费钠的主要形式是氯化钠——食盐。[②]这里的问题不是你摄入太少，而是可能你摄入太多。我们不需要摄

---

① 尤其是汞。据估计，1/25茶匙的汞能毒化一个60英亩大的湖泊。我们不经常中毒，这倒是比较匪夷所思的。据一项计算，“要是接触、摄取或吸入”，至少有2万种常用化学物质对人体是有毒的，大多数是20世纪的产物。——原注

② 氯化钠是一种很怪的物质，它由两种极其活跃的元素组成：钠和氯。钠和氯是矿物界的地狱天使。要是把一块纯钠扔到一桶水里，它会发生爆炸，其威力足以置人于死地。氯更是致命的。它是第一次世界大战中使用的毒气的活性成分。游泳的人都知道，即使是稀释的形式，氯也刺痛眼睛。然而，把这两种性格暴烈的元素放在一起，你得到的却是无毒的氯化钠——普通的食盐。——原注

入那么多—— 一天只需要200毫克，差不多就是你把餐桌上的盐瓶猛力摇七八下摇出来的量。但是，我们平均实际摄入的却是那个量的大约60倍。在平常的饮食中，你几乎不可能不摄入那么多盐，因为我们狼吞虎咽地吃的是经过加工的食物，里面有那么多盐。盐往往大量加入似乎根本不咸的食品，比如早餐中的谷类食品、配制好的汤料和冰激凌。有谁会想得到，一盎司玉米片里所含的盐要比一盎司椒盐花生米里所含的还多？又有谁会想得到，一罐头汤——几乎是任何罐头——所含的盐，远远超过建议中的一个成人的量？

考古方面有证据表明，人们在农业社区定居下来以后，开始饱受缺盐之苦。这是他们以前没有经历过的事。于是他们不得不花特别多的力气来找到盐，并把盐加到自己的食物里。历史上的谜团之一是，他们是怎么知道需要那么做的，因为食品里没有盐不会使人想起要吃盐。盐会让你觉得不舒服，最终把你置于死地。要是没有盐里的氯化物，细胞会完全停止工作，就像发动机没有汽油那样。但无论如何不会有人想：“哎呀，我真想吃点盐。”因此，他们知道去找盐，这是个有意思的问题，尤其是在有些地方，找到盐还要有点智慧。比如，古代的布立吞人先把棍棒在海滩上加热，然后伸进海里，再把上面的盐刮下来。而阿兹特克人是通过让自己的尿蒸发的办法来获取盐的。说得婉转一点，这些都不是本能性的行为。然而，往食物里加盐是自然界最深奥的欲望之一，这是一种普遍的欲望。世界上的每个社会里，只要盐是随便可以获取的，盐的平均消费量是维持生命所必需的量的50倍，这个东西再多我们也不会觉得够。

如今，盐哪里都有，价格便宜，因此我们忘了过去人们是怎样强烈渴望获得盐的。在历史上的许多时间里，盐把人逼到了世界的边缘。腌制肉和别的食品需要用盐，而且需要的量还很大：1513年，亨利八世为了一次战役屠宰并腌制了25000头牛。因此，盐还是一种非常重要的战略资源。在中世纪，由多达4万头骆驼组成的商队——足以排列成一支70英里长的纵队——越过撒哈拉沙漠，把盐从廷布克图运到地中海地区繁华的市场。

人们为了盐打过仗，为了盐还卖身当奴隶，因此盐在某个时期也带来了一些苦难。但是，与跟一系列小食品有关的苦难、流血和杀人不眨眼的贪婪相比，那算不了什么，而且那些小食品是我们根本不需要的，没有也完全可以过日子的。我指的是调味品世界里盐的那些补充物品：香料。①没有香料死不了人，但为了香料死了好多人。

现代世界的很大一部分历史是香料的历史。故事要从一种不起眼的藤蔓讲起。那种藤蔓名叫胡椒，过去只生长在印度东部的马尔巴拉海岸。要是有人把一根自然状态下的这种东西送给你，你几乎肯定猜不透它的重要性。但是，3种“地道的”胡椒——黑胡椒、白胡椒和绿胡椒——都以它为原料。我们倒入家用手碾胡椒磨那种又小又硬的圆形胡椒粒，实际上就是那种藤蔓的小小的果实，晒干以后含有一种浓厚的刺激味道。几种胡椒的不同之处仅仅在于采摘的时间不同，加工的方法不同。

在胡椒的故土，有史以来人们就知道它的价值。不过，是罗马人使它成了一种国际商品。罗马人喜爱胡椒，他们甚至把胡椒加在甜食里。他们如此喜爱胡椒，使胡椒始终价钱很贵，有了持久价值，遥远东方的香料商人简直无法相信自己有那么好的运气。“他们带着黄金来，买了香料走。”有一位泰米尔商人惊喜地说。公元408年，当哥特人扬言要洗劫罗马时，罗马人带走了勒索来的财宝，其中包括3000磅胡椒。1468年，勃艮第的卡尔公爵为自己的婚宴预订了380磅黑胡椒，比最大的婚宴能吃掉的量还要多得多，并加以炫耀，以让人们看到他是何等富有。

顺便说一句，人们长期认为，香料只是用来掩饰腐肉的臭味。这种看法经不起推敲。唯一能用得起香料的人，正是最不可能吃腐肉的人。无论如何，香料太贵重，不可能被用来掩饰别的味道。因此，用得起香料的人，用起来很小心，很节省，不把它当做一种掩饰味道的东西。

胡椒占大宗香料贸易的70%，来自更遥远地方的别的商品——肉豆蔻和肉豆蔻衣、桂皮、姜、丁香和姜黄，以及几种在很大程度上已被遗忘的

① 芳草和香料的区别在于，芳草是植物的叶子部分，而香料是其枝干、种子、果实或其他非叶子部分。——原注

异国香料，如菖蒲、阿魏、印度藏茴香、良姜和莪术开始来到欧洲，这些商品的价值甚至更高。在几个世纪时间里，香料不仅是世人最宝贵的食品，而且是最珍贵的商品。位于远东偏僻之地的香料岛，一直是个令人向往、享有盛誉、富有异国情调的地方。詹姆斯一世夺取了两个小岛，这一度被看成是漂亮的一举，他高兴得自封为“英格兰、苏格兰、爱尔兰、法兰西、普洛威和普洛隆之王”。

肉豆蔻和肉豆蔻衣极其稀少①，因此价值最高。二者都产自一种名叫肉豆蔻的树。在婆罗洲和新几内亚之间，有个海叫班达海。海里有一大群岛屿，现属印度尼西亚，地理上叫做马鲁古群岛，但历史上称为香料群岛。肉豆蔻树只生长在其中9个峭拔出海的小小的火山岛上，在别的小岛当中，没有一个有适合肉豆蔻树生长的土壤和小气候。丁香是一种桃金娘科植物的花蕾干。这种植物也只生长在同一组群岛中几个符合生长条件的岛上。从一个合理的角度来看这个问题，印度尼西亚由1.6万个海岛组成，散布在73.5万平方英里的海面上。因此，欧洲人在很长时间里一直搞不清其中15个小岛的位置，这是不足为怪的。

所有这些香料都通过一个复杂的商人的网络抵达欧洲，每个商人都收取一份利润，这是很自然的。等到肉豆蔻和肉豆蔻衣抵达欧洲市场时，其售价已经是远东市场上售价的6万倍。那些在供应链末端的人必然会得出结论，要是去掉中间环节，在开始就拿到所有的利润，那要有利可图得多，得出这种结论只是个时间问题。

于是，那个伟大的探险时代就开始了。在早期的探险家中，克里斯托弗·哥伦布是人们记得最牢的一位，但他不是第一位。1487年，在他之前5年，费尔南·迪尔莫和若昂·埃斯特雷托从葡萄牙出发，驶向未经探索的大西洋。他们发誓说，要是40天后还什么都没有发现，他们就返航，那是人们最后一次见到他们。结果证明，要碰上合适的风返回欧洲绝不是一

---

① 肉豆蔻是那种树的种子，肉豆蔻衣是裹在种子外面的一层肉的组成部分。二者之中，肉豆蔻衣实际上更为稀少。当时，每年大约可以收获1000吨肉豆蔻，但肉豆蔻衣只有100吨左右。——原注

件容易的事。哥伦布的真正业绩在于他成功地从两个方向横渡了大西洋，虽然他是个熟练的水手，但好多别的东西他都不大懂，尤其是地理，这似乎是一位探险家应该掌握的最重要的技术。很难说出历史上还有哪一位能力不太大的人，取得过比他更持久的声誉。在8年的大部分时间里，他只是绕着加勒比海里的一些岛屿和沿着南美洲的海岸转来转去，确信自己已经到达东方的核心地带，日本和中国就在每天日落处的边缘。他从来没有搞清楚古巴是个岛；他一次也没有踏上过甚至怀疑过北方那块大陆（今天美国所在的地方）的存在，而大家却认为那块大陆是他发现的。他在自己的船舱里装满了毫无价值的黄铁矿石，以为它是黄金，还装满了他信心十足地认为是肉桂和胡椒的东西。前者实际上是一种不值钱的树皮，后者并不是真的胡椒，而是辣椒——你最好对其有个大概的了解，要不然咯咯地咬上第一口就会流眼泪，令你稍稍吃一惊。

除了哥伦布以外，人人都看得出，这不是解决香料问题的办法。1497年，瓦斯科·达·伽马代表葡萄牙出航，决定绕过非洲南端从另一条路去东方。这个建议比听起来要困难得多，盛行的风和潮流恰好方向相反，因此朝南行驶的船不可能就像按照逻辑推定的那样完全沿着海岸线走。恰恰相反，达·伽马必须驶到大西洋很远的地方——实际上是快要到达巴西，虽然他不知道—— 去借从西面吹来的风，以使自己的船队快速绕过非洲南部的海角。这么做就使得这次航行成为一次真正漫长而又艰巨的航行，欧洲人以前从来没有抵达过这么远的地方。达·伽马的船队每一次都有长达3个月的时间见不到陆地，就是在这次航行中，确确实实发现了坏血病。在比较早期的航海活动中，没有哪一次的时间长到发生坏血病。

这次航行还给沿海地区带来其他两个令人不快的传统。一是把梅毒传播到了亚洲——就在哥伦布的部下把它从美洲传播到欧洲5年之后——在使其成为一种真正的国际疾病的过程中起了帮手的作用；二是随随便便就对无辜的人们使用极端的暴力。达·伽马是个极其残暴的人，有一次，他俘获了一条载着几百名男女和孩子的穆斯林船只，把乘客和船员锁在船舱里，掠走了所有值钱的东西，然后毫无道理、骇人听闻地放火把船烧了。

几乎无论他到哪里，达·伽马见人就虐待，就屠杀，于是就定下了一个不信任和残暴的基调。这个基调将成为整个那个探险时代的特色，损害了那个时代的声誉。

达·伽马始终没有到达香料岛，像大多数别的人一样，他认为东印度群岛就在印度以东不远的地方——当然也因此而得名——但实际证明东印度群岛离印度远得很，如此遥远，抵达印度的欧洲人开始怀疑自己是不是已经走了大半个地球，快要回到美洲。果真那样的话，那么只要向西航行，经过哥伦布新发现的陆地，就能到达东印度群岛弄到香料，不必再千里迢迢绕过非洲，横渡印度洋。

1519年，费迪南德·麦哲伦带领5条漏水的船出发，开始一次勇敢而又严重缺乏资金的行动，寻找一条往西的路线。他发现，美洲和亚洲之间有一片茫茫的水域：太平洋。地球竟然还有那么大的空间，这超出了任何人的想象。在寻找发财之路的过程中，谁受的罪也比不上费迪南德·麦哲伦和他的船员。1521年，他们在横渡太平洋时越来越没有信心。给养差不多已经消耗殆尽，他们制作了一道也许是最倒人胃口的菜肴：鼠粪拌刨花。“我们吃的饼干不再是饼干，而是饼干屑，里面长满了虫子，”有一位船员写道，“散发着一股浓烈的鼠尿味。我们喝的是已经发臭了好几天的黄水，我们还吃了一些包在主桅下帆横桁上的牛皮……常常吃锯屑。”他们有3个月零20天没有吃到新鲜食物，喝到干净的水，然后终于松了口气，看到了关岛的海岸线。这一切都是为了让船舱里装满晒干的花蕾、一片片的树皮，以及别的有香味的刮屑，以便撒在食物里和制作香丸。

在这次航行中，260名船员中最后只有18名活下来，麦哲伦本人在菲律宾一次跟当地人的冲突中被杀死。然而，这18个活着的人从这次航行中得到了很多好处。他们在香料岛装上53000磅丁香到欧洲市场出售，获得了2500%的利润，而且在此过程中几乎在无意之中成了第一批绕地球一圈的人。麦哲伦航行的真正意义不在于这是第一次环球航行，而在于这是第一次认识到地球到底有多大。

虽然哥伦布几乎不知道自己的所作所为，但最终证明他的航行是最重要的，我们可以说出那个重大时刻的确切时间。1492年11月5日，在古巴，他的两名船员回到船上，手里拿着一样在他们自己的世界里谁都没有见到过的东西："一种谷物，（当地人管它）叫做玉米，味道不错，烘干了制成面粉。"在同一个星期，他们看到几个泰诺印第安人嘴巴里插着圆筒，里面装有冒着烟的野草。他们把烟吸到肚子里，声称这么做真是惬意，哥伦布把这种古怪的物品也带了一些回家。

于是，就开始了人类学家所谓的"哥伦布交换"——把新世界的食物和别的材料传播到旧世界，把旧世界的食物和材料传播到新世界。当第一批欧洲人抵达新世界的时候，那里的农民已在种植的可以食用的植物达100多种，有马铃薯、西红柿、向日葵、菜豆、茄子、鳄梨、各种各样的豆子和南瓜属瓜类、红薯、花生、腰果、菠萝、番木瓜、番石榴、山药、木薯、南瓜、香草、4种辣椒和巧克力，还有很多别的东西，真是一长串。

据估计，今天世界上所种植的全部作物当中，有60%起源于南北美洲。这些食物不仅融入了异国菜肴，实际上已经成了异国菜肴。请你想象一下，没有土豆的意大利食品会是什么样子，没有茄子的希腊食品会是什么样子，没有花生酱的泰国和印度尼西亚食品会是什么样子，没有辣椒的咖喱粉会是什么样子，没有法式炸薯条或番茄酱的汉堡包会是什么样子，没有木薯的非洲食品会是什么样子。世界上无论哪个国家，无论是东方还是西方，几乎没有哪张餐桌上的菜肴不是因为有了美洲食品而得到很大改善的。

然而，当时谁也没有预料到这一点。对于欧洲人来说，具有讽刺意味的是，他们发现的食物在很大程度上是他们不想要的，而他们想要的食品却没有发现。他们想要找的是香料，而香料偏偏是新世界缺少的东西。除了辣椒，而辣椒太辣，让人吓一跳，一开始不讨人喜欢，人们对来自新世界的许多很有前途的食物根本不感兴趣。聪明的秘鲁人有500种马铃薯，对每一种都爱如珍宝。500年前的印加人能分辨好多种马铃薯，就像今天

葡萄酒的内行能识别葡萄一样。秘鲁的盖丘亚语里仍保留着1000个单词，用来表达不同品种或不同状况的马铃薯。比如，Hantha是指这样一种马铃薯：它存放的时间显然久了一些，但仍可以食用。然而，西班牙征服者带回家的只有几种，有人说，这些品种肯定不是最好吃的。再往北，阿兹特克人很爱吃苋属植物。那是一种谷类植物，结出一种很有营养、味道又好的小粒子，它像玉米那样在墨西哥是一种很受欢迎的食物。但是，西班牙人很反感，不愿意碰它，因为阿兹特克人在祭祀时把它和血掺在一起使用，有一种拿人做供品的意味。

可以说，南、北美洲也从欧洲获得了丰厚的回报。在欧洲人闯入他们的生活之前，中美洲人只有5种驯养的家畜——火鸡、鸭子、狗、蜜蜂和胭脂虫，没有乳产品。要是没有欧洲的肉和干酪，我们现在所知的墨西哥菜肴就不可能存在，堪萨斯的小麦、巴西的咖啡、阿根廷的牛肉以及更多的东西都是不会有的。

不大走运的是，“哥伦布交换”中也包括了疾病。由于当地人对许多欧洲的疾病没有免疫力，他们很容易得病，“一堆堆地死去”。有一种流行病，很可能是病毒性肝炎，致使马萨诸塞沿海地区大约90%的当地人死于非命。在如今的得克萨斯州和阿肯色州，有个曾经很强大的部族——喀多族，它的大约20万人口只剩下了1400人——减少了99%以上。发生在如今纽约州的一次同样的疾病暴发事件，将人口减少到5.6万人——用查尔斯·C.曼令人寒心的话来说，“还坐不满扬基体育场”。在跟欧洲人接触的第一个百年里，中美洲的当地人口由于疾病和屠杀而减少了90%左右。反过来，他们让哥伦布的部下患了梅毒。①

当然，“哥伦布交换”还包括大批人员迁移、建立殖民地以及语言、宗教和文化的传播，有时候是强制性的。哥伦布寻找东方香料的笨拙行动，使世界发生了如此深刻的变化，这是历史上几乎没有哪一个行动能比

① 中美洲人也得梅毒，但所受的痛苦不那么厉害，有点像欧洲人得了麻疹和腮腺炎以后所受的痛苦不那么厉害一样。——原注

得上的。

这一切还有一个具有讽刺意味的地方，到探险时代如日中天的时候，香料最兴盛的时期快要结束。1545年，就在麦哲伦史诗般的航行20年左右时间以后，英国“玛丽·罗斯”号战舰在朴茨茅斯附近的英国近海沉没。情况十分令人费解，400多个人死亡。20世纪末，这条船被打捞出水。海洋考古学家们吃惊地发现，几乎每个水兵都有一小袋子黑胡椒系在腰部，这很可能是他们最珍贵的物品之一。实际情况是，在1545年，当时连普通水兵都买得起一袋子胡椒，不管数量是多么少，也意味着胡椒高度稀有、极其值得向往的时代已经过去。它快要在食盐的身旁就位，成为一种普通的比较低档的调味品。

人们继续争夺更富异国情调的香料，有时候甚至争夺比较普通的香料，又争夺了一个世纪左右。1599年，80名英国商人对不断上涨的胡椒成本感到十分气恼，组成了英国东印度公司，为的是在香料市场为自己争得一席之地。就是这个行动，使詹姆斯国王得到了普洛威和普洛隆这两个宝岛。但是，英国人在东印度群岛实际上没有取得多大成功。1667年，他们根据《布雷达条约》把在这个地区的权益全部让给了荷兰人，以交换北美洲一小块没有多大意义的土地。那块土地叫做曼哈顿。

然而，到这时候，出现了人们更加想要的新商品。他们以最出人意料的办法寻找这种商品，这将使世界发生更大的变化。

二

跟“许多小爬虫”一起进行那次倒霉的冒险活动之前两年，塞缪尔·佩皮斯在日记里记载了他一生中一件更加平淡无奇而又具有里程碑意义的事。1660年9月25日，他第一次试着喝了一种新的热饮料，在日记里写道：“后来，我确实要了一杯茶（一种中国饮料），这种饮料是我以前从来没有喝过的。”他喜不喜欢喝，佩皮斯没有说。这是个遗憾，因为这

是英语中第一次有人提到喝了一杯茶。

一个半世纪之后，1812年，苏格兰历史学家戴维·麦克弗森在一部名叫《欧洲与印度贸易史》的纪实作品中，引用了佩皮斯日记里这段关于喝茶的话。这是个很出人意料的做法，因为佩皮斯的日记在1812年应该仍是没有人知道的。虽然日记是放在牛津大学图书馆的，因此可以查阅，但从来还没有人查阅过——反正大家是这么认为的——因为日记是用私人密码写的，还得解密呢。麦克弗森怎么能在六大卷字迹潦草、难以理解的日记中找到并破译有关的段落，这是个谜，现在要解开这个谜还有一定的难度。

牛津大学学者、玛格德琳学院院长乔治·内维尔牧师偶尔看到了麦克弗森顺便引用佩皮斯日记里的话，越来越想知道日记里还有什么别的内容。佩皮斯毕竟经历了一个重要的时代——经历了恢复君主制度、最后一次大瘟疫、1666年的伦敦大火——因此里面的内容肯定是很有意思的。他把任务交给了一名聪明而又贫困的学生约翰·史密斯，让他看看能不能破译密码，把日记的内容翻译出来。这项任务花了史密斯3年时间，结果成就了英国语言中那本最卓越的日记。假如佩皮斯没有喝那杯茶，假如麦克弗森在一本枯燥乏味的历史书里没有提到这件事，假如内维尔兴趣不大，年轻的史密斯不大聪明，不大执著，那么塞缪尔·佩皮斯这个名字对海军史学家以外的任何人都会是毫无意义的，我们现在所知道的关于17世纪下半叶人们的生活情况，有很大部分实际上会无从知晓。因此，那杯茶他喝得真是好啊！

和他那个阶层、那个时代的人一样，佩皮斯在通常情况下喝咖啡，虽然咖啡在1660年仍是个新奇的东西。英国人大概知道咖啡已经有几十年时间，但主要把它看成是在国外遇到的一种古怪的黑色饮品。有个名叫乔治·桑兹的旅行者在1610年把咖啡令人生畏地描述成“色如煤烟，味道与煤烟大同小异”。咖啡这个词的拼法也是多种多样，别出心裁——其中有coava、cahve、cauphe、coffa和cafe——直到大约1650年，才最后定形为coffee。

咖啡在英国得到普及要归功于一个名叫帕斯奎·罗西的人，他父母是西西里岛人，有希腊的背景，为在土耳其士麦那（今天的伊兹密尔）的英国商人丹尼尔·爱德华兹当过仆人。罗西随爱德华兹迁到英格兰，为爱德华兹的客人上咖啡，这项服务证明很受欢迎。于是，1652年，他鼓起勇气，在伦敦城圣迈克尔·康希尔坟场里的一间小屋开了个咖啡室——这是伦敦的第一家。罗西从有益健康的角度推广咖啡，声称咖啡能治好或预防头痛、“感冒不通气”、肠胃气胀、痛风、坏血病、流产、眼睛酸痛以及许多别的疾病。

罗西从自己的生意中获利不少，但他作为首位咖啡商的统治地位并没有持续很长时间。1656年之后的某个时候，他“由于某种轻罪”不得不离开英国。不幸的是，记载没有说明他犯了什么轻罪。只是知道，他离开得很突然，从此再也没有听到他的消息，别人马上接替了他的位置。到发生大火的时候，伦敦已经有80多家咖啡馆开业，它们成为城市生活的一个核心部分。

咖啡馆里上的咖啡不一定是很好的咖啡，咖啡是按加仑纳税的，所以一般都批量调制，冷藏在圆桶里，然后再每次重新加热一点儿端给客人。因此，咖啡在英国之所以有吸引力，与其说因为它是一种优质饮品，不如说由于它在社交活动中能起润滑作用。人们来到咖啡馆，会会兴趣相投的人，聊聊天，看看最新的报刊——17世纪60年代的一个崭新的词语和概念——交换对他们生活和生意有价值的情报。人们如想知道世界上在发生什么事就去咖啡馆打听。人们喜欢把咖啡馆当做办公室——最有名的要算是隆巴德街上的劳埃德咖啡馆，它后来渐渐变成了劳埃德保险市场。威廉·霍格思的父亲想出了主意：开一家里面只讲拉丁语的咖啡馆。咖啡馆巨额亏损，霍格思本人也许会用拉丁语说“彻底失败”。结果很倒霉，他因负债坐了多年牢房。

东印度公司的成立是为了胡椒和香料，但它却注定要跟茶叶打交道。1696年，小威廉·皮特大幅度降低茶叶税，取而代之的是可怕的窗户税（按照逻辑推理可被认为：隐瞒窗户要比走私茶叶困难得多）。这一项政

策对消费的影响是立竿见影的，从1699年到1721年，茶叶进口几乎增长了100倍，从1.3万磅增加到120万磅，然后到1750年的30年间又翻了三番。工人们咕嘟咕嘟地喝茶，女士们温文尔雅地吮茶。早餐喝茶，中餐喝茶，晚餐也喝茶。茶成了有史以来第一个不属于任何阶级的饮品，第一个在一天当中有自己固定时间的饮品：喝茶时间。在家里沏茶比煮咖啡容易，而且，茶特别适合与另一样重要的美味食品为伍：糖。糖突然之间变得很便宜，连普通的工薪阶层也买得起。英国人开始爱喝加糖和加奶的茶，世界上没有哪个国家是这么做的（甚至也许可以说，没有哪个国家是做得到的）。在大约一个半世纪的时间里，茶叶是东印度公司的核心商品，东印度公司是大英帝国的核心公司。

不是所有的人都一下子懂得茶叶的用法的，诗人罗伯特·索锡讲了个故事，说乡下有一位女士收到了城里一位朋友的礼物：1磅茶叶。当时，茶叶还是个新奇东西。她不知道有了茶叶怎么办，就把它放在壶里煮开，把叶子跟黄油和盐一起铺在烤面包片上，端上去给她的朋友们吃。朋友们顽强地一点一点啃着，说这很有意思，但不大合他们的口味。然而，在别的地方，茶和糖都越来越受欢迎。

英国人向来爱吃糖，因此当他们第一次能弄到糖的时候，大约在亨利八世时代，他们几乎什么东西都放糖，如鸡蛋上、肉上、葡萄酒里。他们用勺把糖舀在马铃薯上，把糖撒在绿叶菜上，或者直接用汤匙把糖送进嘴里，要是吃得起的话。纵然糖很贵，人们还是吃得牙齿变黑。即使牙齿没有自然变黑，他们也要人为将其染黑，以显示他们多么有钱，日子过得多么滋润。但到那个时候，由于西印度群岛的种植园，糖越来越为大家买得起，人们发现糖特别适合加在茶里。

加糖的茶成了全英国人的一种享受，到1770年，糖的人均消费量达到20磅，而大部分似乎都加在茶里。（那个数字听起来不少，可是你要知道，今天英国人每人每年吃掉80磅糖，而美国人的食欲绝对旺盛，每人吃掉126磅糖。）和咖啡一样，茶被认为对健康有好处。在众多好处中，其中据说茶能“缓解腹痛”。荷兰医生科尼利厄斯·邦特科建议每天喝50杯茶，极端情况下要喝多达200杯，以使自己保持精力充沛。

糖还在一种不大光彩的生意——奴隶贸易——的发展中起了重要作用，英国人消费的糖几乎都产自使用奴隶劳动的西印度群岛种植园。我们只是倾向于把奴隶制度完全与美国南部的种植园经济联系在一起，但实际上许多别的人也靠奴隶制度发了财，尤其是商人。在1807年人口贸易被禁止以前，他们把310万非洲人运到了大海彼岸。

茶叶受到喜爱和敬重，不仅在英国，而且在它的海外领地。在美洲，茶叶纳税是令人憎恨的汤森关税的组成部分。1770年，除茶叶以外一切关税都取消了，这证明是致命的判断错误。对茶叶继续征税，一定程度上是为了提醒殖民地居民，他们仍然隶属于英国君主，一定程度是为了帮助东印度公司摆脱突然陷入的严重困境。那家公司放账过多，无望解决。它囤积了1700万磅茶叶——茶叶是一种容易腐烂的产品，囤积的量太大——还故意支付超出它实际能力的红利，试图制造一种安乐的气氛。破产近在眼前，除非能减少库存。英国政府希望该公司能顺利度过危机，于是把在美洲殖民地销售茶叶的实际垄断权给了这家公司，每个美国人都知道接下来发生了什么事。

1773年12月16日，一群大约80名殖民地居民化装成莫霍克族印第安人登上了停泊在波士顿港的英国船，砸开了342箱茶叶，把茶叶倒进了大海。这听上去像一起普通的破坏行动。实际上，这是对波士顿一年的供应量，价值18000英镑，因此这是可判死刑的严重罪行，参与的人都知道这一点。顺便说一句，当时没有人把这件事叫做“波士顿倾茶事件”，这个名字到1834年才首次使用。也不像我们美国人今天愿意认为的那样，那群人的行为可以被说成是一种善意的、勇敢的表现，那种情绪是极其令人匪夷所思的，在这起事件中最倒霉的是英国海关代理人约翰·马尔科姆。马尔科姆不久之前曾被从缅因州的一栋房子里拖出来，涂满柏油并粘上羽毛。在赤裸的皮肤上涂上滚烫的柏油是一种令人极其痛苦的惩罚，柏油是用硬刷子刷上去的，这本身就很痛。不过，至少有一个例子，他们干脆抓住受害人的脚踝把他提起来，头朝下地浸到柏油桶里。那层柏油上还要涂

几把羽毛，然后受害人被拉出去游街，最后往往被毒打一顿或绞死。因此，涂柏油和粘羽毛根本没有什么快乐的地方。当马尔科姆又一次被从屋里拖出去，又穿上了一件所谓的“扬基外套”时，他的绝望心情是可想而知的。柏油干了以后，要小心翼翼地剥呀刮呀花几天工夫才能把柏油和羽毛弄掉。马尔科姆把一块焦黑的真皮寄回英国，还附了一张字条，询问他能不能回家，他的愿望得到了批准。然而，与此同时，北美殖民地和英国拒绝和解，快要开战。15个月之后，第一阵枪声响起，当时一位诗人写道：

什么不满，什么痛苦，
还不都出自鸡毛蒜皮的小事情？
抛进海里，就一点儿茶叶，
弄得成千上万人流血。

在快要失去美洲殖民地的同时，英国还面临来自另一个方面的与茶叶有关的严重问题。到1800年，茶叶已经深入英国人的精神，成为一种民族饮品，每年进口达2300万磅。实际上，所有的茶叶都来自中国，这就在长时间里造成了很大的贸易不平衡。英国人决心要解决这个问题，部分办法是把印度出产的鸦片卖给中国人。鸦片在19世纪是一宗很大的生意，不仅是在中国。英国人和美国人，尤其是妇女，也服用大量鸦片，主要是以药用复方樟脑酊和鸦片酒的形式。美国的鸦片进口，从1840年的2.4万磅，增加到1872年的不少于40万磅。吸鸦片的主要是妇女，虽然相当多的一部分给儿童用了，用于治疗哮吼。弗兰克林·德拉诺·罗斯福的祖父沃伦·德拉诺通过鸦片贸易赚了一笔家产，这个情况，罗斯福家族从来没有如实说起过。

令中国当局感到无限恼怒的是，英国人特别善于说服中国公民吸食鸦片，今天大学里的营销史课程其实应该从英国人贩卖鸦片的事讲起。因此，到1838年，英国每年卖给中国的鸦片已达将近500万磅。不幸的是，这仍不足以抵消从中国进口茶叶的巨额成本。一个明显的解决办法是在日益扩大的大英帝国某个气候温暖的地方种植茶树。问题是，把茶叶变成清凉的饮品有着复杂的加工过程，中国人对此总是保密，中国之外无人知道如何创立一种工业。这时候出现了一位了不起的苏格兰人，名叫罗伯特·福琼。

19世纪40年代，福琼假扮成当地人，花3年时间走遍了中国，搜集关于种茶和加工茶叶的情报。这是一项充满风险的工作：要是被抓住，他肯定要被关进大牢，很有可能被处决。虽然中国的方言福琼一种也不会讲，但他总是推说从一个遥远的省份来，那里讲的是另一种方言，就以这种办法解决了问题。在旅行途中，他不但学到了制作茶叶的秘诀，还向西方引进了许多种宝贵的植物，其中有扇叶葵、金柑树以及几种杜鹃花和菊花。

在他的指导下，又是在那古怪地不可回避的1851年，茶叶种植业引进到了印度，种下了大约2万株幼苗和插枝。半个世纪以后，从1850年的零基础开始，印度每年的茶叶产量上升到1.4亿磅。

然而，东印度公司的光荣时代突然悲惨地宣告结束。非常出人意料的是，加快这个进程的事件，竟是在茶叶种植业快要起步时，采用了一种新的来复枪，埃菲尔德式P53型步枪。这是一种老式的步枪，装弹药要从枪管里推下去。弹药外面裹着一层抹有油脂的纸，得用牙齿咬开。当地的印度兵当中有谣传说，所用的油脂是用猪和牛的脂肪熬成的。这件事令穆斯林和印度教士兵都感到极其恐惧，因为吃了这种脂肪，哪怕是无意识的，他们就会被打入地狱，永无翻身之日。东印度公司的官员对待这件事情极其麻木不仁，他们把几名不愿意触摸新弹药的印度兵送上了军事法庭，并扬言谁不服从就要惩罚谁。许多印度兵因此确信，这都是一个阴谋的组成部分，英国人要用基督教来替代他们自己的信仰。真是不巧，基督教传教士最近在印度的活动非常活跃，更是引起了人们的猜疑。结果，1857年，印度兵发生叛乱，当地的士兵掉转枪口对准他们的英国主子。他们人多势众，杀了大量英国人。在坎普尔，叛乱分子把200名妇女和儿童集中在一个大厅里，把他们剁成肉酱。据报道，还有一些受害者被扔到井里，任其淹死。

有关这些残忍的事件的消息传到了英国人的耳朵里，报复行动来得又快又不留情。反叛的印度人被追获和逮捕，并用有意让人觉得恐怖、感到后悔的方式加以处决。有一两个人甚至被塞在大炮里当做炮弹放出去，反正记录上常常是这么说的。无数印度人被枪决或被立即绞死，整个事件深深震动了英国。事情刚结束，就有500多本关于这次起义的书问世。大家一致认为，印度这个国家太大，这个问题太大，不能交由一家公司来照管。于是，印度的控制权转到了英国君主手里，东印度公司破产了。

三

所有这些食品，所有这些发现，所有这些无休止的战事，又反过来影响英国，最后落实在餐桌上，落实在一种新的屋子里：餐厅。直到17世纪末，餐厅才具有现代的意义，到了更晚些时候家里才普遍设有餐厅。实际上，它刚好赶上被收录进约翰逊[①]1755年出版的词典。当托马斯·杰斐逊在蒙蒂塞洛设立餐厅时，他还真是办了一件很时髦的事。此前，饭菜都是摆在小餐桌上的，哪个房间方便，就把小餐桌放在哪个房间。

出现餐厅的原因，不是因为大家突然想要在一个专门的地方吃饭，总的说来是由于家里女主人的一个简单的愿望，她不想让漂亮的装有软垫的新家具沾上油污。我们最近发现，这类家具价钱很贵，得意的主人不愿意看到任何人在上面擦手指。

餐厅的到来，标志着一种变化，不仅是摆饭地方的变化，而且是吃饭方式和吃饭时间的变化。一方面，叉子突然之间用得越来越普遍。叉子早已存在，但经过了天荒地老的时间以后才被大家接受。“叉子”（fork）原来只指一种农具，仅此而已；直到15世纪中叶，它才跟食物发生关系。当时，叉子是指一种大的工具，用来按住一只鸟或一大块肉，以便切割。

① 即前文已经出现过的塞缪尔·约翰逊（1709—1784），英国作家、辞书编纂者，编有《英语辞典》、《莎士比亚集》等。——译注

把吃饭用的叉子引进到英国，要归功于托马斯·科里埃特。他是莎士比亚时代的一位作家和旅行家，以远距离徒步旅游著称，有一次徒步来回印度。1611年，他推出一部巨著，名字叫《科里埃特的蠢举》，他在书中对最初在意大利看到的餐用叉子大加赞赏。这本书还引人注目地向英国读者介绍了瑞士民族英雄威廉·退尔①以及一种名叫雨伞的新器具。

吃饭用的叉子被认为精巧得令人发笑，不适于男子使用，而且，实际上还是很危险的。由于这类叉子只有两个锋利的齿尖，刺痛嘴唇或舌头的可能性还是很大的，尤其是在因为喝了酒或者欢闹而瞄准目标的能力减弱的情况下。制造商做了试验，增加了齿尖的数量——有时候多达6个——最后在19世纪末确定为4个，因为4个齿尖的叉子人们用起来似乎最自在。为什么4个齿尖会产生最佳安全感，这个问题不容易说清楚，但这似乎确实是扁平餐具心理学的一个基本事实。

19世纪还是个食物摆放的方式发生变化的时代，在19世纪50年代以前，一顿饭的菜肴一开头就差不多全部摆放在餐桌上。客人到时会发现食物已经摆放整齐，近处放着什么，他们就会自己动手吃什么；远处的碟子他们会请别人递过来，或者召唤仆人为他们拿过来。这种进餐方式传统上叫做“法式上菜”，但这时候出现了一种新的做法，叫做“俄式上菜”，即把菜肴一道道地送到餐桌上。好多人不喜欢新的做法，因为这意味着每个人都不得不按照同一次序、在同一时间吃每一样东西。要是哪个人动作较慢，所有别人的下一道菜就要延误，这意味着食物会凉掉。就餐者有时候拖拖拉拉地要吃几个小时，对好多人来说要保持稳重的样子是个沉重的负担，几乎每个人都憋不住要小解。

19世纪也成了过分讲究餐具的时代。一位出席正式聚餐的就餐者，光为了吃主菜，面前就可能放着多达9个玻璃酒杯——吃甜食时还要拿上来更多玻璃杯以及各种令人目眩的银餐具，用来对付放在面前的多种菜肴。

---

① 威廉·退尔，瑞士传说中反奥地利统治、争取瑞士独立的民族英雄，被迫用箭射落置于其子头顶的苹果，结果成功，其子安然无恙。——译注

正式宴席的餐桌：玻璃器皿包括饮料瓶、葡萄酒壶和一个卡拉夫瓶（引自比顿夫人的《家政管理手册》）

餐具有专门用来切割、夹菜、探测、取菜的，以及把食品从碟子夹到盘子、从盘子送到嘴里的，其类型多得几乎不可计数。除了各种各样比较普通的刀叉和汤匙以外，就餐者还要懂得怎样识别和使用专门的干酪勺、橄榄匙、水龟肉叉、牡蛎叉、巧克力搅拌棒、肉冻刀、番茄薄刀以及各种尺寸、各种弹性的夹钳。曾经有一位生产商就为餐桌提供了不少于146种不同的扁平餐具。有意思的是，这场餐具大战的少数幸存者之一，也是最难搞清楚的一种：鱼刀。它古怪地呈扇贝状，迄今谁也没有搞清这种形状有什么优点，也没有弄懂原先制作这样的刀是什么思路。没有哪一种鱼用它能切得比普通的刀子更好，或者剔鱼骨剔得更干净。

当时有一本书是这样解释正餐的：进正餐是个“大考验”，规定“又多又细，需要仔细研究。最糟糕的是，无论你违反哪一条，马上就会被人发觉”。每一个动作都受到礼节的支配，要是你想喝一口酒，你得找个人跟你一起喝。正如有一位外国访客在一封家书中解释的：“往往要从餐桌的一端派个信使到另一端，告诉B先生，A先生希望和他一起喝酒；接着，有时候还克服了很大困难，双方目光相遇……你举起酒杯，眼睛盯着那个要和你一起喝酒的人，低头致意，然后一本正经地把酒喝掉。”

有关餐桌礼仪的规定，有的人比别的人需要更多的帮助。约翰·雅各布·阿斯特是美国最富有的人之一，但显然不是个最有修养的人。在有一次宴会上，他朝坐在身边的一位女士俯过身去，在她的连衣裙上擦手，令主人大吃一惊。美国有一本很畅销的手册《礼节法则：社交举止的规定和表达简介》告诉读者，他们“可以用桌布擦嘴唇，但不能用桌布擤鼻子”。另一本手册严肃地提醒读者，在高雅人士的圈子里，叉起一块肉以后闻一闻是不礼貌的。它还解释说：“在有教养的人当中，一般的规矩如下：喝汤要用汤匙。”

吃饭时间也是经常变动的，到了后来，一天当中几乎无论哪个时刻，总对有的人来说是重要的吃饭时刻。人们不得不烦琐地、往往愚蠢地作礼节性拜访或回访，在某种程度上，正餐时间是依此而定的。串门走户通常是在每天的中午12点到下午3点钟之间。要是有人来访和留下名片，而你恰好不在家，那么按照礼节，你第二天必须回访，不这么做就是严重的失礼。这实际上意味着，许多人下午都在东奔西跑，试图追上差不多在以类似无所作为的方式东奔西跑试图追上自己的人。

一定程度上由于这个原因，正餐时间变得越来越晚，从中午变到下午3点，又改到傍晚早些时候。新的习俗绝不是人人都接受的。有一位1773年到伦敦访问的人注意到，一个星期当中，他有多次应邀赴宴，依次在下午1点、下午5点、下午3点开始以及“下午6点半开始，7点饭菜放上餐桌”。80年以后，当作家、艺术评论家约翰·拉斯金对他的父母说，他已经养成了晚上6点钟吃正餐的习惯，他们听到这个消息后仿佛觉得这是最放荡、最鲁莽的行为。他的母亲对他说，吃得那么晚是很危险的，对健康没有好处。

对正餐时间产生具体影响的另一个因素是剧院的开场时间，在莎士比亚年代，演出2点钟左右开始，这恰好避开了吃饭时间。不过，这在很大程度上是因为像环球剧场这样的露天剧场需要日光。演出移到室内以后，开场时间往往变得越来越晚，看戏的人觉得需要对自己的正餐时间作相应调整——虽然这么做有点不大愿意，甚至有怨言。最后，他们无法或不愿再进一步改变自己的个人习惯，时髦社会不再试图赶到剧院去看第一场，而是开始喜欢派个仆人去为他们占位子，自己吃完正餐以后再去。一般说来，他们会到场，唧唧喳喳，带着醉意，懒得集中注意力观看后面的几场。在大约一代人的时间里，剧团在演一部戏的上半场时，剧场里坐满了打瞌睡的仆人，他们对节目不感兴趣；到了下半场，下面才坐着一大群举止粗鲁的酒鬼，他们对剧情发展也是一无所知。

到19世纪50年代，在维多利亚女王的影响之下，正餐终于变成了晚餐。由于早餐和正餐之间相隔的时间延长，有必要在一天的中间设立一顿量比较小的饭。于是挪用了luncheon这个词。Luncheon原来指一块或一部分（如一块干酪）。在英语里，第一次记载那个意义是在1580年。1755年，塞缪尔·约翰逊仍把这个词解释为一定数量的食物——“一只手能握住的那么多食物”。只是在接下来的那个世纪里，它才渐渐开始指中餐，至少在时髦的圈子里是那样。

一个重要的变化是，过去人们的大部分卡路里都是在早餐时间和中午摄入的，晚餐时间只是补充少量食物，然而现在，那样的摄入方法几乎完全颠倒了过来。我们的绝大部分——遗憾的是，这个词在这里用得很恰当——卡路里，大多数人是在晚间摄入的，并且带着它上床。这种做法对我们毫无好处。结果证明，拉斯金老夫妇的话是对的。

第九章

地下室

原先，地下室主要用作存放煤的地方。今天，里面放着锅炉、不用的衣箱、不合时节的体育器材以及许多贴了封条的纸板箱。那些箱子几乎永远不会再打开，但每次搬家都要小心翼翼地从一栋房子搬到另一栋房子，认为有一天会有人想要一些已经在箱子里放了25年的婴儿衣服。它不是个很合意的场所，但也有个补过的优点：让你了解一点房子上层建筑的情况。

一

要是你在1783年，即在美国独立战争结束之际向谁暗示，纽约有朝一日会成为世界上最大的城市，你很可能会被认为是个傻瓜。纽约在1783年的前景并不光明，它比任何别的城市更要亲英，因此战争对它在新生共和国里的地位有着不祥的影响。1790年，它的人口只有1万，费城、波士顿，甚至查尔斯顿等港口都要比纽约繁华。

纽约州只有一个重要的优势——它是越过阿巴拉契亚山脉通向西部的门户，该山脉的走向大致与大西洋平行。那座坡度徐缓的山脉往往不过是大一点的丘陵，很难相信它会对两边的往来构成一道巨大的屏障，而实际上，这座全长2500英里的山脉几乎没有提供可以使用的通道。它对贸易和交通起了如此大的阻碍作用，许多人认为，出于实际需要，生活在山那一边的拓荒者最终会建立一个独立的国家。对于农场主来说，用船把农产品经俄亥俄河和密西西比河运到下游的新奥尔良，然后从海路绕过佛罗里达州，沿大西洋海岸北上运到查尔斯顿或其他东部港口——3000英里或以上的路程，要比从300英里长的陆路把货物拉过阿巴拉契亚山脉的成本低廉。

但是，1810年，时任纽约市长，即将成为纽约州州长的德·威特·克林顿想出了一个主意。许多人认为这个主意有可能是冒失，但肯定是幻想。他提议挖一条横贯纽约州，通到伊利湖的运河，把纽约市和五大湖以及那里肥沃的农田连接起来。人们把这个想法叫“克林顿的傻点子”，这是不足为怪的。运河要用镐头和铁锹来开凿到40英尺宽，穿越363英里高低不平的荒原。它需要建造83座水闸，每座90英尺长，才能解决所有的高度变化。在有几段，每英里的坡度平均不能超过1英寸。在已有移民居住的任何地区，都从来没有尝试过修筑哪怕是接近这样难度的运河，更不用

说是在一片荒原上。

实际情况是：美国没有一名土生土长的工程师从事过开掘运河的工作。通常崇尚雄心壮志的托马斯·杰斐逊，这次也认为整个想法不切实际。“这是个了不起的工程，也许一个世纪以后可以实现，”他浏览了那个计划以后承认，但又马上接着说，“今天想出这个点子简直是发疯。”詹姆斯·麦迪逊总统称联邦政府不会给予支援，他这么做，至少在一定程度上是想把商业中心引向南方，远离那个亲英分子的老根据地。

因此，纽约只有两种选择：单干，或者不干。尽管成本高，风险大，几乎完全缺少必要的技术，它还是决定自己为工程筹集资金，并任命4个人——查尔斯·布罗德赫德、詹姆斯·格迪斯、内森·罗伯茨和本杰明·赖特——来完成这项工程。这4个人当中，有3个是法官，1个是中学老师。他们谁也没有见过运河，更不用说想要造一条运河，他们的共同点是有一点测量经验。然而，通过阅读、咨询、凭着灵感进行的试验，他们成功地设计并监督完成了新大陆有史以来最伟大的工程，他们成为历史上第一批通过开掘运河来学会怎么开掘运河的人。

初期，有个问题显然威胁到整个工程是否能取得成功——缺少水凝水泥。若要做到运河不透水，至少需要50万蒲式耳水凝水泥（1蒲式耳等于32美制夸特，大约相当于35升，因此50万蒲式耳是一个很大的数字）。要是有哪一段漏水，那对整条运河就会是个灾难，因此这个问题必须解决。不幸的是，谁也不知道有什么解决办法。

运河工程有一名年轻的雇员，名叫坎瓦斯·怀特，他志愿自费去一趟英国，看看能学到点什么。怀特花了将近一年时间走遍了英国，行程达2000英里，来研究运河，尽可能多地学到开掘运河和运河联网的技术，尤其注意防漏问题。我们已经知道，帕克的罗马牌水泥是威廉·贝克福德的方特希尔府倒塌的主要原因，因为它用作建筑材料强度不够。但是，说也凑巧，它用作水凝水泥，只需要在里面加一点防水的胶泥，效果却是非常好，真是出乎人们的意料。不幸的是，发明这种水泥的人格雷夫森德的帕克牧师并没有因此富起来，因为他获得专利不到一年就把它卖了。然后，具有讽刺意味的是，他移居美国，不久就死在那里。他发明的水泥一直销路不错，直到19世纪20年代被更好的品种所替代。这给了坎瓦斯·怀特希望，他心里想，他也许能使用美国的材料生产出类似的水泥。

怀特回到美国，这时候已经掌握了一些有关黏附力的科学原理的知识。他开始使用当地的各种材料来做试验，很快就配制出一种混合物，其性能甚至超过了帕克的水泥。这是美国技术史上一个伟大的时刻——怀特应该成为富豪，应该名扬四海。实际上，二者均没有实现。按照怀特的专利证书，每销售1蒲式耳水泥，他有资格拿到4美分版权费，实际上是个很小的数目，但生产商拒绝与他分享利润。他通过法院来坚持自己的权利，但对他有利的判决都未能生效。结果，在很长的时间里，他的生活越来越贫困。

与此同时，制造商通过生产出当时世界上最好的水凝水泥发了财。很大程度上多亏了怀特发明的水泥，那条运河只用了8年时间建设，于1825年提前开通。它一启用就是个胜利。有那么多艘船使用它——第一年是13000艘——据一位激动万分的目击者说，到了夜里，那移动的灯光看上去就像是水面上飞来了一群群萤火虫。有了这条运河，把1吨面粉从布法罗运到纽约市的成本从每吨120美元减少至每吨6美元，运输时间也从3个星期缩短到1个星期多一点。它对纽约的命运所产生的影响是令人惊叹的，它在全国出口量中所占的份额，从1800年的不足10%，一下子增加到该世纪中叶的60%以上；更加令人目眩的是，在同一时期，它的人口从1万增加到50万以上。

在历史上，很可能没有哪种产品——肯定没有哪种知名度较低的产品——对改变一个城市的命运作出过比坎瓦斯·怀特发明的水凝水泥更大的贡献。伊利运河不仅确保了纽约在美国首屈一指的经济地位，而且很可能确保了美国在世界上首屈一指的经济地位。假如没有伊利运河，加拿大就会成为北美洲发电厂的理想之地，圣劳伦斯河可以用作通向五大湖和更远的肥沃土地的渠道。

因此，那位无人赞颂的伟大英雄坎瓦斯·怀特不仅使纽约富起来，而且影响更加深远的是，他的贡献使美国成为后来的美国。1834年，怀特打官司打得精疲力竭，还患上了某种没有确诊的严重疾病，很可能是肺结核。他来到佛罗里达州圣奥古斯丁，希望身体康复，但抵达以后不久就死了。这时候他已经被历史遗忘，他的妻子连他的丧葬费都几乎付不起，而这很可能是你最后一次听到他的名字。

我之所以提到这一切，是因为我们已经走到下面的地下室。那是原教区长寓所里一个尚未完工的基本空间，那个时代里英国的大多数住宅都是这个样子的。原先，它主要用作存放煤的地方。今天，里面放着锅炉、不用的衣箱、不合时节的体育器材以及许多贴了封条的纸板箱。那些箱子几乎永远不会再打开，但每次搬家都要小心翼翼地从一栋房子搬到另一栋房子，认为有一天会有人想要一些已经在箱子里放了25年的婴儿衣服。它不是个很合意的场所，但也有个补过的优点：让你了解一点房子上层建筑的情况。把房子支撑起来并使其成为一个整体的东西，这是本章的主题。我之所以要在开头讲述伊利运河的故事，是为了表明这样的看法，建筑材料要比你想象的还要重要，甚至我敢说，还要有意思。它们肯定协助创造了历史，而且往往以书本里没有提到的方式。

说实在的，早期美国的历史其实就是一部解决建筑材料短缺的历史。美国是一个以拥有丰富的自然资源闻名的国家，但东海岸却证明严重缺少对于一个独立的文明社会来说必不可少的许多基本商品。正如第一批殖民地居民失望地发现的那样，其中之一是石灰岩。在英国，你可以用泥篱墙—— 基本成分是泥和枝条——建造一栋比较牢固的房子，如果再好好地裹上一层石灰的话。但是，美国没有石灰（至少在1690年以前还没有发现），因此殖民地居民只能使用干泥，这就很不结实。在殖民地时期的最初100年里，很少有房子能使用10年以上的。这是小冰河时期，在一个世纪左右的时间里，温带地区的冬季天寒地冻，狂风呼啸。1634年的一场飓风刮走了——确确实实是拔起并带走了马萨诸塞半数的房子。人们的重建工作还没有完成，第二场类似强度的风暴又突然来袭，用经历过这场风暴的一名日记作者的话来说，“把各种房屋翻了个底朝天，掀掉了各种别的房屋的屋顶”。在许多地区，连像样的建筑石材都没有。当乔治·华盛顿想要用普通的石板来铺设弗农山庄的凉廊时，他不得不派人到英国去采购。

有一样东西美国是有的，那就是大量木材。欧洲人抵达新世界时，他们抵达的是一块拥有大约9.5亿英亩林地的大陆，足以使人觉得林地简直是无边无际的。但是，实际上，新来的移民所见到的林地并不是像初看起来那样一望无际的，尤其是当你来到内陆的时候。在东海岸山脉的那一侧，大片区域已被印第安人砍伐干净；为了打猎方便，森林里的许多下层灌丛也已被焚毁。在俄亥俄，早期的移民吃惊地发现，那里的林地不像原始森林，倒像英国的公园，空间大得可以驾着马车从树林里穿过。这些“公园”是印第安人为了猎杀野牛而创建的，他们果然收获不小。

殖民地居民确实耗尽了木材，他们用它来盖房子、盖谷仓、造马车、造船、筑篱笆、做家具，制作从水桶到汤匙的各种可能制作的日用品，他们取暖和做饭也烧掉了大量木材。据记述早期美国人生活的历史学家卡尔·布里登博说，在殖民地时期，每户平均每年约需要50—70立方木柴。要是垒成一堆的话，这堆柴就有80英尺高、80英尺宽、160英尺长，这似乎是相当大的一堆柴火。木材很快就用完了，这点是确定无疑的。布里登博提到长岛有个村庄，在仅仅15年时间里，举目望去，四周的树木都已耗尽，这样的村子一定还有很多。

为了开辟耕地和牧场，又有大片林地遭到砍伐，修筑道路也砍伐了大面积的森林。殖民地时期美国的公路往往修得很宽——165英尺宽的公路是不稀罕的——目的是为了提防遭到伏击，也是为了便于把牲口赶往市场，便于途中让牲口吃草。到1810年，康涅狄格原来的林地剩下几乎不足1/4。再往西，密歇根似乎用之不尽的五针松——第一批移民到达的时候，那里有约142亿立方英尺五针松——在仅仅一个世纪里就减少了95%。

美国的许多木材出口到了欧洲，尤其是以墙面板和封檐板[①]的形式。简·雅各布斯在《城市经济》一书中写道，大量美国木材为伦敦大火提供了燃料。

有个共同的臆断是，早期的移民修建了小木屋。实际情况是，他们没有修建，他们也不知道怎么修建。小木屋是18世纪末由来自斯堪的纳维亚半岛的移民引入的，这时候小木屋确实快速流行起来。虽然小木屋造起来比较简单——当然，这正是它的魅力所在——但也有一些复杂的方面。原木在角落相交的地方，建筑工人可以使用几种槽口中的任何一种——V形槽口、鞍形槽口、菱形槽口、方形槽口、全鸠尾状槽口、半鸠尾状槽口等等。结果发现，说来也怪，不同的地方都有不同的喜好，迄今没有人能完全解释清楚。比如，在南方腹地以及威斯康星中部和密歇根南部的住宅，喜欢用鞍形槽口，而在别的地方则几乎不用。与此同时，纽约州居民绝大多数喜欢用一种名叫模拟角木的开槽口的方法，但到他们继续往前迁移的时候，几乎完全放弃了那种风格。搞清哪里出现了哪种开槽口的方法，可以用作一部美国移民史的情节，实际上已经有人这么做了，有的人花了整个职业生涯来试图解释各种分布方式。

要是你考虑一下，移民一到达美洲，就以如此之快的速度砍光了面前高大的森林，那么在英国这块面积小得多、人口多得多的土地上，缺少木材一直是个令人担心的问题，这就几乎不足为怪了。传说和童话可能已经留给我们一个不可磨灭的、讨人喜欢的形象：中世纪的英格兰是个长满黑压压、阴森森的森林的国家。但是，实际上，没有很多树可以作为罗宾汉和他快乐的伙伴之类的藏身之地。早在1086年《最终税册》的时代，林地只占英格兰乡村面积的15%。

在整个历史上，英国人使用并需要大量木材。一栋普通的15世纪农舍需要用掉330棵栎树的木材，造船用得更多。纳尔逊的旗舰“胜利”号很

---

① 封檐板（weatherboard）在美国渐渐被叫做护墙楔形板（clapboard），原因不详。——原注

可能消耗了3000棵成熟的栎树，相当于很大的一片森林。栎木还大量用于工业加工，栎树皮和狗粪混在一起用来鞣革。栎树瘿—— 一种寄生蜂在树上咬成的皮肉之伤——用来制造墨水。但是，消耗木材的真正大户是制炭工业。到亨利八世时代，每年差不多需要200平方英里的森林为炼铁工业生产足够的木炭。到了18世纪末，这个数字增加到每年540平方英里，约为英国全部林地的1/7。

大多数林地通过保持为矮林的办法来管理，即把树木截短，再让它们长起来，因此就像牧草那样每年都在全部砍伐。实际上，制炭工业远非是个祸害，却是个维护了大片林地的功臣——虽然必须指出，保留下来的往往是没有特色的、矮小的灌木，不是高大的、只有阳光才能穿透的原始森林。即使管理得很精心，由于对木材的需求扶摇直上，到16世纪初，英国使用的木材量已经超过了所能补充的量。到1600年，建筑用的木材已经严重短缺。与这个时期有关的英国露明木架的房屋，不是反映了木材很多，而是反映了缺少木材。这类房子，只是主人为了显示自己用得起一种稀缺的资源而采用的一种方法。

只是出于实际考虑，人们才最后把注意力转向石料。英国有世界上最棒的建筑用石材，但经过了天长地久的时间才发现了它。在将近1000年时间里，从罗马帝国灭亡到乔叟时代，木材几乎是英国千篇一律的建筑材料。只有最重要的建筑物，如大教堂、宫殿、城堡、教堂，才可以用石料。诺曼人来到英国的时候，该国没有一栋房子是用石头砌造的。但是，从南部沿海的多塞特到北部约克郡的克利夫兰丘陵，有一大片耐磨的鲕粒岩似的灰岩（也就是说，这种灰岩里面含有大量圆形的鲕粒）地带，呈宽阔的弧形，横跨英国的主要国土。因此，几乎就在每个人的脚底下，都有一种卓越的建筑石料，这就是所谓的侏罗纪带。英国所有最著名的建筑石料，从波倍克石和波特兰白石，到巴斯和科茨沃尔德丘陵地带的蜜石，都可以在这个范围里找到。这些极其古老的石料，是从原始海洋里挤压出来的，它为英国大地增添了那么多柔和而又永恒的气息。实际上，就英国的建筑物而言，永恒显然是一种幻觉。

没有更多使用石料的原因是，石料很贵——贵是因为开采要用大量劳动力，贵是因为石料笨重，很难搬运。把一大车石料运送10—12英里，很可能一下子就会使成本翻一番，因此中世纪的石料走得并不远。为什么英国各地在石料使用和建筑风格方面的地区差异如此鲜明、如此独特，这就是原因。建一座大一点的建筑物，比如一座西多会修道院，也许需要4万大车石料。石砌建筑物真的是令人生畏的，不仅因为雄伟，而且因为用的石料多，石料本身就是一份权力、财富和荣耀的宣言。

住宅建筑在18世纪以前几乎不用石料，但是，18世纪以后，石料迅速流行，连农舍这样的简单建筑物也都使用。不幸的是，在灰岩带之外的广大区域当地没有石料，其中包括最重要的、极需要搞建筑的地方：伦敦。然而，伦敦周围蕴藏着大量含铁丰富的黏土，因此这个城市重新发现了一种古老的建筑材料：砖。砖已经存在至少6000年，虽然在英国只能追溯到罗马帝国时代，而罗马人的砖其实并不好。尽管他们有别的建筑技能，但一次性就能烘出大砖头的烧砖本事他们没有，因此他们就制作更像瓦片一样的薄砖。罗马人离开以后的1000年里，大部分时间里英国人不再用砖。

到了大约1300年，英国有些建筑物开始用砖，但在接下来的200年里，当地缺少技术，因此若要建造砖房，就从荷兰请来制砖工和砌砖工，这仍是常有的事。砖在都铎王朝时代成为一种国内生产的建筑材料，开始盛行。许多大的砖建筑物都可以追溯到这个时代，比如汉普顿宫。砖有个很大的优点：经常可以在现场制作。与都铎王朝时代庄园主宅第有关的护城河和水池，都标明是从哪里挖来黏土制作砖头的。但是，砖也有不足之处。要制作一块像样的砖，制砖工每一步都必须一丝不苟。他首先得把两种或两种以上黏土仔细搅和，以确保有合适的黏稠度，防止在烧制过程中变形和缩小。然后，把准备好的黏土用模子制成砖的形状，再花两个星期晾干。最后，把砖堆放在炉子里烧制。要是其中哪一步出了毛病，比如湿度太大，或者炉子里温度不完全合适，烧出来的砖就有瑕疵。而烧出有瑕疵的砖是常有的事。因此，在中世纪和文艺复兴时期的英国，砖享有很高的魅力价值。它新颖时髦，一般只有最漂亮、最重要的建筑物才使用砖。

关于制砖之难，最能说明问题的例子——很可能是最能说明天真地徒劳行事的例子——也许就是发生在19世纪头10年里的那个例子。著名的才子兼牧师悉尼·史密斯要在约克郡的福斯顿勒克莱盖教区长宅第，决定亲自制砖。据说，他烧制了15万块砖，均以失败告终，最后承认自己很可能掌握不了这门技术。

在英国，砖的黄金时代是从1660年到1760年的100年时间。"在这个时代，盖了大量英国风格的建筑物，其中有些漂亮的砖建筑物是世界上别处哪里也见不到的。"布伦斯基尔和克利夫顿-泰勒在权威性的《英国的砖建筑物》一书中写道。这个时代的砖之所以漂亮，很大程度上是因为微妙地缺少同一性。由于不可能制作真正相同的砖块，它们拥有各种美丽的色彩——从粉红色似的红色，到很深的紫红色。黏土里的矿物质使砖块具有颜色，许多种黏土里的主要成分是铁，因此红色的砖占了较大的比例。所谓的伦敦古典常用砖之所以呈黄色，是因为黏土里含有白垩。

砖要交错放置，那样纵向的接缝才不会形成连续不断的直线（这样会使建筑物不牢固），于是就产生了一系列的风格。从根本上说，风格都是根据对牢固程度的考虑决定的，而且还想要呈现花样和美观，给人愉悦的感觉。英国的砌砖风格是，一排完全用顺砖（即砖的长的一边），下一排只用丁砖（即砖的一端）。荷兰式则是把丁砖和顺砖互相交错砌合。荷兰砌式比英国砌式要流行得多，不仅因为前者更加坚固，而且也比较省砖。这是因为，每座建筑物正面的长面要比短面多，因此需要的砖块就少一些。但是，还有许多别的砌砖式——中国式、迪恩式、英国花园墙式、交叉式、空斗墙式、修道士式、拱式等等，每种砌式都意味着把丁砖和顺砖砌成不同的图案——这种基本的图案还可以用一些方法来强化效果，比如加一些向外稍稍突出的砖，犹如小小的台阶（这种做法叫做"出砖芽"），或者插入不同颜色的砖，构成菱形图案，名叫"尿布"（砖墙的

图案与婴儿尿布的关系是这样的：婴儿的衣服原先是用亚麻线织成的，上面织有菱形图案）。

直到摄政时期，若要建造最漂亮的住宅，砖仍是很体面的材料。但是，在此以后，人们突然对砖头很冷漠、很反感，尤其是对红砖。从石料到砖，“这个过渡有点毛糙”，艾萨克·韦尔在他很有影响的《建筑学大全》（1756）中说。他接着说，红砖“像火，不顺眼……尤其不适用于乡村”，而乡村恰恰是用红砖最多的地方。

突然之间，石料变成建筑物外表唯一可以接受的材料。在乔治时代，石料是如此时髦，主人几乎会想尽一切办法来掩饰自己住宅的性质，如果它根本不是石砌的话。位于伦敦海德公园角的阿普斯利府是一栋砖砌的建筑物，在砖突然不合潮流以后，就在外面裹了一层巴斯石。

在砖倒运的过程中，美国起了令人想不到的间接作用。美国独立战争以后，英国政府丧失了美洲殖民地的税款，还要支付那场战争的费用，因此它迫切需要资金。1784年，它开始征收严厉的砖税。为了减轻税收的影响，制造商把砖造得大一点，但大砖头砌起来不方便，结果销量进一步减少。为了应付收入这般下降的局面，政府在1749年和1803年两次提高了砖税。砖迅速退出舞台，不再流行，反正人们也买不起砖了。

问题是，许多已经存在的建筑物是砖砌造的，这是明摆着的。在英国，一个简单的对策是在原来的砖头表面抹一层奶油色的拉毛粉饰——一种用石灰、水和水泥混合而成的粉饰外表用的灰泥——使房屋具有一种永久性的外表。拉毛粉饰的英语是stucco，源自古德语stukki，意思是覆盖物。在拉毛粉饰变干的过程中，可以画上整齐的线条，使其看上去像是一块块石料。摄政时代的建筑师约翰·纳什跟拉毛粉饰的关系尤其密切，有打油诗一首为证：

> 我们的纳什难道不是个……了不起的大师？
> 他为我们盖的全是砖房，我们却发现全是灰泥！

本故事中有许多人物是从默默无闻中一夜成名的，纳什就是其中之一。他的成名不容易预计得到，他在伦敦南部一户贫苦人家长大，看上去也不是个给人特别深刻印象的人。他长着——用一位同时代人极其刻薄的话来描述——“一张猴脸”，家族里没有人帮助他走向成功。但是，他还是设法在那个时代最杰出的建筑师之一罗伯特·泰勒的办公室里当上了令人羡慕的实习生。

实习期结束以后，他开始了一个需要更多进取心却很少成功的职业生涯，至少在最初的日子里是这样。1778年，为了开创事业，他冒着风险在布卢姆斯伯里设计和建造了两组住宅。它们跻身于伦敦首批涂有拉毛粉饰的房屋之中（如果不是首批中首批的话）。不幸的是，世人还没有到乐意接受抹有拉毛粉饰的房子的时候，这些房子销路不好（有一栋房子空置了12年）。即使在顺利的情况下，这样的挫折也是够考验人的了，何况这时候纳什的私生活也特别不和谐，原来他年轻的妻子完全不是他所希望的那种理想女子。她在伦敦各地的裁缝店和女帽店都积欠了大笔无法还清的账款，他因欠债两次被捕。更加糟糕的是，正当他在摆脱这些法律困境的时候，她却一直在劲头十足地跟别人鬼混，其中包括他的一位老朋友。他的两个婚生孩子完全有可能不是他的（或者说，实际上有可能是任何哪个男人的）。

纳什倾家荡产，也许还有点愁眉不展。他跟老婆和孩子分了手——他们后来的情况不明——搬到了威尔士，建立了一番新的而又不大雄心勃勃的事业，似乎准备修建一些地方的市政厅和别的市政建筑，做个比较成功的建筑师度过余生。

他就这样过了几年，但是，1797年，在他显然已经上了年纪——46岁的时候，他回到伦敦，娶了个比他年轻得多的女子，成为威尔士亲王——未来的国王乔治四世——的一位密友，开始了一段最重要、最有影响的建筑生涯。发生这一突然变化的原因始终是个谜。广泛流传着的谣言说，他的新夫人是摄政王的情妇，纳什只是个现成的替身。这种猜测不是没有道理的，因为她确实是个美人儿，而岁月又并没有使纳什英俊一点。用他自己的话来说，他“身材粗壮，矮胖，小个子，长着圆脑袋、翘鼻子和小眼睛”。但是，作为一名建筑师，他是个奇才。他几乎马上就推出了一连串特别大胆和信心十足的建筑物。在布赖顿，有一座名叫航海展览馆的外表端庄的建筑物，纳什把它改造成为一栋像五彩缤纷的烟火似的圆顶建筑物，叫做布赖顿展览馆。但是，真正的变化是在伦敦。

在改变伦敦的面貌方面，也许除了德国空军以外，谁也比不上纳什在接下来的30年里所起的作用大。他创建了摄政王公园和摄政王大街，以及各处许许多多街道和排屋，使伦敦展现出了一种前所未有的壮丽和雄伟的面貌。他修建了牛津广场和皮卡迪利广场。他把规模较小的白金汉府改建成白金汉宫。他策划了特拉法尔加广场，虽然他没有能活到动工建设的那一天。而他把他所建造的一切几乎都抹上了拉毛粉饰。

二

要不是出于一个意料之外的重要考虑，砖有可能永远被排斥在外，不会再用作住宅建筑的材料，那个考虑是污染。到维多利亚时代初期，英国烧煤的量确实大得惊人。一户普通的中产阶级家庭每月可能要烧掉1吨煤，而19世纪的英国突然有了大量中产阶级家庭。到1842年，英国的用煤量占西方世界总产量的2/3。结果，在一年的许多时间里，伦敦笼罩在几乎连阳光都射不进的烟雾中。在一个夏洛克·福尔摩斯探案故事里，福尔摩斯不得不在大白天划一根火柴，才能看清伦敦一处墙上写的字。人们连路都很难看得清，因此经常有人走路撞在墙上，或者掉进没有看见的坑里。在一起人人知晓的事故中，7个人连续掉进了泰晤士河，一个接着一个。1854年，约瑟夫·帕克斯顿提议建造一条11英里长的“大环线”，把伦敦所有的主要火车站连起来。他建议把这条铁路造在玻璃罩内，那样就可以把乘客和伦敦的肮脏空气隔离。显而易见，和冒着浓烟的火车一起待在玻璃罩里面，比和冒着浓烟的一切东西一起待在外面要舒心一点。[①]

实际上，煤对一切——衣服、绘画、植物、家具、书籍、建筑物和呼吸系统——都是有严重影响的。在烟雾确实厉害的几个星期里，伦敦有记录的死亡人数很可能会成千地增加，连史密斯菲尔德肉食市场里的宠物和牲畜的死亡数量也会特别多。

煤烟对石建筑物的影响尤其大，新的时候看上去很明亮的结构往往损坏得特别快。波特兰石料表面有一种令人心神不安的花斑，在风雨中每一面都呈鲜明的白色，但在窗台、过梁和阴暗角落下面都变得又脏又黑。纳什在白金汉宫用的是巴斯石料。他认为这种石料耐磨性强，但他错了，它几乎马上开始碎裂。一位新的建筑师爱德华·布罗尔被叫来对建筑物进行修缮，他用卡昂石料盖了一个新的正面，封住了纳什建造的院子，这种石料也几乎马上开始分崩离析。最令人吃惊的事发生在新落成的议会大厦，那里的石料开始变黑，出现了巨大的凹坑和深痕，仿佛是被炮火扫射过的，甚至在该大厦建筑过程中就是那样。多种应急的补救办法都使用过，

---

① 有个人尤其使我们对维多利亚时代的伦敦的模样有了个明确的视觉形象：法国插图画家古斯塔夫·多雷（1833—1883），他的一幅记述伦敦小街陋巷的插图附在本书第九章。多雷在插图的优势方面有点出乎人们意料，因为他几乎一句英国话也不会说，而且也没有在英国待过多长时间。多雷的私生活有点古怪，他跟多名女演员制造了许多风流韵事——萨拉·伯恩哈特是他最著名的情人——但是他跟自己的母亲住在一起，一辈子睡在母亲隔壁的房间里。多雷把自己看成是一名伟大的画家，但别人并不认同，他不得不安下心来当一名成功的书刊插图画家。他在英国很受欢迎——在好多年里，伦敦梅费尔有一家多雷画廊，专门出售多雷的作品。现在最有名的是他关于伦敦生活的黑暗画作，尤其是那些描述小街陋巷里肮脏场景的画作。我们对于摄影术问世之前19世纪伦敦的视觉形象，很大一部分都是来自于一位远在巴黎的画家在画室里按照记忆所作的画，而且，有好多情况他弄错了。我们想起这一点就觉得很有趣，为他的插图撰写说明文字的布兰查德·杰罗尔德，被多雷的差错弄得叫苦不迭。（要是你觉得杰罗尔德这个名字似乎有点熟悉，那么他就是《潘趣》杂志那位最先把博览会展厅称作“水晶宫”的记者的儿子。）——原注

试图阻止事态恶化。他们按照各种比例把胶、树脂和蜂蜡混在一起抹在表面，但这些做法要么不起任何作用，要么就产生了新的甚至更加令人吃惊的污迹。

似乎只有两种材料能抗腐蚀性酸的危害，其中之一是一种卓越的人造石材，名叫科德石，以生产这种石料的工厂老板埃莉诺·科德的名字命名。科德石料极受欢迎，从1760年到1830年，每个主要的建筑师都使用这种材料。它不易损坏，还可以制作成任何一种装饰品的形状，如壁缘、阿拉伯式花饰、柱头、飞檐托饰或任何别的在通常情况下只有通过雕刻才能做出来的饰物。最著名的科德石装饰物是议会大厦附近威斯敏斯特桥上那只大狮子。到处都可以见到科德石，如在白金汉宫、在温莎堡、在伦敦塔、在伦敦兰伯思圣玛丽教堂墓地里布莱舰长的坟上。

科德石看上去和摸上去都像是经过琢磨的石料，像最硬的石料那样不怕风雨，但它根本不是石料。出人意料的是，它是一种陶。陶是经过烘烧的黏土，根据黏土的种类和烧制的强度，可以生产出3种不同的材料：陶器、粗陶器或陶瓷。科德石是一种粗陶器，不过是其中特别硬、特别耐久的一种。科德石大多防风雨、防污染，即使经过了将近两个半世纪的风吹日晒，看上去也几乎是新的一样。

考虑到科德石的广泛使用和卓越的特点，而又对科德石的来龙去脉以及那位同名的制造商知道得如此之少，这是令人感到意外的。科德石是在何时何地发明的，埃莉诺·科德怎么会跟它发生关系，那家公司为何在19世纪30年代末某个时候突然关门了，这些问题都没有激起学者们的多大兴趣。在《国家传记词典》里，科德夫人只占了五六段的篇幅；1999年由历史学家艾莉森·凯利自行出版的一部作品，是唯一一部全面记述她和她的公司的历史的作品。

可以肯定的是，埃莉诺·科德是一位来自埃克塞特郡的破产实业家的女儿。她大约1760年来到伦敦，成功地经营一家销售亚麻织物的商行。快到那个世纪60年代末的时候，她遇上了一个名叫丹尼尔·平科特的人，平科特已经在制造人造石料。他们在泰晤士河南岸，就在今天滑铁卢火车

古斯塔夫·多雷绘的插图：维多利亚时代伦敦的小街僻巷

站附近的地方开了一家工厂，开始生产一种不同寻常的高级材料。发明这种材料常常归功于科德夫人，但似乎更可能是平科特的方法，她出的钱。反正仅仅两年以后平科特就离开了那家公司，再也没有听到他的消息。埃莉诺·科德非常成功地经营这家企业长达52年，直到1821年她88岁去世，对于一位18世纪的妇女来说，这是个特别了不起的成就。她从来没有结过婚。她是个可爱的、受人爱戴的人，也许还是个脾气暴躁的泼妇，我们不得而知。我们只能说，她一去世，科德公司的销售额就不断下降。最后，公司倒闭了，但倒闭得如此无声无息，今天没有人能肯定它到底是什么时候停止生产的。

为什么生产科德石的秘诀与埃莉诺·科德同归于尽，这永远是个谜。实际上，这个过程至少搞过两次模拟试验。现在，以商业规模生产科德石已经不存在任何障碍，之所以没有这么做，是因为谁也不愿意去费这个心。

往后，科德石也许只会偶尔用于装饰目的。值得庆幸的是，有一种珍贵的建筑材料也很好地抵御了污染：砖。污染是制作现代砖块的动因，虽然几种别的因素也适时起了作用。开凿了运河，远距离运输砖就很经济。发明了霍夫曼窑（以发明这种砖窑的德国人弗雷德里克·霍夫曼的名字命名），砖就可以沿着一种生产线连续不断地生产，因而成本比较低。1850年废除了砖税，这进一步降低了成本。最大的动因就是英国在19世纪的巨大发展——城市的发展，工业的发展，越来越多的人需要购置住宅。在维多利亚女王的一生时间中，伦敦的人口从100万增加到将近700万，像曼彻斯特、里兹和布雷福德这样的新兴工业城市的人口增长率更高。在那个世纪里，英国的住宅数量总共增加了3倍。新的住宅绝大多数都是砖结构的，在那个极其繁忙的年代里出现的大多数制造厂、烟囱、火车站、下水道、学校、教堂、办公楼和其他新的基础设施也是如此。砖在哪里都派得上用场，而且省钱，因此其魅力是不可抵御的，它成了工业革命中不可多得的建筑材料。

据一项统计，维多利亚时代所用砖的数量，超过了以往所有时代所用砖的总量。伦敦的发展意味着郊区的扩展，那里都是几乎雷同的砖砌住宅——用迪斯累里首相缺乏热情的话来说，“枯燥乏味、千篇一律、平淡无奇的房屋”，一眼望不到头。霍夫曼砖窑要对此负很大责任，因为它生产的砖无论是大小、颜色还是外表都是一模一样的。在精湛程度和个性方面，用新式砖砌的建筑物都远不如过去年代的建筑物。但是，前者的成本要便宜得多。在处理人类事务的过程中，历史上几乎没有哪个时候便宜是不讨人喜欢的。

砖只有一个问题，随着那个世纪渐渐过去，建筑空间越来越受到限制，这个问题也越来越明显。砖太重，你不可能用砖来砌造真正高大的建筑物——人们不是没有尝试过。有史以来建造过的最高的砖建筑物，是1893年建于芝加哥的16层普通办公楼莫纳德诺克大楼，它是由著名的伯纳姆和鲁特公司的建筑师约翰·鲁特临死以前不久设计的。莫纳德诺克大楼现在依然屹立在那里，看上去是一座与众不同的大厦。由于砖的分量很重，路面的墙壁有6英尺之厚，结果，底层——通常是一栋建筑物里最受欢迎的部分——变成了一个黑咕隆咚、令人生畏的洞穴。

莫纳德诺克大楼无论建在哪里都会是很特别的，但尤其是在芝加哥，因为那里的泥土实际上是个大海绵。芝加哥建在淤泥滩上——任何重的东西放在芝加哥的土地上都会下沉，而在早先的日子里一般说来建筑物也确实是下沉的。人行道在建造的时候都带一个陡坡，从路边石往上伸展到建筑物。大家希望，随着建筑物下沉，人行道也会随之下沉，最后到达完全水平的位置。实际上，这种情况很少发生。

为了缓解下沉的问题，19世纪的建筑师发明了一种技术，建一个建筑物可以立在上面的“浮筏”，很像冲浪运动员所立的冲浪板。莫纳德诺克大楼底下的浮筏基础朝建筑物各个方向伸出11英尺，但即使有了浮筏，大楼建成以后还是下沉了差不多2英尺——这种事你是不希望发生在一栋16层大楼身上的。那栋大楼今天依然屹立在那里，它说明了约翰·鲁特的技能，许多别的建筑物就没有那么走运。有一栋名叫联邦大厦的政府办公大楼，在1880年花了令人吃惊的500万美元才盖起来，但很快就开始倾斜到了危险的程度，用了不到20年就完蛋了，许多别的小一点的建筑物的寿命同样短促。

建筑师需要的是某种分量较轻、比较柔韧的建筑材料，在很长时间里，似乎只有约瑟夫·帕克斯顿以建造水晶宫使其闻名遐迩的那种材料：铁。

用作建筑材料的有两种铁：铸铁和熟铁。铸铁（顾名思义，铸铁是在模子里经过铸造的铁）的压缩能力强，即能承受自身的重量，但耐压能力不太好，受到来自水平方向的压力往往会像铅笔那样折断。因此，铸铁可以用来制作柱子，但不适合用来制作横梁。而熟铁很坚实，可以担当水平方向的用途，但成本比较昂贵，因为制造过程比较复杂，花的时间也长。你得趁它仍处于熔化状态的时候反复折叠和搅动。折叠和搅动不仅使它比较坚固，也使它具有韧性，也就是说，就像太妃糖那样可以拉成长条，弯曲成各种形状。因此，像大门那样的许多装饰性物品都是用熟铁制造的。这两种铁在全世界一起被用于大型建设工程项目。

有意思的是，除了在偶然的情况之下，铁有个从来不被接受的地方，那就是住宅。然而，在别处，铁因为坚固而不断取得成功——直到人们意识到，坚固其实并不是铁最靠得住的特质。令人不安的实际情况是，铁有时候特别让人感到失望。尤其是铸铁，要是铸造得不够完美，就会裂成碎片或者产生裂缝，而且它的毛病不可能检测出来。1860年冬，这种情况就在马萨诸塞州劳伦斯的一家纺织厂悲剧性地出现了。有个寒冷的上午，900名女工——大多数是爱尔兰移民——正在噼啪作声的机器旁干活，突然间一个支撑屋顶的铸铁柱子断了。不一会儿，这一排的其他柱子也接连断裂，就像衬衣上的扣子一下子打开了那样。吓坏了的工人们朝出口冲过去，但许多人还没有来得及逃出门外厂房就轰然一声倒塌下来了。听到这响声的人将永生不会忘记，被压死的工人多达200人。有意思的是，当时或后来，谁也没有费心去正式清点死者的人数，还有几百名工人受了伤。摔破的油灯引发大火，随着火势蔓延，许多被困在里面的人可怕地烧成灰烬。

在接下来的10年里，铁的地位受到进一步打击。原因是，正当一列客车驶过俄亥俄州阿什塔比拉河上一座桥梁的时候，桥梁突然垮塌，造成76人死亡。3年以后，几乎在同一天，同样的事故在苏格兰的泰伊桥重演。正当一列火车驶过该桥时，桥的一部分倒塌，把几节车厢掀入离桥面很远的水中，死亡人数几乎和阿什塔比拉事故中的死亡人数完全相同。这些是最有名的悲剧，而实际上小规模的灾难几乎是家常便饭。用铸铁制造的火车锅炉有时候发生爆炸；在受到笨重货物的碾压或多变天气的影响之下，铁轨经常松动或者弯曲，造成火车脱轨。事实上，正是铁的这些短处，使得伊利运河能在那么长时间里成功运转。就是在进入铁路时代很久以后，伊利运河依然一派繁荣景象。表面看来，这是出人意料的，因为这条运河每年有几个月封冻，无法使用。火车是一年四季都可以行驶的；而随着机车的改进，从理论上讲可以运载更多的货物。然而，实际上，铁轨并不那么坚固，承受不了真正沉重的货物。

因此，需要有坚固得多的东西，那种材料就是钢——钢只是另一种铁，但里面碳的含量不一样。钢在哪方面都是一种高级材料，但冶炼时需要高温，因此无法大量生产。制造刀剑和剃须刀这类东西，那完全没有问题，但要用来大规模制造桁梁和钢轨这类工业产品，那就不容易办到。1856年，这个问题出人意料地——简直是不大可能地——被一位英国实业家解决了。这位实业家对冶金学一窍不通，但很喜欢修修补补，搞点实验。他的名字叫亨利·贝西默。他由于发明了一种名叫铜粉的产品而在事业上已经极其成功，这种粉末用来给很多种材料抹上一层假的镀金。维多利亚时代的人喜欢镀金的表面，因此这种粉末使贝西默发了财，也使他有时间沉湎于对发明的爱好。在克里米亚战争期间，他认为自己要造重型枪炮，但知道需要一种比铸铁或锻铁更好的材料，于是开始试验新的生产方法。他往熔化的生铁里吹气，看看会有什么结果，其实他也不知道自己在做什么。根据常规的预测，结果应当是发生大爆炸，这是以前没有哪个有资质的人搞这种愚蠢的实验的原因。实际上，爆炸没有发生，倒是产生了一种炽烈的火焰，烧掉了杂质，生产出坚硬的钢。突然之间，大批量生产

钢成为可能了。钢是工业革命一直在等待出现的材料。任何东西——从铁路、远洋轮船到桥梁——都可以建造得更快捷、更牢固、更省钱。摩天大楼成为可能，因此城市景色变了模样。火车发动机马力大了，能拉着重荷在大陆上飞奔。贝西默发了大财，名扬四海。为了向他表示敬意，美国许多城镇（据一项资料，多达13处）把自己命名为贝西默或贝西默城。

博览会结束以后不到10年，铁作为一种建筑材料就终结了。然而，在整个这个世纪里，最受人崇拜的建筑物屹立在巴黎，而它就是用已被判决死刑的铁建成的，这真是有点儿怪。我当然指的是那个时代高耸入云的奇迹，名叫埃菲尔铁塔。历史上从来没有哪个建筑物像它那样同时是技术先进而材料过时，毫无实际意义的。要想知道那个精彩故事，我们必须回到地面上，走进一间新的屋子。

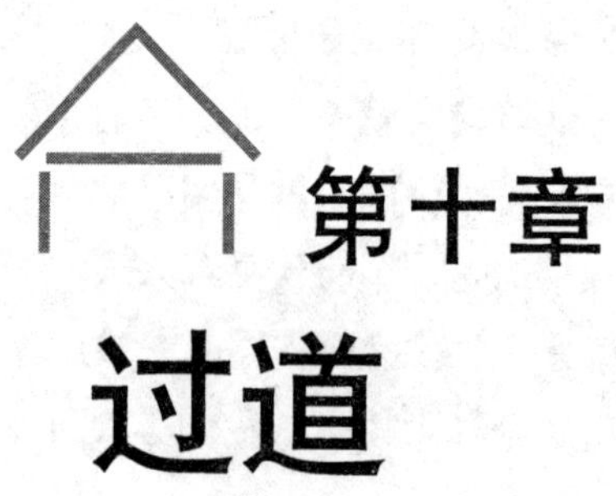

第十章

过道

过道是寓所里最不合意、最阴暗的地方，因为它没有窗户，必须借助从邻近房间开着的门里透进来的任何自然光线。靠近过道中间的地方，有一扇可以关的门——在早先的年代，这门无疑是关着的——把住宅的服务区和对面的私人区分隔开。房子完工的时候，不可能有它。它显然是为了放置在1851年还没有的某种东西才设计的，而那个东西将会改变世界，改变的速度将超出任何人的想象。

一

他的全名叫亚历山大·古斯塔夫·伯尼克奥桑-埃菲尔。他在第戎他叔叔开的一家制醋厂里工作，注定要体面而又默默无闻地过一辈子。这时候，工厂突然倒闭，他干起了工程师行业。不夸张地说，他在这方面非常能干。他在无法通行的峡道上空架起了桥梁，盖起了宽敞得惊人的火车站大厅，建造了其他许多宏伟而又富有挑战性的建筑物，其中包括1884年一座最难以处理的建筑物——自由女神像的内部支架，这些建筑物今天依然给我们深刻的印象和启示。人人都认为自由女神像是雕刻家弗雷德里克·巴托尔迪的作品，它当然是他设计的，但是，要是没有巧夺天工的内部工程来支撑它，自由女神像不过是个1/10英寸厚的铜箔做成的空壳子。那大约是复活节巧克力兔子的厚度——而那可是一只151英尺高的复活节兔子，要经受刮风、下雪、瓢泼大雨和海上浪花、金属热胀冷缩以及每天1000种大自然的其他无情侵袭。

这些挑战都是以前工程师所没有面对过的，而埃菲尔铁塔已经把这些问题解决得尽善尽美：创建一个由桁架和起拱点组成的骨架子，把铜箔像穿衣服那样穿上去。虽然他没有想过这种技术对一般建筑物有什么用，但它标志着发明了20世纪最重要的建筑技术——悬墙建筑法，这种建筑形式使建造摩天大楼成为可能。（芝加哥早期的摩天大楼建设者们也独立发明了悬墙建筑法，但埃菲尔抢先了一步。）金属箔在受到压力的情况下可以弯曲的性能，早在有人认真考虑制造飞机以前，就令人满意地预先满足了机翼设计的要求。因此，自由女神像是一件相当了不起的作品，但由于全部的聪明才智都藏在女神的衣服下面，几乎没有人意识到。

埃菲尔不是个虚荣心强的人，但在接下来的那个工程中，他确实使所有人都意识到了他在这项建筑中的作用。他只造一个骨架子，促使这座建筑物问世的是1889年巴黎博览会。正如通常举办这类活动一样，组织者希望有一个偶像般的最吸引人的物品，于是就征集建议。人们总共提交了大约100份建议书，其中包括一份900英尺高的断头台的设计图样，以纪念法国在砍脑袋方面所作出的无与伦比的贡献。在许多人看来，它差不多和埃菲尔获胜的设计图一样荒谬。许多巴黎人搞不懂在市中央建造一座巨大的铁塔究竟有什么用处。

埃菲尔铁塔不仅是有史以来有人提出过要修建的最大的东西，而且也是最大的完全没用的东西。它既不是宫殿，也不是墓室，也不是敬神的场所，它连个阵亡英雄纪念碑都不是。埃菲尔坚持说，他的铁塔有许多实际用途——它可以用作大型军事瞭望台，你可以在上面做有意义的天文和气象实验，但最后连他也承认，他主要是希望建造个真正巨大的东西，完全是一种有点古怪的消遣方式。

许多人讨厌它，尤其是艺术家和知识分子。一群知名人士，包括小仲马、左拉、保罗·魏尔兰和莫泊桑提交了一封极其激动的长信抗议它是在“糟蹋巴黎”，认为“当外国人来看我们的博览会的时候，他们会惊呼：‘什么？法国人就是修建了这种俗不可耐的东西来让我们了解他们所吹嘘的情趣！’”他们接着说，埃菲尔铁塔是“一名唯利是图的机器制造商发明的怪物”。埃菲尔心平气和、快快活活地接受了这些辱骂，只是指出，有一位义愤填膺地在请愿书上签名的人——建筑师查尔斯·加尼尔，实际上还是当初批准建造铁塔的那个委员会的一名成员。

埃菲尔铁塔完工以后，它似乎是那么独一无二，浑然一体，不可能是别的样子，因此我们不得不提醒自己，它实际上是个极其复杂的组装物，一个由18000个部件错综复杂地安装起来的回纹细工工程。这些部件之所以能组装在一起，是因为进行了大量最聪明的思维活动。只要考虑一下该建筑物最下面的那180英尺，即到第一个平台——已经有15层大楼的高度。到那个高度，4条腿很陡地向里倾斜54度。要不是有那个平台支撑，它们显然会翻倒在地。而要是没有下面那4条腿的支撑，平台也显然不可能悬在上面。这些部件被组装在一起之后，都在无懈可击地在发挥作用，

而它们被组装在一起之前，什么作用也发挥不了。因此，埃菲尔遇到的第一个挑战，是设法把4条极高而又极重的腿支撑起来，而每条腿都在用力朝里倒下去；支撑起来以后，要能适时把它们慢慢地安放到位，这样，那4条腿才能在绝对准确的方位会合，以便支撑一个又大又重的平台。在对接过程中，哪怕只有1/10度的误差，哪条腿都会偏离正确位置1英尺半——要是不把所有的部件都拆开，再从头组装一遍，那根本纠正不过来。埃菲尔把每条腿都固定在盛满沙子的大容器里，就像把脚伸到大靴子里那样，完成了这项需要十分仔细的作业。接着，在这项作业完成以后，就小心地、慢慢地放掉容器里的沙子，逐渐把那4条腿安放到位。这个办法完全奏效。

1888年建设中的巴黎埃菲尔铁塔

然而，事情才开了个头。在第一个平台上方，是又一个800英尺高的、由15000个部件组成的铁架子。这些部件大都体积庞大，很不灵便。它们都得吊装到位，而且高度越高，困难越大。在有的部位，误差小到1/10毫米。有的旁观者认为，铁塔不大可能承受自身的重量。有一位数学教授用掉了好几令纸，进行了疯狂的运算，最后宣称，铁塔建到2/3高度时，4条腿就会向外张开，整个建筑就会轰然倒塌，把下面的一切压得粉碎。实际上，埃菲尔铁塔还是相当轻的，只有9500吨——毕竟它的主要部分是空气——只需要7英尺深的地基就能支撑它的重量。

设计埃菲尔铁塔所花的时间，比修建它所花的时间还要多。工程用了不到两年，所花的资金远远低于预算。工地上只需要130名工人。在建筑过程中没有发生任何死亡事故——在那个时代，对于这么大的工程来说，这是个非常了不起的成就。在1930年纽约的克莱斯勒大楼完工以前，埃菲尔铁塔将是世界上最高的建筑物。到1889年，虽然哪里都在用钢替代铁，但埃菲尔不愿意这么做，因为他总是跟铁打交道，对使用钢感到不自在。因此，最伟大的铁建筑物，也成了最后的铁建筑物。想到这一点，你会觉得有点讽刺意味。

埃菲尔铁塔是19世纪世界上最引人注目、最富有想象力的大型建筑物，或许也是最伟大的建筑成就，但它不是那个世纪，甚至那一年花钱最多的建筑物。就在埃菲尔铁塔在巴黎拔地而起的时刻，在2000英里以外的北卡罗来纳州阿巴拉契亚山脉的山脚下，一座花钱更多的建筑物正在建起来。那是一栋规模相当大的私人住宅。它要比埃菲尔铁塔多花1倍多时间，多使用3倍的工人，多花费2倍的建设资金才能完工，而打算住在里面的只有一个人和他的母亲，而且一年当中只住几个月。它的名字叫比尔特摩宅第，过去是（现在还是）有史以来北美洲建造过的最大的私人住宅。最能说明19世纪末经济形势变化的，莫过于这样的事实：新世界的居民这时候在建造比旧世界最宏伟的住宅还要宏伟的住宅。

1889年的美国正处于一个讲究铺张的高度自我放纵时期，名叫镀金时代。再也不会有哪个时代可以比得上它。1850年到1900年之间，美国的财富、生产率和福利等各方面的统计数字都在直线上升。全国人口在这个时期里翻了两番，但财富增加了13%。钢的年产量从1.3万吨增加到1130万吨。各种金属产品，如枪炮、铁轨、管子、锅炉、各种机器的出口，从600万美元上升到1.2亿美元。1850年，百万富翁的数量还不到20名，到该世纪末增加到4万名。

欧洲人先以觉得有趣的目光，再以吃惊的目光，最后以恐惧的目光看着美国在工业方面的雄心壮志。在英国，掀起了一场“全国效益运动”，想要再现当年曾使英国出类拔萃的约翰牛精神，书名为《美国入侵者》和《美国商业入侵欧洲》之类的书籍十分畅销。然而，欧洲人所看到的，实际上只是开始。

到20世纪初，美国的钢产量超过了德国和英国钢产量的总和——在半个世纪之前，这种情况还似乎是无法想象的。令欧洲人尤其感到吃惊的是，钢铁生产方面的技术进步几乎都是在欧洲取得的，而生产钢的却是美国。1901年，J.P.摩根兼并了一大批较小的公司，把它们合并成巨大的美国钢铁公司，这是有史以来世界上存在过的最大的企业。它的价值达14亿美元，超过了密西西比河以西美国所有土地的价值，两倍于美国联邦政府的年收入。

美国在工业方面取得的成功，产生了一大批金融方面的显赫人物：洛克菲勒家族、摩根家族、阿斯特家族、梅隆家族、弗里克家族、卡内基家族、古尔德家族、杜邦家族、贝尔蒙特家族、哈里曼家族、亨廷顿家族、范德比尔特家族以及许多别人，他们的财富可与一个王朝相比，实际上取之不尽，用之不竭。以今天的货币来计算，约翰·D.洛克菲勒每年获利10亿美元，而又不缴所得税。没有人缴所得税，因为当时美国还没有所得税。1894年，国会想要对收入高于4000美元的人征收2%的所得税，但最高法院裁定为违宪。直到1914年，所得税才成为美国人生活的一个固定的组成部分。与此期间，人们挣多少钱，存多少钱。人们再也不会这么富了。

把这么多的财富通通花掉，几乎成了许多人的一项全职工作。无论他们干什么，几乎都带有一种拼命和庸俗的味道。在纽约的一个宴会上，客人们发现餐桌上堆满了沙子，每个位子上还放着一把黄金小铲子；信号一发出，大家应邀挖沙，寻找埋在里面的钻石和别的贵重的发光物。在另一个宴会上——很可能是举办过的最荒唐的宴会——几十匹马，蹄子上套着带垫套子，被牵进了一家很有名望的大型餐饮单位——谢里饭店的舞厅，拴在餐桌周围。这样，打扮成放牛男孩和放牛女孩的客人，可以享受到骑着马在纽约一家舞厅里进餐的这种新颖而又极其无聊的乐趣。许多宴会花费了成千上万美元，1883年3月26日，威廉·K. 范德比尔特夫人打破所有先例，举办了一个费用高达25万美元的宴会，虽然正如《纽约时报》所聪明地承认的，它确实标志着“大斋节”的结束。在那个时代，《纽约时报》是很容易被冲昏头脑的，洋洋洒洒用了1万字来报道这件事的每一细节。范德比尔特夫人就是在出席这次宴会的时候，被称为一盏电灯的（她一生中很可能就这一次可以称得上是光彩照人）。

许多暴发户到欧洲旅行，开始购置名画、家具以及其他一切可以装箱运回家的东西。美孚石油公司总裁亨利·克莱·福尔杰（跟福尔杰咖啡家族有远房亲戚关系）开始收集威廉·莎士比亚作品的最早的对开本，通常是从缺钱的贵族那里，最后获得了大约1/3幸存下来的册数，它们为今天了不起的华盛顿福尔杰莎士比亚图书馆奠定了基础。亨利·克莱·弗里克、安德鲁·梅隆等许多人收集了大量艺术品，而有的人不加选择只顾买进，其中最典型的是报业大王威廉·伦道夫·赫斯特。他随心所欲地购置财宝，结果在布鲁克林设立了两个仓库才装下。赫斯特和他的妻子显然不是精明的买家，当他对她说，他刚买下的那座威尔士城堡是诺曼式的，据报道，她回答说：“诺曼？诺曼是谁？”

新的富豪不光搜罗欧洲的艺术品和工艺品，还搜罗欧洲活人。在19世纪的最后25年里，物色缺钱花的贵族，把自己的女儿嫁给他们，这成为一种时尚，至少有500名美国富豪的年轻女子接受了这种安排。几乎每个例子都表明，这种事与其说是联姻，不如说是交易。家里很富，有3处宏

大住宅的乔治·霍尔福德上尉，追求能继承1250万美元遗产的女子梅·戈莱特。“遗憾的是，”她在写给家里的信中说，“那位可爱的人儿没有头衔。”因此，她转而嫁给了罗克斯伯勒公爵，从而过起极不愉快的生活，但却拥有一个吓人的称号。对于有些家庭来说，娶有钱的美国女人与其说是个习性，不如说是个情结。柯曾勋爵娶了两个美国女人（当然是一前一后）。第八代马伯勒公爵娶了不是特别迷人（有一家报纸称她是“一个长着胡须、穿着很不得体的女人”）却是富得冒油的美国寡妇莉莉·哈默斯利，而第九代公爵娶了康休洛·范德比尔特。康休洛不但长得漂亮，而且有价值420万美元的铁路股票做陪嫁。与此同时，他的叔叔伦道夫·丘吉尔爵士娶了美国女子珍妮·杰罗姆。珍妮没有给那户人家带去很多钱，却生下了温斯顿·丘吉尔。到20世纪初，10%的英国男性贵族娶的是美国媳妇，这是个非同寻常的比例。

在国内，美国的新富们大规模地修建住宅。最大兴土木的要算是范德比尔特家族，他们仅在纽约第五大道就盖了10处宅邸。其中有一处拥有137个房间，成为有史以来建造的最大的都市住宅之一。但是，他们在郊外还有更加豪华的住宅，尤其是在罗得岛的纽波特。他们把自己在纽波特的住宅称为“农舍”，这很可能是超级富豪们讲反话的唯一例子。实际上，这些房子大得连仆人都需要有仆人。里面拥有几英亩大理石、最闪亮的吊灯、网球场大小的挂毯、用大量金银制作的物品。据估计，要是今天来建造，布雷克尔宅第要花5亿美元——这对一栋避暑别墅来说是相当多的一笔钱。为了摆阔而盖起这样的豪宅引发广泛不满，参议院有个委员会曾认真考虑制定一部法律，限定一个人可以花多少钱来建造住宅。

建筑师理查德·莫里斯·亨特对此要负很大责任，亨特是一位国会议员的儿子，在佛蒙特州长大，但19岁时去了巴黎，成为在美术学院攻读建筑学的第一个美国人——实际上是第一个受过正式训练当上建筑师的美国人。他很有魅力，非常漂亮，有一位旁观者认为他是“巴黎最英俊的美国人”。但是直到1881年，在他50多岁时，他的事业才兴旺发达，受人尊敬，然而有点俗气。他的一个代表性工程是设计了自由女神像的底座，那是一项有利可图而又几乎不能扬名的任务。接着，他尝到了跟富人尤其是跟范德比尔特家族打交道的甜头。

范德比尔特家族是美国最富有的家族，拥有一个由科尼利厄斯·范德比尔特建立起来的以铁路和航运为基础的帝国。用一位同时代人的话来说，科尼利厄斯是“一个粗俗、嚼着烟叶的弱智般的男人”。科尼利厄斯·范德比尔特——他喜欢别人称他为“船长”，虽然他根本没有资格拥有那个头衔——既没有表现出多么精明，也不具有多少文采，但却有绝对非同寻常的挣钱的天赋。[①]曾经，他一个人就控制了美国全部流通货币的大约10%。范德比尔特家族共同拥有2万英里左右的铁路线以及在上面滚动的大部分设备，他们从这方面挣到的钱就多得真是不知道怎么办才好。理查德·莫里斯·亨特就以尽量讨人喜欢的方式帮他们把这钱花掉，他在纽约第五大道、缅因州的巴尔港、长岛和纽波特为他们盖起极其豪华的住宅。仅建造斯特腾岛上的家族陵墓就花掉了30万美元，所花的费用相当于建造好几栋超大型宅第。无论他们脑子里闪现出什么建筑方面的怪念头，亨特就马上满足他们的要求。阿尔瓦·范德比尔特的丈夫奥利弗·贝尔蒙特特别爱马，他让亨特为他设计一栋有52个房间的宅第贝尔蒙特堡，里面的全部地面都用作马厩，这样贝尔蒙特就可以驾着马车直接通过巨大的正门进入屋子。马厩都用柚木镶板镶嵌，上面配有纯银设备，生活区全都在楼上。

在范德比尔特的一栋宅第里，有个僻静的早餐室里挂着一幅伦勃朗的画。在布莱克斯宅第，孩子们的玩具房比大多数人的住宅还要大，陈设还要好，连拉铃索都不缺少，这样，孩子们倘若突然想吃茶点，要系鞋带，

① 前一章已经提到，这位“船长”还对铁的弱点相当熟悉。1838年，他乘坐一列行驶在卡姆登—安波伊线上的火车，突然一根车轴断裂，火车出轨，范德比尔特所在的车厢轰隆一声从30英尺高的路堤翻了下去。两名乘客遇难，范德比尔特受了重伤，但活了下来。乘坐同一趟火车的还有前总统约翰·昆西·亚当斯，总统没有受伤。——原注

或者遇到什么别的不称心的事，就可以把仆人叫来。范德比尔特家族那么有势，那么得宠，即使真的杀了人也可以逍遥法外 。科尼利厄斯和艾丽斯·范德比尔特的儿子里吉·范德比尔特开车不顾一切是有名的（而且还傲慢无礼，游手好闲，极其愚蠢，不知悔改），在纽约分别有5次碾轧或撞倒行人。在他撞飞的行人当中，有两人死亡，一人终生残疾。不可思议的是，他根本没有受到犯罪的指控。

这个家族里有一名成员似乎没有铺张浪费或者让人作呕的欲望，他就是乔治·华盛顿·范德比尔特。他是个特别腼腆、特别文静的人，有时候人们认为他是个头脑简单的人。实际上，他是个极其聪明的人，会讲8种语言。他成年以后还在家里待了很久，把时间用来将现代文学翻译成古希腊语，把古希腊文学翻译成现代英语。他有2万多册藏书，拥有很可能是美国最大的私人图书馆。乔治23岁那年，他的父亲死了，留给他一笔大约2亿美元的财富。乔治继承了其中的1000万美元，这听上去似乎不是一笔很大的款项，但相当于现在的3亿美元。

1888年，他终于决定盖一个自己的住所。他在北卡罗来纳州僻静的地方买下了13万英亩林地，雇用理查德·莫里斯·亨特为他建造一栋比较舒适的房子。范德比尔特决定要盖一座法国卢瓦尔河上的那种城堡，但当然比那还要宏伟，管道也要好。因此，他把比尔特摩宅第盖得更大（虽然他似乎根本没有注意到这个双关语）。[①]它完全按照著名的布洛瓦城堡建成，是用印第安纳灰岩堆砌起来的一座布局凌乱、极其铺张的大山，拥有250个房间，780英尺长的正面，一片5英亩面积的绿化带。它过去是，现在还是美国有史以来建造的最大的住宅。为了修建这栋房子，范德比尔特雇用了1000名工人，每人每天的平均工资是90美分。

他在比尔特摩宅第里塞满了欧洲人愿意卖给他的一切最好的东西，在19世纪80年代，这些东西确实就是最重要的东西——挂毯、陈设、经典艺

① “盖得更大”的英语是built more，恰好与“比尔特摩”（Biltmore）同音，因此是双关语。——译注

术作品。这个规模使人想起了——在一些关键方面还超过了——威廉·贝克福德在方特希尔府的疯狂的过分行为。餐厅里的餐桌可以供72个人就餐，天花板距地面达75英尺，住在里面一定像是住在一个大型火车站的大厅里。

至于那些空地，范德比尔特请来了纽约中央公园的设计师——年迈的弗雷德里克·劳·奥姆斯特德，他劝说范德比尔特把庄园的许多土地变成试验林地。农业部长J.斯特林·莫顿惊叹说，为了他的一处森林，范德比尔特雇用的人比莫顿整个农业部雇的人还多，预算比整个农业部的还大。庄园里有200英里长的道路，它包括一个镇，而实际上是一座小城市，那里学校、医院、教堂、火车站、银行和商店应有尽有，为庄园的2000名雇员及其家属提供服务。工人们过着富裕但又是半封建的生活，受到许多规定的束缚。为了维持这个庄园，范德比尔特将林木采伐下来用作木材，他的许多农场生产水果、蔬菜、乳制品、蛋类、家禽和牲畜，他还经营某些制造业和加工业。

乔治打算跟他母亲一起住在那里，每年住几个月，但她在比尔特摩宅第竣工不久就去世了，因此他就在这极其落寞的环境里一个人住，直到1898年他娶了伊迪丝·施托伊弗桑特·德雷瑟。两个人只生了一个孩子科妮莉亚。到这个时候，情况越来越明朗，这个庄园在经济上是一场灾难。每年的损失高达25万美元，乔治不得不在资金越来越少的情况下勉强维持下去。1914年，他突然死去。他的妻子和女儿以最快的速度把庄园卖掉，从此不愿意再跟它发生任何关系。

二

讲到这里，我们也许可以稍停片刻，想一想我们已经讲到哪里，为什么要讲这一些。我们在讲过道时，在19世纪的大多数建筑图纸上，都是这么称呼家里的走廊的。那是原教区长寓所里最不合意、最阴暗的地方，

因为它没有窗户，必须借助从邻近房间开着的门里透进来的任何自然光线。靠近过道中间的地方，有一扇可以关的门——在早先的年代，这门无疑是关着的——把住宅的服务区和对面的私人区分隔开。就在对面靠近后楼梯的地方，墙上有个壁龛。房子完工的时候，不可能有它。它显然是为了放置在1851年还没有的某种东西才设计的，而那个东西将会改变世界，改变的速度将超出任何人的想象。我们来到过道，尤其是为了那个壁龛。

要是你看了上面几页还不清楚美国人在镀金时代的大量财富跟英国住宅里楼下的一条走廊有多大关系，那么答案是：关系之大超出你的想象。从这时候开始，现代生活的方向和动力，越来越取决于美国的大事、美国的发明、美国的利益和美国的需求。对于欧洲人来说，这真有点儿让人泄气，但也有点儿令人激动的地方，因为美国人的办事方式是史无前例的。

首先，他们一心向往进步，发明东西的时候不管将来有没有用处，托马斯·爱迪生就是这一现象的绝对代表。发明那些没有明显需求或用途的东西，他的本事比谁都大（或者说，比谁都糟，取决于你愿意从哪个角度来看这个问题）。总的说来，爱迪生当然是极其成功的，是一台创造财富的大机器。据估计，到1920年，由他的发明和改进所产生的工业总价值已达216亿美元。他根本搞不清他的哪种兴趣有着最佳的商业前景，他只是认为，凡是他发明的东西都可以挣钱，以前是从来没有人这么做过的。实际情况往往并非如此，最能说明这问题的，莫过于他那个长期的而又花钱的梦想，要在世界各地建造钢筋水泥住宅。

钢筋水泥是19世纪最令人鼓舞的产品之一，作为一种材料，它已经存在很长时间，罗马万神殿的圆顶就是用钢筋水泥建造的，索尔兹伯里大教堂的地基也是钢筋水泥的。但是，现代在这方面的突破是在1824年取得的。里兹有一名普通的砌砖工约瑟夫·阿斯普丁发明了波特兰水泥，这个名字的意思是，它和波特兰石料一样漂亮、一样耐用。波特兰水泥要比任何现有的产品优越得多，它在水里的效果甚至超过詹姆斯·帕克牧师的罗马水泥。阿斯普丁是怎样发明这种产品的，这始终是个谜。制造这种水泥需要几个一丝不差的步骤，即把灰岩粉碎到一定细度的粉末，把它和一定湿度的黏土混合在一起，把整个混合物放在比普通石灰窑里的温度高得多的温度里烘烧。究竟阿斯普丁怎么会知道以他那种办法改变成分，然后断定加热到某种极端温度以后会成为一种凝固得更硬更光滑的产品，这个问题无法回答，反正他成功了，而且他因此发了财。

有好几年时间，爱迪生对混凝土的潜在价值着了迷。到了世纪交替的时候，他决定依照突发的念头大干一场。他组建了爱迪生波特兰水泥公司，在新泽西州斯图尔兹维尔附近盖了个大型工厂。到1907年，爱迪生已经是世界上第五大水泥制造商。他的研究人员在批量生产优质水泥的革新方面获得近50项专利。扬基体育场是用爱迪生水泥建造的，世界上第一段混凝土公路也是用爱迪生水泥铺筑的，但他持久不变的梦想是在世界各地建造混凝土住宅。

他的计划是制造一个完整住宅的模子，然后源源不断地往里面灌混凝土，不仅构成墙壁和地板，而且构成每个内部结构——浴缸、抽水马桶、洗涤槽、柜子、门框，甚至画框。除了一些像门、电灯开关之类的零星东西以外，一切都用混凝土制成。爱迪生认为，墙壁甚至可以有色彩，永远不再需要刷漆。他计算，一个4人小组每两天就能建成一栋住宅。爱迪生预计这类混凝土住宅的售价为1200美元，大约是同样大小的普通住宅费用的1/3。

这是个异想天开的，最后无法实现的梦想，技术问题是难以克服的。模子当然要和房子本身一样大小，笨拙和复杂到了荒唐的程度，但真正的问题是如何平整地注入混凝土。混凝土是水泥、水和粒料，即沙砾和小石子的混合物；粒料的本性是要沉到下面。爱迪生的工程师们所面临的挑战是，他们配制出一种混合物，稀到能流入每个模子的每个角落，而又稠到能使那些粒料克服引力，悬浮在里面，同时凝结成光滑如一、质量达标的房子，以使人们相信，他们买的是一栋住宅，不是掩体。这证明是一个无法实现的目标，工程师们计算，即使别的一切进展顺利，这种房子要重达

45万磅，会不断产生各种结构作用力问题。

由于所有这些技术难题，加上这个行业里普遍存在的供大于求的问题（爱迪生的巨型工厂对加剧这个问题起了很大作用），所以爱迪生势必会为了他的雄心勃勃的事业不停地拼命挣钱。生产水泥本来就是一种难做的生意，因为它的季节性太强。但爱迪生一股脑儿地干下去，设计了各种混凝土家具，有衣柜、食橱、椅子，甚至一台钢琴，跟他的混凝土住宅配套。他保证，过不多久他就会提供一张只要花5美元就能买到的、永不磨损的双人床，整个系列将在1912年纽约举办的一次水泥工业展览会上亮相。最后，当展览会开幕的时候，爱迪生的展位上空无一物，爱迪生公司里没有哪个人对此作出过解释。这是大家最后一次听说关于混凝土家具的事，据知，爱迪生始终没有谈论过这件事。

几栋混凝土住宅建了起来，有的至今还屹立在新泽西州和俄亥俄州，但总体构想显然根本没有被接受。混凝土住宅成了爱迪生一个代价很高的失败，这确实说明一点问题，说明爱迪生善于制造世界上还没有的东西，而又不善于看清世界是不是愿意利用它们。比如，他完全看不清留声机可以用作一种娱乐手段，只是想到它可以用作记录口授和把声音存档的设备。他其实真的把它叫做“语音机器”。有好几年时间，他拒绝承认，活动电影的未来在于把形象投射在银幕上，因为他不愿意想到有人可能不买票溜进放映室来看电影。他在很长时间里坚持要把电影安全地装在手摇的、透过小孔来观看的盒子里。1908年，他信心十足地宣布飞机没有前途。

经过在水泥方面付出很大代价的失败以后，爱迪生转向别的点子，而这些点子大多数证明是不切实际的，或者显然是轻率的。他对战争产生了兴趣，预言他过不多久就能用“带电雾化器”让敌军中大批人员昏迷过去。他还制订了一个计划，要制造巨型电磁铁，把飞来的敌人的子弹接住，并从原路发送回去。他出巨资来建立一个自动化杂货店，顾客只要在投币口里塞进一枚硬币，不一会儿，一袋煤、土豆、洋葱、钉子、发夹或者别的想要的商品就会从降落伞上滑落到他们手里。这个系统根本不成功，连接近成功也没有。

说到这里，我们终于可以回过头来说一说墙上的那个壁龛以及放在里面的那个改变世界的物品：电话机。1876年亚历山大·格雷厄姆·贝尔发明电话机的时候，谁也没有充分看到它的潜在价值，包括贝尔在内。许多人根本看不到它的任何潜在价值，大家都知道，西联公司的董事们把电话机轻描淡写地说成是“一种电动玩具”。因此，贝尔是独自往前走的，从中得到相当多的好处，至少可以这么说。贝尔专利证书（第174 465号）成为颁发过的唯一最有价值的专利证书。其实，贝尔所做的就是把现有的技术用在了一处。制造电话机所需的部件已经存在了30年，原理也是大家都知道的。问题不在于通过电线来传输一个声音——多少年来，孩子们一直在用两个马口铁罐子和一根绳子这么做，而在于把声音放大，这样在远处能听得见。

1861年，德国中学教师菲利普·赖斯制造出一台样机，连名字也是叫“电话”。因此，德国人把这项发明归功于他，这是很自然的。然而，赖斯的电话机没有做到一件事，那就是真正的通话，至少就大家所知，当时情况就是那个样。它只能发送简单的信号和一些乐音，其效果比不上卓越的电报。具有讽刺意味的是，后来才发现，当赖斯的电话机上的接触点沾上灰尘或污渍时，就能逼真地传输说话声音。不幸的是，具有日耳曼民族一丝不苟作风的赖斯，总是让它的设备保持金光闪亮，一尘不染，因此到死也根本不知道自己已经快要能制造出一部可以使用的电话机。至少还有其他3个人，包括美国的伊莱沙·格雷，都在制造可以使用的电话机方面取得了很大的进展。这时候，1876年，贝尔在波士顿取得了突破。格雷实际上提交了一份所谓的专利登记预告———种保留权利的登记，这样你可以保护一项尚未完善的发明——就在同一天，贝尔也提交了自己的比较正式的专利申请书。格雷真倒霉，贝尔的提交时间比他早了几个小时。

贝尔1847年出生，与托马斯·爱迪生生于同一年。他在爱丁堡长大，但1870年随父母移民加拿大，一定程度上是因为家里发生了一场悲剧，他的两个弟弟3年里相继死于肺结核。[①]他的父母在安大略一个农场定居下来，而他在刚刚成立的波士顿大学担任发声生理学教授的职位——这项任命是相当出人意料的，因为他没有受过发声生理学的训练，也没有获得过大学学位。实际上，他只是对通信有兴趣，很久以来，他的家人也跟这方面有点关系。他的母亲是个聋子。他的父亲是语言和演说术方面的一名世界级专家，演说术在当时几乎被人们以敬畏的态度来看待。老贝尔的《标准演说家》一书光在美国最近就销售了25万册。不管怎么说，贝尔在波士顿大学的地位完全不像听起来那样了不起。他的工作只是讲5个小时课，每周薪水25美元。真是走运，这倒很适合贝尔，他可以有时间来搞他的实验工作。

贝尔想方设法用电流来放大声音，以帮助耳背的人。过不多久，他突然想到，这项成果也可以用来把声音传输到远方，成为他所谓的“语音电报”。为了协助搞这项新的创造，他雇了个名叫托马斯·A.沃森的年轻人。1875年初，两个人集中精力来解决这个问题。仅仅一年多以后，1876年3月10日，离贝尔29岁生日还有一个星期的时候，电信史上最著名的时刻在波士顿埃克塞特街5号的一个小实验室里来到了。在这个时刻，贝尔不小心把一些酸泼在了自己的膝上，结结巴巴地说：“沃森先生，快过来，我要见你。”在另一个房间里的沃森大吃一惊，因为贝尔的喊话他听得清清楚楚。至少50年以后，沃森在一系列纪念电话发明50周年的广告中是这么说的。贝尔在50周年到来之前4年就去世了，他实际上从来没有跟谁提起过泼出酸的事。要是你想一想这件事，你会觉得有点怪：一个因膝部被灼痛而惊叫起来的人，竟然还会以平常的声调，平静地向实际上不在现场的人发出请求。而且，由于那个样机非常原始，沃森要把耳朵贴着振动的簧片才可能听到喊话。而贝尔因被酸灼痛而向他喊话的时候，难道他

① 爱迪生的家也在加拿大，直到他出生之前不久。要是爱迪生和贝尔两个人都留在边界北面，在那里搞创造发明，那么北美洲的历史会有什么不同，想想这一点真是挺有意思的。——原注

正好把耳朵贴在听筒上？这似乎是有点不可能的。不管确切的情况是什么样的，反正贝尔的笔记证实：他确实曾叫沃森过来，在另一个房间里的沃森清楚地听到了他的请求，历史上的第一个电话就这样成功地打出去了。

沃森应当受到比历史给予他的更多的重视，沃森1854年出生在马萨诸塞州的塞勒姆，比生在苏格兰的贝尔晚了5年。他14岁那年辍学，干过各种不起眼的工作，直到跟贝尔联手。他们俩私交甚好，互相尊敬，甚至互相关爱，但尽管有着半个世纪的友谊，却从没有发展到直呼名字的地步。在发明电话机的过程中，沃森究竟起了多大的作用，这很难说得很具体，但他肯定远远不只是一名助手。在为贝尔工作的7年期间，他在自己的名下获得了60项专利，包括一项发明优质电话铃的专利。在几十年的时间里，那种铃声是每个电话的固定组成部分。有意思的是，在此之前，若要知道有没有人想要跟你通话，唯一的办法是不时拿起话筒，看看那头是不是有人等着要说话。

对于大多数人来说，电话机是个搞不明白的新玩意儿，贝尔不得不确切地解释它的原理。“电话机，”他写道，“可以简单地被称为一种电器，它能在不同的地方复制说话人的声调和话语，因此，不同房间、不同街道、不同城镇里的人之间就可以进行口头交谈……同别的形式的电器相比，它的一大优点是，你无须掌握任何技术就能操作这种设备。”

那年夏天在费城百年展览会上展出的时候，电话机没有吸引多少注意力，大多数参观者对托马斯·爱迪生发明的一支电笔的兴趣要大得多。那支笔能在一张纸上快速打孔，构成字母的轮廓，就像模板那样。这样，墨汁就可以注入到底下的纸张上面，从而很快复制多份文件。爱迪生总是判断错误，信心十足地认为这项发明“比电报还要重要”。当然不是，但别人却对这种快速打孔笔的理念发生了兴趣，对它进行改造之后用来把墨汁注入皮下，现代的文身枪就问世了。

至于电话机，贝尔坚持不懈，渐渐造出了一大批。1877年，第一个电话设施开始在波士顿运转。两家银行（有意思的是，其中有一家叫做鞋子和皮革银行）和一家私人公司可以三方通话了。到那年7月，贝尔在该市安装使用的电话机已经有200部。到8月，这个数字增加到了1300部，虽然大多数只能在办公室内部用于双向通话——更像是对讲机，而不是电话机。真正的突破是在次年发明了交换台。有了总机，任何用户就可以跟区内的任何别的用户通话——过不多久就有了很多用户。到19世纪80年代初，美国在使用的电话机已达6万部。在接下来的20年里，这个数字将增加到600万部以上。

电话最初被认为是提供服务用的，如天气预报、股市消息、火警、音乐欣赏，甚至播放安抚婴儿的摇篮曲。没有人认为电话可以用来聊天、社交或与朋友和家人保持联系。你还要在电话上和反正会经常见面的人聊天，很多人会认为这种想法简直是荒唐的。

由于电话机是以现存的许多技术为基础的，而且它证明可以如此快速获利，因此一连串的人和公司对贝尔的专利权发起挑战，或者干脆对他的专利权不予理会。贝尔还算走运，他的老丈人加德纳·哈伯德是一位不知疲倦的杰出律师。他提出的或为其辩护的诉讼达600起，每一起都赢。最大的一起是对付重量级的西联公司的。它与爱迪生和伊莱沙·格雷联合起来，试图使用一切可能使用的手段来控制电话生意。西联公司这时候已经是范德比尔特帝国的核心部分，范德比尔特家族只恨没有走在前面。他们有一切有利条件——财政资源、现成的线路网络、技术人员和最有才干的工程师，而贝尔只有两样东西：专利证书和加德纳·哈伯德。哈伯德对侵犯专利权提起诉讼，不到一年就打赢了官司。

到20世纪初，贝尔的电话公司已更名为美国电话电报公司，是美国最大的公司，股票价值高达每股1000美元。（当为了满足反垄断管理人员的要求，该公司终于在20世纪80年代被拆分的时候，它的价值超过了通用电器公司、通用汽车公司、福特汽车公司、国际商用机器公司、施乐复印机公司和可口可乐公司的价值的总和，拥有100万名雇员。）贝尔移居首都华盛顿，成为一名美国公民，潜心投入有价值的研究工作。其中，他发明了人工呼吸器，做了传心术方面的实验。当1881年詹姆斯·A.加菲尔德总统遭到一名心怀不满的精神病患者枪击的时候，贝尔被召去看看能不能帮忙找到那颗子弹，他发明了金属探测器。这玩意儿在实验室里效果不错，但在加菲尔德的床前却得不出明确结果。过了很久大家才恍然大悟，机器一直在测定总统床垫里的弹簧的位置。在此期间，他帮助创建了《科学》杂志和全国地理学会。他为《国家地理杂志》写文章时，使用的是H.A.拉奇拉姆（H.A. Largelamb）这个值得纪念的笔名（这个名字是A. Graham Bell，即A.格雷厄姆·贝尔，变换字母顺序构成的词）。

贝尔对他的朋友兼同事沃森非常大方，虽然他在法律上没有义务这么做，但他还是把公司10%的股份给了沃森，因此沃森在年仅27岁退休时就很有钱。沃森有了做自己想做的任何事情的财力，他在余生中就是照此办理的。他周游世界，读了大量书，在麻省理工学院取得了一个地质学学位。接着，他开办了一家造船厂，工厂发展很快，雇有4000名人员。这样就产生了他根本不愿意承担的很大的压力和义务。于是，他把工厂卖了，皈依了伊斯兰教，成了爱德华·贝拉米的一名追随者。贝拉米是一位激进的哲学家、伪共产主义者，在19世纪80年代曾红极一时。沃森对贝拉米失去兴趣以后，便移居英国。那时他刚到中年，当起了演员，在这方面还表现出了出人意料的才能。他证明特别擅长担任莎士比亚剧本里的角色，在埃文河畔斯特拉特福[①]演出过好几次。之后，他回到美国，过着宁静的退休生活。1934年，快到81岁生日的时候，心满意足、家财万贯的他在佛罗里达州帕斯格里尔岛避寒的家里去世。

关于电话机，应当顺便提一下其他两个人的名字。第一位是亨利·德赖弗斯，他是一位年轻的舞台设计师，以前的经历完全与设计舞台布景和电影院内景有关。20世纪20年代初，新组建的美国电话和电报公司委托他设计一种新的电话机，以替代立式的“蜡烛台”，德赖弗斯提出了一种特别低矮、盒子形状、线条明快的现代式样。话筒搁在一侧稍稍抬起的架子上，前面是个很大的拨号盘。在20世纪的大部分时间里，这当然成了世界

① 即莎士比亚的故乡。——译注

大部分地区的标准模式。世界上有些东西起到了那么大的作用，就像理所当然的，人们好不容易才会记得，其实这些东西也得要有人想出来。德赖弗斯设计的电话机——很像埃菲尔铁塔那样——就是其中之一。但是，实际上，几乎跟它有关的一切——拨号盘内在的电阻大小、使其几乎不可能翻倒的很低的重心、把听和说的功能装在同一听筒里的英明点子——都是一个人有意识凭着灵感思索的结果。而在通常情况下，他根本不可能有机会接近工业方面的设计工作。美国电话和电报公司的工程师们选定德赖弗斯来负责这项工程的原因早已无人记得，但他们作出的选择是再正确不过的了。

拨号盘本身不是德赖弗斯设计的，那早在1917年已经由贝尔公司内部的一个名叫威廉·G.布劳维尔特的雇员设计出来。是布劳维尔特决定给大部分——但不是全部——数字配上3个字母的。在第一个孔里他没有设置字母，因为在那个年代，电话机拨号盘需要稍稍转过第一个孔，才能产生开始打电话的信号。因此，这个顺序便是2（ABC），3（DEF），4（GHI），如此等等。布劳维尔特从一开始就跳过了Q，因为这个字母后面总是跟着个U，限制了它的用途。最后，他还放弃了Z，因为这个字母在英语里不是主要角色，用处不大。每个电话局都有一个名字，通常是它所在街道或地区的名字，比如本森赫斯特电话局、好莱坞电话局、宾夕法尼亚大道电话局，虽然有的电话局也用树木或其他物品的名字，打电话的人必须请接线员接通“宾夕法尼亚局 6-5000”（就像格伦·米勒音频里那样）或“本森赫斯特局 5342”。1921年采用直拨方式以后，这些名字只需要拨前面两个字母，而把这两个字母大写成了一种常用的表示方式，如HOllywood（好莱坞局）和BEnsonhurst（本森赫斯特局）。

这个系统具有某种魅力，但是越来越不实用。许多名字，比如RHinelander或SYcamore，容易与那些不是使用基本拼写方法的名字相混淆。字母还使从国外打来的电话难以采用直拨，因为外国的电话并不总是使用字母，或者字母和数字的排列方式有所不同。因此，从1962年开始，这种老的系统在美国渐渐退出了舞台。今天，字母只用作一种助记手段，使用户能记住拨1-800-BUY-PIZZA[①]这类号码。

至于教区长寓所，说不准家里是什么时候有了电话，但对于某位20世纪初的教区长及其家人来说，安装电话几乎肯定是一件极其令人兴奋的事情。然而，今天这个壁龛空了。家里只有楼梯脚下一部电话的时代早已过去。如今，没有人再愿意在这种公开和不舒服的地方打电话。

三

对于许多人来说，美国极其富裕的新时代意味着，他们可以稍稍放纵一下，做一些自己喜欢做的事。著名的柯达照相器材公司的创始人乔治·伊斯曼终生未婚，跟他的母亲一起住在纽约罗切斯特的一栋大房子里，但家里有好多仆人，包括一名家庭风琴手。每天黎明时分，他用一架巨型风神牌风琴奏起曲子，唤醒伊斯曼——也许还有罗切斯特的许多其他居民。伊斯曼的另一个引人羡慕的癖好是，他家里楼上有一间私人厨房，他喜欢去那里系着围裙烤馅饼。极端得多的例子要算是密歇根州马凯特的约翰·M.朗耶尔，他一发现德卢斯—梅萨比—艾恩兰奇铁路公司获得了铺轨的权利，运输铁矿石的火车就要从他家门口经过，就马上把全部财产拆卸装箱——用一位眼红的传记作家的话来说，包括房子、灌木丛、树木、喷泉、装饰性水池、树篱和车道、守门人小木屋、停车门廊、暖房和马厩——通通搬到了马萨诸塞州布鲁克莱恩。他在那里重新过起了先前的平静生活，连最后一朵花蕾都是一模一样，只是没了火车从他的窗口经过。相比之下，一位名叫弗兰克·亨廷顿·毕的人同时拥有两栋并排宅第的做法—— 一栋住人，一栋一次又一次地装修 ——就显得很有节制了。

在完全为了花钱而花钱的方面，谁也很难比得上E.T.斯托茨伯里夫人，人称伊娃女王。作为一个经济实体，她是个奇迹。她有一次花了50万

---

① 该号码中两个英文单词的意思是“买比萨饼”。——译注

美元把一帮朋友带去打猎，只是为了杀死足够数量的鳄鱼来制作一套衣箱和帽盒。还有一次，她用一个晚上时间把在佛罗里达州的家“米拉索尔宅第”的整个底楼重新装修了一下，但是忘了告诉她那长期逆来顺受的丈夫。因此，他第二天早晨醒来来到楼下时，一时之间根本搞不清自己是在什么地方。

那位丈夫名叫爱德华·汤森·斯托茨伯里，在J.P.摩根的金融帝国里担任经理发了财。他虽然是一名杰出的银行家，但经常不在家，用一位编年史家的话来说，他是“大气层里一个庄严的窟窿，一只开支票的无形的手”。斯托茨伯里先生在1912年遇见斯托茨伯里夫人的时候，身家是7500万美元。她刚刚用光了她第一任丈夫奥利弗·伊顿·克伦威尔先生的善意和银行余款，她以极高的效率帮他花掉了他5000万美元的财富买了几处新住宅。她先买了费城的怀特马什宅第，这栋住宅大得谁都说不清。它拥有154个、172个或272个房间，取决于你相信谁的统计数字。大家看法一致的是，这栋房子里共有14部电梯，远远超过了大多数宾馆。为了维护这些电梯，斯托茨伯里先生每年就要开销将近100万美元。他家里雇用了40名园丁和90名别的工作人员。斯托茨伯里夫妇在缅因州还有一处只有80个房间和28间浴室的避暑别墅，再加上他们在佛罗里达州的家、更加像宫殿的米拉索尔宅第。

米拉索尔宅第的建筑师是艾迪生·米兹纳，这位建筑师现在已经几乎完全被人遗忘。但是，在一个短暂的黄金时期里，他也许是美国最吃香的、肯定是最不同寻常的建筑师。

米兹纳生在加利福尼亚州北部一个古老而著名的家庭里，他的兄弟就是剧作家和剧团经理威尔逊·米兹纳。他和别人共同写了歌曲《弗兰基和约翰尼》。艾迪生在成为建筑师以前，过着相当富有异国情调的生活：他在萨摩亚绘制魔术幻灯片，在上海出售棺材的把手，把亚洲的古董贩卖给有钱的美国人，在克朗代克淘金。回到美国以后，他在长岛成为一名园林建筑师，最后才开始在纽约市从事普通的建筑业。但是，他不得不突然放弃这个行业，因为当局发现他在这方面没有受过训练，没有营业执照——

用一位吃惊万分的旁观者的话来说，他“连函授都没有读过”。因此，1918年，他把建筑业务转移到了佛罗里达州棕榈滩，那里的人对资质不大计较，他开始在那里为富有的人建造住宅。

他在棕榈滩结交了一位年轻朋友。他名叫帕里斯·辛格，是缝纫机大亨艾萨克·M.辛格24个孩子中的一个。帕里斯是一位艺术家、审美家、诗人、企业家和讨厌鬼，在棕榈滩社交界神经过敏的人的圈子里有很大势力。米兹纳帮他设计了埃弗格莱兹俱乐部，即刻成为梅森—狄克森线[①]以南最排外的前哨站。该俱乐部只允许有300名成员，辛格对接纳新成员极其挑剔。有个女子笑起来他觉得很讨厌，便把她开除了。另一名成员代表她伤心的朋友恳求宽大处理，辛格让她别管闲事，要不然她自己也要被开除，她只好放弃了请求。

米兹纳最大的成功是伊瓦·斯托茨伯里委托他建造的米拉索尔宅第，这是一栋避寒的住宅，其规模之大是可以预计到的（仅车库就停得下40辆小轿车）。这几乎成了一项永久性的工程，因为每当棕榈滩有人扬言要建造更大的住宅时，斯托茨伯里夫人就下令米兹纳进行扩建。因此，米拉索尔宅第的规模始终是排在第一位的。

说一句公平话，几乎可以肯定，之后再也没有出过像艾迪生·米兹纳这样的建筑师。他不相信图纸，对工人下达的指示都是极其粗略的，使用“大概要这么高”和“差不多在这个位置”这类表达方式。他的健忘也是很有名的，有时候，他设置的门竟然朝着光秃秃的墙壁而开。有一次还真有意思，他把一个烟囱的内壁露在外面。他帮人在沃思湖上造了一座漂亮的新船棚，主人接收他的宝贝时却发现四面都是光秃秃的墙壁，根本没有入口。为客户乔治·S.拉斯马森盖房时，米兹纳忘了把楼梯考虑进去，因此事后在外墙加了一座室外楼梯。结果，拉斯马森先生和太太要是想在自己家里从一个楼层去另一楼层，就不得不穿上雨衣或别的合适衣服。当被

① 美国马里兰州和宾夕法尼亚州的分界线，过去也是南方各州和北方各州的分界线。——译注

问到这件粗枝大叶的事时，据报道，米兹纳说这不要紧，反正他也不喜欢拉斯马森这个人。

据《纽约客》杂志报道，无论他想为他的客户盖什么房子，他总是指望他们接受什么房子。他们往往给他开一张大额支票，离开一年左右时间，然后回来接收一栋已经完工的住宅，不知道那栋房子是墨西哥式的庄园住宅、威尼斯的哥特式宫殿、摩尔式的城堡，还是某种三者合一的大杂烩。米兹纳尤其对意大利建筑物那种陈旧的外表着了迷，经常用手钻在木结构上打出人工的虫眼，使自己的作品显得“年代久远”。他还使用人造污迹来损坏墙壁的外表，旨在隐约而又漂亮地显示上面长着某种文艺复兴时代的真菌。在他的工人精雕细刻地造好一个壁炉架或门道以后，他往往会拿起大锤去敲掉一个角，使其呈现出犹如用旧了的古董的样子。有一次，他对埃弗格莱兹俱乐部的几张皮椅子使用了生石灰和虫胶，使其显得古老一点。不幸的是，客人们的体温把虫胶重新加热到了黏糊糊的程度，结果有几位发现自己被牢牢地粘在椅子上。有一名俱乐部侍者几年后回忆说：“我花了一整夜才把几位女士拖离那些该死的椅子。”有几名妇女身上穿的连衣裙的后部都被撕了下来。尽管有其独特的癖性，米兹纳还是受到广泛的赞誉。他有时候同时忙于多达100个项目，据知一天不止设计一栋住宅。“有的作者，”1952年有一位编年史家写道，“把他在棕榈滩的埃弗格莱兹俱乐部和博卡拉顿的修道院列为美国两处最漂亮的建筑物。”弗兰克·劳埃德·赖特是他的一名粉丝。随着时间过去，艾迪生·米兹纳胆子越来越大，脾气越来越古怪。常常有人看见他穿着晨衣和睡衣在棕榈滩购物。1933年，他因心脏病发作去世。

1929年华尔街股市行情暴跌，那个年代比较引人注目的大多数过分行为因此告一段落。E.T.斯托茨伯里受到的打击尤其大。为了稳定他的银行余款，他恳求他的妻子把娱乐开支控制在每月5万美元以内，结果白费力气。难以对付的斯托茨伯里夫人认为这个限制太苛刻，办不到。斯托茨伯里先生快要无力清偿债务。也是天照应，1938年5月16日，他也突发心脏病去世。伊娃·斯托茨伯里一直活到1946年，但她不得不变卖珠宝、画作和住宅，以便生活上还能马马虎虎过得去。她死了以后，有一位地产开发商买下并拆掉了米拉索尔宅第，在同一块地上盖起更多的住宅。从那时起，米兹纳在棕榈滩建造的大约20栋别的住宅——他所建造的住宅中的较大一部分——也已被拆毁。

本章开头提到的几座范德比尔特公馆，命运也好不了多少。范德比尔特的第一处公馆于1883年盖在第五大道，1914年已经开始拆除。到1947年，一切都已不复存在。在接下来的20年里，这个家族的乡村住宅没有一处有下一代人在住。

有意思的是，建筑物里面的物品几乎没有一件保存下来。当有人问雅各布·沃尔克拆卸公司那位同名老板，第五大道威廉·K.范德比尔特公馆里有价值连城的卡拉拉大理石壁炉架、摩尔式瓦片、詹姆斯一世时期的镶板以及别的宝贝，他为什么没有把它们抢救出来，他以惶惑不安的目光朝提问的人看了一眼。“我又不做旧货生意。”他说。

第十一章

书房

虽然“书房”这个名字使它听起来像个了不起的地方，但实际上只是个名字好听的贮藏室而已，即使在天气暖和的月份里，里面也是又暗又冷，你都不想在里面久留。如今，书房是旧家具和旧画片的最后避难所——这些东西夫妻的一方十分喜欢，另一方却乐意看到将其付之一炬。我们现在去那里的理由几乎只有一条，那就是检查一下捕鼠夹。

一

英国里兹有一位年轻的五金商，名叫詹姆斯·亨利·阿特金森。1897年，他拿起一块小木板，一点硬铅丝，没有更多别的东西，制作了历史上最伟大的夹子之一：捕鼠夹。这是19世纪末发明的几样有用的物品之一——还有许多别的，其中有回形针、拉链和安全别针——从一开始就近乎完美，在之后的几十年里几乎没有改进。阿特金森以1000英镑的价钱卖掉了他的专利，这在当时是相当大的一笔款子。然后，他接着又去发明别的东西，但没有发明出任何能使他挣到更多钱或更流芳百世的东西。

他的捕鼠夹后来有个专门名字“小夹子”，至今已经出售了几千万个，现在仍在世界各地以干脆利落而又毫不留情的效率捕杀老鼠。我们自己也有几个小夹子，经常听到一个致命的事件发出可怕的啪嗒响声，听到的次数比我们所希望的要多得多。冬天，每个星期我们有两三次捕捉到老鼠，几乎在同一地点，在房屋尽头那个凄凉的小屋子里。

虽然“书房”这个名字使它听起来像个了不起的地方，但实际上只是个名字好听的贮藏室而已，即使在天气暖和的月份里，里面也是又暗又冷，你都不想在里面久留。这是爱德华·塔尔原先的图纸上所没有的另一个房间，它有可能是马香先生后来加上去的，因为他需要一个可以写布道材料或接见教区居民——我敢说，尤其是其中那些不大有教养、鞋上沾满泥巴的人——的办公室。乡绅的老婆几乎肯定会被邀请到隔壁比较舒适的客厅里。如今，书房是旧家具和旧画片的最后避难所——这些东西夫妻的一方十分喜欢，另一方却乐意看到将其付之一炬。我们现在去那里的理由几乎只有一条，那就是检查一下捕鼠夹。

老鼠这种动物难以捉摸，首先，它们很容易上当受骗。你也许觉得，

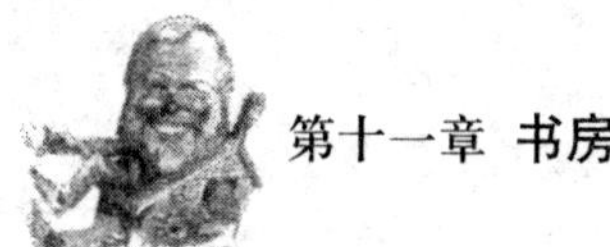

它们在实验室里很容易学会在迷宫和其他复杂的环境里找到路径，却不懂得木板上的一小块花生酱是个引诱，应当加以抵制，这是很怪的。在我们家里，同样神秘的是它们的喜好——我几乎可以说是它们的决心——喜好死在这间名叫书房的屋子里。它不仅是家里最冷的房间，也是离厨房最远的房间。而饼干屑、散落的米粒和别的佳肴都掉在厨房的地板上，等着它们来享用。老鼠对厨房敬而远之（我们认为，这很可能是因为我们的狗睡在那里），放在那里的捕鼠夹不管放上什么好吃的东西作为诱饵，只是捕捉到尘土。我们家的老鼠似乎命中注定对书房情有独钟，因此我觉得这也许倒是个合适的地方，可以考虑在这里养一些和我们生活在一起的生物。

哪里有人，哪里就有老鼠。生活的环境之多，任何别的动物都比不上我们这两种动物。论环境，家鼠——正式名称叫做Mus musculus（小家鼠）——特别容易适应。有人发现老鼠生活在贮藏肉类的冷冻格里，那里的温度一直保持在零下10摄氏度。它们可以差不多不吃东西。你几乎无法把它们拒之门外：普通大小的老鼠能从只有10毫米宽的洞里挤进来。缝隙如此狭小，你几乎肯定会下大的赌注，成年老鼠不可能挤得进来。那你就大错特错了，事实是不仅可能，而且可以，它们常常这么做。

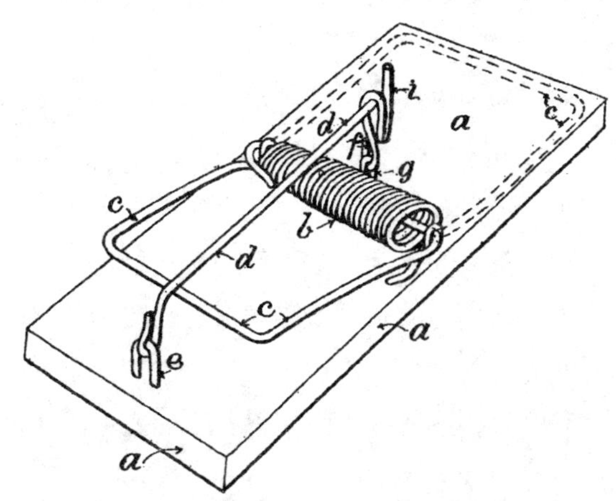

1899年詹姆斯·亨利·阿特金森获得专利的老鼠夹“小夹子”的图样

一旦进屋，老鼠就大量繁殖。在最佳条件里（在大多数住宅里，很少不具有最佳条件），母鼠在出生后6—8个星期就会产下第一窝小鼠，之后每个月生产一次。在通常情况下，一窝小鼠有6—8只，因此数量增加得很快。从理论上讲，两只繁殖能力强的老鼠一年里能繁殖100万只后代。谢天谢地，这种情况在我们家里没有发生，但偶尔老鼠的数量确实会处于完全失控的状态，澳大利亚在这方面似乎是个特别合适的地方。1917年，那里发生了一次很有名的鼠灾，一个非同寻常的暖冬过后，维多利亚省西部的拉斯塞勒斯镇真是鼠害猖獗。在一个短暂而又难忘的时期里，拉斯塞勒斯的老鼠密度如此之大，一眼望去，到处都是乱蹦乱跳的小东西。每一件没有生命的物品上面，都爬着一层毛茸茸的家伙。连坐的地方都没有，床也无法使用了。“为了避开老鼠，大家睡在餐桌上。”有一家报纸报道，“女人们老是处于惊恐不安的状态，男人们忙于防止老鼠从衣领上爬下来。”在鼠灾被战胜之前，总共消灭了1500吨以上老鼠，也许有1亿只。

即使在数量相对较少的情况下，老鼠的破坏程度依然很大，尤其在贮藏食物的区域。老鼠和别的啮齿目动物每年大约吃掉美国1/10的粮食作物，这是个令人吃惊的比例。每只老鼠每天大约排出50粒粪便，也造成很大的污染。由于贮存粮食不可能做到十全十美，大多数地方的卫生条例允许每品脱粮食里最多可以有两粒老鼠粪便——你下次看到一块全麦面包时，脑子里不要忘记这一点。

老鼠是值得注意的传播疾病的媒介，汉滩病毒尤其与老鼠及其粪便有关联。该病属于呼吸道和肾脏疾病，总之对人没有好处，往往还是致命的。（汉滩是韩国一条河的名字，此种疾病最初就是在朝鲜战争期间由西方人在那里发现的。）幸运的是，汉滩病毒是比较少见的，因为我们很少有人吸入转瞬即散的鼠粪蒸汽。不过，要是你趴在受到污染的垃圾附近，比如在阁楼上爬来爬去，或者在食品橱里安放捕鼠夹，你在许多国家里就有被感染的危险。全球每年有20万人以上受到感染，其中有30%—80%的人死于非命，这取决于治疗的快慢和好坏。在美国，每年有三四十人感染汉滩病毒，死亡率大约是1/3。英国比较幸运，至今没有这种疾病的记录。老鼠还跟许多别的疾病有关，其中包括沙门氏菌病、钩端螺旋体病、土拉菌病、鼠疫、肝炎、昆士兰热和鼠型斑疹伤寒。总之，有充足的理由不让老鼠待在你的家里。

无论你可以说出小家鼠有多少坏处，几乎都同样，甚至几倍，适用于它们的同类大家鼠。出没在屋内外的大家鼠，比我们愿意想象的还要常见。连最好的住宅里有时候也有大家鼠。在温带地区，大家鼠主要有两种：一种叫做Rattus rattus，别名（或者按照字面意思）叫做屋顶家鼠，另一种叫做Rattus norvegicus，或挪威家鼠。[①]屋顶家鼠喜欢生活在高处，主要是在树上和阁楼上。因此，我很遗憾地说，深夜你听见急匆匆地爬过你的卧室天花板的，很可能不是小家鼠。幸运的是，与挪威家鼠相比，屋顶家鼠要隐蔽得多。而挪威家鼠生活在地洞里。你在电影里看到急匆匆地穿越下水道的，或者在小街陋巷的垃圾箱周围觅食的，就是挪威家鼠。

我们往往把大家鼠和贫困条件联系在一起，但大家鼠不是傻瓜。它们很懂事，喜欢富人家，不喜欢穷人家。而且，现代化家庭为大家鼠提供了一个舒适的环境。美国卫生官员詹姆斯·M.克林顿几年以前在一份公共卫生报告中写道："比较富裕的社区以蛋白质含量高为特色，这对老鼠尤其有吸引力。"这份对家鼠行为所作的调查报告，现在依然引人注目，虽然也令人紧张不安。现代家庭不仅食物丰富，而且许多人家把食物到处乱丢，实际上对老鼠来说几乎有着不可抵御的引诱力。正如克林顿所说："今天许多人家在处理垃圾的过程中，为家鼠提供了充足的、统一标准的、搭配均匀的食物供应。"据克林顿说，城市里有个十分古老的传说，家鼠通过卫生间的便池来到家里。实际上，真有此事。有一次发生鼠灾的时候，亚特兰大的老鼠闯进了一些富人社区的几户人家，咬伤了好几个

① 挪威家鼠过去常常叫做褐家鼠，屋顶家鼠一直被称为黑家鼠，但这两个名字会让人产生误解——鼠毛的颜色不能可靠地说明任何问题——因此，啮齿动物学家现在几乎总是避免使用这种名字。——原注

人。“有几次，”克林顿说，“盖着的便池里就发现了活老鼠。”要说盖上便池的盖子有什么道理，这可能就是道理。

一旦进入住宅环境，大多数家鼠毫无恐惧之感，“甚至还会有意靠近和接触一动不动的人”，它们在婴儿和老人面前尤其胆子大。“有一位不能自理的妇女在睡觉时受到了老鼠的攻击，我核实了这个情况。”克林顿说。他接着说：“受害者是一位半身不遂的老人，因多次被老鼠咬伤而大量出血，经医院抢救无效死亡。在她受到攻击时，她17岁的孙女虽然睡在同一房间，但没有受到伤害。”

关于老鼠咬人的报道，几乎肯定是不充分的，因为只有后果严重的例子才会引起注意。但是，即便引用最保守的数字，美国每年也至少有14000人受到老鼠的攻击。大家鼠有很锋利的牙齿，走投无路的情况下会变得暴躁好斗，用一位老鼠专家的话来说，会“狠咬，乱咬，就像疯狗”。一只被激怒的老鼠能跳至3英尺高，要是冲你来而又脾气不好的话，足以令你心惊胆战。

预防鼠灾通常使用投毒的办法，鼠药往往是根据这样有趣的事实配制的：大家鼠不会反胃，因此毒药吃进肚里就吐不出来，而别的动物，比如狗和猫等宠物，会很快将其吐掉。抗凝血剂也很常用，但有证据表明，大家鼠正对其产生抗药性。

大家鼠也很聪明，往往还互相合作。在以前纽约格林尼治村的甘斯沃尔特家禽市场，防疫部门不知道老鼠是怎么偷鸡蛋而又不把鸡蛋弄破的。于是，有一天夜里，有一位灭鼠员就坐在隐蔽的地方守望着。他看到的情景是：一只大家鼠用全部4条腿抱起一个鸡蛋，然后仰面翻过身来。另一只老鼠就会拉住第一只老鼠的尾巴，一直把它拉到洞穴，在那里以和平的方式分享战利品。一家牲畜屠宰加工厂的工人以类似的办法发现挂在钩子上的肋肉是如何被掀翻在地，然后在接连几个晚上被吞食干净的。一位名叫欧文·比林的灭鼠员蹲守发现，一大群老鼠在一块肋肉下面搭成一座金字塔，有一只老鼠先爬到顶端，然后一跃跳到肉上面。接着，它爬到肋肉顶部，顺着钩子把肉咬断，直到肉掉到地板上。这时候，几百只等着的老鼠扑了上去，狼吞虎咽地吃起来。

吃的时候，要是食物很丰富，大家鼠会毫不迟疑地吃个饱。但是，在必要的情况下，它们吃一丁点儿也能过得去。一只成年鼠一天靠不足1盎司食物和半盎司水就能活下来。为了消遣，老鼠们似乎很喜欢啃电线。谁也不知道是什么原因，因为电线显然是没有营养的，啃电线一点好处也没有，到头来只会因触电而送掉性命。然而，老鼠们依然不罢手。据认为，多达1/4的火灾的原因无法解释，只能归因于老鼠咬坏了电线。

大家鼠不进食的时候，它们很可能在交配。大家鼠交配次数很多——一天多达20次。要是公鼠找不到母鼠，它会很乐意，至少很愿意在公鼠身上发泄一下。母鼠繁殖能力很强，成年挪威母鼠每年产下35.7只后代，一窝6—9只。然而，要是条件合适，一只母鼠每隔3个星期就能产下一窝幼鼠，有时多达20只。从理论上讲，一对繁殖期的大家鼠，在一年里能创建一个拥有15000只新鼠的王朝。实际上，那种事情没有发生，因为老鼠的死亡率很高。像许多动物一样，它们多少要遵循进化的规律，很容易灭绝。大家鼠每年的死亡率是95%。一场毫不留情的灭鼠运动通常会使大家鼠的数量减少75%左右，但运动一结束，老鼠数量会在6个月或不到6个月里得以恢复。总之，单个老鼠的生命没有多少前途，但它的家族实际上是不可消灭的。

然而，在通常情况下，大家鼠懒得不得了。它们一天要睡20个小时，一般在日落以后不久出来觅食。只要可能，它们很少敢冒险走出去150英尺以上，这也许是活命策略的组成部分。它们什么时候不得不搬迁，什么时候的死亡率就直线上升。

如果历史书里提到大家鼠，接下来要说的总是鼠疫。这也许不大公平。一方面，鼠疫实际上并不是大家鼠传播给我们的。传播这种疾病的是藏在它们身上的跳蚤（跳蚤身上藏着细菌）。鼠疫对老鼠的杀伤力，完全和对人的杀伤力一样厉害，实际上，鼠疫还把许多别的东西置于死地。鼠疫暴发的征兆之一，就是到处可见大量狗、猫、牛和别的动物的尸体。与人血相比，跳蚤对毛茸茸的动物的血要喜欢得多。一般说来，只有在没有任何更好的东西的时候，跳蚤才会把目标转到我们身上。因此，在鼠疫依然经常发生的地方，尤其是非洲和亚洲的部分地区，当代流行病学家在鼠疫暴发时期一般避免过分强调消灭老鼠和别的啮齿动物。实际上，即使不是在鼠疫横行的时候，人们也不欢迎大家鼠出现在自己的身边。无论如何，除了大家鼠以外，还有70种别的动物，包括野兔、田鼠、旱獭、松鼠和小家鼠，和传播鼠疫有关。不仅如此，很有可能，历史上暴发的最严重的鼠疫似乎跟大家鼠毫无关系，至少在英国是这样。在14世纪臭名昭著的黑死病发生以前很久，一种更加可怕的鼠疫在公元7世纪给欧洲造成了极大的破坏。在有的地方，人差不多都死光了。比德在公元8世纪所写的英国史中说，当鼠疫抵达他所在的贾罗修道院时，除了修道院院长和一个男孩子以外，所有人都死了，死亡率远远超过90%。不管是什么传播的，似乎反正不是大家鼠。英国哪里也没有找到7世纪大家鼠的骨头，人们仔仔细细找过了。在南安普敦郡的一次发掘中，在一群住宅里外采集了5万块动物骨头，其中没有一块是大家鼠骨头。

据认为，某些疾病暴发被认为是鼠疫，但有可能根本不是鼠疫，而是麦角病——谷物的一种麦角菌疾病。鼠疫根本不会在许多寒冷、干燥的北方地区发生——冰岛完全没有鼠疫，挪威、瑞典和芬兰的许多地区也是——尽管那些地方有老鼠。同时，鼠疫和潮湿的天气有关系。凡是发生鼠疫的地方，那里几乎连年天气极其潮湿，这种情况容易产生麦角病。这种理论有个问题：麦角病的症状和鼠疫的症状大不相同。有可能是因为“疫病”这个词用得不大严谨或者比较含糊，因此后来的历史学们把意思完全误解了。

在一两代人时间之前，城市里的大家鼠数量可能要比现在多得多。《纽约客》在1944年报道，有个灭鼠小组用了3个晚上，在曼哈顿一家著名宾馆（但注意没有点名）的地下室和下层地下室里捕捉到236只大家鼠。大约在同一时间，大家鼠几乎接管了上面提到的甘斯沃尔特家禽市场。入侵该市场的老鼠如此之多，以至于秘书们打开抽屉时有时候看到老鼠从办公桌里跳出来。他们叫来了灭鼠员，后者在几天之内就捕捉到了4000只大家鼠，但他们还是没法不让老鼠进入这个市场。最后，这个市场只好关门大吉了。

许多人认为，在普通城市里，有一个人，就有一只老鼠，但研究表明，那太夸张了。实际数字更可能是：老鼠和人的比例是1∶36。不幸的是，即使那样，老鼠的总数仍然不少，比如在大伦敦地区，就存在大约25万只大家鼠。

二

在你的家里，真正的生活都是在一个小得多的范畴里。在微小生物的层面上，你的家呈现出一派热气腾腾的生活景象：你的家对爬行和攀缘的东西来说就是一片名副其实的热带雨林。一群群小动物在那茫茫无际的丛林般的地毯纤维里巡逻，在飘浮的尘埃里滑翔，在夜里爬过床单啃食你这座熟睡中的味道鲜美、微微起伏的鲜肉大山。这些动物究竟有多少，你可能一下子还想象不出来。光说你的床铺，如果是普通的干净程度，普通的新旧程度，普通的大小，普通的翻动次数（也就是说几乎从来不翻动），那么，它有可能是大约200万个小床螨的家园。它们太小，肉眼看不见，但肯定是在那里的。有人计算过，要是你的枕头已经用了6年（这是枕头的平均寿命），它1/10的重量是你的皮屑、活的和死的螨虫以及螨虫屎——昆虫学家称其为虫粪。

如今，床螨的队伍里会攀登的也许还有虱子，但这是在一个大得多的层面上，这种一度快要被消灭的动物似有卷土重来之势。像大家鼠一样，虱子主要有两类：一类是 *Pediculus capitas*，或称头虱；另一类是 *Pediculus corporis*，或称体虱。后者出现得相对较晚，会对身体造成刺激，它们是在过去5000年里的某个时候从头虱进化而来的。在这两类虱当中，头虱要小得多（大约是一粒芝麻大小，实际上样子也差不多），因此较难发现。一个成年头虱每天要产3—6枚卵。每个虱子大约可活30天，死虱子的壳子叫做卵。虱子已经对杀虫剂产生越来越强的抗药性，但虱子数量迅速增加的最主要的原因，似乎是洗衣机里的低温洗涤周期。正如英国医疗昆虫学中心的约翰·蒙德所说："要是你低温洗涤布满虱子的衣服，你得到的只有比较干净的虱子。"

在历史上，卧室里人们平常最害怕的是臭虫——这种小吸血鬼在科学上叫做 *Cimex lectularius*（温带臭虫）。臭虫决心不让一个人单独睡觉，以前，人们被臭虫咬得快要疯了，很想把它们消灭。简·卡莱尔发现她管家的床里有了臭虫以后，先把床拆成碎块拿到花园里用漂白粉清洗，然后在水里浸泡两天，把没有被杀虫剂杀死的臭虫淹死。这时候才把床重新组装起来，让管家夜里再正常睡在床里。此时，几乎可以肯定，那张床对她至少稍有毒性，对敢于爬回床里的任何昆虫也是一样。

即使床里没有发现臭虫，也常常把床至少每年拆卸一次，抹上一层杀虫剂或油漆作为预防手段。制造商常常做广告，说他们生产的床拆卸如何迅速，如何方便，以便每年进行维护。19世纪，铜床开始流行，倒不是因为人们突然觉得铜是一种漂亮的金属，适于用来制作床，而是因为臭虫在这种床里没有藏身之地。

像虱子一样，臭虫也在不受欢迎地卷土重来。在20世纪的大部分时间里，由于现代杀虫剂的出现，臭虫在欧美的大多数地区实际上已经灭绝，但最近几年里出现了强有力的反弹，谁也搞不清是什么原因。这也许跟越来越频繁的国际旅行有关——人们把藏在衣箱里的臭虫带回家，等等——要不就是它们对我们喷洒的药物产生越来越大的抗药性。无论如何，臭虫突然之间又受人关注了。"纽约有的上等宾馆里也有臭虫"，《纽约时报》援引一位专家在2005年一份报告中的话说。那家报纸的文章接着说，大多数人没有见过臭虫，不知道怎么提防。因此，他们很可能要等到醒过来发现自己躺在臭虫堆里，才会知道自己床里有了臭虫。

要是你有合适的装备和一点特别的兴趣，你就可以发现有不知其数的其他小动物跟你生活在一起—— 一批批的等足类动物、腹足类动物、内

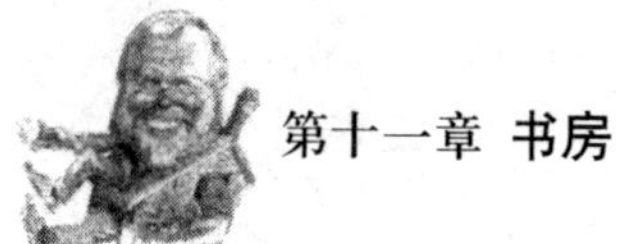

肢类动物、多足纲节肢动物、唇足纲节肢动物、渐变态动物和别的几乎看不见的斑点。这些小动物当中有的实际上是消灭不了的。有一种名叫黄珠甲的昆虫被发现生活在辣椒里和装氰化物的瓶子的软木塞里，有的螨虫，如面粉螨虫和奶酪螨虫经常和你一起进餐。

我们接着来讲一讲下一个层面的生活，讲一讲微生物世界，数量就一下子多得不可计数，光你的皮肤就是大约1万亿个细菌的家园。你的体内还有好几千万亿个细菌，其中许多担负着必要和有益的任务，比如分解肠胃里的食物。你的身体里总共大约有1026个细菌细胞。要是你把它们取出来放成一堆，大约有4磅重。微生物是无处不在的，因此我们很容易忘记，每个现代化家庭的很大一部分空间里放着笨重的金属物品，如冰箱、洗碟机、洗衣机，而这些东西的存在，完全是为了杀死或抑制细菌。对于我们大多数人来说，把细菌撵出我们的生活是每天一种永不停止的追求。

几乎可以肯定，世界上最杰出的细菌专家要算是亚利桑那大学的查尔斯·P.格巴博士。他如此潜心于这个领域，甚至连他的一个孩子埃施里奇亚（Escherichia）也是以细菌Escherichia coli（埃希氏菌，即大肠杆菌）命名的。格巴博士几年以前证实，在家里，你估计细菌多的地方并不总是细菌多的地方。在一次著名的调查中，他计算了不同住宅的不同房间里的细菌量，发现在一般情况下，普通住宅里最干净的表面是马桶坐圈。这是因为，用杀虫剂擦拭马桶坐圈的次数，要比擦拭任何别的表面的次数多，而普通的办公桌面上的细菌要比普通的马桶坐圈上多5倍。

最脏的地方是厨房里的洗涤槽，紧接着是厨房里的长台面；最脏的物品是厨房里的洗碟布。厨房里的洗碟布上大都沾满了细菌，用它来擦长台面（或盘子，或擀面板，或油腻腻的下巴，或任何别的表面），只是把细菌从一个地方转移到另一个地方，为它们提供了新的繁殖机会。格巴发现，第二种最有效的散布细菌的方法，是开着盖子冲刷马桶。那样就把几十亿个细菌喷射到了空气里。许多就停留在空气里，就像飘浮的肥皂泡那样，可以停留长达两个小时，等着你把它们吸进去，别的就落在比如你的牙刷上。当然，这是又一个应当盖上马桶盖的正当理由。

佛罗里达州有一位很有进取心的中学生，她把当地快餐店卫生间里水的质量，与软饮料里的冰块的质量进行了比较。她发现，在她所调查的零售店中，70%零售店里的马桶水比冰块还要干净。几乎肯定，这是最近几年里在细菌方面最引人注目的发现。

有关所有这些数量极大的生命形式，也许最引人注目的是有时候我们对它们的了解如此之少——我们了解的东西也是到了最近才知道的。人们到了1965年才发现了床螨，虽然每张床里都有几百万个这类动物。1947年，还有医学记者竟然在《纽约客》上撰文说："这个国家只是偶尔发现螨虫；实际上，直到最近，纽约市才知道有螨虫存在。"接着，在20世纪40年代末，纽约市昆士区邱园公寓楼里的大批居民开始病倒，呈现出流感的症状，这种病被叫做"邱园神秘热"。只是到了后来，有一位精明的捕鼠员注意到大家鼠也得了这种病，经仔细观察发现是生活在它们软毛里的小小的螨虫，就是人们以为在美国并不大量存在的那种螨虫，在把立克次氏体痘传播给公寓楼的居民。

在很长时期里，对许多大一点的动物的了解程度也大同小异。在现代家庭里，有时候发现不少最重要而又最缺乏了解的动物，尤其是蝙蝠。很少有人喜欢蝙蝠，这确实是很不幸的，因为蝙蝠干的好事要比干的坏事多得多。它们吃掉大量昆虫，对农作物和人都有好处。棕蝙蝠是美国最常见的一种，它们每小时吃掉多达600只蚊子。小小的伏翼蝙蝠体重差不多和一枚小小的硬币一样重，在一个晚上捕食的过程中，一次飞扑就能吞食3000只昆虫。要是没有了蝙蝠，苏格兰就会有多得多的蠓，北美就会有多得多的恙螨，热带地区就有多得多的人得热病，森林里的树木就会被虫子嚼成碎片，农作物就需要喷洒更多的杀虫剂，自然界就会变成一个非常艰苦的地方。蝙蝠能传播花粉，散布种子，这对许多野生植物的生命周期也是极其重要的。一只粉红叶鼻蝠——南美洲一种体形很小的蝙蝠——每个晚上要吃掉多达6万粒小种子。一窝粉红叶鼻蝠大约400只，每年所传播的种子，能长出900万株果树新苗。要是没有蝙蝠，就不会有这些果树。而且，蝙蝠对许多生长在野地里的树木的存活是至关重要的，其中包括鳄

梨、轻木、香蕉、面包果、腰果、丁香、枣、无花果、番石榴、芒果、桃和树形仙人掌。

世界上的蝙蝠数量，要比大多数人知道的多得多。实际上，全部哺乳动物种类总共大约1100种，其中大约1/4是蝙蝠。从大小方面说，小到熊蜂蝙蝠——名副其实，它们不过熊蜂那么大，因而是最小的哺乳动物，大到澳大利亚和南亚的翼展达6英尺的巨大狐蝠，应有尽有。

过去，人们时而试图利用蝙蝠的特点。第二次世界大战期间，美国军方投入大量的时间和金钱，制订了一个非同寻常的计划，要为蝙蝠装备微型燃烧弹，然后在日本上空从飞机上把它们大批放出去，一次多达100万只。他们的想法是：那些蝙蝠会在屋檐和屋顶的空隙里筑窝，过不多久，定时器上的小小引爆装置就会爆炸，那些蝙蝠刹那间变成火球，从而引发成千上万处大火。

制造微型炸弹和定时器，要做大量实验，还要有聪明才智，但到了1943年春节，研究工作终于取得了长足的进展，准备在加利福尼亚州穆罗克湖搞一次试验。说得婉转一点，事情的结果并不完全像是计划中的那样。这次试验有个了不起的地方是，蝙蝠放出去时全都装备了会爆炸的小炸弹，结果证明这不是个好办法。蝙蝠并没有停落在任何指定的目标上，反而破坏了穆罗克湖机场的全部机库和大部分仓库，以及一位陆军将领的汽车。那位将军关于那天事件的报告读起来肯定是挺有意思的，无论如何，这项计划过不多久就取消了。

还有一项利用蝙蝠的计划，虽然不像上面那个计划那样轻率，但最后也同样没有取得成功。这项计划是由图兰大学医学院的查尔斯·A.R.坎贝尔博士想出来的。坎贝尔打算建造一些“蝙蝠塔”，蝙蝠可以在里面栖息和繁殖，然后出去吃蚊子。坎贝尔认为，这样做就会大大地降低疟疾的发生率，还可以提供具有商业价值数量的粪便。几座塔建起来了，有的至今还在，虽然已经很不坚实，但它们根本没有起作用。结果证明，蝙蝠不愿意住在你让它们住的地方。

在美国，蝙蝠多年来一直受到卫生官员们的迫害。他们担心蝙蝠传染狂犬病，尽管这种担心是夸大事实的，有时候是不够理智的。事情从1951年10月开始。得克萨斯州西部有一位姓氏不明的妇女，她是一位棉花种植场主的妻子。一天，她在自己屋外的路上发现一只蝙蝠。她以为是死的，但当她弯下身去看的时候，蝙蝠突然跳起来，朝她胳膊上咬了一口。这种情况是极其少见的。美国的蝙蝠都是食虫蝙蝠，从来没有听说过咬人。她和她的丈夫对伤口——只是个小伤口—— 进行了消毒和包扎，没有再去想这件事。3个星期以后，那位妇女住进了达拉斯的一家医院，已经处于神志失常的状态。她“狂躁不安”，不会说话，不会吞咽，眼睛里露出恐怖的神情。她已经抢救不过来了。狂犬病是可以治愈的，但要抢救及时。一旦出现症状，那已经晚了。万分痛苦地过了4天以后，那位妇女昏迷过去，最后死了。

这时候，别的地方开始传出有蝙蝠咬人的事件——宾夕法尼亚州两起，佛罗里达州、马萨诸塞州和加利福尼亚州各一起，得克萨斯州两起。这些事件发生在4年时间里，因此说不上是很猖獗，但确实引起了人们的担心。最后，1956年元旦，得克萨斯州公共卫生官员乔治·C.孟席斯出现了狂犬病症状，住进了奥斯汀的一家医院。孟席斯一直在得克萨斯州中部的山洞里搞研究，寻找蝙蝠携带狂犬病毒的证据，但没有被蝙蝠咬过，据知也没有接触狂犬病。然而，他不知怎的感染了，仅仅经过两天的治疗，他就死了。就像往常一样，他死的时候样子很可怕，两只眼睛睁得溜圆，露出极其难受和恐惧的神情。

这件事得到了广泛的报道，结果出现了一种发誓要报仇雪恨的狂热。最高层的官员断言，消灭蝙蝠是一个迫切而又必需的步骤，蝙蝠成了美国最没有朋友的动物。在接下来的几年里，蝙蝠不断受到迫害。许多地方的蝙蝠数量减少到了令人吃惊的程度。仅在世界上最大的蝙蝠领地——亚利桑那州的鹰沟，蝙蝠数量在几年之内从3000万只减少到3000只。

美国著名的蝙蝠专家、保护蝙蝠的慈善机构“国际蝙蝠保护组织”的创始人默林·D.塔特尔讲了一个故事，这个故事《纽约时报》进行了报道。塔特尔说，得克萨斯州的公共卫生官员告诉一位农场主，要是他不把自己土地上一个洞里的蝙蝠消灭，他和他的家人以及他们的牲畜就会有感染狂犬病的严重危险。按照他们的指示，那位农场主往洞里浇了汽油，然后点了一把火，大火约摸烧死了25万只蝙蝠。塔特尔后来采访了那位农场主，问他家拥有那块地产已经有多长时间。农场主回答说，大约一个世纪。塔特尔接着问，在那么长的时间里，他们有没有得过狂犬病。农场主回答说，没有。

“而当我向他解释蝙蝠的价值，以及他的所作所为时，他再也控制不住自己的感情，放声大哭了。”塔特尔说。实际上，正如塔特尔指出的：“在整个历史上，每年因参加教会组织的野餐而死于食物中毒的人数，超过由于接触蝙蝠而死亡的人数。”

今天，蝙蝠是最濒危的动物之一，大约有1/4的蝙蝠种类被列入灭绝监控名单——对于这么一种重要的动物来说，这个比例很高，高得令人吃惊，实在让人惊恐万分——有40多种已经濒临灭绝。由于蝙蝠栖息偏僻之地，往往难以研究，所以其数量依然不好确定。比如，在英国，谁也没有把握，现存蝙蝠种类究竟是16种还是17种。体形较大的鼠耳蝙蝠究竟是已经灭绝，还只是躲了起来，权威们也没有足够的证据来得出结论。

可以肯定的是，哪里的事态都有可能变得越来越糟，而且糟得多。2006年初，在纽约州一个洞穴里潜伏不动的蝙蝠中，新发现了一种高度致命的真菌病，名叫白鼻子综合征（因为受害者得了这种病，鼻子周围的汗毛会变白）。感染这种病的蝙蝠的死亡率高达95%。现在，这种疾病已经蔓延到了6个别的州，几乎肯定还会进一步蔓延。从2009年末到现在，对于那种置其寄主于死地的真菌，它的蔓延方式、起源，以及制止这种疾病蔓延的方法，科学家们始终一无所知。唯一可以肯定的是，那种真菌适应性特别强，能在寒冷的环境里存活。对于北美洲、欧洲和亚洲许多地区的蝙蝠来说，这不是个好消息。

许多动物过着低调的生活，我们往往对它们缺乏研究，因此它们的灭绝几乎不会吸引我们的注意力。在20世纪，英国失去了20种蛾子，然而几乎没有人站出来大声疾呼。在英国的蛾子当中，大约有75%的种类的数量一直在不断减少。农业的精耕细作，杀虫剂的威力增大，很可能是蛾子数量减少的其中两个原因，但实际上谁也不清楚。蝴蝶种类也经历了类似的遭遇，英国至少有8种蝴蝶的数量处于历史最低点，而原因也只能猜猜而已。连锁反应很可能是相当大的。鸟类往往依赖于大量蛾子和蝴蝶，后者少了，鸟类的生存就会岌岌可危。一窝青山雀在一个季节里就可能需要15000条毛虫。因此，昆虫数量的减少，也就意味着鸟类数量的减少。

三

必须指出，昆虫的数量并不总是递减的，相反有时候会激增，偶尔还会出现能决定历史发展方向的现象，最能说明问题的莫过于发生在1873年的那件事。那年，美国西部和加拿大平原上的农场主经历了一次以前谁也没有遇到过的那种破坏性极大的天灾。大群蝗虫突然从天而降，密匝匝，黑压压，遮天蔽日，从落基山脉方向过来，发出唧唧的响声，几乎吃光了沿途的一切。蝗群落在哪里，就给哪里造成令人震惊的后果。它们把农田和果园吃得光秃秃的。无论它们在什么东西上落脚，什么东西就几乎荡然无存。皮革和帆布，晾在绳子上的衣服，活羊背上的羊毛，甚至木质工具的把手，它们都吃。有一位吃惊的目击者报道说，蝗虫落地时的数量如此之多，连大火也能被扑灭。那个响声简直震耳欲聋，大多数目击者觉得似乎世界末日已经到来。蝗群估计有1800英里长，也许110英里宽，5天时间才飞过去。据认为，里面至少有100亿只蝗虫，还有的人估计多达12.5万亿只，总重量达2750万吨。几乎可以肯定，这是地球上见到过的最大的一群生物，没有任何东西能改变它们的行进方向。当两群蝗虫相遇时，它们就会从彼此的队伍中穿越而过，然后整齐地出现在另一边。无论你用铁锨怎么敲打，无论用杀虫剂怎么喷洒，都不会产生任何明显的影响。

这个时候，正是人们大批迁往美国和加拿大西部，在大平原上创建新的小麦产区的时候。比如，在一代人的时间里，内布拉斯加的人口从2.8万人增加到了100万以上。在美国南北战争之后的那段时间里，密西西比河以西总共创建了400万个新农场。在这些新农场主当中，许多人债台高筑，他们的房屋和土地都是以抵押贷款的方式购置的，以工业规模进行耕作所必需的大量农具，收割机、脱粒机、联合收割机等等，也都是用贷款买的。成千上万的其他人在铁路、谷仓和各种企业投入了巨资，以维持西部快速增长的人口。如今，大批人真的破产了。

那年夏末，蝗虫消失了，人们松了口气，重新燃起了一丝希望，但是，这种乐观是没有根据的。在之后的3年里，蝗虫每年夏天都卷土重来，每次的数量都比前一次还多。人们开始产生一种可怕的看法：西部也许不适合人的生活。同样可怕的看法是，蝗虫有可能向东迁移，开始吃光中西部和东部更加肥沃的农田。在整个美国历史上，从来没有哪个时期比这时候更加黑暗，更加令人绝望。

接着，一切告一段落。1877年，蝗群规模小得多了，里面的蝗虫似乎特别无精打采。第二年，蝗虫就没有再来。落基山脉的蝗虫（正式名称叫“落基山蝗”）不仅退却了，而且完全消失了，真是个奇迹。最后一次见到活的蝗虫是在1902年，在加拿大。之后，再也没有见过它们的踪影。

科学家们花了一个多世纪时间才搞清楚前因后果，事情似乎是这样的：落基山脉以东的高原平原上，有许多蜿蜒曲折的河流。每年冬天，蝗虫隐退到这里，在紧挨着这些河流的壤土性土壤里冬眠和繁殖。而这里正好是一批批新来的农场主通过犁耕和灌溉改造土地的地方，这些活动消灭了冬眠中的蝗虫以及虫蛹。他们即使花上几百万美金，把这个问题研究上几年，也不可能找到比这更加有效的方法。从来没有人把灭绝看成是一件好事情，但这件事很可能是最接近于值得肯定的一件事。

要是蝗虫继续猖獗，世界会是一种完全不同的样子。全球的农业和商业，移民们在西部的定居，最终还有我们原教区长寓所的命运，以及除此以外的几乎所有一切，无论是与其关系大的还是关系不大的，都会以难以想象的方式发生深刻的变化。在19世纪的最后25年里，愤怒的美国农场主们已经深受一种平民主义的影响，对银行和大企业愤恨不已。这种情绪在城市里得到了广泛的回响，尤其是在新来的移民当中。要是农业垮到使许多人生活困苦、忍饥挨饿的程度，那么他们就有可能一下子都要流于极端主义，肯定有许多人是迫切希望出现这种结果的。

当然，事态的发展恰好相反。局势渐渐平息下来，西进运动重新踏上其漫长的道路，美国成了世界上主要的谷物产地，而英国农村则进入了一个长期衰落的时期，再也没有完全恢复，这个故事我们在适当的时候将会加以叙述。在此期间，让我们先走进花园，考虑一下为什么那里的风景过去是，现在依然是如此迷人，我们非进去看看不可。

第十二章

花园

对于许多人来说，今天所谓的园艺就是草坪，几乎不指任何别的东西。美国的草坪所占的面积为5万平方英里，超过了任何一种农作物。家庭草坪里的绿草要做的事，和自然界的野草是一样的，那就是长到大约2英尺高，开花，枯黄，死亡。对于我们大多数人来说，养一个漂亮的草坪，几乎是我们所干的最不绿色的事情，这是极具讽刺意味的。

一

1730年，安斯巴赫的卡罗琳王后，即国王乔治二世的那位勤劳而又不断进取的妻子，干了一件相当大胆的事。她下令把伦敦那条小小的韦斯本河改道，变成海德公园中央的一个大池子。那个名叫蛇河的池子现在依然存在，依然深受游客们的喜爱，虽然几乎完全无人知道这一泓水具有多么深远的历史意义。

这是世界上第一个人造的而又设计得浑然天成的水池。现在很难想象，这在当时是多么激进的一种举措。以前，所有的人工湖都是严格按照几何图形来修建的——要么像盒子那样是长方形的，呈倒映池的形式；要么是圆形的，就像附近肯辛顿花园里那个修建才两年的圆池。而这里却修了个人工湖，呈曲线形而又很漂亮。它引人入胜地迂回曲折地向前流淌，要是一时间恰好粗心大意，还会以为是天然形成的呢。人们对这种假象很感兴趣，蜂拥前来加以赞美。王室非常开心，一度在蛇河里停放了两条大型游艇，虽然里面空间有限，转弯的时候总会互相碰撞。

对于卡罗琳王后来说，这是一次难得的深得人心的成功，因为她在园艺方面的雄心壮志往往是很轻率的。在同一时期，她占用了海德公园里的200英亩土地，用来建造肯辛顿宫，不准老百姓再走里面的几条林荫小道，除星期六以外。即使在星期六，一年中也只有部分时间，而且只允许衣着体面的人。这件事引起了普遍不满，这是不足为怪的。王后还轻率地考虑把整个圣詹姆斯公园占为己有，问她的首相罗伯特·沃波尔这要花多少钱。“只要1克朗[①]，夫人。”他淡然一笑，回答说。

---

① 这是个双关语，“克朗”（crown）意思之一是英国旧币制的5先令硬币，意思之二是王冠。——译注

因此，蛇河一举成功。这项工程，很可能还有它的设计，要归功于一位名叫查尔斯·布里奇曼的名不见经传的人物。这位才华横溢的人到底从何而来，这始终是个谜。1709年，他似乎从天而降，带来了一整套具有专家水准的署了名的图纸，准备修建布莱尼姆宫里的某个拟议中的景观工程。在此之前，有关他的一切，他在哪里出生，他怎么长大和在什么环境里长大，他在哪里学到这么精湛的技术，都不过是猜测。布里奇曼究竟应该拼作Bridgeman还是Bridgman，历史学家甚至对他的名字的写法也意见不一。然而，在他登上这个舞台之后的30年里，哪里需要高级的园艺技术，哪里就有他。他跟所有主要的建筑师，如约翰·范布勒、威廉·肯特、詹姆斯·吉布斯、亨利·弗利特克罗夫特，都共过事，一起在英国各

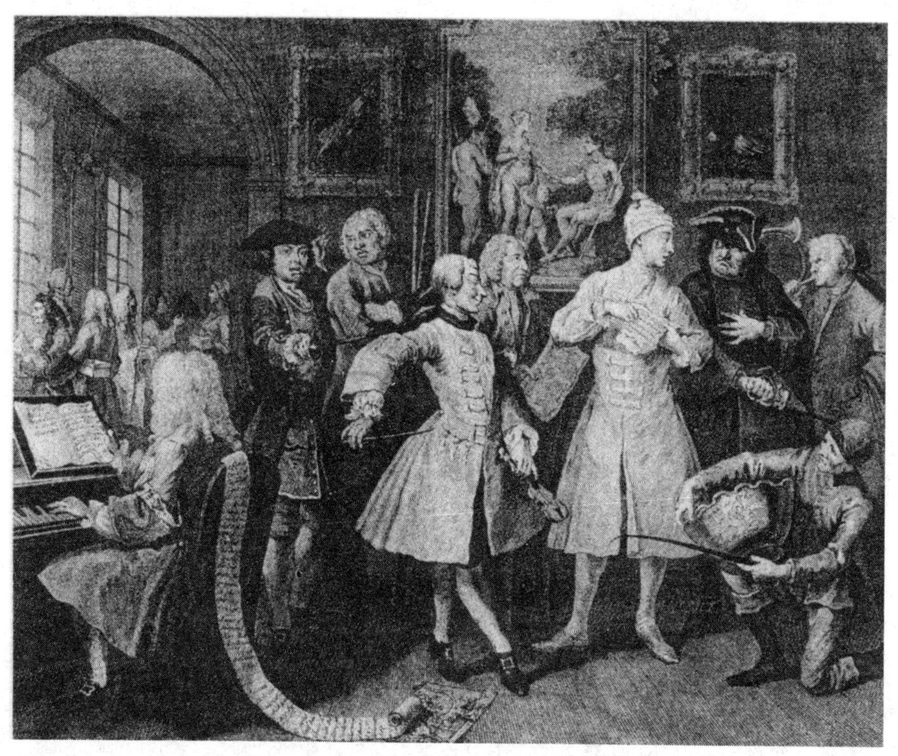

威廉·贺加斯的画《堕落过程》中的查尔斯·布里奇曼（左四，手拿花园图样者）

地承建过工程。他设计和布置了当时最著名的花园——斯托花园。他被任命为皇家园艺师，负责管理汉普顿宫和温莎堡里的花园、邱园以及国王领地上的所有皇家花园。里士满花园是他创建的，圆池和蛇河是他设计的，他还为整个英格兰南部的庄园进行勘察和设计。哪里有重要的园艺工程需要完成，哪里就少不了布里奇曼。他没有留下单独的肖像画，但非常出人意料的是，他出现在贺加斯的系列版画《堕落过程》的第二幅画上。画上有几个人，布里奇曼是其中之一，别的还包括一名裁缝、一名舞蹈教师和一名赛马骑师。他们都在对那个浪子胡搅蛮缠，让他把钱投资到他们的生意里。①然而，即使在画里，布里奇曼看上去也不自在，很拘谨，仿佛他不知怎的迷了路，走进了一幅不该走进去的画卷。

布里奇曼出现的时候，园艺在英国已经是一种大买卖。现在南肯辛顿那些宏伟的博物馆所在的地方，原来是伦敦布隆普顿公园苗圃。它占地100英亩，生产大量灌木、外来植物和其他绿色的东西，提供给全国的豪华住宅。但是，那种花园和我们今天所知道的花园有着很大的不同之处。首先，那种花园是花里胡哨的：小径常用大量彩色砾石铺设，雕像上刷着艳丽的油漆，花坛的花草是根据其色彩的饱和度来选定的。那里根本没有任其自然的或不添枝加叶的东西，树篱修剪成飞驰的骏马的形状。小径和边界修筑得笔直，边沿种了一排排修剪整齐的黄杨或紫杉。一切都拘泥于形式。豪华住宅里的庭园与其说是花园，不如说是几何练习题。

这时候，突然之间，所有那种整齐风格和人为形式被一扫而光。让事物看上去很自然开始变得时尚，这种想法的突然出现究竟是什么原因，这不容易说清楚。18世纪初，特权阶层出身的年轻人实际上几乎都随大旅行团游遍了欧洲。回国以后，他们都毫无例外地对古典世界里的传统风尚充满了热情，迫切想要在英国的环境里加以重现。在建筑方面，他们不求创

① 贺加斯的系列画描绘了一个有钱人家的年轻人堕落的过程。在方特希尔府的威廉·贝克福德衰落（和他的府邸倒塌）之前，那些画原本是属于他的，因此在某种意义上这倒是很恰当的。——原注

新，以因循守旧为荣。然而，就庭园而言，他们摒弃了拘泥的风格，开始在室外建造一个崭新的天地。对于那些认为英国人的染色体里含有园艺天赋的人来说，这个时代似乎正好能证明这一点。

这场运动涌现出许多英雄，其中之一就是我们的老朋友约翰·范布勒。范布勒是自学成才的，因此能以崭新的视角看问题。比如，在设计住宅的时候，他对环境的考虑不同于以往的任何建筑师。在霍华德堡，他办的第一件事就是把那栋住宅原地旋转了90度，从威廉·托尔曼原先设计的图样上的南北向，改为东西向。按照传统的做法，住宅前面有一条长长的通道，两旁可以瞥见开阔的田野，作为一种视觉上的前戏。范布勒的做法就办不到这一点，但有个优点作为补偿，那就是住宅所在的环境要舒适得多，住在里面的人可以欣赏到外部世界极其令人满意的景致。这是对传统定向的一个根本性逆转。在此之前，建造住宅是不考虑欣赏景色的，住宅本身就是景色。

为了让重要的景致发挥最大作用，范布勒凭着灵感采用了另一种很有特色的建筑物——观景台。设计观景台没有别的考虑，只是为了欣赏到完整的风景，为漫无目标地转动的目光提供一个愉快的落点。霍华德堡里的四季堂就是第一座这类建筑物。在此基础上，他又增添了最奇妙、最富有革新精神的新事物：哈—哈。哈—哈是一种隐篱，一种暗栅，旨在把庄园的生活区和耕作区隔开，而中间又不设妨碍视线的篱笆或树篱。这一思路出自法国的军事防御工事（范布勒也许是在坐牢的那几年里第一次见过）。那种隐篱一开始是看不见的，往往到了最后时刻才会发现，人们这时候会惊呼“哈，哈”，据说，这种篱笆也就因此得名。哈—哈篱笆不仅是一种实用手段，可以阻止牛群闯入草坪，而且完全是一种观赏世界的新办法。庭园、花园、公园、庄园，都成了一个整体的组成部分。突然之间，一处地产上的美景不一定到草坪边缘就宣告结束，它一直绵延到地平线。

范布勒和卡莱尔在霍华德堡的有个做法不大令人满意，那就是，要是庄园里的村庄被认为不大漂亮，或者挡住视线，那些村子就要被拆毁，居民就得迁往别处。在霍华德堡，范布勒不仅清除了一个现存的村子，还拆除了一座教堂和原来城堡的废墟，新建的住宅就是沿用了那座城堡的名字。过不多久，全国有许多村庄都被夷为平地，让出地方来建造更加宽敞的住宅，提供一望无际的景色。情况几乎是这样的，凡是一个富人要开始修建豪宅，总是要完全打乱至少几十个下人的生活。奥利弗·戈德史密斯在一首充满柔情的长诗《荒村》中为那种做法表示遗憾，这首诗的灵感是在参观牛津郡努涅翰公园的过程中产生的。当时，第一代哈考特伯爵为了给自己的新宅营造一个更加漂亮的空间，正在铲平一座古老的村庄。不过，这一次却很有意思，当事人至少得到了报应。工程结束以后，那位伯爵沿着刚刚重新设计过的庭园散步，但想不起老村子里的那口井在什么位置，结果掉入井里淹死了。①

在那些事物当中，哪一件都不一定是范布勒的发明。比如，贺拉斯·沃波尔把发明隐篱的功劳归于布里奇曼。据我们所知，很可能是他为范布勒出了那个点子。但是，据我们所知，同样有可能是范布勒为他出了那个点子。我们只能说，到了18世纪的最初几年里，人们在如何改善环境方面有了好多想法，主要是要使环境多一点自然的气氛。有一件事似乎起了作用：1711年，一场名叫“大风”的风暴刮倒了全国的树木，使许多人注意到——显然是第一次——他们所种的树木在挡风方面起了多么令人满意的作用。无论如何，人们突然之间开始非同寻常地亲近自然。

散文作家约瑟夫·艾迪生成了这场运动的喉舌。他为《旁观者》杂志撰写了一系列的文章，名叫《想象的乐趣》，认为大自然已经为我们提供了所想要的所有美景，现在需要的只是一点管理工作。或者正如他在一行著名的诗里所说的：“人人都可以为自己营造一片美景。”“我不知道是不是只有我一个人持这种看法，”他接着说，“不过，就我自己而言，我

① 到了下一个世纪，努涅翰公园再次扬名。1862年夏天，查尔斯·勒特威奇·道奇森正和一群人游览该公园，其中包括他所在的牛津大学克赖斯特彻奇学院院长的女儿艾丽斯·利德尔，他在游览过程中开始构思他的故事。那个故事后来成为《爱丽丝漫游奇境记》。——原注

宁可看到一棵树郁郁葱葱、枝繁叶茂的本来模样，而不愿意看到它被修剪成一个数学图形。”世人似乎一下子都同意他的观点。

各地豪宅的主人都乐于按照这些观点办事，采用弯曲的小径和蜿蜒的湖泊，但一度主要在建筑方面作了一些改进。全国各地，有钱的地主在自己的庭园里修起了洞穴、会堂、瞭望塔、人造废墟、方尖塔、城堡似的观景台、兽笼、橘园、神殿、露天竞技场、有座前廊（墙壁呈半圆形，壁龛里放有英雄人物的胸像）、怪异的古罗马式休憩场所，以及脑子里想得到的其他任何稀奇古怪的建筑物。这些都不是装饰性的小东西，而是重量级的大作品。霍华德堡里的陵墓是由尼古拉斯·霍克斯穆尔设计的（范布勒的老主顾第三代伯爵现在就长眠在这里），它的规模之大，花钱之多，比得上克里斯托弗·雷恩为伦敦设计的任何一座教堂。罗伯特·亚当制订了一份计划，要在赫里福德郡一个12英亩面积、牧草丛生的山坡上，修建一座完整的、带城墙的罗马时代市镇，并完全用人工将其变成一个漂亮的废墟，目的只是为了提供一个东西，好让一位名叫哈利爵士的小贵族在吃早餐的过程中可以自得其乐地凝视一番。那个计划没有实现，但别的精美绝伦的消遣性景致建起来了。邱园里著名的宝塔高达163英尺，在很长时间里是英国最高的建筑物。直到19世纪，该塔一直饰有华丽的金色涂层，总共漆有80条龙，铜铃叮当作响。但是，为了减少债务，国王乔治四世把这些东西都卖了，因此我们今天所看到的实际上只是个空壳子。邱园里曾经散布着19座奇妙的建筑物，包括一座土耳其清真寺、一座爱尔汗布拉宫、一座小型哥特式教堂和献给风神埃俄罗斯、山林仙女阿瑞托莎、女战神贝娄娜、畜牧神潘以及和平、隐士和太阳的殿堂。这样，某些王室成员在散步的过程中就可以停下脚步，有选择地欣赏这些娱乐性的建筑物。

在一段时间里，极其时尚的是修筑隐士居所，并在里面安置一位隐士。在萨里郡的佩因希尔，有个人签订了一份合约，在一处景色如画的僻静之地过7年修道士般的宁静生活，年薪100英镑。但是，刚过3个星期他就被解雇了，因为有人看到他在当地的一家小酒店里喝酒。兰开夏郡有一位庄园主答应付给任何人一辈子每年50英镑，只要他愿意在他庄园的一个地下室里过7年，不理发，不剪指甲，也不跟别人说话。有人接受了这项提议，实际上待了4年就决定不干了。遗憾的是，他毕竟还是待了4年，不知道他有没有拿到至少部分养老金。卡罗琳王后，就是在海德公园里修筑蛇河的那位女子，让建筑师威廉·肯特为她在里士满盖了一处隐士居所，并把一位名叫斯蒂芬·达克的诗人安置在里面。但这件事也没有成功，因为达克认为自己不喜欢冷清的生活，也不喜欢让陌生人来瞅着他，因此就放弃了。有点可笑的是，他接着当上了萨里郡拜弗利特一个教堂的教区长。不幸的是，他在那里似乎也并不快活，他似乎在哪里都不快活，最后投泰晤士河自尽。

修建观景台的最终体现当然是在奇西克，当时，奇西克还是伦敦西面的一个村子，第三代伯林顿伯爵（基特–卡特俱乐部的又一名成员）在那里建造了奇西克府。它根本不是一栋住宅，从来没有打算在里面住人，而是一处在里面欣赏艺术品、听听音乐的场所，一栋真正具有宫殿规模的避暑别墅。你也许还记得，第八代德文郡公爵就是从这栋房子里走出来，第一次高兴地遇见了约瑟夫·帕克斯顿。

与此同时，查尔斯·布里奇曼和他的接班人正在大规模地改变整个面貌。在他代表作的工地上，即在白金汉郡的斯托，一切都是大规模的，有一些哈一哈隐篱长达4英里。山丘变了形状，峡谷成了河流，宏伟的大理石殿堂几乎随处可见。斯托跟以前的建筑物都截然不同，比方说，它是世界上首批真正的旅游景点之一。这是英国第一个吸引观光客的花园，第一个有自己的导游手册的花园。它如此受人欢迎，以至于花园的主人科巴姆爵士不得不在1717年买下了附近的一家旅店来接待游客。

1738年，布里奇曼去世，过不多久就有一名特别年轻的人来接替他的位置。布里奇曼开始在斯托府上班时，他还没有出生呢。这位年轻人的名字叫做兰斯洛特·布朗，他正是这场美化环境运动所需要的人。

布朗的生平马上使人联想起了约瑟夫·帕克斯顿。两个人都是自耕农的子弟，两个人都特别聪明和勤奋，两个人都在小时候就从事园艺活动，两个人都受雇于富人家并很快成名。就布朗而言，故事要从诺森伯兰郡讲起，他的父亲是那里柯哈尔庄园的一名佃农。布朗14岁时就当园艺学徒，干了整整7年，之后就离开诺森伯兰郡搬到了南方，很可能是为了找一个对他的哮喘病有好处的气候环境。他在接下来那段时期里干了什么，这就不得而知，但是他一定是很有名气了，因为在查尔斯·布里奇曼去世后不久，科巴姆爵士就选定他来担任斯托府的首席园艺师，他那个时候才24岁。

布朗发现自己手下有40名工作人员，担任工资出纳员和首席园艺师，他渐渐承担起整个庄园、建筑工程和园艺工程的管理工作。通过这种办法，当然再加上业余的学习，他掌握了许多技术，成为一名完全称职的建筑师，虽然是有点儿能工巧匠的味道。1749年，科巴姆爵士去世，布朗决定自立门户。他搬到了当时伦敦西面的一个名为哈默史密斯的村子，开始从事自由职业。35岁的时候，他快要成为历史上称之为“潜力布朗”的那个人。

他极有眼力，不建造花园，而建造风景。他的习惯是，只要朝哪个庄园看一眼，就马上宣布这个庄园具有开发潜力，于是他就获得了那个著名的绰号。很久以来，人们往往只把布朗描绘成一个小手小脚的人，一个修修补补的人，不过是把树林排列得比较漂亮一点。实际上，他搬运的泥土之多，经营的规模之大，无论谁也比不上。为了建造斯托府的格雷香谷，他的工人用手推车运走了23500立方码土石，将其分散在别的地方。在萨福克郡的赫夫宁翰府，他把一个大草坪抬高了12英尺。他很乐意移栽成年大树，有时候还搬迁大型村庄。为了方便移栽大树，他发明了一种带轮子的机器，能把树木移栽到36英尺高处，而又不损伤它们，这项园艺工程在当时几乎被看成是一个奇迹。他种了成千上万棵树，在朗利特一年就种了91000棵，他所建造的湖泊占了100英亩良田（几乎可以肯定，这个情况会使他的某些客户犹豫不决）。在布莱尼姆宫，有一座漂亮的桥横架在一条潺潺的小溪上面，布朗在两侧建造了湖泊，使其看上去十分壮丽。

他在脑海里完全明白，100年以后，那些景点有可能是什么模样。早在别人想到以前，他已经几乎完全使用当地的树木。这种手法使他的景点看上去似乎是自然形成的，而实际上一直到牛粪都是人工设计的。他是一名园艺师，但更是一名工程师和风景建筑师。他在“混淆视觉”方面有着特别的天赋，比如，使两个不同高度的湖看上去像一个大得多的湖。布朗创建的景致，比原本的乡村景致在某种意义上“更具英国特色”。而且，其规模是如此宏大，你现在得花些时间才能想象出它们在当时是多么新奇，他把这称为“改天换地”。今天英格兰许多低地地带的景色看上去也许是亘古以来一向如此的，但很大程度上却是18世纪的人工创作，尤其是布朗起了很大的作用。如果说这是修修补补，那可是大修大补。

布朗提供的是整套服务——设计、提供苗木、栽种以及此后的养护。他工作卖力，速度又快，因此可以同时完成好多任务。据说，他只要在哪个庄园里花一个小时快速走一圈，就可以制订出一个全面的改进计划。布朗的做法之所以具有吸引力，很大程度上是因为从长远来说成本低廉。要是你的庭园里拥有大量花圃和整形树木园，以及几英里长的修剪型树篱，那就需要做大量的养护工作。而布朗设计的景致主要是自己照管自己。他还特别讲究实际，别人建造殿堂、宝塔和神龛的地方，他盖起的建筑物看起来像是豪华的观景台，实际上却是奶牛场、养狗场或庄园工人的住所。他是在农村长大的，因此对耕作确实懂得不少，常常提出一些变革，提高了效率。即使称不上是一名伟大的建筑师，他肯定也是一名称职的建筑师。比如，由于他从事设计景点的工作，他对排水的了解，也许超过那个时代的任何建筑师。早在土壤工程成为一门学科之前，他已经是这方面的一位大师。他设计的那些静止的景致下面，很可能有着看不见的复杂的排水系统，把泥塘变成草地，而且可以保持250年，你也不妨把他称为“排水大师布朗”。

有人出1000英镑请布朗到爱尔兰去营造一个庄园，但他拒绝了，说他在英格兰的事还没有全部做完。他在3年的自由职业生涯中，大约承担了170项任务，因此使很大一部分英格兰乡村改变了面貌，在此过程中，他也变得越来越富有。在他自立门户的10年间，他每年能挣15000英镑，足以使他跻身于新生的中产阶级上层。

大家都很坦率地赞扬他的成就，有一次，诗人理查德·欧文·坎布里奇对布朗说：“我的确希望死在你的前面，布朗先生。”

“为什么？”布朗吃惊地问。

“因为我想见到天堂在你将它改造以前是什么模样的。”坎布里奇干巴巴地答道。

艺术家约翰·康斯特布尔不喜欢布朗的作品。“它不是美，因为它不是自然。”他说。但对布朗抨击得最厉害的是自命不凡的威廉·钱伯斯，他轻描淡写地把布朗设计的景致说成是缺乏想象力的，坚持认为它们“和普通的田野没有什么区别”。但是，钱伯斯接着认为，改善环境是要在里面盖起华丽的建筑物。邱园里的宝塔、模拟的爱尔汗布拉宫和别的消遣性建筑物，就是他设计的。钱伯斯认为布朗不过是一个农民，他的谈吐和举止都不够优雅，但是，布朗的客户们喜爱布朗。有个名叫埃克塞特爵士的客户，把布朗的肖像挂在家里每天都看得到的地方。布朗似乎还是个很可爱的人，他有几封家书幸存下来。他在有一封中对他的妻子说，他由于工作不能和她在一起，但每天都在想象中和她交谈，“尽管没有你亲爱的陪伴，但这种交谈是很令人陶醉的，我亲爱的比迪，这将永远是你所爱的丈夫纯粹的、主要的乐趣”。一个几乎没有上过学的人能写出这样的文字，那已是相当不简单了，农民肯定说不出这样的话。他1783年去世，享年66岁，许多人非常怀念他。

二

正当“潜力布朗”摒弃鲜花和装饰性灌木的时候，别人却在发现大批新的品种。布朗去世前后的50年里，是植物界大发现的时期，寻找植物成了科学和商业的巨大推动力。

有理由可以说，发起这一切的是约瑟夫·班克斯。他是一位聪明的植物学家，1768年到1771年期间随库克船长去南太平洋及更远的地方航行。班克斯在库克的小船里装满了植物样本，总共30万件，其中有1400种是从未有过记录的，一下子把世界上已知的植物品种增加了大约1/4。假如他跟随库克去进行第二次航行，他几乎肯定会发现更多的品种。但是，天哪，班克斯既是个聪明的人，又是个被宠坏了的人。这次他坚持要带上17名仆人，包括两名号手，以便在晚上供他消遣。库克婉言反对。班克斯拒绝前往。他转而自己出资对冰岛进行了一次远征。途中，这一行人在奥克尼的斯凯尔湾作了短暂停留，班克斯做了一些发掘工作，但是没有注意到斯卡拉坡上那个杂草丛生的圆丘，因此完全错过了在自己众多的成就中，再增加一个那个时代伟大考古发现的机会。

与此同时，富有献身精神的人们奔赴世界各地寻找植物，不仅去北美洲。结果，他们找到了很多不仅可爱和有趣，而且将在英国土壤里扎根开花的植物。第一批从东部深入美洲内地的欧洲人，并不是要寻找适宜定居的土地或前往西部的通道。他们寻找的是可以卖钱的植物，他们发现了几十个新奇的品种，有杜鹃花、翠菊、山茶、梓树、大戟、绣球花、杜鹃花属灌木、金光菊、五叶地锦、野樱桃，以及许多种蕨类植物、灌木、树木和藤本植物。要是能发现新的植物，并把它们安全地运回欧洲的苗圃进行繁殖，你就可以发大财。过不多久，北美洲的树林里到处都是一群群寻找植物的人，这时候你简直没法说清楚哪种植物到底是哪个人发现的。约翰·弗雷泽——弗雷泽杉就是以他的名字命名的——发现了44个或215个新品种，取决于你相信哪本植物史。

寻找植物有着很大的危险。约瑟夫·帕克斯顿派了两个人去北美洲，看看能找到什么东西。结果，他们的船装的东西太重，在不列颠哥伦比亚的一条水流湍急的河上倾覆，这两个人都淹死了。寻找植物的法国人安德烈·米肖的儿子被熊咬得血肉模糊。在夏威夷，道格拉斯杉的发现者戴维·道格拉斯在一个极其不利的时刻掉进了一个捕捉野兽的陷阱：里面已经有一头野牛，结果它把他踩死了。还有的人迷了路，挨了饿，或者得了疟疾、黄热病或别的疾病死了，或者被疑心重重的当地人杀害了。然而，那些成功的人往往获得了大量财富——也许最引人注目的是罗伯特·福琼，我们上一次在第八章里谈到过他。他化装成当地人，冒着风险周游了中国，摸清了茶叶的生产方法。他把茶叶种植引进到了印度，这很可能挽救了大英帝国。不过，是在把菊花和杜鹃花带到了英国的苗圃以后，他才会在富贵中死去。

还有的人纯粹是为了追求冒险生活，有时候似乎是被危险地引入歧途的。在这种类型的人当中，也许最引人注目的——表面看来似乎不大可能的——是两个年轻朋友艾尔弗雷德·拉塞尔·华莱士和亨利·沃尔特·贝茨。两个人都是没有多大财力的商人的儿子，虽然都没有出过国，但他们在1848年决定航行，去亚马孙河流域地区寻找植物标本。过不多久，华莱士的兄弟赫伯特和另一名热心的业余爱好者理查德·斯普鲁斯加入了他们的队伍。斯普鲁斯是约克郡霍华德堡庄园的一位小学校长，从来没有跟比英格兰草地更富有挑战性的事打过交道，谁都似乎没有对过热带生活作好丝毫准备。可怜的赫伯特一上岸就得黄热病死了。然而，其他3个人坚持下去，不知什么原因决定分头行动，朝不同的方向进发。

华莱士一头扎进内格罗河沿岸的丛林里，在接下来的4年里顽强地采集标本，他遇到了无数的困难。昆虫折磨着他的生活，有一次他碰上了危险的马蜂窝，把几乎不可缺少的眼镜摔破了。他还在另一次混乱中丢了一只靴子，在一段时间里，他不得不穿着一只鞋在丛林里行走。为了迷惑他的印第安人向导，他把标本泡在盛甘蔗酒的罐子里，而不是像任何明智的人那样把酒倒在嘴里喝。印第安人认为他疯了，便拿走了剩下的甘蔗酒，消失在森林里。华莱士没有气馁，他是不会气馁的，依旧坚持前行。

4年以后，他步履蹒跚地走出水雾弥漫的丛林。他已经精疲力竭，衣服千疮百孔，还因热病复发而浑身发抖，神志昏乱。在巴西港口城市帕拉，他登上了一条名叫“海伦”号的三桅帆船横渡大西洋回国。然而，“海伦”号行驶到中途时着了火，华莱士不得不跳进一条救生艇，留下了他宝贵的货物。他眼看着那船被大火吞没，连同他的宝贝一起沉入大海。华莱士没有被吓倒（哎呀，也许有一点儿气馁）。他疗养了一段时间以后，便航行前往地球另一端的马来群岛。他在那里连续漫游了8年，采集了惊人的12.7万件标本，包括以前从未有过记录的1000种昆虫和200种鸟类，这一切他都设法安全地运回了英国。

与此同时，在华莱士离开以后，贝茨在南美洲又留了7年，主要乘船在亚马孙河及其支流上进行探索，最后带回国差不多1.5万件动物和昆虫标本。与华莱士的12.7万件相比，这个数字似乎不算大，但其中的大约8000件——占了一半以上，那可是个很大的比例——对科学界来说是新的。

但是，在许多方面最了不起的是理查德·斯普鲁斯。他在南美洲待了整整18年，在欧洲人从未到过的一些地区探险，采集了大量信息，包括21种当地印第安语的词汇。在其他方面，他还发现了在商业上很重要的橡胶植物、那种生产现代可卡因的古柯、那种从中提取奎宁以及带香味的奎宁水的金鸡纳树。在一个世纪的时间里，奎宁是治疗疟疾和其他热带病唯一有效的药物；而要生产优质的杜松子酒补剂，奎宁水是极其重要的。

当斯普鲁斯终于回到故乡约克郡的时候，他发现自己20多年来辛辛苦苦挣来的钱全被他的委托人投资到了不该投资的地方。此时，他身无分文，他的健康已经受到严重损害。在接下来的27年里，他大部分时间躺在床上，无精打采地整理自己的成果，他再也没有力气去写回忆录。

多亏了这3位勇士以及几十位像他们这样的其他人，英国园艺师可以获得的植物数量急剧增加——从1750年的大约1000种，增加到了100年以后的远远超过2万种，新发现的奇异草木变得极其珍贵。到19世纪40年代，一棵小小的南美杉——1782年在智利发现的一种装饰性针叶树——在英国很容易以5英镑的价钱出手，差不多是雇一名保姆一年的费用。适于花坛种植的花草也成了一个大行业，这一切都极大地推动了业余园艺活动的发展。

更加令人感到意外的是，这也推动了铁路的发展。有了铁路，人们可以住在远郊而到城里上班。郊区为业主提供了更大的空间，有了更加宽敞

的地方，新郊区人就可以——实际上也需要——对园艺产生兴趣。

但是，另一个变化更具有深远的影响：妇女开始在家里从事园艺，起催化剂作用的，是一位名叫简·韦布的女子。她没有任何园艺方面的背景，她之所以令人难以置信地一举成名，是因为她写了一部3卷本的劣作《妈咪！一个22世纪的故事》。这部书是她在1827年匿名出版的，当时她才20岁，她描写了一台蒸汽割草机。园艺作家约翰·克劳迪厄斯·劳登读了她的作品以后觉得（真的）很兴奋，找她要交个朋友，以为她是个男人。当发现她是个女子时，劳登更是兴奋不已，旋即向她求婚，虽然那个时候他的年龄已经比她大了整整一倍。

简答应了，于是就开始了一段令人感动的、富有成效的伙伴关系。约翰·克劳迪厄斯·劳登在园艺界已经是个享有很高地位的人，他于1783年，即“潜力布朗”去世的那一年，生于苏格兰农村，年轻时代就拼命要求上进，自学了6种语言，包括希腊语和希伯来语，从书本里学到了尽可能多的关于植物学、园艺学、自然史和其他跟园艺艺术有关的知识。1804年，在他21岁那年，他开始似乎源源不断地写出厚厚的书。这些书都有庄重而又吓人的名字——《简论最近在暖房里取得的几项革新》、《关于建造和管理有用的装饰性植物园之思考》、《培育菠萝的几种方法》——这些书的销售量，都比听上去似乎应该有的销售量要好得多。他还当编辑，主要当作者，结果单枪匹马地推出了许多种通俗园艺杂志——一次多达5种——应当指出，他做了这一切，尽管很倒霉，健康老是不佳。他似乎特别容易生病，然后又引起可怕的并发症。比如，由于风湿病严重发作，他的右臂不得不截除。过不多久，他的膝盖又变僵硬，使他终生成为瘸子。由于经常疼痛，他一度对鸦片酊有了瘾。因此，终其一生，他的日子过得很不容易。

劳登夫人比她的丈夫更加成功，因为她在1841年出版了一本名叫《女士实用园艺指南》的书，这本书证明出版得正是时候。这是第一本旨在鼓励上层阶级的妇女们弄脏一下手，甚至出一点汗的书，这简直新奇到了过分的程度。《女士实用园艺指南》勇敢地坚持认为，妇女们可以在没有男人指导的情况下独立从事园艺活动，只要理智地采取几条预防措施——要经常干，但不要干得太用劲；只用分量轻的工具；千万不要立在潮湿的地方，因为不健康的东西会从裙子里往上散发。该书似乎假设读者是很少到户外活动，更少拿园艺工具的女子。比如，劳登夫人是这样解释铲子的使用方法的：

> 园艺师挖土分为几步：先在脚的帮助下把铁铲笔直插进土里——铁铲起着楔子的作用——然后用长柄作为杠杆，撬起已经松动的泥土，最后把土翻个身。

整本书就是那个样，把最普通、最明显的动作描述得几乎详尽无遗，比如铲子的哪一头是插进土里的。这本书现在几乎不值得再读，很可能当时读的人也不多。《女士实用园艺指南》的价值不在于它说了些什么，而在于它表达了什么：女士应当走出家门干点事。这本书出版得很及时，正好中了英国人的意。1841年，各地的中产阶级妇女都对刻板的生活感到厌倦至极，对任何能出去散心的提议都感激不尽。在那个世纪的剩余年月里，《女士实用园艺指南》在市场上一直可以买到，获利不少。它真的鼓励女士们去弄脏一下手，整个第二章讲的就是施肥。

19世纪这场园艺运动的产生原因，除了园艺作为一种娱乐活动的魅力之外，还有一种更令人想不到的推动力，约翰·克劳迪厄斯·劳登在这方面也起了核心作用。那个时代的鲜明特色是霍乱和别的传染病的流行，大批的人因此死于非命。这不完全是人们想要从事园艺的原因，但这确实使得人们普遍渴望呼吸新鲜空气，生活在开阔地带。尤其是因为情况越来越明显，城市里的墓地总的说来是肮脏的、拥挤的。

19世纪中叶，伦敦只有218英亩坟地，死者被以难以想象的密度安葬在里面。诗人威廉·布莱克1827年去世以后，被安葬在邦希尔墓地，在另外3名死者的上面；后来，他的上面又安葬了4名死者。就这样，伦敦的坟地里埋着一堆堆的死人。据估计，圣玛丽尔本堂区教堂把10万具尸体塞进了占地仅仅1英亩多的墓地里。现在特拉法尔加广场上国家美术馆所在的位置，原先是圣马丁教堂一块不大的墓地。在大约一座现代草地滚木球场大小的地方，容纳了7万具尸体，还有未经统计的几千具被安葬在教堂里面的地下室里。1859年，当圣马丁教堂宣布打算清理地下室时，自然主义者弗兰克·巴克兰决定找出伟大的外科医生和解剖学家约翰·亨特的棺木，以便把他的遗体重新安葬在威斯敏斯特教堂。巴克兰留下了一段非常动人的文字，记述他在里面看到的情况。

“伯斯塔尔先生打开了3号地下室笨重的栎木门，”巴克兰写道，“我们用牛眼灯往里面一照，我看到了一幅永生难忘的情景。”在他面前的阴暗处，杂乱无章地堆放着成千上万具破棺材，每个角落都挤得满满当当，仿佛是由一场海啸冲积在那里的。巴克兰全力以赴地找了16天才找到他的目标，不幸的是，对任何别的棺木，没有人花上同样的工夫。它们被用大车野蛮地拉到了别的公墓，葬在没有标志的坟墓里。结果，许多名人遗骸的去向直到今天都不完全清楚，仅举几例：家具商托马斯·奇彭代尔、国王情妇内尔·格温、科学家罗伯特·博伊尔、微型图画画家尼古拉斯·希利亚德、公路响马杰克·谢泼德以及第一代马尔伯勒公爵的父亲、老祖宗温斯顿·丘吉尔。

许多教堂的大部分收入来源是靠殡葬，它们不愿意放弃这种有利可图的生意。在位于霍尔本的克莱门特巷的伊农浸礼会教堂（就是现在伦敦经济学院的所在地），教堂当局在仅仅19年的时间里就把1.2万具尸体塞进了地下室。这么多腐尸所产生的臭味很难不逸出来，这是不足为怪的，几乎哪次做礼拜都会有人晕倒。最后，大多数人不再聚在一起，但教堂依然接受送来安葬的尸体，教区牧师需要那笔收入。

坟场里安葬得满满当当，几乎每挖一铲土都会挖出来腐烂的肢体或别的遗骸。尸体埋得又浅又草率，经常被以腐肉为食的动物掘出来，或自行露出地面，就像地里的岩石那样，不得不重新安放。城里的送葬人几乎从来不到坟边来目睹下葬的过程。那种经历简直太让人伤心，而且被许多人看成是很危险的。传闻很多，说有上坟的人被腐尸的臭味熏死。一位沃克医生在国会的调查会上作证，坟场工人在翻动棺木之前，先要在边上挖个洞，插一个管子，把逸出来的气体烧掉——他报道说，这个过程需要耗时20分钟。他知道，有个人因为没有采取通常的预防措施，吸入从一个新坟中逸出的气体而顿时倒地而死，“就像被子弹击中那样”。“在未经空气稀释的情况下吸入这种气体，就意味着顷刻死亡，”委员会在一份书面报告中肯定了这一点，并补充说，“即使经过充分稀释，也很容易引发疾病，最后往往导致死亡。”直到那个世纪晚些时候，医学杂志《柳叶刀》仍不时报道有上坟的人因吸入不干净的空气而病倒。

在许多人看来，解决这个可怕的臭气问题，明智的办法是把公墓完全迁出城市，使墓地变得更像公园。约瑟夫·帕克斯顿是这个主张的热心拥护者，但这场运动的主要支持人是那位不知疲倦、无处不在的约翰·克劳迪厄斯·劳登。1843年，他撰写并出版了《论公墓的布局、设置和管理，兼论改善墓地的方法》。结果证明，这是一本出人意料地合乎时宜的书，因为不到这一年过去，他自己也会需要一处公墓了。劳登指出，就伦敦的公墓而言，问题之一是它们大多数建在密度很大的黏土之上，排水不畅，因此尸体容易腐烂发臭。他建议，郊区的公墓可以建在沙土或砾石上，尸体埋在里面实际上就会变成有益的堆肥。要是栽上大量树木和灌木，不仅能营造出一种田园氛围，还能吸收从坟墓里泄漏出来的任何臭气，以新鲜空气替代肮脏的空气。劳登设计了3处这类新的样板公墓，使其看上去与公园没有什么差别。不幸的是，他没有能长眠在自己的一处作品之中，因为他因过分劳累而去世的时候，他所设计的公墓还没有建起来。不过，他被安葬在伦敦西部的肯萨尔公墓，那处公墓是按照类似的原则修建的。

简直令人难以想象，公墓变成了事实上的公园。到了星期天下午，人们来到公墓，不仅向他们逝去的亲人表示敬意，而且来散步，呼吸这里的空气，举行野餐。伦敦北面的海格特公墓有着众多的景致和宏伟的纪念碑，本身就成了个游览景点。住在附近的人购买了大门钥匙，这样就可以想什么时候进出就什么时候进出。规模最大的要算是萨里郡的布鲁克伍德公墓，它是1854年由伦敦公墓公司开设的。后来，在它2000英亩具有田园风味的土地上，渐渐安葬了差不多25万名死者。它的规模如此之大，该公司在伦敦和以西23英里处的布鲁克伍德之间经营一条自己的铁路，提供三个等级的服务，在布鲁克伍德设有两个车站：一个供圣公会信徒使用，一个供新教徒使用，铁路工人亲切地称其为“斯蒂夫快车”。这种服务一直提供到1941年，那一年遭到了德国轰炸机的轰炸，最后证明那是致命的打击。

当局渐渐明白，真正需要的并不是像公园那样的公墓，而是真正的公园。在劳登去世那年，一种崭新的东西——都市公园——在利物浦默西河对面的伯肯赫德开张。这个建在125英亩荒地上的公园立刻取得成功，受到人们高度赞赏，认为它是个奇迹。几乎不用说，它的设计师肯定是那位永远勤奋、永远有创造力、永远可靠的约瑟夫·帕克斯顿。

这时候，公园已经存在，但不像我们今天所知道的那种公园。一方面，这些公园往往是排外的。伦敦的大公园只允许时尚的人和有地位的人（有时候再加上少量脸皮厚的妓女）进去，进入19世纪很长时间以后还是那样。有一种经常所说的“默契”，即公园不是为下等人甚至中产阶级建的，不管那些等级是怎么确定的，有的公园甚至懒得建立默契。摄政王公园在1835年以前干脆收门票，以阻止普通人把小径弄得乱七八糟，降低了格调。无论如何，许多新兴的工业城市根本没有公园，因此大多数做工的人没有地方去呼吸新鲜空气和开展娱乐活动，除了在城里通向乡村的尘土飞扬的公路上散散步。要是有哪个人傻里傻气，离开这些布满车辙的道路，踏进私家地盘——为了欣赏一处风景，撒一泡憋着的尿，或者喝一口溪水——那么他很可能被钢夹子夹住脚，痛得哇哇叫。在那个时代，经常有人因侵入他人地界而被发配到澳大利亚。任何形式的侵入他人地界，不管多么无辜，多么轻微，势必会被看成是恶意的。

因此，在城市里建设所有市民都可以免费使用的公园，不管其在现实生活中地位的高低，这几乎是个令人无比激动的想法。帕克斯顿不建造正式的街道，下令修建公园常有的林荫道，创建了更加自然、更加迷人的景色。伯肯赫德公园使人想起了私人庄园的庭园，但该公园是供大家使用的。1851年（又是那一年！），年轻的美国记者兼作家弗雷德里克·劳·奥姆斯特德正和两位朋友利用假期在英格兰北部作徒步旅行，他在伯肯赫德一家面包店停下来买点食品吃中餐。店主劲头十足、无比自豪地谈起那个公园，于是他们决定去看一眼，奥姆斯特德立刻被迷住了。他在那本很畅销的游记《一位美国农场主在英格兰的旅行和谈话》中回忆说，景色的设计质量“达到了我以前连做梦也没有想到过的完美程度”。当时，许多纽约人正积极要求为该市建个像样的公园，而奥姆斯特德认为，伯肯赫德公园正是大家所需要的那种公园。他怎么也想不到，6年以后，那个公园的设计任务会落到他自己身上。

弗雷德里克·劳·奥姆斯特德1822年生于康涅狄格州的哈特福德。他是一位生意兴隆的干货商人的儿子，成年之初换了一个又一个工作。他在纺织厂干过，出海当过商船的船员，经营过一个小农场，最后才转向写作。从英格兰回美国以后，他加入了创办不久的《纽约时报》，然后去南部各州采访，为该报写出了一系列好文章。那些文章后来汇集成册，成功地出版了《棉花王国》。在某种意义上，他成了个不讨人喜欢的人。当华盛顿·欧文、亨利·沃兹沃思·朗费罗和威廉·梅克皮斯·撒克里这类人士来纽约时，他跟他们进行交往。他加入了迪克斯和爱德华兹出版公司，成了一名合伙人。有一段时间，他似乎事事如意，一帆风顺，然而接着那家公司遭受一系列财务挫折。1857年，那是经济萧条、大批银行倒闭的一年，他突然之间发现自己破了产，失了业。

就在这个时候，纽约市即将开始把840英亩杂草地和灌木地改造成人们期待已久的中央公园。这是一块大地方，将近2英里半长，半英里宽。一定程度上出于无奈，奥姆斯特德申请担任监工并获得了这份工作。他当时35岁，对于他来说，这不算上了个台阶。对于一个像他那样取得过很大成就的人来说，成为一个都市公园的监工是一种丢面子的倒退，尤其因为对中央公园会不会取得成功根本没有把握。一方面，中央公园当时其实根本不在中央，“城外的”曼哈顿还在以南将近2英里的地方。将要修建公园的地方是一片无人居住的荒地——用一位旁观者的话来说，是一大片荒凉的废采石场和“传播疾病的沼泽地”。要把它变成一个公共景点的想法似乎简直荒唐可笑，野心勃勃。

公园——早年总是被称为“那个中央公园”，加上“那个”二字，这不是偶然的——的设计图样还没有敲定。2000美元奖金在等着那位中标者，而奥姆斯特德需要那笔钱。他和一位才到美国不久的年轻英国建筑师卡尔弗特·沃克斯合作，提交了一份计划。①沃克斯身材瘦小，个子只有4英尺10英寸高。他出身于医生家庭，在伦敦长大，但成才以后于1850年移居美国。奥姆斯特德具有热情和远见，但缺少制图技术，沃克斯可以弥补，这是一段极其成功的伙伴关系的起点。为了达到简图的要求，所有的提议都要包括几个要素，如阅兵场、运动场、溜冰场、至少一个花园和一座瞭望塔，以及其他许多设施，还得包括相隔一定距离的4条交叉的街道，以免公园阻碍东西向的交通。奥姆斯特德和沃克斯的设计与众不同的地方，在于他们决定把交叉的街道建在视平线以下的低洼地里，把街道和公园游人完全分隔开，游人可以安全地从上面的桥上走过。威托尔德·赖布津斯基在他的《奥姆斯特德传》里说：“这么做还有一个好处，公园晚上可以关门而不至于中断交通。”只有他们的计划中才具有这一特色。

大家很容易认为，修建公园主要就是种树、铺设小径、设置座椅和挖个水池。实际上，中央公园是个巨大的工程项目。为了达到奥姆斯特德和沃克斯的设计要求，要使用2万多桶炸药来改变地形，要运来25万多立方码新鲜的表土才能使土壤适于种植树木。在1859年建设高峰时期，中央公园拥有一支3600人的劳动大军。公园是逐步开放的，因此根本没有一个盛

① 沃克斯也有一个独立的成功生涯，他有许多业绩。其中，他和另一位英国人雅各布·雷伊·莫尔德共同设计了俯瞰中央公园的美国自然史博物馆。——原注

大的开放仪式。许多人觉得里面乱七八糟的，让人摸不清头脑。没有错，中央公园几乎没有令人瞩目的景点，正如亚当·戈普尼克所说："林荫道并不朝着哪个地方，并不通向哪个特定的地方。湖泊和池塘都各占一方，不是哪个相通的水道的组成部分。主要地带没有整齐地划分范围，而是互相渗透的。有意没有方向，没有明确的布局，没有人们熟悉的明晰的风格，中央公园没有一个中央区域。"

但是，人们反正越来越喜欢中央公园。过不多久，奥姆斯特德就接到美国各地的任务。这有点令人感到意外，因为奥姆斯特德并不很擅长于修建人们真想要的那种公园——他修建的公园越多，这点就暴露得越明显。奥姆斯特德认为，都市生活中的疾病，都是由污浊的空气和缺少锻炼引起的，致使"大脑的活力提前衰竭"。因此，疲惫的市民需要在清静的环境里散步，进行沉思默想，才能恢复健康、活力，乃至道德基调。因此，奥姆斯特德坚决反对任何吵吵嚷嚷、耗费体力或紧张激烈的东西。他尤其不愿意要动物园和湖中划船这类娱乐设施，而游乐园的游客所迫切需要的就是这类东西。在波士顿的富兰克林公园，他让园方禁止任何人打棒球，还禁止一切他轻蔑地称为"好动的娱乐"的活动，除了16岁以下的孩子，国庆日的庆祝活动也断然禁止。

人们的反应是，对这些规定不予理会；公园当局睁一眼闭一眼，也帮游客的忙。无论在哪里，奥姆斯特德设计的公园最后都变成了比他所希望的令人快活得多的地方，虽然与欧洲的公园相比依然要严格得多，欧洲的公园里设有气氛活跃的啤酒花园和灯光明亮的游乐场。

虽然他快到中年才开始从事景观工程，但奥姆斯特德的职业生涯是极其多产的。他在北美各地，在底特律、奥尔巴尼、布法罗、芝加哥、纽瓦克、哈特福德和蒙特利尔，修建了多达100处都市公园。虽然中央公园是他最著名的作品，但许多人认为他的代表作是布鲁克林的普罗斯佩克特公园。他还为各种庄园和机构完成了200多项私家任务，包括大约50个大学校园。比尔特摩宅第是奥姆斯特德的最后一项工程，实际上也是他最后的几次理性行为之一。过不多久，他无可奈何地渐渐得了痴呆症。他生命的最后5年是在马萨诸塞州贝尔蒙的麦克莱恩精神病院度过的，几乎不用说，那个精神病院的庭园是他设计的。

三

显而易见，胡乱猜测马香牧师先生在教区长寓所里的生活方式，这是很危险的。但是，他很可能非常想要而实际上没有的，是一个暖房，因为暖房是那个时代一件重要的新玩意儿。在约瑟夫·帕克斯顿设计的伦敦水晶宫的启示下，又恰逢取消玻璃税，暖房很快在全国各地出现，里面种满了正源源不断地从世界各地运到英国的各种令人激动的新奇植物。不过，如此大规模地把生物从一块大陆转移到另一块大陆，不是没有后果的。1863年夏，伦敦西部哈默史密斯的一位目光敏锐的园艺师发现自己暖房里的一枝宝贵的藤蔓病了。他无法确定它得的是什么病，但看到叶子上长满了虫瘿，虫瘿上又长出一种他以前从来没有见过的昆虫。他抓了几个，送到牛津大学动物学教授、国际昆虫权威约翰·奥巴代亚·韦斯特伍德那里。

哎呀，藤蔓主人的身份现在已经无处可查。这是很不幸的，因为他是一位重要人士：他是欧洲遭受根瘤蚜侵扰的第一人。根瘤蚜是一种小得几乎看不见的蚜虫，不久将重创欧洲的藤蔓业。不过，我们对韦斯特伍德教授知道得不少。他生在一个不太富裕的家庭，完全自学成才。

他的父亲是设菲尔德的一名制模工。他不仅成为英国杰出的昆虫权威——实际上，在昆虫学知识方面，谁也比不上他——而且是盎格鲁一撒克逊文学作品的权威。1849年，他被任命为牛津大学第一位动物学教授。

在哈默史密斯发现根瘤蚜差不多整整3年以后，法国南部阿尔勒附近的罗讷河口地区的葡萄农发现自己的葡萄藤在枯萎和死亡。过不多久，葡萄园毁灭的事情发展到整个法国，葡萄园主束手无策。由于那种昆虫寄生在根部，致命疾病的最初病征可以被认为是任何疾病的病征。葡萄农们若要把葡萄藤挖起来看看是不是存在根瘤蚜，那肯定会弄死葡萄藤，因此他们只有等待，希望出现转机。在大多数情况下，他们的希望均落了空。

在15年时间里，法国有40%的葡萄藤死于非命。80%经嫁接美国葡萄藤根得以“康复”。在普遍遭受重创的情况下，有一些小片地区显得很神秘，显然具有免疫力。整个法国东北部地区都遭灭顶之灾，除了兰斯郊外的两个小小的葡萄园。由于某种原因，它们成功地抵挡住了传染，依然以原先的根部生产出香巴尼葡萄——这是法国唯一结果的香巴尼葡萄园。

几乎可以肯定，来自新大陆的根瘤蚜以前已经抵达欧洲，但到达的时候应该是死的根瘤蚜，它们无法在经历长距离的海上航行以后还存活下来。但是，海上出现了速度很快的轮船，陆上出现了速度更快的火车，这意味着小小的蚜虫到达的时候还精神抖擞，准备好了征服新的领地。

根瘤蚜原产于美洲，已经使所有想把欧洲葡萄引进到美洲土壤的企图成为泡影。这件事，从法属新奥尔良到杰斐逊的家乡蒙蒂塞洛，到俄亥俄州和纽约州连绵起伏的高地，已经引起震惊和绝望。美国的葡萄藤对根瘤蚜具有免疫力，但结不出很好的葡萄。接着，有人意识到，要是把欧洲葡萄藤嫁接到美国葡萄藤的根部，有可能得到能成功地抵御根瘤蚜的葡萄藤，问题是所产的葡萄能不能像以前那样酿出优质的葡萄酒。

在法国，许多葡萄园主觉得，要把自己的葡萄藤跟美国葡萄藤同流合污，那是不堪想象的。在勃艮第，人们担心自己可爱的、特别宝贵的特级葡萄园会受到无法修复的伤害，因此有14年时间不愿意让美国的葡萄藤根来玷污他们古老的葡萄藤，尽管在每个山坡上，那些葡萄藤都在枯萎、死亡。不过，几乎可以肯定，许多葡萄种植者无论如何都在偷偷地搞一点嫁接，这种办法有可能挽救他们的优质葡萄酒。

但是，多亏了美国的葡萄藤根，法国葡萄酒依然存在。今天的葡萄酒是不是要比以前的差，这是很难说清楚的。许多权威认为不差，但这种迫于无奈的补救办法，势必会使那些容易产生疑虑的人疑心重重。肯定没错的是，闹根瘤蚜灾之前留下来的葡萄酒都已加上标记。为了得到如此醇香、不可代替的东西，人们要花去好多金钱，丢弃很多常识。1985年，

美国出版商马尔科姆·福布斯花156450美元买了一瓶1787年的拉菲庄园干红葡萄酒。这瓶酒太宝贵了，是不能喝的，因此就陈列在一个专门的玻璃柜里。不幸的是，在为那瓶宝贵的酒提供照明的聚光灯的照射下，古老的瓶塞缩小了，连同那156450美金一起扑通一声掉进了瓶子里。有一瓶18世纪的玛歌庄园红葡萄酒的命运更惨，据认为，那瓶酒的主人曾经是托马斯·杰斐逊，确切的价钱达519750美元。1989年，葡萄酒商人威廉·索科林在纽约的一家餐馆里炫耀自己有这么个宝贝，不小心将瓶子碰在一辆上菜的手推车的边缘上。瓶子破了，这瓶世界上最贵的葡萄酒顿时变成了世界上最贵的地毯污迹。餐馆经理将一个指头伸进酒里，声称这酒反正也不能喝了。

四

工业革命生产出神奇的机器，改变了人们（有时候是害虫）的生活方式，而园艺科学却大大滞后。即使在进入19世纪很长时间以后，连植物究竟靠什么生长这样的基本知识也没有人知道。大家都知道，土壤需要施肥，但为什么要施肥，构成有效肥料的成分是什么，大家几乎没有统一的意见。19世纪30年代对农场主的一次调查中显示，当时使用的肥料中包括锯屑、羽毛、海沙、干草、死鱼、牡蛎壳粉、破毛料、草木灰、角质刨花、煤焦油、白垩、石膏、棉籽等等。其中有的所起的作用比你预期的要大，农场主毕竟不是傻瓜，但谁也不会根据它们的效力排一排队，也不知道按照什么比例来配料效果最好。结果，从总体上来说，农业收成呈持续下降的趋势。纽约州北部地区，从1775年的每英亩30蒲式耳，半个世纪后减少到不足1/4。（1蒲式耳等于35.2升，或相当于美制32夸脱。）几位卓越的科学家，尤其是瑞士的尼古拉斯–泰奥多尔·德·索叙尔、德国的尤斯图斯·李比希和英国的汉弗莱·戴维，确立了氮和金属与土壤肥力的关系，但怎么把前者加到后者中去，仍是个争论不休的问题。因此，各地农民几乎依然在往自己的地里施用往往是没有希望的、不见效果的肥料。

然后，在19世纪30年代，突然之间出现了世人一直在等待的神奇产品：鸟粪。鸟粪，即鸟类的粪便，自印加时代以来秘鲁一直在使用。自那以后，探险家和旅行家一直在议论它的肥力，但直到这时候还没有人想到要把鸟粪装进袋子，卖给北半球处于绝望中的农民。然而，外人发现鸟粪之后，怎么也是供不应求。施用一次鸟粪，土地就恢复活力，农作物产量增加了高达300%，全世界出现了所谓的“鸟粪热”。鸟粪之所以起作用，是因为里面含有大量的氮、磷和硝酸钾——这些东西恰好也是炸药的主要成分。鸟粪中的尿酸对制作染料也有很高的价值，因此，鸟粪成了许多不同行业的宝贝。突然之间，世人最想要的几乎就是鸟粪了。

海鸟筑窝的地方，往往就是鸟粪极其丰富的地方。许多岩岛简直覆盖着厚厚的一层鸟粪：150英尺厚的鸟粪不是没有听说过的。太平洋里的有些海岛基本上就是鸟粪形成的，鸟粪贸易使得大批人发了财。英国商业银行施罗德银行很大程度上就是建立在鸟粪贸易的基础上的。有30年时间，秘鲁的全部外汇收入实际上都是通过把鸟粪装入袋子卖给感激不尽的世人所获得的。智利和玻利维亚为争夺鸟粪打仗。美国国会通过了《鸟粪海岛法案》，允许私人集团宣布任何产鸟粪的海岛为美国领土，如果他们发现这些海岛还没有主人的话。美国因此而占领了50多个海岛。

当鸟粪使得农场主的日子比较好过的时候，却给城市生活带来了一个很严重的后果。它使人粪市场无法维持下去。以前，在城市里掏空粪坑的人，即所谓的清洁工，把人粪卖给郊外的农民。这有利于降低成本。但是，1847年以后，人粪市场倒闭了，因此处理人的粪便成了个问题。一般的解决办法是把粪便集中倒在最近的河里。我们将会看到，由此产生的问题要花上几十年时间才能得以解决。

就鸟粪而言，不可避免的问题是，它是经过几百年的时间才积累起来的，但很快就会用完。非洲近海有个岛上估计有20万吨鸟粪，一年多时间就被刮得干干净净，每吨的价钱涨到差不多80美元。到1850年，普通农场主只有一种令人泄气的选择，要么花上自己差不多一半的收入来买鸟粪，要么望着自己的庄稼枯萎。显而易见，现在需要一种合成肥料——那种既能可靠地有利于庄稼生长，又可以省钱的肥料。就在这个时候，一位名叫约翰·贝内特·劳斯的奇特人物登上了舞台。

劳斯是赫特福德郡一位富裕地主的儿子，从小就酷爱化学实验。他把家里一间空屋子改成实验室，大部分时间都把自己关在里面。大约1840年，在他二十四五岁的时候，他开始对骨粉肥料一种令人费解的古怪表现感到好奇，即要是把骨粉撒在白垩、泥炭等某些土壤上，就会极大地提高芜菁的产量，而要是把同样的骨粉撒在黏土上，则根本不起任何作用，谁也不知道这是什么原因。劳斯开始在自己家里的农场上做实验，以多种方式把土壤、植物和肥料混合在一起，试图把问题搞个水落石出。实际上，科学种地就从这里起步了。1843年，即劳登去世的那一年，他把部分农场改成罗森斯特德实验站。这是世界上第一个农业研究站。

劳斯对化肥和粪肥完全着了迷，以前谁也没有对肥料产生过像劳斯那样浓厚的兴趣，也没有人像他那样亲自做过实验，它们在哪方面的肥力都对他具有极大的吸引力。他用不同的饲料来喂养牲畜，然后研究它们的粪便，看看对产量所产生的影响。他将化学物质以所能想到的各种方式进行组合，然后用来浇灌农作物。在此过程中，他发现用酸处理过的磷酸盐能使骨粉在各种土壤里都起作用，虽然他不知道其中的原因。（答案来自别处，而且要晚得多。原因是：动物骨粉里的有肥力的因素，即磷酸钙，在碱性土壤里是不活泼的，需要酸来激活。）然而，劳斯已经制造出第一种化肥，他称其为石灰的超级磷酸盐，世界有了迫切需要的肥料。他如此潜心于他的生意，就是在度蜜月的时候，还带着新娘到泰晤士河及其支流沿岸的工业区作长时间旅行，为建一座新工厂选址。1900年，他在富裕中去世。

所有这些发展——业余园艺的兴起，郊区的扩展，高效化肥的发明——的结果，一个重大的发展终于来到：家庭草坪的兴起。它改变了世界的模样，但几乎没有人注意到。

19世纪以前，像样的草坪几乎只有庭园很大的豪宅和机构的主人才有，因为需要很高的维护费用。对于那些希望拥有一片草坪的人来说，他们只有两种选择。第一种是养一群羊，纽约的中央公园就是选的这种办法。直到19世纪末，中央公园一直是在里面四处吃草的200只羊的家园，牧羊人就住在如今叫做草坪酒店的那栋建筑物里。另一种选择是专门雇几个人，每逢青草生长的季节，他们就把全部时间用来割草、堆草，用手推车把草运走。这两种选择都很花钱，都不会有很好的成果。草坪即使割得再仔细，按照现代的标准来看依然是粗糙的、难看的，羊啃的草坪更是糟糕。马香先生选了哪种办法，我们不得而知，但他雇了一名园丁，名叫詹姆斯·巴克，因此他的草坪有可能是用镰刀割的。无论如何，几乎可以肯定，那个样子是相当难看的。

有一种很小的可能性，马香先生用了一种令人激动、有点吓人的新玩意儿：割草机。割草机是一位名叫埃德温·比尔德·巴丁的人发明的，他是格洛斯特郡斯特鲁德一家织布厂的工头。1830年，他看着一台用来裁剪布料的机器，突然间产生一个想法，认为可以把刀刃部分移到边缘，把它变成一台体积较小的装置，再带上轮子和手柄，就可以用它来割草。以前从来没有人想到过要用机器来割草，因此这完全是个新概念。更了不起的是，当巴丁的机器最终获得专利时，它无论在外表上还是在操作方面都与现代的筒形割草机惊人的相似。

它只是在两个关键的方面不同。第一，它的分量很重，很难操纵。制造巴丁的机器的詹姆斯·费拉比有限公司，在说明书中说，这种新机器的主人——有意思的是，不说园丁，也不说庄园的工人，而说机器的主人自己—— 会发现，使用这种机器是“一种有趣、有益和健康的运动”。说明书中还有一些插图，显示快活的买主像推着婴儿车那样推着割草机在平地上行走的样子。实际上，使用巴丁的机器是很费力气的。操作员不仅要用力抓住，握得很紧，还得拼命靠着机器，这样它才会向前移动。到了每一行的尽头，要是没有人来帮忙，那是很难改变它的位置的。

巴丁的机器的另一个明显的问题是，它割草的效果不是很好。由于分量太重，不够平衡，刀刃往往不是在草的上方空转，就是拼命往草皮里钻。只是偶尔，割过以后草坪才显得比较平整，机器的价格也很昂贵。由于这些原因，它的销售量不大。过不多久，巴丁和费拉比公司就分手了。

然而，别的制造商接受了巴丁的理念，慢慢地不断加以完善。主要的问题是分量。铸铁是很重的，为了克服这一点，许多早期的割草机按照设计是用马拉的。有一家很有魄力的制造商——莱兰蒸汽机公司，接受了最初由简·劳顿在1827年提出的想法，制造了一台蒸汽割草机，但这台机器被证明不易操作，它体积太大，重达1吨半以上，只能勉强驾驭，经常有闯进篱笆和树篱的危险。[①]最后，采用了简单的驱动链（借鉴了那个时代另一样新奇物品自行车的做法）以及亨利·贝西默的新的轻质钢，生产出了小型的拖拉式割草机，使割草机成为一种实用的工具，这种割草机正适合郊区的小花园使用。在19世纪的最后25年里，割草机已经自然地成为园艺活动的组成部分。哪怕是不太富裕的家庭，也想要把草坪修剪得整整齐齐。原因之一是户主想通过这种办法来告诉外界，他已经有了钱，不再需要利用这块地来为自己的餐桌种植蔬菜。

除了最初想出那个点子以外，巴丁本人跟割草机没有更多的关系。但是，他接着又搞出了另一项发明：可调节的扳手，它证明对人类是长远有用的。不过，是他想出来的割草机永远改变了我们脚下的世界。

对于许多人来说，今天所谓的园艺就是草坪，几乎不指任何别的东西。美国的草坪所占的面积为5万平方英里，超过了任何一种农作物。家庭草坪里的绿草要做的事，和自然界的野草是一样的，那就是长到大约2英尺高，开花，枯黄，死亡。让草保持又短又绿，不停往上长，这意味着要相当残忍地操纵它，往它身上泼很多东西。在美国西部，大约60%的自来水都被用来浇灌草坪。更加糟糕的是，大量除草剂和杀虫剂，每年7000

---

① 最后，莱兰公司不再做蒸汽机和割草机的生意，开始对新出现的内燃机感兴趣，它最后成为英国莱兰汽车制造公司。——原注

万吨，渗入草坪里。对于我们大多数人来说，养一个漂亮的草坪，几乎是我们所干的最不绿色的事情，这是极具讽刺意味的。

在那种有点令人气馁的气氛中，我们回到屋里去吧，在上楼之前看看最后一个房间。

第十三章 紫色屋

把它叫做紫色屋没有别的理由，只因为我们搬进去住的时候，那间屋子的墙壁是漆成那种颜色的。在原先的图纸上，它本来标着“客厅”两个字，但后来在调整的过程中把那个重要房间移到了隔壁。在那次调整中，仆人们没了拟建的“配餐室”，而给了马香先生一间宽敞的餐厅。不管叫什么名字，反正这间屋子是打算用作一种客厅的，很可能是用来接待喜欢的客人。

一

把它叫做紫色屋没有别的理由，只因为我们搬进去住的时候，那间屋子的墙壁是漆成那种颜色的，我们根本不知道马香牧师把这间屋子叫做什么名字。在原先的图纸上，它本来标着“客厅”两个字，但后来在调整的过程中把那个重要房间移到了隔壁。在那次调整中，仆人们没了拟建的“配餐室”，而给了马香先生一间宽敞的餐厅。不管叫什么名字，反正这间屋子是打算用作一种客厅的，很可能是用来接待喜欢的客人。马香先生也许会把它叫做书房，因为一部分墙里有一个嵌入式的书柜，从地板直达天花板，放得下大约600本书。在那个年代，这对于他这样职业的人来说是个相当可观的数目。到1851年，用来阅读的书大家都买得起，但用作摆设的书却仍然昂贵。因此，假如马香先生的书架上放的是一堆小牛皮封面的书，那可以起到足够的摆饰作用，让那间屋子获得“书房”的名字，这是完全有可能的。

马香先生似乎对这间屋子还煞费苦心，檐板的装饰线条、木质壁炉缘饰和书架都带点古典风格，这说明造价不小，而且经过了精心的选择。19世纪的图案书籍为房主提供了几乎永无穷尽的一连串形状美观、名称难懂的基本图案——圆形线脚装饰、S形线脚、狭凹槽、卷叶形花饰、凹弧边饰、凹弧饰、齿饰、反卷螺旋形饰，甚至一种“莱斯博斯岛式拱顶花边”，以及至少200多种其他图案——以此来表现向外突起的木头和灰泥表面的个性。马香先生的选择不拘一格，门框四周采用泡状的串珠饰；窗户上用的是有凹槽的柱子；壁炉的炉胸上飘着缎带似的垂花饰；天花板的镶边是一排排庄重的连续半球形图案，这种风格叫做“卵与尖形装饰图形”。

到那个时候，这种装饰风格实际上已经过时，说明马香先生是个乡巴佬。不过，我们现在也许应该对他表示感谢，因为他选用的古典风格使我们一下子就想到了历史上最有影响力的建筑师——他恰巧也是个乡巴佬—— 进而想到了有史以来建造的两栋最有意思的房子，两栋都在美国，两栋都是那里的乡巴佬的作品。因此，本章实际上写的是关于住宅建筑风格的事和几位改变了世界的乡巴佬的事。我还顺便谈一谈几本书的事。我希望，在准备介绍一间也许是，也许不是书房的屋子的一章里，这不会是不合适的吧?

为了搞清紫色屋在建筑风格方面的特色，以及除此以外在结构方面的许多其他特色，它怎么会是这副模样的，我们就需要离开诺福克和英格兰，前往意大利北部那个阳光明媚的平原，那个舒适而又古老的城市维琴察。维琴察位于威尼托地区，界于维罗纳和威尼斯之间。乍看起来，维琴察似乎很像意大利北部类似大小的任何别的城市，但几乎所有的游客都很快就会有一种很熟悉的古怪感觉。你一次又一次地拐过弯去，会发现自己站在以前似曾见过的建筑物前面，这几乎是不可思议的。

在某种意义上，你的确是见过的，因为这些建筑物是模板，整个西方世界的其他重要建筑都是由此衍生出来的：卢浮宫、白宫、白金汉宫、纽约公共图书馆、华盛顿的国家美术馆以及无数的银行、警察局、法院、教堂、博物馆、医院、学校、豪宅和普通住宅。巴巴拉诺宫和皮奥文斯别墅与纽约证券交易所、英格兰银行和柏林的国会大厦等等显然在建筑上有着相同的DNA。坐落在城市边缘一个山坡上的卡普拉别墅，使人想起了无数穹顶建筑物，从范布勒设计的霍华德堡的四季堂，到美国首都华盛顿的杰斐逊纪念堂。奇里卡蒂别墅的门廊有着引人注目的三角墙和4根简朴的圆柱，它不仅很像白宫，它就是白宫，只是奇怪地被改成了该市东部边缘不远处的一个依然在经营的农场。

所有这些建筑风格的创始人，是一个名叫安德烈亚·第·皮埃特罗·德拉·贡多拉的石匠。1524年，在他还不到16岁的那年，他从故乡博杜瓦来到维琴察，在那里结交了一位很有影响的贵族詹乔治·特里西诺。

假如他没有如此幸运地结交这位朋友，这个年轻人很可能就一辈子满身尘土地敲敲石头，他的天才无人知晓，今天的世界也会是一个非常不同的模样。令后代们感到庆幸的是，特里西诺发现这个孩子身上有点才气，值得培养，于是把他带回了家，让他攻读数学和几何，带他去罗马看看那些伟大的古建筑物，为他提供了一切所能提供的有利条件。最后，他终于成为他那个时代最伟大、最有信心、最有影响力的建筑师。在此过程中，他还以古希腊智慧女神帕拉斯·雅典娜的名字，为他起了个我们大家现在都知道的名字：帕拉弟奥[①]。（说也奇怪，我觉得必须指出，他们的关系似乎完全是柏拉图式的。特里西诺是个有名的讨女士喜欢的人；年轻的石匠也幸福地成了家，快要成为5个孩子的爸爸。特里西诺确实很喜欢帕拉弟奥，在帕拉弟奥的一生中，大多数人似乎也很喜欢他。）

就那样，在那位老人的指导下，帕拉弟奥成为一名建筑师——对他这种背景的人来说，这是非同寻常的一步，因为在那个时候，建筑师开头通常是美术家，而不是工匠。帕拉弟奥不搞装饰，不搞雕刻，也不搞绘画，他只设计建筑物。但是，他受过当石匠的实际训练，因此有个宝贵的有利条件：他对建筑物了如指掌，从而，用威托尔德·赖布津斯基的话来说，不仅知道一栋建筑物的本质，而且知道它的道道儿。

帕拉弟奥在这些方面是个典型例子：他具有合适的才华，生活在合适的地点和合适的时间。25年前，瓦斯科·达·伽马完成了前往印度的史诗般的航行，打破了威尼斯作为香料贸易在欧洲一端的垄断地位，削弱了它在商业上的支配作用。这时候，该地区的财富正在向内地流动。突然之间，出现了一批新型的乡绅，他们既有财富，又有建筑方面的雄心壮志。帕拉弟奥完全知道怎样以前者来满足后者，他开始在维琴察及其周边地区盖起有史以来最完美、最惬意的住宅。他的才华尤其在于设计那种既忠实于传统理念，又比相对严谨的古代形式更有意思、更具魅力、更加舒适、

① 帕拉弟奥（1508—1580），意大利建筑师，研究并发展了古典建筑，著有《建筑四书》等。——译注

更有活力的建筑物。这是古典理念的复苏，世人会渐渐喜欢上它。

帕拉弟奥设计的建筑物并不算多——几座宫殿、4座教堂、1座女修道院、1座大教堂、2座桥梁和30栋别墅，只有17栋别墅至今尚存。在不复存在的13栋当中，有4栋没有完工，7栋已经毁坏，1栋根本没有盖起来，1栋情况不明，说不清楚。那栋别墅要是盖成的话，名叫拉戈那别墅，但始终没有找到。

帕拉弟奥的方法建立在严格照章办事的基础之上，并以公元前1世纪古罗马建筑师维特鲁威的规则为范本。维特鲁威不是一位特别杰出的建筑师，实际上，他更是一位军事工程师。他之所以对历史显得很重要，是因为他的著作偶然存留了下来——这是在古典建筑方面唯一一部存留下来的作品。1415年，有人在瑞士的一所修道院里发现书架上孤零零地放着一本维特鲁威关于建筑学的著作。维特鲁威对比例、类型、形状、材料和其他一切可以计量的东西都制定了特别具体的规定。在他的天地里，一切都是按照公式来办事的。比如，一排柱子的间距，绝不可以凭直觉或感觉来决定，而要受到严格的公式的支配，旨在获得必然的、可靠的和谐。这方面有可能是特别苛刻的。比如：

> 所有长方形房间的高度，都应当通过运算来确定，即长度和宽度之和除以2，商数就被用作高度。但是，如果是带座位的凹室，或者是方形的房间，那么高度就要增加到宽度的一倍半……过梁附近的接待厅的高度应当比其宽度增加1/8，天花板应当比这个高度再高宽度的1/3。如果中庭较小，门应当是T宽度的2/3；如果中庭较大，门应当是接待厅宽度的一半。……祖先的胸像加上饰物，应当放在相当于两侧宽度的高度上。门的宽度和高度的比例，如果是多利斯式的话，可以用多利斯型的方式计算，如果是爱奥尼亚式的话，可以用爱奥尼亚式的方式来计算，但都要遵照对称的原则，这些原则已经在第四卷关于门的部分里介绍过。

帕拉弟奥继承了维特鲁威的理念，认为所有房间都应当是7种基本形状之一 ——圆形、正方形或5种长方形。他还认为，特殊的房间始终要以特殊的比例来建造。比如，餐厅的长度必须是宽度的两倍。只有这些形状，空间才给人带来愉快的感觉，到底什么原因，他没有说。（实际上，维特鲁威也没有说。）然而，帕拉弟奥实际上只有在大约一半时间里是按自己的理念办事的。无论如何，帕拉弟奥颁布的有些规定是令人生疑的。关于柱型的分级系统的理念——科林斯式柱型始终优于爱奥尼亚式柱型，爱奥尼亚式柱型始终优于多利斯式柱型——似乎是帕拉弟奥的同时代人塞巴斯蒂亚诺·塞利奥的发明，维特鲁威根本没有提到这条规定。帕拉弟奥还犯了一个最基本的错误，凡是他建造的别墅，他都设有一个带圆柱的门廊，不知道只有古罗马的神殿才是那样，而住宅从来不是那样的。这很可能是他仿效最多的式样，而从忠实的角度来看，这是完全错误的。但是，这也许是建筑史上最幸运的错误。

假如他只是在维琴察周围盖了一系列漂亮的住宅，帕拉弟奥的名字也许永远不会成为一个形容词。他之所以出名，是因为他在1570年他的生命快到尽头之时出版了一部书。这部书的名字叫做《建筑四书》，部分内容是平面图和立面图，部分内容是宣布一些原则，部分内容是大量实用建议。书里有着大批的规定和详细的要求—— “关于房间的高度”、“关于门窗的大小”，还有一些有益的提示（比如：不要把窗户开在太靠近墙角的地方，那样会影响到整个建筑物的牢固程度）。这本书完全适用于业余人员。

在英语世界里，提倡帕拉弟奥建筑风格的第一人和最伟大的人是伊尼戈·琼斯。琼斯是舞台设计师和自学成才的建筑师，在帕拉弟奥去世20年以后，他有一次在意大利访问。在此过程中，他发现了帕拉弟奥的作品，简直着了迷。他把所能弄到手的帕拉弟奥的建筑图样全部买了下来，总共大约有200幅。他开始学讲意大利语，甚至模仿帕拉弟奥的签名方式。回到英格兰以后，他就利用一切机会来建造帕拉弟奥式的建筑物，第一栋就

是1616年建在格林尼治的女王府。在现代人看来，这是个索然无味的正方形建筑物，令人联想起了美国中西部小城市的中央警察局，但在斯图亚特时代的英格兰，它显得特别轮廓分明，具有现代气息。突然之间，全国的其他建筑物似乎都属于另一个花里胡哨的时代。

帕拉弟奥的建筑风格尤其和乔治时代关系密切，很大程度上难以和乔治时代的建筑风格加以区别。这个在建筑上整齐划一的时代，始于1714年乔治一世登基之时，一直延续到另外三位乔治王和一位乔治王的儿子威廉四世的统治时期。威廉四世于1837年驾崩，维多利亚女王登基，从而开始了一个新的时代。当然，实际情况并不是那样一丝不差的，建筑风格不会仅仅因为一位君主的死去而改变，也不会因为一个朝代很长而保持不变。

由于乔治时代如此漫长，出现了各种经过改进和发挥的建筑风格。它们有的渐渐消失，有的独树一帜，因此有时候很难区分新古典主义、摄政时期风格、复兴的意大利风格、复兴的古希腊风格以及其他术语的意义，这些术语都是用来指一个特定的风格、美学标准或时段的。美国独立以后，乔治时代风格成了一个不受欢迎的标志（实际上，在美国独立以前，这也不是个很讨人喜欢的用语），于是就用“殖民地时期风格”来描述独立以前的建筑物，用“联邦时期风格”来描述独立以后的建筑物。

所有这些风格的共同之处就是跟古典理念的附联关系，也就是说跟严格规则的附联关系，这并不总是一件很好的事情。规则意味着，建筑师有时候几乎用不着动脑筋。肯特郡的豪宅梅雷沃思府是科伦·坎贝尔设计的，它实际上完全是帕拉弟奥的卡普拉别墅的翻版，只是那个圆顶稍稍改了一下。许多别的建筑物也没有多少创新。“重要的是忠实于规则”，正如阿兰·德·博顿在《巧妙的建筑学》中说的。在当时建造了一些很漂亮的帕拉弟奥式建筑物，马上从脑海里闪过的有奇西克府、伦敦西部伯林顿爵士的超大型观景台。但随着时间过去，总体效果是老一套的，有点儿索然无味。正如建筑史学家尼古拉斯·佩夫斯纳所说：“那个时期所建造的各种别墅和乡村住宅，你在脑子里是不容易区分的。”

帕拉弟奥的卡普拉别墅（上）和托马斯·杰斐逊的蒙蒂塞洛（下）

因此，想到以下这一点，你会感到某种程度的满足：那个时代的两栋也许是最有意思、最有创意的帕拉弟奥式住宅，不是由训练有素的建筑师建在欧洲，而是由业余人士建在遥远的地方。不过，他们是些什么样的业余人士呢？

二

1769年秋，在弗吉尼亚山区的一个山坡上，在当时文明世界的最边缘，有个年轻人开始建造他的梦幻住宅。它将耗去他这一生中的50多年时间和差不多全部资源，他将永远看不到它竣工。他的名字就叫托马斯·杰斐逊。那栋住宅就是蒙蒂塞洛。

从来没有过这样的一栋住宅，几乎可以不加夸张地说，它是世界的最后一栋房子。它的面前是一块未经探索的大陆，它的背后是整个已知的世界。也许最能解释杰斐逊和他的住宅的是：这栋房子背向那个旧世界，眺望那个空荡荡的未知的新世界。

蒙蒂塞洛之真正与众不同之处是，它建在一个山坡上。18世纪的人不那么做，而且是有正当的实际理由的。杰斐逊把房子盖在那种地方，为自己制造了很多麻烦。他首先得修一条通到山顶的路，其次要清理和平整几英亩面积的岩石山顶。这两项工作都工程浩大，他还不得不经常解决供水问题。在山顶上，水始终是个问题，水的本性就是要往山下流，因此他不得不把井挖到非同寻常的深度。即使那样，那种井大约平均每5年就会干枯一年，水就得用小推车送上来。他的房子是方圆几英里范围内的最高点，因此闪电也是一件经常要担心的事。

蒙蒂塞洛就是帕拉弟奥的卡普拉别墅，不过是重新演绎的，是用不同材料盖的，而且屹立在另一块大陆上——完全原创而又忠实于原创。启蒙运动时代是最适于贯彻帕拉弟奥理念的时代，这是个极其讲究科学的时代。据认为，包括美和对美的欣赏在内的一切，都可以简化为科学原则。

对业余建筑师来说，帕拉弟奥那本关于平面图的书也是一本合适的初级读本。因此，无论在实际上还是精神上，它对于像杰斐逊那样的人来说是不可缺少的。在杰斐逊开始建造蒙蒂塞洛之前的半个世纪左右时间里，大约有450本建筑方面的手册问世，因此他有充分的选择余地，但他专心阅读的还是帕拉弟奥的书。“帕拉弟奥的书就是圣经。”他直言不讳地写道。

在他开始建造蒙蒂塞洛的时候，他去过的最大的地方就是殖民地首府威廉斯堡，他在那里上威廉和玛丽学院。威廉斯堡只有2万人口，还几乎称不上是个城市。虽然他后来到过意大利，但他从来没有见过卡普拉别墅。要是他见了那栋别墅，他几乎肯定会大吃一惊，因为与蒙蒂塞洛相比，卡普拉别墅是个大家伙。虽然在插图里两者看上去很相似，但帕拉弟奥版本的建造规模，使得蒙蒂塞洛看上去几乎像一栋农舍。部分原因是，蒙蒂塞洛的服务区，即所谓的附属建筑物，建在山坡里面，从住宅和花园是看不见的，蒙蒂塞洛的许多部分实际上是在地下。

今天游客们所看到的蒙蒂塞洛，是一栋杰斐逊根本没有见过而只是梦想过的房子。它在他生前没有完工，实际上甚至还没有成形。有54年时间，杰斐逊住在一个建筑工地上。“建起来，再拆掉，这是我最喜欢的娱乐活动之一。”他快活地说。幸好他是个停不下来的人，老是在东摸摸西摸摸。工程如此漫长，因此当蒙蒂塞洛有的部分还在建造时，有的部分已经开始破败。

在杰斐逊的设计中，许多方面很难捉摸。屋顶是建筑商的一个噩梦，因为他把屋脊接合到了斜面上，搞得不必要的复杂。“在这一方面，他肯定是业余的，不是专业的。”蒙蒂塞洛的建筑管理人员鲍勃·塞尔夫一边领着我参观，一边对我说，“设计完全没有问题，只是比需要的要复杂得多。”

作为一名建筑师，杰斐逊严谨到了奇特的程度。在他的有些图样里，尺寸具体到了7位小数。塞尔夫给我看了一份图样，尺寸古怪地精确到了1.8991666英寸。“即使现在，无论计算什么东西，谁也不可能计算到如此精确的程度，”他说，“你是在说1英寸的百万分之几。我认为这只是一种智力游戏，实际上不可能是别的。”

这栋住宅最古怪的地方是那两座楼梯，杰斐逊认为楼梯是浪费空间，因此他要的楼梯只有2英尺宽，而且很陡。“一座小梯子似的楼梯。”有一位游客说。楼梯又狭窄又弯曲，凡是需要搬上去的东西，除了客人最小的行李以外，都得用绞车往上拉，从窗洞里拖进去。楼梯建在住宅深处，自然光照不着，因此不仅很陡，而且黑得伸手不见五指。即使现在走一走这两座楼梯，尤其是下楼梯，也是一次紧张不安的经历。由于存在危险，游客是不允许走上一楼和二楼的；出于令人不快的需要，蒙蒂塞洛的许多地方也是去不了的（那些空间主要用作办公室）。这意味着，游客们看不到这栋房子里那间最惬意的屋子——位于穹顶里面的杰斐逊所谓的天空室。黄色的墙壁，绿色的地板，清风徐来，视野开阔，这里可以用作一间完美的书房或画室，或任何类型的隐居之地。但是，到这间屋子来一直并不容易。在杰斐逊的年代，一年当中有1/3的时间这间屋子是不能使用的，因为没有有效的取暖方法。因此，这里变成了阁楼，用作贮藏室。

在其他方面，这栋房子是个奇迹。那个穹顶是蒙蒂塞洛的特色，它不得不以非同寻常的建筑方法，架在已经存在的承重墙上。“因此，虽然外表看上去完全是规则的，”塞尔夫说，“其实不然，整个工程是一道巨型数学题。支撑穹顶的拱肋长短不一，但都必须伸展同样长度的半径。因此，它的设计全都是数学运算，没有多少人有本事在那里搞出个那种穹顶来。”别的特色都超前几代人时间。比如，杰斐逊在这栋房子里开了13个天窗，因此里面特别亮堂，特别通风。

来到外面的平台上，塞尔夫指给我看花园里的一个很漂亮的球形日晷，这是杰斐逊自己制作的。“这不仅是一件了不起的工艺品，”他说，“而且，你得精通天文学才造得出来。真是了不起，他竟然有这个时间和本事把那么多知识装进自己的脑子里。”

蒙蒂塞洛以一些新奇的物品著称，有建在壁炉台里面的一台运送食品的升降机、几个室内厕所、一个名叫复写仪的工具。复写仪能用两支笔誊抄书写在上面的任何信件。有个特色在一个半世纪时间里令专家们着了迷，并感到迷惑不解。那是一处双门：你只要推一扇门，无论哪一扇，两扇门都会同时打开。直到20世纪50年代在改建的过程中露出了内部的装置，整修工人才发现，那两扇门由地板下面一根看不见的杆子和滑轮连在一起——原来就这么个比较简单的设置，但这是令人吃惊的，因为这意味着要花费很多钱和煞费苦心地筹划，而又省不了多少力气。

杰斐逊的精力特别充沛。他自豪地说，有50年时间，他从来不等太阳升起就起床了。他的83年时间几乎一分一秒也没有浪费，他特别重视做记录。他一次要同时使用7个笔记本，每一本里面都记录着日常生活中最细微的事情。他详细记录每一天的天气、鸟类的迁移方式、花儿开放的日期。他不仅保存了自己写的18000封信的抄件，保留着别人写给他的5000封信，而且还把它们细致而又坚持不懈地全部记入一本“书信录”，光“书信录”就长达650多页。他挣的和花的每一分钱都要做记录，他记录下了用几粒豆子才能装满一个品特杯。他为自己的每个奴隶做了详细的档案，完整记录他们所受的待遇和所有的财物。

然而，说来也怪，他对蒙蒂塞洛却没有做一则日记或一篇记录。“真怪，我们对杰斐逊在巴黎的那栋房子的了解，比对这栋房子的了解还多，”高级管理员苏珊·斯坦在我参观蒙蒂塞洛的过程中对我说，“我们不知道他在许多房间的地板上铺了什么，对很多陈设也不总是很有把握。我们知道这栋房子里有两个室内厕所，但不知道是供谁使用的，也不知道用的是什么手纸。这些事情都没有记录。”因此，我们对杰斐逊的了解显得很怪：我们对他所种植的大约250种食用植物（他把它们归了类，哪些是根可以食用的，哪些是果实可以食用的，哪些是叶子可以食用的）知道得一清二楚，而对他室内生活的许多方面却知道得少得可怜。

这栋房子一直是以杰斐逊为核心的。当杰斐逊在1772年把自己的年轻新娘马莎带到蒙蒂塞洛时，工程已经进行了3年，一看就明白，这是他的房子。比如，他的私人书房差不多是餐厅和新房之和的两倍大小。屋里的

重要东西都是为了满足他的需求和怪念头而设计的，比如，他可从家里任何5个位置测定风向和风速——这不是杰斐逊夫人所迫切需要的东西。

结婚刚刚10年，马莎就过早去世。之后，这栋房子就更加完全成了他一个人的天地。在大多数情况下，家里的任何私人活动范围，客人是不准进去的，除非有人陪伴。那些想要到图书室里去看书的人，要等杰斐逊先生亲自带他们进去。

杰斐逊所做的记录有许多令人费解的空白，其中最让人感到意外的是他没有对自己的书做记录，根本不知道自己到底有多少册书。杰斐逊很爱书，幸运地生活在一个图书越来越普及的年代。即使在不太久以前，书籍还是相当稀罕的。1757年杰斐逊的父亲去世时，留下了一个有42册藏书的图书室。那已经被认为是个相当可观的数量了。有个图书室有400册藏书——约翰·哈佛临死时留下的数量——被认为数量巨大，他们就以他的名字命名了哈佛学院。在他的一生中，哈佛以每年大约12册的速度添置图书。而杰斐逊在他的一生中，以每月大约12册的速度购买图书，平均每10年积累1000册。

要是没有这些书，托马斯·杰斐逊就不可能成为托马斯·杰斐逊。对于他这样一个生活在边疆地区的人来说，由于远离实际经验，书籍是怎样度过人生的重要向导。给他最大启示、最大满足和最有益的教诲的不是别的书，而是《建筑四书》。

三

由于经济拮据，加上他喜欢不停地折腾，蒙蒂塞洛从来没有显得很漂亮，或接近于显得很漂亮。1802年，有一位名叫安娜·玛丽亚·索顿夫人的女士前来拜访，吃惊地发现自己还得从摇摇晃晃的跳板上走进屋去。到这个时候，杰斐逊已经在这栋房子上花费了30多年心血。“虽然我有这个思想准备，不会看到一栋已经完工的房子，但仍然不禁感到……总的气氛是令人不舒畅的。”她在日记中惊叹道。杰斐逊本人对这样的不方便从来不大在意。“我们现在住在一个砖窑里。”他有一次在给朋友的信中快活地说。杰斐逊也是个不大会管理的人，弗吉尼亚的气候闷热而又潮湿，外面的木板至少每隔5年需要重新油漆一遍。根据判断，杰斐逊从来不重新油漆。建筑物的木料几乎刚架起来，白蚁就开始把它吃掉。干腐菌也很快到场了。

杰斐逊在经济上老是处于困境，但这种困境是他自己造成的，他花起钱来大手大脚。1790年，他在法国待了5年以后回国，带回来一船家具和家用物品——5个炉子，57把椅子，各种镜子、沙发和烛台，一把他自己设计的咖啡壶，钟，亚麻织物，各种陶器，145卷墙纸，一批煤气灯，4个烘饼烤模，还有许多别的东西——足足装了86大箱。此外，他还带回家一辆马车。这一切他都送到了他在费城的住宅，然后又送到了美国的首都，接着又出去采购更多的东西。

杰斐逊个人是苦行者，他的衣着还不如他自己家里的仆人显眼，但他花费巨款来购买食物和饮料。在他担任总统的第一任期间，光花在酒上的钱就多达7500美元，大约相当于今天的12万美元。在整个8年时间里，他购买的葡萄酒不少于20万瓶。就是到了82岁高龄，而且债务累累，他“仍然订购了每批150瓶的几批慕斯卡天然白酒”，有一位传记作家以毫不掩饰的惊讶语气写道。

蒙蒂塞洛的许多怪招，都起因于杰斐逊所雇用的工人的局限性。由于他找不到能解决复杂问题的人，他对于外部的柱子不得不坚持采用一种简单的多利斯型风格。但是，在所有的问题中，无论是开支还是挫折，最大的问题是缺少本地产的建筑材料。我们应该停下来想一想，在一块缺少基础设施的土地上试图建设一个文明社会，美洲殖民者要面临多大的困难啊。

按照英国的帝国哲学，美洲殖民地应当以公平的价格提供原料，然后从英国购买成品。这种体系体现在一系列的法律之中，即《航海条例》。该条例规定，凡是运往新世界的产品，必须是发自英国的或者在运输途中经过英国的，哪怕比如是西印度群岛生产的，结果就要毫无意义地两次越过大西洋。这种安排效率极低，但对英国商人和制造商极其有利可图，他们实际上控制了一块正在快速发展的大陆。到美国革命前夕，美洲殖民地实际上就是英国的出口市场。英国销往海外的80%的亚麻织物、76%的钉子、60%的铸铁和差不多一半的玻璃，都出口到了美洲。就大宗货物而言，美洲殖民地每年进口3万磅丝绸、1.1万磅盐、13万顶海狸皮帽和许多别的东西。其中，许多东西的原料来自美洲，比如海狸皮帽，其实美洲的工厂里很容易生产出来，这一点没有逃过美洲殖民地人民的眼睛。

美洲殖民地的内部市场很小，要在这么大的地方发货存在许多问题，这意味着当地人即使敢于竞争也无法竞争。18世纪初，建起了几家较大的玻璃生产企业，有的在短期内甚至生意不错。但是，到了爆发美国革命的时候，殖民地已经不生产玻璃。在大多数家庭，窗玻璃破了只能让它破着。玻璃在哪里都如此稀罕，以至于竟然建议移民自带窗玻璃。铁也同样经常缺货。纸张常常如此短缺，实际上是不存在了。只有最基本的陶器是在美洲制造的，如陶罐、瓦壶等等。凡是质量较好的东西，比如瓷器，都得从英国进口（或者甚至成本更高，经过英国）。对于杰斐逊和弗吉尼亚的其他种植园主来说，还要加上缺少城镇的问题。跟伦敦打交道，要比跟别的殖民地打交道容易。

结果，实际上什么东西都得从一个远方的代理商那里订货。什么要求都得说得清清楚楚，但最终你还得依赖一个陌生人的判断力和诚实的服务，让人失望的可能性是很大的。我来说一说1757年乔治·华盛顿有一次像平常一样订货的事，从中可以大致知道美洲殖民地人民有无可计数的东西自己不能生产。华盛顿要了6磅鼻烟、两打海绵牙刷、20麻袋盐、50磅葡萄干和杏仁、12把红木椅子、两张餐桌（“摆开来的话4英尺半见方，偶尔要拼在一起”）、一大块柴郡芝士、一些用来修烟囱的大理石、一些制型纸板和墙纸、1桶苹果酒、50磅蜡烛、20块糖、250块窗玻璃以及许多别的东西。

“注意：包装要小心。”他以有一点哀伤的语气接着说，但是毫无用处，因为差不多每船货物到达之时，总是有的破碎，有的损坏，有的丢失。比如，为了20块窗玻璃你等了大半年，结果发现半数已经破碎，其余的尺寸不对。在这种情况下，连最能忍耐的人也往往要大发雷霆。

从商人和代理商的角度来看，那些订单有时候写得不够清楚，看不懂。华盛顿的一份订单指示在伦敦的代理商为他购置“两尊仿意大利古利昂”。那位代理商正确地推测华盛顿指的是塑像，但又猜不出种类和尺寸。由于华盛顿从来没有出洋去过意大利，很可能他自己也完全没有把握。华盛顿给他在伦敦的代理公司罗伯特·卡里有限公司写过许多信，经常要求购买一些“时髦”的物品和“最新式样”的物品，或者“整体上漂亮和高雅”的物品，但从他的后续信件来看，他只是在很少情况下觉得买到了自己想买的东西。

即使是写得最仔细的说明，也极其容易被误解。埃德温·图尼斯讲了这样一个故事：有个人希望把家族饰章印在餐具上，于是在订单里附了一张图形。为了确保对方能充分理解他的指示，他加了个醒目的箭头来强调某个细节。当盘子到货的时候，那个人吃惊地发现每个盘子上都依样画葫芦地印着那个箭头。

有的衣服和陈设在英国已经过时，卖不出去，因而倾销给殖民地的人，这种事很容易发生，对许多代理商来说也是极有诱惑力的。“要是你在高档商店里看到这些东西，你真的不知道那原来是垃圾。”有一位名叫玛格丽特·霍尔的英国游客在写给国内的朋友的信中说。英国工厂里有一句由衷的行话：“这对美洲人来说还是挺不错的。”多收钱款是经常可能发生的事，有一次货物交付以后，华盛顿怒气冲冲地给卡里写信说，提供的许多产品“质量低劣，价钱又不对头，这个价钱要远远超过我以前付过的任何价钱”。

代理商和商人粗枝大叶的作风快把美洲人气疯了。约翰·泰洛上校在建造华盛顿著名的八角宅第时，向伦敦的科德厂订了一个壁炉，等了一年时间才收到货物。他打开箱子一看，发现厂方忘了把炉架装进去，顿时气得火冒三丈，可是又无可奈何。他没有等炉架到货，而是请一位可信的殖

民地木匠用木头制作了一个新的炉架。那个壁炉依然用的是木架子，至今仍是科德工厂留在美国的几件产品之一。

供应如此困难，种植园主往往不得不自己动手制作。杰斐逊用的砖是自己烧制的，总共烧制了大约65万块。但这是一件很难办的事，由于家庭砖窑的温度不均匀，任何一窑砖大约只有一半是可以派用场的。他还开始自己制造钉子。随着跟英国的关系越来越紧张，办事情也变得更加困难。1774年，大陆会议通过了不进口协议。杰斐逊向英国订了14对价钱很贵的框格窗，而且确实很需要这批窗子，但他不安地发现到这个时候还没有到货。

对自由贸易这样压制，极大地激怒了苏格兰经济学家亚当·斯密①（他的《国富论》在美国宣布独立的同一年问世，这不是偶然的），但与激怒美国人的程度，那完全不可相比。美国人自然不喜欢永远充当一个受母国控制的市场，如果认为对商业方面的愤怒情绪是美国革命的原因，那会把事情说过了头，但这肯定是个强有力的因素。

四

当托马斯·杰斐逊在蒙蒂塞洛不停折腾的同时，在东北方向120英里外的地方，他的同事和弗吉尼亚老乡乔治·华盛顿遇到了类似的困难和挫折，以同样天才的应变能力在重建弗农山庄。该山庄是华盛顿在种植园的家园，位于波托马克河畔，离现在的哥伦比亚特区不远（距离如此之近不是偶然的。华盛顿担负着为美国新首都选址的任务，它必须是在从他的种植园骑马很容易到达的地方）。

1754年，在他的同父异母兄弟劳伦斯死后，华盛顿搬到了弗农山庄。

---

① 亚当·斯密（1723—1790），英国经济学家，古典政治经济学的代表，主张经济自由放任，反对重商主义和国家干预，主要著作有《国富论》等。——译注

当时，弗农山庄还是一栋规模不大的农舍，只有8个房间。在此后的30年里，他把它重建和扩展成了一栋拥有20个房间的豪宅，每个房间都比例精确、陈设美观（还有许多体现帕拉弟奥风格的地方）。华盛顿在年轻时候去过一次巴巴多斯，而且时间不长，除此以外再也没有离开过他所谓的“未成年的丛林之国”。然而，弗农山庄复杂的结构，给一位去过那里的人留下了深刻的印象，觉得华盛顿似乎参观过欧洲的豪宅和花园，精心挑选了每一处的最佳方面。

他对每个细节都十分挑剔，在历时8年的革命战争期间，尽管战斗生活艰苦又容易分心，他仍然每个星期给家里写信，询问事情的进展情况，对设计的某个方面下达新的或修正的指示。华盛顿雇用的领班怀疑，在这个时候花钱费力来盖这栋房子是否合适，因为敌人随时有可能把它占领并摧毁。在战争的大部分时间里，华盛顿一直陷在北方的战事中脱不了身，他的南方家乡经常容易受到攻击。幸运的是，英国人始终没有到达弗农山庄。假如他们到了那里，他们几乎肯定会带走华盛顿夫人，把房子和庄园付之一炬。

尽管有这些风险，华盛顿还是把工程进行下去。恰恰是在1777年战争进入最低谷的时候，弗农山庄在建筑方面两个最大胆的部分完工了：穹顶和露天前廊。后者即所谓的柱廊，富有特色的长方形柱子在房屋朝东的正面排列成行。柱廊是华盛顿自己设计的，这是他的得意之作。“直到今天，”斯图尔特·布兰德写道，“它仍是美国坐在里面感觉最舒适的场所之一。”穹顶也是华盛顿的点子。它不仅为屋顶轮廓线加了一顶漂亮的帽子，而且可以用作一台很管用的空调器，拦截吹来的微风，把它送进屋内。

“柱廊确实是个聪明的办法，既为屋子遮阳，又使屋子凉爽，正面又显得很漂亮，”在我参观过程中，弗农山庄管理所副主任丹尼斯·波格对我说，“他是一位比人们几乎老说的要棒得多的建筑师。”

由于不断地为现存的建筑物添砖加瓦，华盛顿不得不经常作出一些妥协。出于结构的原因，他不得不作出选择，要么对内部的很多地方重新装

修，要么放弃房子后部的对称结构。他选择了放弃对称结构。“这在那个时代是一件相当勇敢和不平常的事，但华盛顿总是讲究实际，”波格说，“他宁可要一个理智的内部布局，也不愿意在外部勉强保持对称结构。他希望人们不会注意到这一点。”在波格的经历中，大约有一半游客的确没有注意到。应当说，没有对称结构不是特别不和谐，虽然对于注重平衡的人来说，很难不注意到穹顶和三角墙不在一条直线上，足足相差一英尺半。

由于缺少各种建筑石料，华盛顿用木板来贴饰房子的外部。仔细做好边缘的削角，使其看上去很像切割过的大块石料。漆上油漆，伪装成节疤和纹理。在油漆快干的时候，把沙子轻轻地吹在上面，形成一种沙砾状的质地。这套骗术玩得如此成功，即使现在，导游还得用指关节在上面轻轻地叩一叩，向游客说明建筑物的真正性质。

华盛顿没有多少时间来欣赏弗农山庄。即使在家，他也没有多少安宁。只要有任何外表体面的客人上门，你就得管吃管住，这是那个时代的习俗之一。华盛顿家里宾朋盈门，有一年总共接待了677位客人，其中许多住了不止一个晚上。

华盛顿于1799年去世，这离他退休才两年，弗农山庄从此开始了一个漫长的衰落过程。到19世纪中叶，它实际上已经破败。华盛顿的后代愿以一个合理的价钱把它卖给国家，但国会认为自己的作用不包括管理前总统的家园，因此不愿意提供资金。1853年，有一位名叫路易莎·多尔顿·伯德·坎宁安的女士乘坐一艘客轮行驶在波托马克河上，吃惊地看到弗农山庄的破落样子。于是，她建立了一个叫做“弗农山庄女士协会”的基金会。该协会买下了这个地方，开始了漫长而又勇敢的修复工程。如今，它依然聪明而又满怀深情地管理着它。更加了不起的是，波托马克河对面那无与伦比的景色得以保留。20世纪50年代，有计划要在对岸建大型炼油厂。俄亥俄州众议员弗朗西丝·佩恩·博尔顿成功地进行干预，设法为后代保住了马里兰州80平方英里的河滨土地。因此，今天的景色依然和华盛顿时代一样赏心悦目，一样尽如人意。

杰斐逊去世以后，蒙蒂塞洛遭受了类似的命运，虽然它实际上已经处于一种破旧的状态。1815年，有一位吃惊不小的游客写道，几乎所有的椅子已经磨出了窟窿，一些垫料露在外面。1826年7月4日，在签署《独立宣言》50周年的那一天，83岁高龄的杰斐逊去世。这时候，他欠了一笔巨债——10万多美元。蒙蒂塞洛看上去一副破落的样子。

由于出不起大笔的维修费，杰斐逊的女儿以7万美元的价钱把房子放到市场上，但是没有买主。最后，它仅以7000美元的价钱卖给了一个名叫詹姆斯·巴克利的人。巴克利想要把它改成一个养蚕场，这项雄心勃勃的计划遭受惨败。巴克利跑到了巴勒斯坦去做传教士工作。那房子被遗弃了，地板缝里长出了野草。几扇门倒在地上，牛群在空荡荡的房间里游荡，乌东①那尊著名的伏尔泰胸像被发现丢在野地里。1836年，在杰斐逊去世仅仅10年之后，蒙蒂塞洛以2500美元的价钱转手。即使在当时，这也是个小得可怜的数目。买主是个想象不到的人物，名字叫尤赖亚·菲利普斯·利维。有关利维的几乎一切都使他成为弗吉尼亚州一个奇特的庄园主。无论如何，有关他的一切几乎都不同寻常。首先，他是个犹太裔海军军官，美国海军里唯一的犹太裔军官。他还不易相处，难以管束。这种特点是他的上司不喜欢在任何海军军官身上看到的，而且会加深他们往往已经怀有的任何排犹偏见。在他的职业生涯中，利维上过5次军事法庭，5次被宣判无罪。令他的新邻居同样瞩目的是，他是纽约人。一个犹太裔北方佬在弗吉尼亚州没有几个朋友。美国内战爆发的时候，蒙蒂塞洛被邦联政府占领，利维逃到了最近的安全避风港华盛顿。他向林肯总统请求帮助。林肯办事很利索，对其恰当的做法表示赞赏，任命他担任联邦军事法庭委员会成员。

有90年时间，利维家族一直是蒙蒂塞洛的主人，比杰斐逊本人还要

① 乌东（1741—1828），法国雕塑家，作品有华盛顿、杰斐逊、伏尔泰等名人的坐像或胸像。——译注

长久得多。要是没有他们，这栋房子根本不会再存在了。1923年，他们以50万美元的价钱把蒙蒂塞洛卖给了新建立的“托马斯·杰斐逊纪念基金会”，该基金会开始了一个漫长的修缮计划，这项工程到1954年才完工。在杰斐逊动工将近200年以后，蒙蒂塞洛才终于成了他打算建造的那种房子。

假如托马斯·杰斐逊和乔治·华盛顿仅仅是种植园主建造了有意思的住宅，那也算是很有成就了。当然，他们实际上还共同发动了一场政治革命，指挥了一场旷日持久的战争，长年背井离乡，缔造并孜孜不倦地服务于一个新的国家。尽管这样分心，加上没有受过适当的训练，也没有建筑材料，他们还是设法建造了两栋最满意的房子，这确实是一项了不起的成就。

蒙蒂塞洛的一些卓越的新发明，如它的无声升降机、联动双门等等，有时候被轻描淡写地认为是小花招，而实际上它们早在大约150年前就预期到了美国人对节省劳力的器械的热爱，一定程度上使蒙蒂塞洛不仅成为美国有史以来建造的最新式的住宅，而且成为美国的第一栋现代化住宅。在这两栋住宅当中，较有影响的一直是弗农山庄，它成为无数别的住宅以及可驾车径直驶入并得到服务的银行、汽车旅店、餐馆和其他在路边招揽生意的设施模仿的理想对象。在美国，很可能没有别的哪栋建筑物受到如此广泛的模仿，而且，总是带有某种强烈的庸俗的味道，但这算不上是华盛顿的过错，那种做法对他的声誉肯定是不公正的。绝非偶然的是，他还把第一个哈—哈隐篱引进到美国，有理由声称是美国草坪之父。在其他方面，他认真地努力了好几年，试图建造完美的草地滚木球场。在此过程中，他成了新世界在草籽和草类方面的主要权威。

杰斐逊和华盛顿生活在一片没有基础设施的荒原上，而这时候距离主宰世界的镀金时代的美国竟然远不足一个世纪，想到这一点真有点令人觉得不可思议。历史上几乎没有哪个时期，日常生活的变化像托马斯·杰斐逊去世时的1826年到20世纪开始这段时间里那么激烈，那么广泛。说来也巧，这段时间差不多等于英格兰那位马香先生平静地度过一生的时间。

对于这一切，我要稍稍补充几句。1814年夏，英国人烧毁了美国的国会大厦（这是一起野蛮的破坏行为，杰斐逊怒不可遏，要派美国间谍去伦敦放火烧掉那里的地标建筑物），一起化为灰烬的还有国会图书馆。杰斐逊马上慷慨地提出要把自己的图书室交给国家，“按照只要国会认为合适的任何条件”。杰斐逊认为自己大约有1万册图书。但是，当联邦政府派了一个代表团来检视他的藏书时，他们发现实际上只有6487册。更糟糕的是，他们仔细看了一眼这些书以后，根本没有把握确定这些书是他们想要的书。他们觉得，其中很多书对国会毫无用处，因为它们都是些关于建筑、酿酒、烹调、哲学和艺术等题材的书。大约有1/4是外文书。“这些书看不懂。”代表团不高兴地说。还有好多书是属于“不道德和反宗教性质的”。最后，众议院给了杰斐逊23900美元——还远远不到其一半价钱——买下了他的图书室，很不情愿地把书拿走了。也许可以估计得到，杰斐逊马上着手盖一个新的图书室，到他19世纪20年代去世时已经积累了大约1000册新书。

也许国会对这次意外收获不是特别感激涕零，但这次买卖使年轻的合众国有了世界上最高级的政府图书馆，并对这样一个图书馆的作用下了个崭新的定义。以前，政府图书馆仅仅是个放置参考书的地方，完全出于实用目的。但是，这个图书馆将拥有无所不包的、各种题材的藏书，而这是个完全不同的概念。

今天，国会图书馆是世界上最大的图书馆，拥有1.15亿多册藏书和有关的登录。不幸的是，杰斐逊的那部分没有存留很久。收购杰斐逊图书馆36年以后，在一个圣诞夜的凌晨，国会图书馆里有个烟囱着了火。由于时间尚早，又是放假期间，周围没有人注意到火情，也没有人阻止火势蔓延。等到发现并控制大火，大多数藏书已经化为灰烬，其中包括杰斐逊珍藏的那本《建筑四书》。

几乎不用说，那场大火发生在1851年。

第十四章 楼梯

现在，我们来到了这栋房子里最危险的部分。实际上，无论在哪里，这都是最充满险情的环境之一：楼梯。谁也不知道楼梯到底有多危险，因为说来也怪，这方面的记录很少。据最保守的统计，在造成偶然死亡的最常见的原因当中，在楼梯上摔倒排在第二位，落在车祸后面，但遥遥领先于溺死、烧死和其他可怕的不幸事故。

一

现在，我们来到了这栋房子里最危险的部分。实际上，无论在哪里，这都是最充满险情的环境之一：楼梯。谁也不知道楼梯到底有多危险，因为说来也怪，这方面的记录很少。大多数国家只记录摔倒造成的伤亡情况，但不提是什么原因摔倒的。因此，比如在美国，据知，每年摔倒在地，再也爬不起来的大约是12000人，但到底是从树上摔下来，从屋顶上摔下来，还是从后阳台上摔下来，那就不得而知。2002年以前，英国比较认真地记录了在楼梯上摔倒的人数，然而，之后贸易和工业部认为，记录这些东西开支太大，该部再也负担不起。考虑到摔伤会给社会造成多大的损失，这似乎是一种在错误思想指导下的省钱方式。最后一组数字表明，那年有多达306166名英国人在楼梯上严重摔伤，需要医治。因此，这显然不是一件小事情。

麻省理工学院的约翰·A.坦普勒就这个题材写了一部（必须指出，几乎是唯一的一部）权威性的学术著作《楼梯：险情、摔倒及更安全的设计之研究》。他在书中指出，不管怎么说，摔伤的人数很可能是被大大地低估了。然而，据最保守的统计，在造成偶然死亡的最常见的原因当中，在楼梯上摔倒排在第二位，落在车祸后面，但遥遥领先于溺死、烧死和其他可怕的不幸事故。要是你想一想，摔倒使社会损失了多少工时，给卫生系统增加了多少压力，而却没有进行更加仔细的研究，你会觉得很怪的。政府把大量的金钱和时间用于防火、防火研究、防火法规和火灾保险，却几乎分毫不花在了解和防止摔倒方面。

人人都会在某个时候在楼梯上摔倒，有人计算过，你每使用22222次楼梯就会有一次失足，每使用63000次就会受一次轻伤，每使用734000次就会发生一次摔痛的事故，每使用3616667次就会需要上一次医院看

托马斯·马尔顿的“楼梯透视图”

医生。

在家里死于在楼梯上摔倒的人，有65%是65岁或以上的人。这与其说是因为老年人上下楼梯不够小心，不如说是事后老年人不容易康复。幸亏，孩子们在楼梯上摔死的只是极少数，虽然有小孩子的家庭的受伤率是最高的，部分原因是使用楼梯的频率很高，部分原因是孩子们把吓人的物品留在梯级上。与已婚的人相比，未婚的人更可能摔倒，而以前结过婚的人摔倒的可能性要超过前面两种人。身体好的人跟身体差的人相比，前者更经常摔倒，很大程度上是因为他们走路蹦蹦跳跳，下楼不像胖的人和残疾人那样小心，靠边走的次数也不如他们多。

你以前是不是经常摔倒，这是对个人风险的最好说明。在楼梯摔伤流行病学家中间，“易出事故症”是个稍有争议的领域，但实际情况似乎就是这样。10个在楼梯上摔伤的人当中，大约有4个人以前已经在楼梯上摔伤过。

不同国家的人摔倒的情况是不一样的，比如，与美国人相比，日本人更可能在办公室、百货商店或火车站的楼梯上摔伤。这倒不是因为日本人使用楼梯时比较莽撞，而完全是因为美国人不大使用公共场所里的楼梯。他们依赖舒适而又安全的升降机和自动扶梯。在美国，在楼梯上摔伤的事故绝大部分发生在家里，家几乎是许多美国人唯一经常使用楼梯的地方。出于同样的原因，女性比男性更可能从楼梯上摔下来：她们比男性更经常使用楼梯，尤其在家里，那是摔倒事故最经常发生的地方。

要是我们在楼梯上摔倒，我们往往会责怪自己，通常把摔倒归因于不小心，注意力不集中。实际上，要是你走路不是蹦蹦跳跳的，那么你在楼梯上会不会摔倒，会摔伤到什么程度，楼梯的设计起着很大的作用。光线暗淡，没有扶手，梯面上令人眼花缭乱的图案，竖板高低不一，梯面宽窄相异，平台打乱上下楼步子的节奏，这些都是设计方面的主要毛病，都会导致事故的发生。

据坦普勒说，楼梯的安全问题不是一个而是两个问题：“要避免引发事故的情况出现；要设计这样的楼梯：万一发生事故时，能把伤痛降低到

最小程度。”他说，在纽约市一个火车站（他没有说哪一个），梯级边缘铺了一层防滑垫，上面的图案使人难以看清梯级的边缘。在6个星期里，有1400多人——确实是个很惊人的数字——从这楼梯上摔下来。到这个时候，问题才得以解决。

楼梯涵盖3道几何题：级高、梯段和斜度。级高就是梯级之间的高度；梯段就是梯级本身（从技术的角度来说，就是两个相邻梯级的前缘或凸沿之间的水平距离）；斜度就是楼梯的总体陡度。人对于不同斜度的忍耐力的限度较小，从超过45度的任何东西往上走都会觉得不舒服，很费力气；从低于27度的任何东西往下走都会感到乏味，嫌慢。要是梯级的斜度不够，走起路来特别困难。因此，我们觉得走起来很舒适的范围是很小的。一个与楼梯有关的不可回避的问题是，楼梯要从两个方向安全地输送人员，而运动力学却要求在不同的方向采用不同的姿势（你上楼时把身体俯向梯级，但下楼时把身体重心后移，就像使用刹车那样）。因此，上楼时安全和舒适的梯级，下楼时就不一定那么理想，反之亦然。首先，突缘从梯面向外突出的程度，可以极大地影响到发生事故的可能性。在一个完美的天地里，楼梯会根据用者是上楼还是下楼稍稍作些调整。在实际生活中，每座楼梯都采取了折中的办法。

我们通过慢镜头来研究一次摔倒的过程，在某种意义上，下楼就是一次处于控制之下的摔倒。你在把身体向外和向下推进，要不是你完全控制着一切，这么做显然是很危险的。对于大脑来说，问题是要能辨别出下楼时突然失去控制、开始出现某种不祥的混乱的那个时刻。人的大脑对危险和混乱做出反应很快，但仍需要一丁点儿时间——说得确切一点，190毫秒——来等待开启反应能力，等待脑子吸收快要出事的信息（比如，你刚刚踩到了一只冰鞋），清除障碍准备巧妙落地。在通常情况下，身体在这刹那之间会继续往下移动7英寸—— 一般说来，这个距离太大，不大可能再平衡落地。要是这种情况发生在最下面的梯级上，你只是在落实地时不愉快地震动一下，无非冒犯了一点你的尊严，并无大碍。但是，要是这种情况发生在较高的梯级上，你的两只脚就完全不可能恢复漂亮的常态，你最好能抓住扶手，或者希望那里确有扶手。1958年的一项研究发现，在楼梯上摔倒的全部事故中，有3/4是因为在快要摔倒时没有扶手可抓而造成的。

上下楼梯的时候，有两个时刻需要特别小心：开始和结束。在那两个时刻里，我们似乎很容易注意力不集中。在楼梯上摔倒的所有事故中，多达1/3发生在第一级或最后一级上，2/3发生在最初的和最后的3级上。最危险的情况是，在一个意想不到的地方只有1级楼梯。几乎同样危险的是只有4级或少于4级的楼梯，这种楼梯似乎容易让人显得过于自信。

下楼要比上楼危险得多，这是不足为怪的，90%以上的摔伤事故都发生在下楼的时候。在直通楼梯上发生“严重”摔倒事故的可能性为57%，而在双折楼梯上发生这类事故的可能性只有37%。平台的大小也要适当—— 一个梯级的宽度加上一大步的宽度被认为是比较合适的——只要不打乱使用者的步子节奏，混乱的节奏就是摔倒的前奏。

很长时间以来，已经认识到，人们重视能以某种节奏上下楼梯。这种本能可以用这种办法很方便地得以满足：短的楼梯可以采用宽的梯面，陡的楼梯可以采用较窄的梯面。然而，建筑学方面的经典作家在楼梯设计问题上的看法少得可怜。维特鲁威只是建议，楼梯的照明要好。他关心的不是降低摔倒的风险，而是防止从相反方向走来的人互相碰撞（这一点也使我们想到，在有电灯之前的世界是多么黑暗）。直到17世纪末，才有个名叫弗朗索瓦·布隆代尔的法国人制定了一个公式，从数学的角度确定了竖板和梯面之间的关系。他明确提出，高度每增加一个单位，梯面的深度就应当减少两个单位。这个公式得到广泛采用；即使到了现在，在300多年之后，它依然存在于许多建筑准则之中，尽管它实际上起不了多大作用，或者根本不起作用——有的楼梯不是太高，就是太低。

到了现代，在设计楼梯的问题上，态度最认真的要算是弗雷德里克·劳·奥尔姆斯特德，这是出乎人们意料的。虽然他的工作根本没有要求他这么做，但有9年时间，奥姆斯特德十分挑剔地——有时候是全神贯注地——测量竖板和梯面，试图得出一个公式，确保上下楼梯都舒适而又

安全。他研究的结果由数学家欧内斯特·欧文·弗里兹转换成一对等式，它们是：

R=9−V7（G−8）（G−2）

和

G=5+V 1/7（9−R）^{2}+9

人家告诉我说，第一个等式用在梯段固定的情况下，第二个等式用在梯段不固定的情况下。

在我们的时代，坦普勒提出竖板应当在6.3英寸到7.2英寸之间，梯段不得小于9英寸，但更应当在11英寸左右。不过，要是你朝四下里看一眼，你会发现各个楼梯之间的差别是很大的。根据《不列颠百科全书》，一般说来，从每个梯面来看，美国的楼梯往往要比英国的稍稍高一点，欧洲大陆的还要高，但这个说法无法以数据来表示。

在楼梯的历史方面，能说的并不多。谁也不知道楼梯最初出现在何地或何时，哪怕是大概的情况。然而，也许你可以预计到，最早的楼梯很可能不是旨在把人往上输送到上层，倒是可能往下把人输送到矿里。2004年，在奥地利霍尔斯塔特的一个青铜器时代的盐矿里，在地下100米深处发现了迄今最古老的木楼梯，它可以追溯到大约3000年以前。矿井有可能是使用楼梯的第一个环境，因为仅仅用脚就能上下（相对而言，爬梯子还得用手）在那里是个能满足实际需要的有利条件，那样两只手就可以腾出来拿上笨重的工具。

顺便说一句，在语言方面，有个古怪的现象值得注意。upstairs（楼上）和downstairs（楼下）作为名词，是在相当近的时候才增加到语言里的。直到1842年，upstairs才有了记录（它最初出现在一个名叫塞缪尔·洛弗的人写的小说《心灵手巧的安迪》里）；而downstairs的第一次露面是在次年简·卡莱尔写的一封信里。在这两个例子里，上下文都清楚地表明，这两个词已经存在——简·卡莱尔绝不是个会造字的人——但至今没有发现比这更早的书面记录。结果，人们在多层建筑物里至少生活了300年，而又一直没有一种方便的方式来加以表达。

二

我们正在讨论的，是我们的住宅会以什么样的方式对我们造成伤害的问题。现在，我们也许可以在楼梯的平台上稍停片刻，考虑一下另一个建筑方面的基本组成部分。在整个历史上，它证明对于相当多的人来说是致命的：墙壁，或者说得更加确切一点，那些附在墙壁上的东西，即涂料和墙纸。在很长时间里，那两样东西在许多方面对人都是极其有害的。

首先考虑一下墙纸，它在马香先生建造教区长寓所的时候刚刚开始在普通家庭里流行。在很长时间里，墙纸——有时候依然被称为“彩色纸”—— 一直是很贵的。它在一个多世纪的时间里被课以重税，而且制作起来也极其花费劳动力。它的原料不是木浆，而是旧布。整理旧布是一件肮脏的活儿，工人们容易感染多种传染病。在1802年发明一种能生产长幅纸张的机器之前，最长的一页纸只有2英尺左右。这意味着，纸张不得不小心翼翼地拼接起来，而且还要有高超的技术。萨福克伯爵夫人糊一个房间的墙纸，就花去了42英镑，而当时（18世纪50年代）伦敦一栋上等住宅的一年房租才12英镑。大约1750年以后，羊毛纤维墙纸变得特别时髦。这种墙纸是把着色的毛绒粘在墙纸表面制成的，这就使那些参与制造的人员处于更加危险的境地，因为那种胶水往往有毒。

1830年终于取消了墙纸税，墙纸真的开始流行了（也许我应当说，真的继续流行了）。墙纸的销售量，从1830年的100万卷增加到1870年的3000万卷。而这真的是大批的人开始得病的时候了。从一开始，墙纸往往用含有大剂量砷、铅和锑的染料着色，而在1775年以后，经常吸附着一种名叫亚砷酸铜的毒性特别大的化合物，那种东西是由伟大而又极其不幸的瑞典化学家卡尔·舍勒[①]发明的。那种颜色如此受人欢迎，渐渐被称为“舍勒绿”。后来，舍勒绿里又加入了醋酸铜，成为一种色彩更加富丽的颜料，名叫翡翠绿。这种颜料用来给各种物品着色，包括纸牌、蜡烛、衣料和窗帘，甚至有的食品。但是，它尤其广泛用于墙纸，这不仅对生产墙纸或糊墙纸的人，而且对此后与墙纸一起生活的人构成危险。

到19世纪末，英国人用的80%的墙纸中含有砷，往往所含的量还很大。设计师威廉·莫里斯是一位对这方面特别感兴趣的人，他不仅很喜欢那富丽的各种含砷的绿色，还担任德文郡一家生产以砷为基本成分的颜料公司的董事会董事，并投资于这家公司。尤其在比较潮湿的时候——在英国的住宅里，很少有时候是不潮湿的——那种墙纸散发出一种特别的霉味，令许多人想起了大蒜味。人们注意到，使用绿色墙纸的卧室里通常没有臭虫。人们还想到，为什么换个环境往往对慢性病人有好处，这充分说明墙纸是有毒的。在许多情况下，他们无疑只是躲避慢性中毒。弗雷德里克·劳·奥姆斯特德就是这么一位受害者，我们似乎出乎意料地要经常提到这个人。1893年，正当人们终于搞清楚自己得病的原因时，奥姆斯特德显然因为卧室里使用了墙纸而砷中毒，需要在另一个房间里疗养整个夏天。

涂料也是极其危险的，在生产涂料的过程中，要把许多有毒物质混合在一起，尤其是铅、砷和朱砂（与汞同类）。画家常常得一种症状不明显而又哪里都觉得不舒服的疾病，名叫画家绞痛。它实质上是铅中毒。[②]画

---

① 舍勒独自发现了8种元素——氯、氟、锰、钡、钼、钨、氮和氧，但在他生前没有一样是归功于他的。他有个倒霉的习惯，他无论试验什么物质都要尝一尝，以便了解它的特性，最后，他吞下了这种做法的苦果。1786年，他被发现倒在自己的工作台上，因不小心过量服用了某种有毒的化合物而死亡。——原注

② 虽然很久以来人们已经知道铅很危险，但直到进入20世纪以后的很长时间里，许多产品里继续使用铅。罐装食品用焊铅来封口，水常常贮存在用铅做衬里的桶内，铅还用作杀虫剂喷洒在水果上，铅甚至用来制造牙膏管。1978年和1992年，美国和英国分别禁止在家庭用漆中添加铅。虽然大多数消费品中已经不再使用铅，但由于工业上仍在使用，大气中铅的含量在继续增加。今天，每个人体内的铅含量，大约是50年以前的625倍。——原注

家买来一块铅白，然后把它碾成粉末，通常是用一个铁球来反复碾压。这么做，大量粉尘就会沾在手指上，进入空气里，这类粉尘是极其有毒的。画家往往会患上许多病症，其中包括瘫痪、猛烈咳嗽、无精打采、忧郁、没有胃口、幻觉和失明。铅中毒的一个古怪特点是，它造成视网膜扩大，使得有的病人看到物体四周有晕——大家知道，文森特·凡·高在他的画里就使用了这种效果，他很可能自己也患了铅中毒。美术家常常得这种病。詹姆斯·麦克尼尔·惠斯勒就是其中一位。他因为接触铅白而患了重病，他在创作与真人一样大小的画像《白衣少女》时使用了大量铅白。

今天，几乎各地都禁止了含铅的涂料，除了某些特定的用途以外。然而，文物管理人员还是相当怀念那种涂料的，它所产生的颜色之深邃、外观之柔和，实际上是现代涂料无法与之相比的，含铅涂料用在木材上的效果尤其好。

用涂料还牵涉到行业界限问题，在英国，由于存在行会，谁准许干什么是很复杂的。这意味着，有的从业者可以使用涂料，有的可以使用胶画颜料，有的两者都不可以。你自然会预计到，大部分刷漆的活儿都是由油漆工做的，但抹灰工只能往灰泥墙壁上刷胶画颜料（一种稀薄的油漆），仅限于几种色度。而管子工和装玻璃工只能使用油性涂料，不能使用胶画颜料。这么做的理由不大明确，但很可能跟窗框常常是铅制的有关。对于铅这种材料，管子工和装玻璃工都很专业。

胶画颜料是用白垩和胶水混合而成的，它的装饰效果比较柔和，比较淡薄，用于灰泥表面十分理想。到18世纪中叶，墙壁和天花板通常抹着胶画颜料，而木质结构通常抹着油性涂料。油性涂料是一种比较复杂的东西，它由几种成分组成：固定剂（通常是碳酸铅，或称“铅白”）；显示颜色的色素；黏结剂，比如使其产生粘力的亚麻子油；增稠剂，比如蜡或肥皂。18世纪的胶画颜料已经黏性很大，很难使用——用作家戴维·欧文的话来说，“就像是用扫帚来铺柏油”——这是有点出人意料的。后来，有人发现，要是加入松木油，涂料用起来就容易一点，刷上的涂料不论从什么意义上说都更加平滑。松木油还使涂料具有无光泽的效果，这成了18

世纪末最时髦的外观。

亚麻子油是涂料里一种神奇的成分，因为它能凝结成又硬又韧的一层——从根本上使涂料成为涂料。亚麻子油是从一种叫亚麻的植物的种子里压榨出来的，亚麻就来自那种植物。亚麻子油有个引人注目的不足之处：它极其容易燃烧，只要条件合适，一罐亚麻子油会突然自行着火。因此，几乎可以肯定，这是许多房子发生灾难性火灾的原因，它在有明火的情况下使用时不得不特别小心。

最基本的表面涂料是石灰水，一般用来粉刷比较基础性的区域，比如服务区域和仆人宿舍。石灰水只要在生石灰里加水就成（有时候为了增加黏性还掺入动物脂油）；石灰水保持的时间不长，但很实用，能起消毒剂的作用。尽管名字叫石灰水，但里面也常常加入一些色素（即使是颜色很淡的色素）。

刷涂料尤其是一项技术活儿，因为涂料要油漆工自己来碾磨，自己来配制，也就是说要自己来调配颜色。为了在商业上保持对于竞争对手的优势，这项工作一般是在极其保密的情况下完成的。（在亚麻子油里加入树脂而不是色素，就制造出清漆，这项工作也是在极其保密的情况下完成的。）涂料不得不少量配制，一次用完，因此每天要配制出恰好是需要的量，这是一项真本事。涂料还不得不刷上几层，因为连最好的涂料透明度也很差。一般说来，墙壁至少要刷5道涂料。因此，刷涂料是一件沉重、烦人而又需要点技术的活儿。

颜料的价格千差万别，颜色暗一点的，比如米色的和石青色的，四五便士就能买到一磅。蓝色的和黄色的要贵一两倍，因此只有中产阶级及以上人家才用。大青色的（一种蓝色，用玻璃粉制成，具有闪闪发亮的效果）和石青色的（用一种假宝石制成）价钱还要贵。最贵的要算是铜绿色的，其制作方法是：把铜条挂在一大桶马粪和醋上方，然后刮下生成的氧化铜。铜质穹顶和铜像变绿也是这个过程，只是那个过程更快，更具有商业价值，用一位18世纪的人热情洋溢的话来说，它产生了“世界上最漂亮的草绿色”。一个用铜绿色油漆刷的房间，总是能使客人发出“啊”的赞叹声。

随着涂料使用得越来越广泛，人们希望生产出来的涂料尽可能鲜艳一点。我们常常和英国的乔治王朝时代或美国的殖民地时期联系在一起的那种素淡的颜色，是退色的而不是在装饰时受到限制的结果。1979年，弗农山庄的内部开始按照原先的颜色重新刷漆。"来访的人冲着我们直嚷嚷，"管理员丹尼斯·波格咧嘴一笑对我说，"他们对我们说，我们把弗农山庄搞得过分华丽。他们没有错，我们是在这么做。不过，只是因为原来就是那个样子的。好多人很难相信，我们在做的只是忠实地恢复原貌。"

"即使到了现在，就殖民地时期风格的涂料而言，涂料图表上总是显示，那个时期的颜色是柔和的。而事实上，颜色几乎总是很浓艳的，有时候甚至是令人吃惊的。你搞的颜色越是浓艳，你越是容易受到别人赞赏。一方面，一般说来，浓艳的颜色意味着费用高，因为你需要用大量的色素来调制。而且，你还不要忘记，这些颜色是在烛光底下看的，因此若要在柔和的光线里产生某种效果，就不得不具有较强感染力。"

这种效果如今在蒙蒂塞洛得以复现，那里有几间屋子刷成了最艳丽的黄色和绿色。突然之间，乔治·华盛顿和托马斯·杰斐逊给人的印象是，他们在装饰方面都具有嬉皮士的本能。然而，实际上，与后来的风格相比，他们还是极其拘谨的。

当第一批现成的涂料在19世纪下半叶出现在市场里的时候，人们就像发疯似的把涂料到处乱涂。不仅把家里涂上极其鲜艳的颜色，而且在一个房间里涂上多达七八种颜色，这些都被认为很时尚。

然而，要是我们仔细一看，就会吃惊地发现，在马香先生的时代，缺少了两种很基本的颜色：漂亮的白色和漂亮的黑色。所能看到的最亮丽的白色是一种相当晦暗的米色。虽然白色在整个19世纪不断地有所改善，但直到20世纪40年代，由于在涂料里添加了氧化钛，才有了真正鲜亮和耐久的白色。缺少漂亮的白色涂料，在早期的新英兰加倍引人注目，因为清教徒们不仅没有白色涂料，而且压根儿就不相信着色（他们认为着色是花里胡哨的）。因此，新英格兰城镇里那些闪闪发亮的白色教堂实际上是个较近期的现象。

画家的调色板缺少的还有深黑色，耐久的黑色颜料是从焦油和沥青中提炼出来的，19世纪末以前还不容易弄得到。因此，成为今天伦敦街头基本特色的那些黑得发亮的正门、栏杆、大门、电线杆、檐槽、落水管和其他设施实际上都是近来才有的东西。假如我们突然回到狄更斯时代的伦敦，我们一眼见到的最令人吃惊的一个不同之处，就是缺少涂黑的表面。在狄更斯时代，几乎所有的铁制品都是绿色、浅蓝色或者暗灰色的。

现在，我们可以走上楼梯，来到一个房间。它也许从来没有真正毒死过什么人，但它很可能是带来痛苦和绝望的地方。它所带来的痛苦和绝望，要超过家里所有别的房间所带来的痛苦和绝望的总和。

第十五章 卧室

卧室是个古怪的地方，我们在这里待的时间最长，干的事情最少，而且大多数情况下是悄悄地、无意识地干的，家里没有哪个地方能与之相比。然而，生活中许多影响最大、持续最久的不幸之事恰恰发生在卧室里。要是你快要死去或身体不舒服，精疲力竭，性功能不正常，眼泪汪汪，焦虑万分，因情绪低落而不想见人，要不然就心里不大平静和不大高兴，卧室很可能就是能找到你的地方。

一

卧室是个古怪的地方，我们在这里待的时间最长，干的事情最少，而且大多数情况下是悄悄地、无意识地干的，家里没有哪个地方能与之相比。然而，生活中许多影响最大、持续最久的不幸之事恰恰发生在卧室里。要是你快要死去或身体不舒服，精疲力竭，性功能不正常，眼泪汪汪，焦虑万分，因情绪低落而不想见人，要不然就心里不大平静和不大高兴，卧室很可能就是能找到你的地方。多少世纪里，情况都是那样。但是，大约就在马香牧师建造他的住宅的时候，卧室的门背后为生活增加了一个崭新的方面：担忧。从前，生活在狭小空间里的人们从没像生活在自己卧室里的维多利亚时代人那样有那么多的担心事。

床铺本身成了一个尤其令人担心的地方，等到灯一熄灭，连最干净的人也似乎成了一团热气腾腾的毒素。“呼吸逸出的水分，”雪莉·福斯特·墨菲在《我们的家：使家变得有益健康的方法》（1883）一书中解释说，“充满了动物的不洁之物；它在建筑物的内墙上凝结成恶臭的细流，一滴一滴地流下来……渗进墙里”，造成严重而又不确定的伤害。究竟为什么它在人的体内时没有造成那样的伤害，作者没有解释，或者显然没有考虑，只要知道夜里的呼吸是一件肮脏的事就够了。

主张已婚夫妻睡两张成对的单人床，不仅是为了避免因偶然接触而发出难为情的尖叫声，而且是为了减少两个人的不洁之物混杂在一起的机会。有一位医疗界的权威严肃地解释说：“在被窝里，人体周围的空气是极其不干净的，里面充满了从皮肤的毛孔散发出来的有毒物质。”有一位医生估计，在美国，多达40%的死者，是因为睡觉时长时间置身于不卫生的空气之中而死亡的。

料理床铺也是个艰苦的活儿，翻转和松动一下床垫是一件经常要做的事，也是一件很花力气的事。一个普通的羽绒床垫里装有40磅羽毛，再加上枕头和靠垫里的差不多同样分量的羽毛。你得不时把羽毛倒出来晾一晾，否则会开始发臭。许多人养了大群大群的鹅，也许一年三次把毛拔下来更新床垫（这对仆人和鹅来说都是一件很累的活儿）。松软的羽绒床铺也许看上去是很棒的，但你一睡上去很快就发现自己沉到了两座鼓起的小山之间一个硬邦邦的、不透气的狭缝里。垫子下面是用绳子编成的格架来支撑的；要是绳子开始松弛，可以用个钥匙来拧紧（于是就有了sleep tight这个说法①）。但是，无论把绳子拧得怎么紧，睡在上面都不会太舒服。1865年发明了席梦思床垫，但起初用起来不大靠得住，因为弹簧有时候会转动，使睡在上面的人面临被自己的床铺刺破身体的很确实的危险。

19世纪，美国有一本《古德霍姆百科全书》很受读者欢迎。它按照舒适程度把床垫分为10类，依次是：

羽绒
羽毛
羊毛
羊毛束
毛发
棉花
刨花
海藻
锯屑
稻草

① Sleep tight中的tight就是“紧”的意思，该表达方式的字面意思是“睡得紧”，一般译作“睡得香”。——译注

连刨花和锯屑做的床垫都可进入前10大类，你就可以知道，我们在讨论的是一个粗犷的时代。床垫不仅是臭虫、跳蚤和蛾子的（它们喜欢用旧了的羽毛，要是有那种条件的话），而且是小家鼠和大家鼠的庇护所。许多夜晚陪伴你睡觉的，是床罩底下传来的那种令人不快的窸窸窣窣的响声。

要是孩子们被要求睡在那种矮及地板的矮床上，那么他们很可能对周边胡子拉碴的老鼠尤其熟悉。1867年，美国人伊莱扎·安·萨默斯报道说：每天晚上，她和妹妹总要把几抱鞋子抱到床边，有老鼠窜过来就把鞋子朝它们扔过去。詹姆斯·费尼莫尔·库珀的女儿苏珊娜·奥古斯塔·费尼莫尔·库珀说，她永远也忘不了孩提时代看见老鼠从床前窜过的经历，或者说她永远也没有完全摆脱那个阴影。

1683年，一本关于健康和安全的书的作者托马斯·特赖恩，抱怨羽毛上的“不洁的、令人作呕的排泄物”对臭虫有很大的吸引力。他建议应该使用新鲜的稻草，大量的新鲜稻草。他还（多少有点道理地）认为，禽类在被拔毛的过程中处于紧张和不快的状态，容易排出粪便，羽毛往往受到这类粪便的污染。

在历史上，最基本的、最常用的填料是稻草，而稻草容易从亚麻垫套里戳出来，让人受不了，但人们往往是能弄到什么就使用什么。在亚伯拉罕·林肯童年时代的家乡，人们使用玉米穗壳。这种东西用起来既不舒服，还会发出嘎吱嘎吱的响声。要是有谁买不起羽毛，羊毛或马鬃倒是个比较便宜的选择，但往往有一股难闻的味道，羊毛还常常有蛾子出没。唯一可靠的办法是把羊毛拿出去用开水煮，那可是个讨厌的活儿。在较穷的人家，有时候把牛粪挂在床柱上，认为它能起防蛾子的作用。在炎热的天气里，夏日的昆虫从窗户里爬进来，既令人讨厌，又很危险。床的四周有时候挂起帐子，但总是让人有一种不安的感觉，因为帐子都是极其容易燃烧的东西。18世纪90年代，有一位去过纽约州北部的人报道说，就在就寝之前，他的主人出于好意，心血来潮地采用了烟熏的办法，把他的房间弄得烟雾腾腾，他只得摸索着穿过呛人的烟雾走到床边。很早就发明了使用金属丝纱窗来挡住昆虫——杰斐逊在蒙蒂塞洛就有几扇这样的窗——但由于价钱很贵而没有广泛使用。

在历史上的很多时候，对于大部分屋主来说，床是最宝贵的财产。比如，在威廉·莎士比亚的时代，一张体面的带顶篷的床要花5英镑，相当于一位普通小学教师的一半年薪。由于被当做宝贝，最高档的床往往放在楼下，有时候放在起居室里，那样就能更好地向客人炫耀一番，或者让过路人从开着的窗户里看上一眼。一般说来，这样的床在理论上是留给真正重要的客人睡的，而实际上几乎不用。这有助于我们进一步理解莎士比亚遗嘱中那个著名的条款：他把第二好的床留给他的妻子安妮。这个条款常常被解释成是一种侮辱，而第二好的床实际上几乎可以肯定是婚床，因此也是最能令人产生温情的联想的床。为什么莎士比亚特别提到这张床，那是另一个谜，因为按照常规安妮可以继承家里所有的床，但肯定不是有些人所说的是因为要冷落安妮。

从前，隐私的概念与现在有很大的不同。即使到了19世纪，在旅店里与别人合睡一张床也是常有的事。作者在日记里常常抱怨说，很失望地发现某个陌生人到得很晚，爬进床里跟他一起睡觉。1776年，在新泽西州新不伦瑞克的一家旅店里，本杰明·富兰克林和约翰·亚当斯被要求睡一张床，他俩心里不高兴，几乎整夜没有入眠，在让窗开着还是关着的问题上争吵不休。

即使在家里，仆人睡在主人的床边也完全是平常事，无论主人究竟在床里干什么。有记录表明，国王亨利五世和瓦卢瓦的凯瑟琳过性生活的时候，他的管家和内侍都在现场。塞缪尔·佩皮斯的日记里写得很清楚，一名仆人就睡在他和他妻子的卧室里，他把她看成是一种活的防盗警铃。在这种情况下，床幔确保了一点隐私，还能起一点挡风的作用，但越来越被看成是灰尘和昆虫的庇护所，因而是有害于身体健康的。床幔还可能有引发火灾的危险——这绝不是一件小事情，因为卧室里的一切，从地板上的草垫子到头顶的茅草屋顶，都是特别容易着火的物品。差不多每种家政杂

志里都提醒不要点着蜡烛在床里看书，但许多人还是我行我素。

在17世纪的历史学家约翰·奥布里的一部作品里，他讲了个关于托马斯·莫尔的女儿玛格丽特嫁给一个名叫威廉·罗珀的男人的故事。故事中说，罗珀有一天前来拜访，对莫尔说他想娶莫尔的一个女儿，哪个都行。莫尔听了这话，就把罗珀带到自己的房间里，他的几个女儿还在里面睡觉。她们睡在一张那种可以从父母亲的床底下推出来的矮床里[①]。奥布里以几乎是色情的语言描述道，莫尔弯下身去，麻利地“抓住被子的一个角，一下子把被子掀开了”，露出了完全赤身裸体的姑娘们。她们睡眼惺忪地对他的打扰表示不满，连忙翻过身去，变成俯卧姿势。威廉爵士以赞赏的神态思考片刻，说她们的前面和后面他现在都看见了，用手杖轻轻叩一叩16岁的玛格丽特的屁股。“至此，求婚全部结束。”奥布里显然以羡慕的语气写道。

不管这个故事是真还是假——值得注意的是，奥布里是在事情发生一个多世纪以后才写的——有一点是显而易见的，那就是，在他那个年代，莫尔的成年女儿睡在父母的床边，是谁也不会觉得奇怪的。

就床而言，真正的问题在于它与最麻烦的活动——性生活——是不可分离的，这在维多利亚时代之前肯定就是那样。在婚姻生活中，性生活当然有时候是必不可少的。玛丽·伍德-艾伦在那本销路不错、很有影响的《年轻女子须知》一书中对她的年轻读者说，在婚姻生活中，肢体亲密接触是允许的，只要“没有一丁点儿性欲”。在受孕和整个怀孕期间，母亲的情绪和思想被认为对胎儿有着深刻的和不可弥补的影响。性伙伴们被告诫不要过性生活，除非当时是在互相“充分体谅的情况下”，以防生

① 带脚轮的矮床在英语中既可以是truckle bed，也可以是trundle bed，两者没有区别。Truckle源自希腊语trochlea，意思是“滑动的东西”；trundle与古英语的trindle和trendle有关，都是指“滚动的东西”。Truckle bed始自1459年；trundle bed出现在大约100年以后。——原注

出坏胎。

为了不至于经常激起情欲，妇女们被告诫多呼吸新鲜空气，不要搞阅读和打牌之类有刺激性的娱乐活动，尤其是，除了在绝对必要的情况下，千万不要动脑子。对她们进行这样的教育，不仅是浪费时间和资源，而且对她们纤弱的身体也是很危险的，没有好处的。1865年，约翰·罗斯金在一篇散文中说，妇女们所受的教育，只要能使自身对自己的配偶有实用价值就已足够，无须更多。按照那个时代的标准，美国人凯瑟琳·比彻是个激进的女权主义者，但连她也强烈地认为，妇女应当享有充分和平等的教育权，只要大家承认她们需要额外的时间来梳理头发。

对于男人来说，主要的和集中的问题是不要把一滴精液洒出神圣的婚姻范围以外——如果你能掌握得好，在婚姻范围以内也不要洒得很多。一位权威解释说，要是能被好好地留在体内，精液能补气血和壮脑子，非法释放这种大自然赋予的精华会伤及一个人的身心。因此，即使在婚姻范围之内，精子也应该省着点用，频繁的性生活会产生“软弱无力的”精子，结果生出来的后代也是无精打采的，每月一次性交是被推荐的一个安全的上限。

当然，自毁在所有时代都是存在的。手淫造成的人们都熟悉的结果，涵盖医学上已知的差不多每一种讨厌的疾病，包括精神错乱和早夭。手淫的人——“活在地球上的那些瘦骨嶙峋、全身震颤、脸色苍白、两腿细长的可怜虫”，有一位史学家说——值得可怜。“每次手淫就是一场地震，一次爆炸，一次极其有害的麻痹发作。”另一位史学家说。个案研究生动地证明了这种风险，有一位名叫塞缪尔·蒂索特的医务人员描述说，他有一名病人不停地流口水，鼻子里滴血水，“大便拉在床里也不知道”。“也不知道”这几个字特别让人心碎。

最糟糕的是，手淫的习惯会自动遗传给后代，因此每一次邪恶地取乐，都不仅伤了自己的脑子，而且消耗了尚未出生的子孙后代的元气。关于对性器官造成危险的因素，分析得最透彻的要算是《从生理、社会和道德关系来看儿童、青年、成人和老人生殖器的功能和疾病》一书，且不说

它的题目是如此面面俱到。这本书的初版是在1857年，作者名叫威廉·阿克顿。他认为手淫会导致失明。他还得出了那个经常被引用的结论："我要说，大多数女人不大会被性的感觉所困扰，无论哪一种。"

在相当长的时间里，这些信念占支配地位。"我的许多病人对我说，他们的第一次手淫发生在看某个音乐剧的时候。"威廉·鲁滨逊医生在1916年出版的一本关于性疾病的著作中冷冷地说，也许他只是觉得有点难以置信。

幸亏有科学来帮忙，玛丽·罗奇在《性交：古怪的性交方式与科学》一书中说，有一种治疗方法是使用19世纪50年代发明的"阴茎刺圈"。人们可在就寝时（其实是任何时候）把它轻轻地套在龟头上。圈的内侧有许多金属尖头，要是哪个龟头邪恶地膨胀到超出了允许的范围，哪怕是超出一丁点儿，金属尖头就会扎进去。别的器械利用电流来猛击那个东西，让它吓一大跳，从而清醒过来，低头认罪。

应当指出，不是人人都赞成这些保守的看法。早在1836年，有一位名叫弗朗索瓦·拉勒芒的法国医学权威就出版了一部3卷本的学术著作，显示频繁的性生活与健壮的体魄的密切关系。一位名叫乔治·德赖斯代尔的苏格兰医学专家对此如此感兴趣，提出了一种自由恋爱和不受约束的性生活的哲学——《身体、性别和自然宗教》。该书于1855年出版，销售了9万册，被译成11种文字，"包括匈牙利文"——像往常一样，《国家传记词典》可爱地强调了一些毫无意义的细节。很明显，社会上有某种对更多性自由的向往。不幸的是，还要过一个世纪左右时间，整个社会才会给予这样的自由。

在这种长时间的紧张和混乱气氛中，对于许多人来说，成功的性生活是一种无法实现的渴望，这是不足为怪的，约翰·罗斯金本人就是个最令人瞩目的例子。1848年，这位伟大的艺术评论家娶了19岁的尤菲米娅·"埃菲"·查默斯·格雷，倒霉事就此开始，而且再也没有好转，这对夫妻根本没有同房。她后来说，罗斯金向她承认："在他的想象中，女人与他所看到的我是完全不同的。他之所以没有使我成为他的妻子，是因为他在第一个晚上见了我的下身就觉得厌恶……”

最后，埃菲再也无法忍受下去（或者说，实际上还愿意忍受更多，不过要跟别人一起），对约翰·罗斯金提出了婚姻无效的起诉，起诉书的细节成了许多国家的通俗报刊高兴地用来激发热心读者兴趣的材料。然后，埃菲跟画家约翰·埃弗里特·米莱私奔了，跟他过着幸福的生活，生了8个孩子。她选在这个时候跟米莱私奔其实是很不幸的，因为当时米莱正在为罗斯金画像。罗斯金是个正大光明的人，他依然坐着让米莱为他画像，但这两个人再也不说话。罗斯金有好多同情者，他们对这起丑闻装作不知道。到1900年，整个事情实际上已经一笔勾销，W.G.科林伍德可以毫无窘意地写出《约翰·罗斯金传》，而又不提罗斯金曾经结过婚，更不会提到他一见女人的阴毛就连忙从房间里逃出去的事。

罗斯金始终没有克服那种过于拘谨的脾性，也没有露出想要这么做的迹象。J.M.W.特纳在1851年去世以后，罗斯金负责清理那位伟大的美术家留给国家的作品，看到了几幅会激发情爱的水彩画。罗斯金吓得面如土色，认为“只有在某种精神错乱的情况下”，特纳才可能画出这样的画。为了国家的利益，他把这几幅画几乎全部销毁了，使得后代失去了几幅价

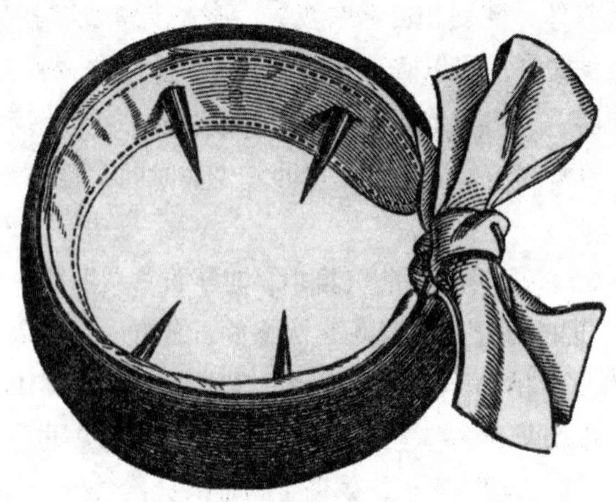

阴茎刺圈

值连城的作品。

埃菲·罗斯金摆脱了她那不幸福的婚姻，这既是幸运的，也是不寻常的，因为就像与婚姻有关的其他一切一样，19世纪的离婚法绝对偏向于男人。在维多利亚时代的英国，男人若想要离婚，只要证明他的妻子曾与另一个男人睡过觉。然而，女人却不得不证明，她的配偶犯有乱伦罪、兽奸罪或为数不多的其他几种邪恶的、不可宽恕的越轨行为。在1857年以前，女人只要离婚，便丧失了自己的全部财产，一般说来也失去了孩子。确实，妻子在法律上根本没有权利——没有财产权，没有言论权，没有任何类型的权利，除了她丈夫愿意给她的权利以外。据伟大的法律理论家威廉·布莱克斯通说，女人一结婚就放弃了自己的“身心或法律存在”，妻子根本没有法律人格。

有的国家比别的国家要稍稍开明一些，尤其在法国，女人以丈夫通奸为理由就可以跟他离婚，虽然这种不忠行为必须发生在已婚家庭里。然而，在英国，离婚的标准不公平到了残忍的程度。在一起著名的案件中，有一位名叫玛莎·鲁滨逊的女子多年来遭到心肠狠毒、反复无常的丈夫的毒打和虐待。最后，他把淋病传染给她，然后把治性病的药粉在她不知情的情况下悄悄放进她的饭里，差一点把她毒死。她的健康和精神都垮了，便诉请离婚。法官仔细听取了理由，然后撤销了这个案子，打发鲁滨逊太太回家，让她更加耐心一点。

即使一切顺利，做女人也是很难的。不用说，女子的成年期自然地被看成是一种病态。有一种看法，各地几乎都是一样的：女人过了发育期以后，不是有病，就是快要得病，而且得的是几乎看不好的病。用一位权威人士的话来说，乳房、子宫和其他生殖器官的发育，“抽干了一个人所具有的有限能量”。在医学文章里，月经似乎被描述成了每月一次的有意疏忽。“只要在月经期里真的有痛感，无论在哪个阶段，都说明个人的穿着、饮食等习惯或社交习惯出了问题。”有一位观察家（当然是男性）写道。

具有讽刺意味的是，妇女们的确经常不舒服，这是很恼人的。原因是，出于礼节的考虑，她们得不到适当的治疗。1856年，波士顿有一位出身于体面人家的年轻家庭主妇，眼泪汪汪地向她的医生承认，她有时候不由自主地想到别的男人，而不是她的丈夫。医生嘱咐采取一系列严厉的紧急措施，包括洗冷水澡和灌肠；消除各种刺激因素，包括不吃辛辣食物和不看娱乐性小说；用硼砂把她的阴道彻底擦洗干净。人们普遍认为，看娱乐性小说会使人产生病态的胡思乱想，容易歇斯底里大发作。正如有一位作者严肃地作出的概括："年轻女子阅读浪漫小说，会对身体的器官产生刺激，因而容易早熟，女孩子会提前几个月甚至几年在身体方面变成成年妇女。"

即使到了1892年，据朱迪思·弗兰德斯报道，有个男人带着他的妻子去检查她的眼睛，却被告知问题出在子宫脱垂。要是她不做切除手术，视力将继续受到损害。

差不多任何医生都会把病症笼统地归结到妇女的生殖器官上，这么做有可能造成严重的医疗后果，因为没有哪个医生能够进行适当的妇科检查。在极端的情况下，他或许会在一个灯光暗淡的房间里从毯子底下轻轻地探查一番，但这是极个别的事。在大多数情况下，要是妇女说从颈部到膝部有哪个地方不舒服，她被要求红着脸在人体模型上指出不舒服的部位。

1852年，有一位美国医生对这样的情况引以为豪："许多妇女宁可冒极大的风险和痛苦，也不愿放弃那些微妙的顾虑，因此医生无法对疾病作彻底的检查。"有的医生反对产钳分娩法，理由是，如果这么做的话，骨盆小的妇女就可以生孩子，这样会把她们的问题传给她们的女儿。

这一切的不可避免的结果是，在医务人员当中，对女性的解剖学和生理学的知识几乎处于中世纪的状态。在这个行业里，医疗史上记载的有关容易上当受骗的最佳例子，莫过于玛丽·托夫特的著名例子。玛丽是萨里郡戈德尔明的一位不识字的兔子饲养员。1726年秋，她花了几个星期时间成功地让医疗权威，包括两名替王室成员看病的医生相信，她快要生下一窝兔子，这件事轰动了全国。几名医务人员就在分娩现场，表示惊讶得目瞪口呆。直到国王的另一名医生，一位名叫西里亚克斯·阿勒斯的德国人作了更彻底的调查，宣布整个事情是一场骗局，托夫特才终于承认骗了人。她因犯欺诈罪而被短期监禁，然后被送回戈德尔明老家。之后，人们再也没有听到她的消息。

然而，对女性解剖学和生理学的认识依然任重而道远。到了1878年，《英国医学杂志》竟然还能刊登一篇振振有词的长篇通讯，论述被有手淫习惯的女人摸过的火腿会不会坏掉。朱迪思·弗兰德斯说，有一位英国医生被从医生登记册上除了名，因为他在一篇文章里说，受孕不久以后阴道四周的颜色会发生变化，是已经怀孕的一个有用的标记。这个结论是完全成立的，问题是只有用肉眼看才能觉察到，那位医生再也不准从医。与此同时，在美国，受人尊敬的妇科医生詹姆斯·普拉特·怀特被开除出美国医学协会，原因是他让学生去观看一名妇女生孩子，虽然是得到她的允许的。

在这种背景下，外科医生艾萨克·贝克·布朗的行动尤其显得非同寻常。在那个时代，医生通常不走近产房，即使去了也不大会知道究竟看到点什么。而布朗成了妇科外科医生当中一名先驱人物。不幸的是，他的动力几乎完全来自一些令他感到严重不安的想法。尤其是他认为，差不多每一种妇科疾病都是“刺激以阴蒂为中心的阴部周边神经”的结果。说得更加明白一点，他认为妇女在进行手淫，这是精神错乱、癫痫、僵住症、歇斯底里、失眠以及无数种其他神经性疾病的原因。解决的办法是用外科手术切除阴蒂，这样就消除了任意刺激神经的可能性。他还认为，卵巢在很大程度上是个坏东西，最好切除。由于以前从来没有人试图切除过卵巢，这是个极其微妙和危险的手术。贝克·布朗的最初3名病人死在手术台上。他没有气馁，做了第4次试验性手术，还偏偏选了自己的妹妹。她活下来了。

当医疗界发现，他未经她们的允许，也不事先告知，这么些年来一直在切除妇女的阴蒂，他们的反应很迅速，很气愤。1867年，贝克·布朗被逐出了伦敦产科学会，实际上再也不能从事医生的职业。在积极的方面，医生们终于承认，以科学的态度来关注女性病人的隐私部位的时候已经到了。因此，具有讽刺意味的是，贝克·布朗虽然是个很差劲的医生，又是个很讨厌的人，但在把妇科的研究和实践提高到现代水准方面，他作出了比谁都要大的贡献。

二

应当说，在现代社会之前，有个很正当的理由对性生活感到担心：梅毒。从来没有过比这更可怕的疾病，至少对得了所谓的第三期梅毒的倒霉蛋来说是如此，这是个你完全不想要经历的大事情。梅毒确实使性生活成为一件令人忧虑的事。对许多人来说，这似乎是上帝传递的明确信息：婚姻范围以外的性生活会招致天谴。

我们已经知道，梅毒已经存在了很长时间。早在1495年，就是在克里斯托弗·哥伦布的航行把它传播到欧洲3年之后，意大利的一些士兵脸上和身体上长满了“粟粒似的”脓包，这被认为是医学史上首次提到欧洲有了梅毒。梅毒传播得如此之快，人们对其来源看法不一。英语中第一次提到梅毒是在1503年，被称为“法国痘疮”。在别的地方，它被叫做西班牙病、凯尔特皮肤病、那不勒斯痘疮，最能表露意思的名称也许是“基督病”。“梅毒”（syphilis）这个词是1530年由意大利人耶罗尼米斯·弗拉卡斯托里斯在一首诗里创造的（在他的诗里，Syphilis是一位得了这种病的牧人的名字），但直到1718年才出现在英语里。比较通俗的名称叫做花柳病（clap），来源不详，但至少是个很古老的用语。自1587年以来，它一直在英语中使用。

在很长时间里，梅毒一直是一种特别令人生畏的疾病。它共分为三期，一期比一期厉害。第一期通常是生殖器上长出下疳，难看但不痛。过了一些时候，第二期跟着到来，可以有各种各样的症状，从疼痛到掉发。像第一期梅毒一样，过了一个月左右时间，不管治疗还是没有治疗，梅毒到了这一期就自行消退了。对于2/3的梅毒患者来说，事情到此为止。然而，对于那倒霉的1/3的病人来说，真正可怕的事还在后面。这种传染病能潜伏长达20年，然后第三期梅毒就暴发了。到了这一期，谁也休想过关。它侵蚀肌体，不停地、毫不留情地损坏骨头和组织。鼻子常常塌陷、消失。（伦敦一度有个“无鼻人俱乐部”。）嘴巴会失去上颌。由于神经细胞的死亡，患者走起路来会摇摇晃晃。病症因人而异，但每种病症都很可怕。尽管有那么多的危险，有的人还是顶风冒险到了令人吃惊的程度，詹姆斯·鲍斯韦尔在30年里得了19次花柳病。

治疗梅毒是一件很痛苦的事，早年，要从尿道往膀胱里注射一种铅溶液。接着，水银成为选用药物，一直使用到20世纪，直到发明了第一批抗生素。水银产生各种各样的中毒症状，如骨头变松，牙齿脱落，但是没有别的选择。当时有一句格言：“跟维纳斯睡一个晚上，跟墨丘利过一辈子。”[①]然而，水银其实并不能治愈这种病，只能缓解最严重的症状，同时却带来别的病症。

我们现在和过去最大的区别，也许在于当时的治疗方法是如此不见效果，还往往令人十分痛苦。除了少数几种病以外，医生几乎对所有的疾病都束手无策，他们的治疗往往只是使事情更加糟糕。在许多方面，最幸运的是那些生了病不吭声的人和不用医生干预就康复的人。

由于显而易见的原因，最坏的结果是不得不动手术。在使用药物麻醉以前的几百年里，试用过多种方法来减轻疼痛。一种方法是让病人流血流到昏厥的程度，另一种方法是把一种烟草溶液注射到直肠里（这种方法至少还可能使病人想着点别的东西）。最常用的治疗方法是使用麻醉剂，主要是以鸦片酊的形式，但即使用量很大也无法掩盖实际的疼痛。

要是实施截肢手术，肢臂通常不到1分钟就可以拿下来，因此截肢时

① 维纳斯（Venus）是古罗马神话中象征爱与美的女神；墨丘利（Mercury）是古罗神话中的欺诈和盗窃之神，开头字母小写的mercury在英语里即是“水银”的意思。——译注

最疼痛的时刻很快就结束了，但血管还得结扎，伤口还得缝合，因此疼痛仍要持续很长时间。动作快捷就是一种窍门，1658年塞缪尔·佩皮斯做切石术，即切除肾结石的时候，那位外科医生只用了50秒钟就把钳子伸进去，找到并取出一粒网球大小的结石（那是17世纪的网球，比现代的网球要小得多，但仍然是个不小的球体）。莉莎·皮卡德指出，佩皮斯是极其走运的，他的手术是那位医生那天的第一场手术，因此器具是比较干净的。尽管手术完成得很快，但佩皮斯过了一个多月才完全康复。

比较复杂的程序简直费劲到了令人难以置信的程度，我们现在读起来都受不了，但究竟那是一种什么样的经历，现在完全无法想象。1806年，小说家范妮·伯尼住在巴黎的时候，感到右侧乳房有点疼痛。接着，她觉得越来越痛，最后连胳膊都抬不起来。她被确诊为乳房癌，要做切除手术，主刀的是有名的外科医生巴伦·拉里。他之所以有名，与其说是因为他有挽救生命的本事，不如说是因为他的速度快如闪电。后来，他成为一个名人，因为他在1812年波罗底诺战役[①]以后在24小时内做了200场截肢手术。

伯尼极其平静地叙述了那些恐怖的时刻，正因为如此，她对这次经历的叙述几乎让人难受得读不下去。差不多与这件事本身同样可怕的，是在等待这个时刻到来的过程中所受的折磨。随着日子一天天过去，那种恐惧和焦虑的心情变得简直让人受不了。在约定那天的上午，她获悉那位外科医生要晚到几个小时，心情变得更加糟糕。她在日记里写道：“我不停地走来走去，直到彻底平静下来，渐渐变得差不多已经麻木——发呆，没了情感，没了知觉——就这样一直等到时钟敲了3点。”

就在这时候，她听到短时间里接连有4辆马车到达。过了一会儿，7个身穿黑色衣服、神情严肃的人走进房间里。有人给了伯尼一杯镇静神经的饮料——她没有记录下是什么东西，但通常是掺入鸦片酊的葡萄酒。他们

① 波罗底诺战役1812年9月7日发生在俄罗斯境内波罗底诺，是拿破仑战争中最大的一次战役。——译注

把一张床搬到屋子中央，铺上了旧床单，以免弄脏好的床垫或亚麻床单。

“这时候，我开始浑身发抖，抖得很厉害，”伯尼写道，“因为疼痛，更是因为对这些准备工作感到反感和害怕……于是，我没有等要求就爬上了床。杜波伊斯医生让我在床垫上躺下来，往我脸上盖了一块麻纱手帕。然而，手帕是透明的，我透过手帕看到床的四周顿时围上来7个人和我的护士。我不愿意让别人按住，但是，当亮光透进手帕的时候，我看到锃亮的钢家伙在闪光。我合上了眼睛……”当获悉他们打算切除整个乳房的时候，她“被吓得魂飞天外”。随着手术刀切入她的体内，她发出“一阵尖叫声。在整个切开的时间里，那种尖叫声不时响起来。我几乎感到惊讶，它竟然不再在我的耳边回响，那个痛真是痛得要命。口子切开以后，手术刀收了回去，疼痛似乎丝毫没有减退……但是，当我再一次觉得手术刀伸进来，划了一道弧形，却又切不动，要是我可以这么说的话，那个皮肉牢固得不让刀子切下去，累坏了医生的手。医生不得不从右边改到了左边……接着，说真的，我一定已经停止了呼吸，我不再试图睁开眼睛”。

但是，手术仍在继续进行。随着医生们挖出了有病的组织，她感觉到也听得见手术刀刮胸骨的嚓嚓声。整个过程持续了17分半钟。她过了几个月才康复。这次手术挽救了她的生命。她又活了29年，癌症再也没有复发。

有时候，病人痛得挺不住，又对医生怀有自然的警惕性，因此常常在家里尝试一些极端的治疗方法，这是不奇怪的。《独立宣言》的签署者之一古韦纳尔·莫里斯把一根鲸骨塞进自己的阴茎，试图清除尿道梗阻，结果送了命。19世纪40年代，麻醉术出现，但并没有消除治疗过程中的痛苦，经常只是延缓了这种痛苦。外科医生依旧不洗手，手术器械依然不干不净，因此许多病人没有死在手术台上，却死于一种因感染而更加持久、更加剧烈的痛苦。这一般归因于“血中毒”。1881年詹姆斯·加菲尔德总统遭到枪击以后，送他命的不是那颗子弹，而是把没有洗过的手指伸进他的伤口的医生。由于麻醉术促使手术的程序增加，因此在麻醉术问世以后，实际上很可能是大大地增加了痛苦。

在现代社会到来之前，即使没有外科医生令人生畏的干预，人也是在以多种方式死亡。就伦敦市而言，1758年的死亡名单，即英格兰所谓的《死亡周报表》，列出了17576人死亡，死因有80多种。正如可以预期到的，主要死因有天花、热病、肺痨或年老，但在列出的其他死因中还有：

吃肉噎死	1人
痒死	2人
冻死	2人
圣安东尼热	4人
昏睡病	4人
咽喉痛	5人
寄生虫病	6人
自杀	30人
法国痘疮	46人
精神病	72人
溺死	109人
坏疽	154人
牙病	644人

“牙病”到底怎么会死那么多人，这似乎肯定将永远是个谜。显而易见，无论真正的死因是什么，死亡是一件常见的事，人们都有思想准备，死神有可能从几乎每个方向来临。波士顿同一时期的死亡名单显示，有的人死于像“喝冷水”、“体液流动不畅”、“神经性热病”和“惊吓”这类想象不到的原因。许多预期中的死亡形式，反倒数量很少。1758年伦敦记录在案的死亡人数为将近17600人，而其中被处决的仅仅14个人，被谋杀的仅仅5个人，被饿死的仅仅4个人。

许多人的生命如此短促，因此在工业革命之前的社会里，婚姻生活是很短暂的。在15世纪和16世纪，婚姻的平均长度只有10年，然后夫妻的一方或另一方就会死亡。人们常常认为，由于人死得早，因而会早早结婚，以便充分利用短暂的生命。实际上，情况似乎并非如此。一方面，人们依然看到了正常的一生—— 一个人在理论上应得的权利——是《圣经》上说的70岁。只是活到那个年纪的人并不多。主张早婚的人几乎总是引用莎士比亚的剧本《罗密欧与朱丽叶》里两位主角的幼小年龄来支持自己的论点——朱丽叶只有13岁，罗密欧稍大一点。且不说这些人物是虚构的，几乎不说明任何问题，而人们在这件事上总是没有注意到的是，莎士比亚的故事是以阿瑟·布鲁克的一首诗为基础的。在那首诗里，那两个人物其实是16岁。为什么莎士比亚把他们的年龄改小了，就像莎士比亚所干的大多数事情一样，那就无法知道了。无论如何，莎士比亚剧本里所说的幼小的结婚年龄，在现实世界里是找不到书面证据的。

20世纪60年代，斯坦福大学历史学家彼得·拉斯莱特对英国的婚姻档案作了仔细的研究，结果发现，在有记载的过去，没有哪个时候人们通常是在很小的时候就结婚的。比如，1619年到1660年期间，85%的女子在19岁或以上年龄结婚，1000人当中只有1人是在13岁或以下年龄结婚的。结婚时新娘的平均年龄是23岁7个月，新郎将近28岁，和今天的结婚年龄差别不大。威廉·莎士比亚与众不同，他18岁结婚，而他的妻子安妮也是与众不同，结婚时已经26岁。大多数真正的早婚只是履行形式，名叫“订婚”，这与其说是颁发了可以马上进洞房的结婚证，不如说只是宣布了未来成亲的打算。

没错，当时丧偶的人要比现在多得多；丧偶以后再婚的次数也更多，再婚的速度也更快。对于女人来说，这常常是出于经济上的需要。对于男人来说，他们需要有人照顾。总之，这往往既是出于感情上的考虑，也是出于实际的考虑。1688年，拉斯莱特对一个村子进行了调查，那个村子共有72个已婚的男人，其中有13人结过两次婚，3个人结过3次婚，3个人结过4次婚，1个人结过5次婚，都是因为丧偶的缘故。总共大约有1/4的婚姻是丧偶以后的再婚。直到20世纪的最初几年，这个比例一直没有变化。

由于有那么多人死亡，举丧成了大多数人生活的核心组成部分，举丧的高手当然是维多利亚时代的人。从来没有哪个民族对死亡是如此重视，简直到了病态的程度，或者以如此复杂的方式来加以表达，大师级的实践者就是维多利亚女王本人。1861年12月她心爱的艾伯特亲王去世以后，他卧室里的时钟就停在他去世的那个时刻——晚上10时50分。但是，按照女王的吩咐，他的卧室照样有人提供服务，仿佛他只是暂时不在家，而不是已经长眠在庭园对面的陵墓里。一名贴身男仆每天为他摊开衣服；肥皂、毛巾和热水仍然在恰当的时候送到房间里，然后又取走。

在社会的各个层面上，举丧有着严格而又极其复杂的规矩，每一种有可能不同的关系都要予以考虑和有明确的规定。比如，假如死者是姻叔叔，要是他的妻子还活着，那么就该举丧两个月，而假如他没有结过婚，或者本人已经丧偶，那么只需要举丧一个月。一切都要按照不同的关系、按照不同的规矩办事，你甚至无须与死者在生前见过面。假如某人的丈夫以前结过婚并已丧过偶——这是一种比较常见的情况——要是他的第一任妻子的哪位近亲去世了，那么第二任妻子应当“补充服丧”，即代表已故的前任配偶服丧。

丧服究竟应当穿多久，怎么穿，也同样严格地取决于与死者的亲密程度。已经裹着几磅重的令人窒息的细平布的寡妇，还要再佩上黑纱——一种打褶的绸子。黑纱沙沙作响，不大灵活，很难佩得服帖。雨点打在黑纱上，打在哪里就在哪里留下白兮兮的污渍，而黑纱上的污渍又渗透到了里面的衣服或皮肤上。这类污渍可以毁坏任何衣服，沾在皮肤上是几乎洗不掉的。佩戴黑纱的数量完全取决于时间的长短，你只要看一眼哪个妇女每个袖子上佩着多少黑纱，就能知道她已经丧偶多长时间。两年以后，寡妇进入了一个所谓的“服半丧”阶段，可以开始佩戴灰色或淡色的熏衣草花，只要不是佩戴得过于突然。

主人去世，仆人要服丧；君主死了，要下令举行一段时间的全国哀悼。1901年，维多利亚女王驾崩，举国震惊。由于距离上一位君主去世已达60多年，谁也拿不准在这样的一个新时代为这样一位在位已久的君主究

竟举行什么档次的葬礼比较合适。

维多利亚时代的人仿佛要担心的事还不够多，又对死亡产生了一些很奇特的担忧。人们普遍担心早葬——埃德加·艾伦·坡利用这种担心，在1844年写出了同名小说，取得了很生动的效果。受害者要是患有一种名叫强直性昏厥的麻痹症，只是看上去已经死了，实际上完全有知觉。这种病成了那个时代可怕的疾病，报纸和通俗杂志连篇累牍地刊登关于那种病人所受的无法动弹的苦楚。有个著名的例子：1894年7月，在纽约州北部，埃莉诺·马卡姆快要下葬，她的棺材里突然传出焦急不安的声音。盖子打开了，马卡姆大声叫道："你们要把我活埋呀！"

她对那些救她命的人说："你们在为安葬我做准备工作的时候，我一直是有知觉的。我可怕的处境完全无法描述。正在发生的一切，连门外有人轻声说话，我都听得见。"她说，无论她怎么想要大声叫喊，却总是叫不出声来。据一份报告说，在1860年到1880年期间，纽约市因这样或那样的原因而被掘出来的1200具尸体当中，有6具显示出重击过棺材和有其他葬后痛苦表现的迹象。在伦敦，当博物学家弗兰克·巴克兰去圣马丁教堂寻找解剖学家约翰·亨特的棺材时，他报告说，他遇到过3口棺材，里面的死者显然颤动过（或者说，至少他是这么认为的）。关于早葬的传闻是铺天盖地的，1858年，通俗杂志《笔记和调查》的一位记者写过这么一篇报道：

> 在奥地利的赖兴堡，大约15年以前死了一位名叫奥佩特的有钱的制造商，他的遗孀和孩子们在公墓里建造了一个墓穴来安放他的遗体。大约一个月以前，他的遗孀去世，被运往同一坟墓；但是，当因此而打开那个墓穴时，人们发现她丈夫的棺材是空的，他的骸骨在墓穴的一个角落里，呈坐着的姿势。

在至少一代人的时间里，即使在严肃的杂志里，这样的故事也是比比皆是。因此，许多人老是担心在死之前就被埋葬，这几乎成了一种病态，于是就造出了一个词：活埋恐惧症。小说家威尔基·科林斯每晚把一封信放在床头柜上，上面写着长期有效的嘱托，要是有人发现他看上去样子像一具尸体，他希望要做检查，以确保他真的已经在睡梦中死去。有的人还做出这样的指示，安葬以前要把他们的头砍掉，把心脏挖出来，以确保万无一失（如果这个词没有用错的话）。有一位作者提议建造“等待停尸所”，让死者在里面停放几天，以确保他们真的已经死透，而不只是异乎寻常地一动不动。另一位更像企业家的人设计了一个装置，在棺材里苏醒过来的人可以拉动一根绳子，从而打开一根呼吸空气的管子，同时响起警铃，地面上便会有一面旗开始摇动。1899年，英国成立了“防止早葬协会”，次年美国也建立了一个协会，两个协会都提出了一些严格的测试。要完成这些测试以后，在场的医生方能确定无疑地宣布一个人已经死亡，比如，把灼热的熨斗靠在死者的皮肤上，看看皮肤会不会起泡。实际上，其中有几样测试一度写进了医科学校的课程里。

盗墓是另一件让人很担心的事——这不是没有道理的，因为19世纪对新尸的需求量很大。仅伦敦一地就有23所医科学校或解剖学校，每所学校都需要源源不断地供应尸体。在1832年通过《解剖法》以前，只有已被执行死刑的罪犯才可以被用来做实验和搞解剖。而在英国，死刑比大家想象中的要少得多。1831年是普通的一年，在英国共有1600人被判处死刑，但真正被执行死刑的只有52人。因此，通过法律途径提供的尸体远远不能满足需求。结果，盗墓成了一种具有很大诱惑力的生意，尤其是盗尸。由于法律上一个奇怪的漏洞，盗尸只算是一种轻罪，而不是重罪。当时，报酬优厚的工人每周可以挣到1英镑，而卖掉一具新尸可以捞到8—10英镑，有时候多达20英镑，至少起初是那样，而且还没有多大风险，只要注意只搬走尸体，不拿走寿衣、棺材或纪念物，要不然就有可能被判处重罪了。

市场对解剖尸体的兴趣，并不完全是病态的。在发明麻醉术之前的时代，外科医生的确需要对人体非常熟悉。在病人痛得哇哇乱叫，大量出血

的时候，你总不能还在一边思索一边在动脉和器官里乱搅。速度是关键，速度的关键是熟悉，只有通过专心致志地在尸体上做大量实践才能熟悉。当然，没有冷冻条件意味着尸体很快就会腐败，因此就需要不停地供应新尸。

为了对付盗尸者，尤其是穷人往往保留死去的亲人，直到尸体开始腐败，失去价值。埃德温·查德威克在《关于英国劳动阶级卫生状况的报告》中，详细地记述了这种做法，其内容令人发指，毛骨悚然。他写道，在有的地区，家人将尸体在客厅里停放一个星期或更长时间，等着腐败到恰当的程度，这是常见的现象。他说，蛆虫掉到地毯上，孩子们在上面玩耍，这种现象也不是不常见的。空气里弥漫着强烈的臭味，这是不足为怪的。

坟场也加强了安全措施，雇用了武装人员来守夜。这就极大地增加了被捕和挨打的风险，于是有些通常所谓的“盗尸贼”就采用杀人这个比较可靠的办法。最臭名昭著、罪该万死的是爱丁堡的爱尔兰移民威廉·伯克和威廉·黑尔，从1827年11月起，他们在不到一年时间里杀害了至少15个人。他们的办法是残忍而又管用的，先和几个可怜的流浪汉交朋友，然后把他们灌醉，身材魁梧的伯克坐在受害人的胸口，黑尔捂住嘴巴，把他们闷死。尸体马上被运到罗伯特·诺克斯教授那里，诺克斯以每具新尸7英镑到14英镑的价钱买下来。诺克斯肯定知道事情十分蹊跷——两个爱尔兰醉汉不断送来极其新鲜的尸体，死者似乎都是平静地死去的，但他坚持说，他没有责任提出疑问。他因参与这件事受到广泛指责，但始终没有受到指控或处罚。黑尔出庭作证，告发他的朋友和同伙，结果被免予绞刑。这证明是多余的，因为伯克已经供认不讳，很快被送上了绞架，他的尸体被送往另一所解剖学校供他们解剖。他的几块肉被腌制了挂在外面，挂了好几年，留给受到优待的参观者作为纪念品。

黑尔在监狱里只待了几个月就被释放了，但他也没有好下场，他在一个石灰窑找了个工作。他的同事认出了他，朝他脸上撒了一堆生石灰，致使他的眼睛永久失明。据认为，他在最后几年里成了一名到处游荡的乞丐。有的报道说他回了爱尔兰，还有的说他去了美国，但他活了多长时间，葬在哪里，这就没有人知道了。

这一切极大地促进了另一种处理尸体的方式的出现：火化。这种方式在19世纪饱受争议。火化运动跟宗教或信仰没有关系。它只不过是开创了一个以干净、有效和没有污染的方式处理大量尸体的实用途径。1874年，英国火葬协会的创始人亨利·汤普森爵士在沃金火化了一匹马的尸体，展示他的焚尸炉的功效。这次展示的效果极佳，但引起了那些在感情上反对焚烧马或任何其他动物的人的强烈反对。在多塞特，有一位名叫哈纳姆上尉的人建造了自己的火葬场，不顾法律有效地处理了他的妻子和母亲的遗体。有的人担心遭到逮捕，就把亲人的遗体运到火化已经合法的国家。与约瑟夫·帕克斯顿一起创办了《园丁纪事》杂志的作家兼政治家查尔斯·温特伍思·迪尔克，1874年在他的妻子分娩时去世以后，把她的遗体用船运到了德累斯顿去火化。19世纪杰出的考古学家之一奥古斯塔斯·皮特·里弗斯是另一位早期火化倡导者。他不仅希望自己火葬，而且坚持他的妻子也要火葬，尽管她始终反对。“该死的，老婆，你一定要烧掉。”每次她提到这个问题时，他总是这样对她说。皮特·里弗斯于1900年去世，实行了火葬，尽管这在当时还是不合法的。然而，他的妻子活得比他长，按照她一贯的愿望在平和的气氛中落葬了。

总的来说，在英国，反对派在很长时间里一直很顽固。很多人认为故意毁坏尸体是不道德的，别的人列出了实际的考虑。反对派经常提出的一个论点是，如果是谋杀，那样做会毁掉证据。支持派的一名主要成员实质上是个疯子，这对这场运动也是很不利的，他的名字叫做威廉·普赖斯。他是威尔士的一名乡村医生，以脾气古怪著称，他的古怪之处是不胜枚举的。他是个诗会官员、素食主义者和激进的宪章运动者。他不愿意穿袜子，也不愿意碰硬币。他80多岁时跟自己的女管家生了个儿子，并起名为耶稣·基督。婴儿于1884年初死去以后，普赖斯决定在自己地里搭个柴堆把他火葬。村民们看到火光以后前来调查，发现原来是普赖斯，只见他穿着诗会官员的服装，正绕着火堆起舞，嘴里吟唱着古怪的诗歌。他们又生气又紧张，走上前去阻拦他。普赖斯在慌乱之中从火堆里抓起已经烧掉一半的婴儿，把尸体抱回了家。他把婴儿的尸体放在自己床底下的一个箱子里，几天以后他就被捕了。他受到了审判，法官认为他的所作所为并没有构成犯罪，因为婴儿的尸体实际上并没有烧掉，于是就把他放了。然而，他的确使火葬事业遭受非常严重的挫折。

火葬在别的国家已经习以为常，而在英国要等到1902年才算正式合法，我们的马香先生恰好赶上，可以实施那种办法，要是他愿意的话。可是一点也不出人意料的是，他不愿意。

第十六章

卫生间

自从toilet这个词问世以后，它所经历的变化之多，也许是英语里哪个词都比不上的。起初，大约在1540年，它指的是一种布，呈缩略形式toile。现在toile依然用来指一种亚麻织物。然后，它的意思变成了用于梳妆台上的一种布。接着，它的意思变成了梳妆台上的物品。接着，它的意思变成了梳妆台本身，然后变成了穿戴的动作，然后变成了一边穿戴一边接待客人的动作，然后变成了梳妆室本身，然后变成了靠近卧室的任何隐蔽房间，然后变成了用作厕所的屋子，最后变成了厕所本身。

一

有关卫生状况的说法，很难找得到比卓越的建筑评论家刘易斯·芒福德在他1961年出版的经典著作《历史上的这座城市》中的说法更加错误，至少可以说更加不全面：

> 几千年来，城市居民忍受着残缺不全、往往肮脏不堪的卫生设施，生活在垃圾和污物之中。这些垃圾和污物他们肯定有这个能力运走，因为与常年在这种肮脏的环境里走路和呼吸相比，动一动手几乎不可能会更加令人讨厌。为什么人们对污物和臭气如此不在乎，而那种污物和臭气连许多动物都受不了，即使是猪，它们也都竭尽全力让自己和圈里保持干净。要是有人对此作出任何充分解释，他或许也会想到，在这座城市建城之后的5000年里，技术本身的发展是十分缓慢的，断断续续的。

实际上，我们已经在奥克尼的斯卡拉坡看到，在很长时间里，人们一直在处理污物、垃圾和废品，往往还取得了令人感到意外的效果。斯卡拉坡绝不是独一无二的，印度河流域有个4500年前的人家，就在一个名叫马亨约—达罗的地方，设有一个巧妙的处理垃圾的管槽系统，能把垃圾从生活区送进垃圾箱。古代的巴比伦拥有下水道和一个排水系统。弥诺斯人在3500多年以前就有了自来水、浴缸和其他文明的舒适条件。总之，对许多文化来说，讲究清洁和普遍重视个人卫生在很长时间里一直是很重要的，因此很难知道从何谈起。

古希腊人极其重视洗澡，他们喜欢脱光衣服——英语中的“体操馆”（gymnasium）一词就是“裸身的场所”的意思——练出一身大汗，他们每天锻炼以后有一起洗个澡的习惯。不过，这些主要还是短时间的卫生活动。对于他们来说，洗澡是一件速战速决、应当快速办完的事。真正像模像样的洗澡，懒洋洋地泡在水里，始于罗马。古罗马人洗澡之专注和严谨的态度，那是谁也比不上的。

古罗马人都爱水——庞贝有一户人家有30个水龙头——他们的管渠系统为主要城市提供充足的淡水。有人计算过，罗马的水供应量是极其丰富的，平均每人每天300加仑，比今天罗马人的平均需求量高出七八倍。

对古罗马人来说，澡堂不仅是个把身体洗干净的地方，还是每天休闲的场所，一种娱乐，一种生活方式。古罗马的澡堂里设有图书室、店铺、健身房、理发室、美容院、网球场、快餐店和妓院，社会各个阶层的人都来使用。“逢人问一声是在哪里洗的澡，这是常有的事。”凯瑟琳·阿申伯格在她闪烁着才华的卫生史《清除尘垢》中写道。有的古罗马澡堂建造得真是富丽堂皇，犹如宫殿一般。卡拉卡拉皇帝的大澡堂一次可以接纳1600名前来洗澡的人，而戴克里先皇帝的大澡堂可以容纳3000人。

洗澡的人在水里翻来滚去，喘着粗气，经过一连串不同温度的池子——从温度低的一端的冷水池，到另一端的烫水池。在途中，他们会在温水池停下来，有人给他们身上抹上一层油，然后继续往前来到蒸汽室。在这里，他们锻炼出一身汗，然后有人用一种名叫刮身板的工具，把油连同不洁之物一起从他们的身上刮下来。这一切都是严格按照顺序来办的，虽然到底按照什么样的顺序，历史学家们的意见不完全一致，这很可能是因为具体的规定是因地而异、因时而异的。关于古罗马人及其洗澡习惯，我们还有相当多的东西不知道。比如：奴隶跟自由民一起洗澡吗？人们多久洗一次澡？他们洗一次澡要花多长时间？他们对洗澡的热情高涨到什么程度？罗马人本身对水质和水里的漂浮物表现出不安，这表明他们不一定都像我们一般认为的那样对洗澡很感兴趣。

然而，在罗马帝国的很长时间里，澡堂子里似乎有着某种严格的礼节，确保了操行端正。但是，随着时间的过去，澡堂里的生活跟罗马总的生活一样，变得越来越活跃。男女同浴成了常有的事；有可能，但绝不敢肯定，女人和男性奴隶一起沐浴。实际上，谁也不完全知道古罗马人究竟在里面干什么，但无论他们干什么，反正早期的基督徒都无法接受。他们认为罗马时代的澡堂是放荡的、堕落的——在道德方面是不干净的，如果不是在卫生方面的话。

说来也怪，基督教总是对讲究卫生感到不安，从很早时候起就形成了一种古怪的传统，把圣洁和肮脏等同起来。1170年贝克特的圣托马斯去世以后，那些准备为他办丧事的人以赞许的目光注意到，他的内衣上“长满了虱子”。在整个中古时代，一种几乎万无一失的获取持久荣誉的办法是发誓不洗澡。许多人从英国步行到圣地，但有一位名叫戈德里克的修士一路上连一次脸都没有洗过，他几乎势必成为圣戈德里克。

接着，在中世纪，由于鼠疫的传播，人们比较认真考虑自己对待卫生的态度，考虑能采取什么办法来减少自己得病的风险。不幸的是，各地的人都得出完全错误的结论。精英们都认为，洗澡开启了表皮的毛孔，促使致命的汽雾侵入体内，最好的办法是用尘土堵住毛孔。在此后的600年里，大多数人不洗澡，甚至不洗脸，要是能办到的话。结果，他们付出了代价，日子过得很不舒服。感染成为日常生活的组成部分，长疖子是家常便饭，出皮疹和长红斑是常有的事，差不多每个人身上几乎老是痒。不舒服是经常性的，患了重病也只能听其自然。

破坏性极大的疾病暴发了，致使几百万人丧失了性命，然后往往又神秘地消失了。最臭名昭著的是鼠疫（实际上是两种疾病：腺鼠疫和肺鼠疫。腺鼠疫之所以叫这个名字，是因为患者脖子、腹股沟或腋窝里的淋巴会肿大；肺鼠疫更加致命，更容易传染，毁坏呼吸系统），但还有许多别的疾病。英国的汗热病分别在1485年、1508年、1517年和1528年流行，死了成千上万人，最后消失，再也没有回来（至少到目前为止没有回来）。对于这种病，我们至今几乎一无所知。接着，在16世纪50年代，另一种古怪的热病“新病”，“在全国可怕地迅猛蔓延，致使各种各样的人大批死亡，尤其是绅士和富豪”，有一位同时代人注意到。在此期间，有时候还同时暴发麦角中毒，这种病起源于黑麦粒受到了麦角菌的侵染。食用中毒的谷物的人会出现谵妄、发热和昏迷等症状，在许多情况下最后导致死亡。麦角中毒有个奇怪的方面，病人发病之初会像狗叫那样咳嗽。有的人因此认为，“像狗狂吠似的咳嗽”（barking mad）这个表达方式就是由此而来的。

最可怕的疾病是天花，它流行范围广，杀伤力大。天花主要有两种：普通天花和出血性天花。两者都是不好的病，虽然出血性天花（其症状包括体内出血和皮肤生脓包）更加疼痛，更加致命，有90%的患者死于非命，差不多是普通天花死亡率的两倍。在俄罗斯以西的欧洲，在18世纪天花疫苗问世以前，每年有40万人死于天花。天花造成的死亡总人数，超过了任何一种别的疾病。

对于存活下来的人来说，天花造成的创伤是多种多样的，很多人眼睛失明或留下可怕的疤斑，但有的人却毫发无损。天花已经存在数千年，但直到16世纪初才成为欧洲的常见病。英国第一次有记录的天花发生在1518年。出天花的最初症状是突然开始发高烧，并伴有酸痛和口渴。通常到了大约第三天，开始出现脓疱，并蔓延到全身。脓疱的数量是因人而异的，最坏的消息是获悉哪一位亲人“浑身长了脓疱”。最严重的病例是，患者基本上成了一个大脓疱。在这个阶段，病人还经常发高烧；脓疱会破裂，流出难闻的脓。要是患者过了这个关，一般说来也就能战胜天花。但是，患者的麻烦还远没有结束。此时，脓疱结疤了，开始发痒，痒得浑身难受。直到疤脱落，你才知道有没有留下疤痕，严不严重。伊丽莎白女王年轻的时候差一点死于天花，但后来完全康复，没有留下疤痕。护理她的是她的朋友玛丽·悉尼夫人，悉尼夫人可没有那么走运。“我离开她时，她是一位十足的美人……”她的丈夫写道，“我回来时，发现天花已经把她变成一个丑得不能再丑的丑女人。”一个世纪以后，里士满公爵夫人也同样破了相，而英国1便士硬币上的英帝国拟人化标志，还是以她为模型的呢。

天花还跟别的疾病的治疗有很大关系，人们看到流脓，就认为身体想要排出毒素，因此就拼命让天花患者流血、出汗，给他们刺孔、通便。过不多久，这些方法也用来治疗其他各种疾病，几乎总是把事情搞得更糟。天花之所以叫smallpox（小脓包），是为了区别于great pox（大脓包），即梅毒。

显然，并不是所有这些可怕的疾病都跟洗澡有直接关系，但人们也不一定知道这一点，甚至也不在乎。虽然人人都知道梅毒是通过性接触来传播的，这种情况当然可以在任何地方发生，但与澡堂有着不可避免的关系。一般说来，妓女不得走到离澡堂100步的范围以内。最后，欧洲的澡堂子通通关门大吉。随着澡堂的关门，大部分人摆脱了洗澡的习惯，这个习惯反正有好多人是从来没有的。洗澡不是没有听说过，不过这是一件洗不洗由你的事。英语中有一句常用的谚语：“经常洗手，难得洗脚，永不洗头。”伊丽莎白女王坚持每月洗一次澡，“不管需不需要”，这是个经常被人引用的例子。日记作家约翰·伊夫林在1653年写道，他作出一个试验性的决定，每年洗一次头发。科学家罗伯特·胡克经常洗脚（因为他觉得洗脚有催眠作用），但似乎很少打湿踝关节以上的部分。塞缪尔·皮佩斯写了9年半日记，只有一次在日记里提到他妻子洗了澡。在法国，国王路易十三快到1608年他的第七个生日时才洗第一个澡。

水，如果被使用的话，往往纯粹被当做药物。到16世纪70年代，巴斯和巴克斯顿是两处人们常去的矿泉疗养地，但即使在当时，人们也抱有怀疑态度。“我认为，那么多人都泡在同一水池里，这是不可能干净的。”1668年夏天，佩皮斯在考虑泡温泉时说。不过，他觉得还是挺喜欢，第一次泡温泉就在水里待了两个小时，然后他裹着被单，花钱让别人把他抬到了自己的房间里。

当大批欧洲人开始到新世界旅游的时候，他们已经习惯于身上发臭，印第安人几乎总是评论说，欧洲人身上散发着一股难闻的臭味。然而，令印第安人觉得最困惑的是欧洲人擤鼻子的习惯，只见他们用一块漂亮的手帕擤鼻子，然后把手帕仔细折叠好，放回自己的口袋里，仿佛那是宝贵的纪念品。

毫无疑问，有一些卫生标准被认为是应该达到的。有一位观察国王詹姆斯一世宫廷的人写道，这位国王从来不接近水，除了用一块湿的餐巾擦一擦指尖，因此他是以一种厌恶的口气写的。值得注意的是，一般说来，真正邋遢的人也以邋遢出了名，其中也许包括第十一代诺福克公爵。这位公爵强烈反对使用肥皂和水，因此他的仆人不得不等到他烂醉如泥的时候才为他擦洗干净；那位写小册子的托马斯·佩恩，身上总是有一层污垢；甚至包括高雅的詹姆斯·鲍斯韦尔，他身上的臭味对许多人来说是一件不可思议的事。在那个时代，这肯定已经能说明一点问题。然而，同时代的阿尔让斯侯爵一件贴身内衣可以穿上好多年，这连鲍斯韦尔都吃惊得目瞪口呆。当那位侯爵终于被说服脱下那件内衣时，内衣已经和他的身体粘在一起，“几块皮跟内衣一起脱落下来”。然而，对有的人来说，邋遢成了一种引以为豪的事情。第一批了不起的女旅行家之一、贵族玛丽·沃特利·蒙塔古夫人是如此邋遢，有一位新认识的人跟她握手之后，惊讶得脱口说出：真脏呀！“要是你看了我的两只脚，不知你会说出什么来呢！”玛丽夫人愉快地回答说。许多人对接触大量水很不习惯，一想到水就真的觉得很害怕。著名的费城人亨利·德林克在自己的花园里安装了一个淋浴器，他的妻子过了一年多才敢去尝试一番，这已经是1789年的事。她解释说：“在过去的28年里，从来没有发生过同时浇湿全身的事。”

到18世纪，若要洗个澡，最可靠的办法是发神经病。然后，人家会用水把你浇个够。1701年，约翰·弗洛耶爵士开始证明，不管你身上有多少疾病，洗冷水澡都能治愈。他的理论是，把身体浸入刺骨的冷水会产生“恐惧和惊慌”的感觉，从而激活已经麻木和迟钝的知觉。

本杰明·富兰克林尝试另外一种方法，他在伦敦的几年里，养成了洗“空气浴”的习惯，就是光着身子待在楼上开着的窗子前面。这种办法不可能把他的身体洗干净，但似乎对他也不起什么坏作用，至少使他的邻居们有了聊天的话题。同样奇怪地很流行的是“干洗澡”——就是用刷子刮擦自己的身子，让毛孔张开，还有可能赶跑虱子。许多人认为，亚麻织物有着特殊的性质，能够吸干净皮肤上的污垢。正如凯瑟琳·阿申伯格所

说："他们采用更换衬衣的办法来'洗澡'。"然而，大多数人采用两种办法来对付污垢和臭味，要么用化妆品和香水来掩饰，要么干脆由它去。人人都发臭了，也就没有人发臭了。

但是，接着，水突然之间成为时髦的东西，虽然仍然只是在药用的意义上。1702年，安妮女王来到巴斯治疗痛风。这件事极大地提高了巴斯温泉能治病的声望和影响力，虽然安妮的毛病跟水毫无关系，都是因为吃得过饱引起的。过不多久，泡温泉的城镇在全国各地拔地而起，如威尔士的哈罗盖特、切尔滕纳姆、兰德林多德韦尔斯等等。但是，沿海的城镇声称，真正有疗效的水是海里的水——不过，有意思的是，仅限于他们自己那个社区附近。约克郡沿海的斯卡伯勒保证，他们这里的海水具有预防"中风、癫痫、僵住症、眩晕、黄疸、忧郁症和胃肠气胀"的作用。

最著名的水疗法的先驱是理查德·拉塞尔医生，他在1750年用拉丁文写了一本关于海水的治疗作用的书，4年后译成英文，书名叫做《论利用海水治疗腺病》。拉塞尔在书中提出，用海水来有效治疗从痛风和风湿病到脑充血的任何疾病。患者不仅要泡在海水里，还要喝大量的海水。他在苏塞克斯郡海边一个名叫布赖瑟姆斯通的渔村开业，并取得了极大的成功，连那个小镇都发展得很快，最后变成了布赖顿。它在当时是世界上最时尚的海滨疗养胜地，拉塞尔至今还被称为"海水疗法的发明人"。

早年，许多洗海水浴的人赤裸身子（常常引起有些人的愤怒，他们往往长时间盯着观望，有时候还借助望远镜），而比较自律的人则披着不少衣物，有时候还危险地穿着笨重的浴衣。而当"各色"穷人开始大批出现，就在海滩上脱光衣服，然后一步一拖地走进海水里，实际上洗他们一年中唯一一次澡的时候，人们真的感到怒不可遏了。出于谨慎的考虑，发明了洗浴机。洗浴机不过是篷车，装有轮子，可以滚到水里，并设有门和踏板，客人可以安全地独个儿走进海里。在很大程度上，洗海水浴的好处倒不在于在海水里泡一泡，而在于事后用干的法兰绒布使劲做全身按摩。

1783年9月，布赖顿的前途有了永久性的保证。正值美国革命以签订《巴黎条约》宣告结束之时，威尔士亲王首次来到这个疗养胜地。他希望自己肿胀的咽喉能有所减轻。他的希望没有落空，他对这个地方喜欢得不得了，马上在那里为自己盖起了具有异国风情的疗养所。亲王建了一个私人浴室，里面注满了海水。这样，他在进行治疗的时候，就无须再暴露在平民百姓的目光之下。

也是为了找个清静的环境，乔治三世来到多塞特更西面的一个缺乏生气的港口韦茅斯，但吃惊地发现有数千名好心人等在海滩上，要看他第一次下水。当他披着宽大的蓝哔叽浴衣踏进水里的时候，躲在附近洗浴机里的一支乐队奏起了《上帝保佑吾王》。不过，国王对韦茅斯之行还是满心欢喜，之后差不多每年都来这里，直到他的精神疾病越来越厉害，他的脑子再也受不了众目睽睽的场面。

小说家兼医生托拜厄斯·斯莫利特患有胸部疾病，来到地中海洗海水浴。他每天在尼斯游泳，令当地人十分吃惊。“他们觉得很奇怪，一个似乎患肺痨的人竟然踏进大海，尤其是天气那么冷；有的医生预言这个人是活不长的。”有一位同时代人写道。实际上，洗海水浴倒开始流行起来。斯莫利特的游记《遍游法兰西和意大利》（1766）对创建这个海滨避寒胜地作出了很大的贡献。

过不多久，江湖医生就意识到，洗浴行业可以挣大钱，詹姆斯·格雷厄姆（1745—1794）就是最成功的人士之一。格雷厄姆是一名自封的内科医生，除了雄心勃勃以外别无任何资质。18世纪下半叶，他在巴斯和伦敦取得了巨大的成功。他使用磁铁、电池和其他嗡嗡作响的设备来为病人治疗各种疾病，但尤其是跟性生活不幸福有关的疾病，比如阳痿和性冷淡。他把洗药用浴提到一个更高的色情的层面上，很有引诱力。他为顾客提供牛奶浴、按摩浴和泥浴，都配上戏剧性的背景，包括音乐、古典雕塑、芬芳的空气、几乎一丝不挂的女招待——据说，其中之一就是埃玛·莱昂，她是未来的汉密尔顿夫人和纳尔逊爵士的情妇。有些人的疾病对这些具有引诱力的服务没有反应，格雷厄姆就以每晚50英镑的价钱，为这些人提

供了一种通有强大电流的大型“天字号床”，床垫里塞满了玫瑰叶子和香料。

不幸的是，格雷厄姆被自己的成功冲昏了头脑，开始喜欢说大话，结果连他最忠实的追随者都觉得是没有根据的。他有一次的讲座题目是《怎样不吃任何东西也能活许多周、许多月或许多年》，他在另一次讲座中保证他的听众健康地活到150岁。随着他的言语越来越荒唐，他的生意渐渐清淡，然后直线下降。1782年，他的动产被没收以用来抵债，詹姆斯·格雷厄姆也就此完结了。

现在，格雷厄姆总是被描述成一个荒唐可笑的江湖骗子，这在很大程度上当然是没有错的。但是，也值得记住，他的许多理念——洗冷水浴，淡茶粗饭，睡硬板床，开大窗户让有益于健康的凉空气流进卧室，尤其是对手淫的持久不变的恐惧心理——成了英国人生活中的固定组成部分，持续的时间远远超过他大吹牛皮的那段短暂时间。

随着人们调整了看法，认为现在可以经常安全地洗澡，长期存在的有关个人卫生的理论也突然之间彻底改变了。现在，淡红色的皮肤和张开的毛孔不再是一件坏事，恰恰相反，这样的理念开始深入人心：实际上，皮肤是个神奇的通风设备——二氧化碳和其他有毒吸入物是通过皮肤排出体外的；要是毛孔被灰尘和在长时间里形成的其他污垢所堵塞，自然产生的毒素就会被困在体内，积累到危险的程度。这就是不讲卫生的人，如撒克里笔下的那些“下层民众”，常常生病的原因，他们堵塞的毛孔在害死他们。有一位医生做了个生动的示范表演，显示一匹浑身涂满柏油的马怎样很快衰弱无力，可怜地断了气。（实际上，这匹马的问题跟呼吸没有关系，而是跟调节体温有关系，虽然从马的角度来看，这个道理显然是毫无意义的。）

然而，仅仅为了干净和味道好闻而洗澡，这个习惯的形成相当缓慢。当基督教循道公会的创始人约翰·韦斯利在1778年一次布道中创造“干净已经离神圣不远”的说法时，他指的是干净的衣服，而不是干净的身体。

关于干净的身体，他建议只要“经常刮刮胡子和洗洗脚”。19世纪30年代，当青年时代的卡尔·马克思去上大学时，他忧心忡忡的母亲给他下达了关于卫生的严格指示，尤其叮嘱他“每星期都要用海绵和肥皂擦洗一次身子”。到举办博览会的时候，情况显然已经在发生变化。博览会本身就展示了多种肥皂和香水，这在某种程度上肯定反映了新的需求。两年以后，政府终于取消了长期存在的肥皂税，又及时地促进了卫生事业的发展。即使那样，直到1861年，有一位英国医生还在写《洗澡与洗澡的方法》这样的书。

然而，维多利亚时代的人之所以开始认真洗澡，真正的原因是他们认识到洗澡是很费劲的事。维多利亚时代的人有一种自我折磨的本能，而水成了他们展示那种本能的极好途径。许多日记里都有记载，为了早晨洗脸，他们敲开脸盆里的冰层。费朗西斯·基尔弗特牧师喜滋滋地写道：1870年圣诞节早晨，当他快活地洗澡的时候，浴缸边上还结着犬牙交错的冰，刺痛了他的皮肤。淋浴也提供了施展自我折磨本能的广阔天地，往往还尽量设计得冲力很大。早期有一种淋浴的冲力大得吓人，沐浴者不得不戴着帽子才敢踏进去，免得被自家管子里的水冲得昏死过去。

二

自从toilet这个词问世以后，它所经历的变化之多，也许是英语里哪个词都比不上的。起初，大约在1540年，它指的是一种布，呈缩略形式toile，现在toile依然用来指一种亚麻织物。然后，它的意思变成了用于梳妆台上的一种布。接着，它的意思变成了梳妆台上的物品（于是就有了toiletries）。接着，它的意思变成了梳妆台本身，然后变成了穿戴的动作，然后变成了一边穿戴一边接待客人的动作，然后变成了梳妆室本身，然后变成了靠近卧室的任何隐蔽房间，然后变成了用作厕所的屋子，最后变成了厕所本身。这就解释了为什么英语中toilet water可以用来指一种你会愿意抹在脸上的东西[①]，而同时又指“厕所里的水”。

garderobe这个词现在已经废弃，它的意思也经历了类似的但又稍稍复杂的变化过程。它是一个由guard和robe组合的词，最初指贮藏室，然后指任何隐蔽的房间，然后（在短暂的时间里）指卧室，最后指厕所。然而，厕所其实是最不隐蔽的地方。古罗马人尤其喜欢一边上厕所，一边聊天。他们的公共厕所一般有20个或以上的位子，互相挨得很近。人们上厕所就像现代人乘公共汽车那样随便。（为了解决不可避免的问题，每一排位子前面的地面上都有一条水槽，使用者可以把系在杆子上的海绵伸到水里，然后拿起来擦屁股。）直到进入现代以后的很长时间里，与陌生人在一起使用厕所还很自在。汉普顿宫里有一处“方便大厅”，可以同时供14个人使用。查理二世进厕所时总是带着两名侍者。乔治·华盛顿的家弗农山庄有一处精心维护的有并排两个位子的厕所。

在很长时间里，英国人上厕所尤其不在乎隐私，这是很有名的。意大利冒险家贾科莫·卡萨诺瓦有一次访问伦敦时说，他经常看见有人就在众目睽睽之下站在路边或靠着建筑物“开闸放水”。佩皮斯在日记中写道，他的妻子蹲在马路上“办她的公事”。

water closet这个词可以追溯到1755年，原指皇家灌肠剂管理所。从1770年起，法国人把室内厕所叫做*un lieu a l’anglaise*（英国人的地方）。这似乎有可能解释了英语中loo（厕所）这个词的出处。在蒙蒂塞洛，托马斯·杰斐逊建造了3个室内厕所——这在美国很可能是首创——还设有排出臭味的通风口。按照杰斐逊的标准（实际上按照任何标准），这些厕所在技术上是不算先进的：粪便掉进并积在一个罐子里，由奴隶去倒掉。然而，在白宫，或者在当时的总统府里，杰斐逊在1801年安装了3个抽水马桶，这是世界上所能看到的第一批抽水马桶。它们所用的水，是顶楼水箱里收集的雨水。

---

① toilet water在这里是“花露水”的意思，上面一句中的toiletries或单数toiletry的意思是“化妆品”。——译注

亨利·莫尔牧师是多塞特的一位教区牧师，他在19世纪发明了土厕。土厕实质上是一种抽水马桶，它带有一个贮存罐，里面盛满了干土，只要一拉把手，一定量的泥土就会落在便桶里把粪便盖住，使粪便闻不着，看不见。土厕一度受到高度的评价，尤其在农村地区，但很快被抽水马桶取而代之。它不光掩饰粪便，而且用水哗啦一声就把它冲得无影无踪，或者说，至少在不出故障的时候是那样，但早年并不总是那样，甚至常常不是那样。

多数人继续使用便盆，他们把便盆放在卧室的一个柜子里或者小橱里。便盆被称作便壶（原因完全不清楚），外国客人经常吃惊地看到英国人有把便盆放在餐厅的柜子里或餐具柜里的习惯。女人一离开，男人就拿出来使用。有的房间还在角落里配有一把“不可缺少的椅子”。有一位到费城游览的法国人莫罗·德·圣梅里看到有个男人拿掉了花瓶里的花就往里面撒尿，真是吓了一跳。另一位法国客人差不多在同一时间报道说，他要一个卧室里用的便盆，被告知他可以像大家一样从窗子里爬出去。当他坚持要某样能“办公”的东西时，他的女主人觉得很好笑，就给了他一把水壶，但以坚定的口气提醒他，他得及时送回去，因为早晨开早饭时她还要用。

在这些关于上厕所习惯的故事中，最引人注目的特点是，没错，里面总是牵涉到一个国家的人对另一个国家的人的习惯感到吃惊。法国人对别国人上厕所的习惯有很多抱怨，而别国人对法国人上厕所的习惯也有同样多的抱怨。法国有个已经存在了几百年的习惯，那里有“好多人往烟囱里撒尿”。法国人还经常被指责把尿撒在楼梯上，“这种习惯到了18世纪还能在凡尔赛宫看到”，马克·吉鲁阿尔在《法国乡间别墅里的生活》中写道。凡尔赛宫自豪地宣称它有100个澡堂和300个厕所，但说来也怪，这些设施没有充分利用。1715年，有一篇社论向居民和游客保证，从今以后，走廊里的粪便会每周清扫一次。

大多数污水流到粪坑里，而粪坑又通常不加管理，粪便常常渗进了附近的水源。塞缪尔·佩皮斯在日记里记录了这样一个场面：“我走进地下室……一脚踩进一大堆粪便……我仔细一看，发现特纳家的厕所溢出来了，流到了我家的地下室。这可给我带来麻烦了。”

清扫粪坑的人叫做淘粪工。要是还有比这更不值得羡慕的谋生方法，我认为还没有人记载过。他们分成三四个人一个小组干活，有个人——我们可以猜到他是年纪最小的——下到粪坑里面，把粪便舀在桶里。第二个人站在坑边把桶提上来、放下去。第三个人和第四个人把桶提到等在那里的小车上。淘粪工作是令人难受的，而且是很危险的。工人冒着窒息甚至发生爆炸的风险，因为他们要提着灯笼在瓦斯浓度很高的环境里作业。1753年的《绅士杂志》讲了这么一件事：有个淘粪工钻进了伦敦一家客栈厕所的粪坑里，几乎马上对污浊的空气受不了。“他叫了一声救命，顿时脸朝下倒了下去。”一位目击者说，一名连忙去帮忙的同事也同样倒了下去。又有两个人来到粪坑，但由于空气污浊，他们进不去。他们只是把门打开了一点儿，把最有害的气体放了出去。等救援人员最后把那两个人拖出来的时候，一个人已经死亡，另一个也已不可救治。

由于淘粪工收费很高，比较贫困的地区的粪坑很少清空，经常满溢——考虑到市内每个粪坑平均所承受的压力，这是不足为怪的。许多伦敦市区的拥挤程度是几乎难以想象的，在伦敦最糟糕的贫民窟圣贾尔斯——画家贺加斯的《金巷》里的场景——54000人挤在为数不多的几条街道里。有人计算，有一条巷子的27栋住宅里竟然住着1100个人，那就是说，每栋房子里住着40多个人。在更加东边的斯皮特尔菲尔德，检查员发现有一栋房子里住着63个人。那栋房子里有9张床，平均每7个人睡一张床。有个新词应运而生，出处不详，描述这样的居民区：slums（贫民窟）。查尔斯·狄更斯是最先使用这个词的人之一，那是在1851年的一封信里。

这么多的人势必要产生很多很多的粪便——多得远远超过了任何粪坑系统所能承受的程度。在一份比较典型的报告里，有一位检查员说他去过圣贾尔斯地区的两户人家，积在地窖里的人粪有3英尺深。那位检查员还说，外面的院子里也积着6英寸深的粪便。里面要垫起砖头作为踏脚石，住在屋里的人才能从院子里走过去。

19世纪30年代，对利兹的贫困地区作了一次调查，结果发现许多街道“污水横流”；有一条街上住着176户人家，已经有15年没有清扫过。在利物浦，多达1/6的居民住在黑咕隆咚的地下室里，粪便特别容易渗到那里去。当然，人口拥挤、快速工业化的城市里产生了堆积如山的污物，人的粪便只是其中很小的一部分。在伦敦，人们把不该丢在泰晤士河里的东西都丢在里面：被没收的肉类、垃圾、死猫和死狗、吃剩的饭菜、工业废料、人粪以及很多别的东西。每天，人们把牲畜赶到史密斯菲尔德市场，宰杀后变成牛排和羊排；途中，这些牲畜每年要拉下4万吨粪便。这当然还不算家里养的狗、马、鹅、鸭、鸡和发情期的猪产生的粪便。胶水制造工、制革工、染色工、蜡烛制造工、各种化学企业，都把自已的副产品添加到了每天都在产生的大批污物里。许多腐烂的物质最后都进了泰晤士河，人们希望，潮水会把这些东西带入大海。但是，潮水当然是朝两个方向流动的：潮水把污物带向大海，而潮水回流时又把大量污物带了回来。正如一位观察者说的，泰晤士河是一条终年“流淌着粪水的河”。斯莫利特在其书信体小说《亨弗利·克林克》里写道，“人的粪便是最不令人讨厌的部分”，因为河里还有“用于机械和制造业的各种化学物品、矿物质和有毒物质，再加上已在腐烂的动物和人的尸体，并混有从洗衣盆、沟渠和普通阴沟里流过来的污水”。泰晤士河河水的毒性越来越大，当一条正在罗瑟海思挖掘的坑道裂开一条缝，最先从缝里涌出来的不是河水，而是浓缩的瓦斯。坑道工人的灯点着了瓦斯，结果使自已处于令人可笑的绝望境地，既要抢在涌过来的河水前面，又要摆脱滚滚而来的燃烧着的瓦斯。

注入泰晤士河的溪流，情况往往比泰晤士河本身还要糟糕。弗利特河在1831年“差不多不再流动，里面积满了快要凝固的污物”。连海德公园里的蛇河也越来越发臭，逛公园的人只能待在上风的地方。19世纪60年代，河底挖掉了一层15英尺厚的污泥。

雪上加霜的是，有样东西证明是一个灾难：抽水马桶。这是出乎人们预料的，有一种抽水马桶已经存在一些时候。最早一个抽水马桶是由伊丽

莎白女王的教子约翰·哈林顿建造的。当哈林顿在1597年向她展示他的发明时，她心里非常高兴，马上让人在里士满宫里建造了一个。但是，这是个大大超前的新玩意儿，差不多还要过200年，细木工兼锁匠约瑟夫·布拉默才在1778年获得了第一个现代抽水马桶的专利。它还算受人欢迎，其他许多人跟着照办。但是，早期的抽水马桶经常出问题，有时候还产生适得其反的结果，弄得屋里的脏东西比那吓坏了的主人很希望清除的还要多。在发明U形管和存水弯，即每冲一次就回到桶底的那个小小的水库之前，每个桶身都起着散发粪坑和污物臭味的管道的作用。那种臭味简直是无法忍受的，尤其是在天气热的时候。

这个问题由拥有历史上再恰当不过的名字之一的人解决了：托马斯·克拉珀（1837—1910）。[①]克拉珀生于约克郡的一个贫苦家庭，据认为11岁时步行去伦敦，他在切尔西当管子工的学徒。克拉珀发明了那个经典的，英国人今天依然很熟悉的抽水马桶。那种马桶带有一个水箱，只要拉动链子就开始放水。它被叫做“马尔伯勒无声水冲粪便器”，干净，无味，极其可靠。克拉珀靠生产这种马桶发了财，出了名。人们常常推测，俚语中crap（克拉普）这个词及其许多派生词都源于他的名字。实际上，crap很久以前就有“拉屎”的意思，而意为“厕所”的crapper则是美国英语，1922年才收入《牛津英语词典》，克拉珀的名字似乎是一种巧合。

就抽水马桶而言，突破性的事件是那次博览会，它成了那里引人注目的特色展品之一。有80多万人耐心地排着长队，等着领略一下坐抽水马桶的经历——对他们中的大多数人来说，这是个新玩意儿。他们对那个声音和那个边旋转边冲刷的水流着了迷，连忙在自己家里安装这种马桶。历史上可能没有哪个昂贵的消费品像抽水马桶流行得那样快，到19世纪50年代中期，伦敦已经有20万个抽水马桶在运转。

问题是伦敦的下水道在设计的时候只考虑排雨水，无法处理源源不

① 在英语的俚语中，“克拉珀”（Crapper）恰好有“厕所”的意思，同段里的“克拉普”（crap）有“拉屎”的意思。——译注

断的固体粪便。下水道里积满了一种厚厚的糊状沉淀物，再也流不动，一种名叫冲刷工的工人被雇用来寻找堵塞的位置并加以疏通。别的清淤职业还包括清淤工和泥滩工，他们在下水道和臭水浜的淤泥里寻找别人丢失的珠宝或者奇特的银匙。总体考虑起来，清淤工的日子过得挺不错，只是很危险。下水道里的空气有可能是致命的。由于下水道系统很大，也没有记录，有许多报道说，有的清淤工在里面迷了路，再也没有出来。许多人受到老鼠的攻击，被吃了个干净，至少谣传是这么说来着。

在不讲卫生、没有抗生素的世界里，造成大批人死亡的传染病是经常发生的。在1832年发生的一场霍乱中，据估计有6万英国人死于非命。接着，1837年到1838年又发生了流行性感冒，1848年、1854年和1867年又分别暴发了霍乱。这些疾病的侵袭打破了国家的宁静，在此期间，还暴发了致命的伤寒、风湿热、猩红热、白喉和天花，以及许多别的疾病。1850年到1870年，每年死于伤寒的就有1500人或更多。1840年到1910年期间，百日咳每年将大约1万名儿童置于死地。死于麻疹的儿童更多。总而言之，在19世纪，各种各样的情况都会让人送了性命。

起初，人们并不觉得霍乱特别可怕，理由肯定是不恰当的，他们认为霍乱的主要对象是穷人。在19世纪，几乎哪里都接受这样的观点，穷人之所以穷，是因为他们生来就是穷人的命。尽管有少数穷人被大度地认为是不该穷的，但大多数穷人本性“挥霍、鲁莽、酗酒，习惯性地耽于感官享受”，有一份政府报告里直言不讳地归纳说。弗里德里希·恩格斯对穷人的同情心要比大多数人大得多，但连他也在《英国工人阶级状况》中写道：“爱尔兰人具有容易被人左右的性格，行为粗野，比野蛮人好不了多少，鄙视由于自身粗野而无法分享到的一切高尚的乐趣，肮脏和贫困，都喜欢酗酒。”

因此，在1832年，当生活在拥挤的中心城区的人患了一种来自印度的名叫霍乱的崭新疾病而大批死亡时，一般都认为那只是不时落到穷人头上的又一件倒霉事而已，霍乱渐渐被称为“穷人的瘟疫”。在纽约市，40%以上的患者都是穷苦的爱尔兰移民，黑人得病的人数也特别多。纽约州的

州卫生委员会竟然宣布，这种疾病只有生活放荡的穷人才得，“完全起因于他们的生活习惯”。

然而，霍乱接着也开始侵袭富裕的居民区，很快就引起了普遍的恐慌。自黑死病以来，人们还没有这么惊慌失措过。霍乱之与众不同的特点是，它的传播速度快。它的病症——严重的腹泻和呕吐、痛性痉挛、撕裂般的头痛——刹那间全都出现。霍乱死亡率高达50%，有时候还要高，但是它的速度之快——从完全健康，到突然疼痛、谵妄和死亡的可怕的、迅猛的转变——是人们觉得最可怖的。看到某个亲人在早餐时还很健康，而到了晚餐时已经死亡，这是个令人心惊肉跳的经历。

实际上，别的疾病使更多的生命受到损害。一般说来，霍乱的幸存者能完全康复。猩红热患者则不同，他们病后常常耳聋或大脑受损，天花患者会可怕地毁容。然而，成为举国关注的疾病是霍乱。1845年至1856年期间，总共有700多本关于霍乱的书用英语出版。尤其令人不安的是，他们不知道霍乱的病源，也不知道怎么预防。“霍乱是什么？”《柳叶刀》杂志在1853年问道，“是一种真菌，一种昆虫，一种瘴气，一种电流干扰，一种臭氧缺失症，一种致病的肠道污物？我们一无所知。”

最普通的看法是，霍乱和其他可怕的疾病是空气不洁引起的。任何废物或污物，如污水、坟场里的尸体、腐烂的植物、人呼出的废气，都被认为会产生疾病，有可能是致命的。“每条街上都瘴气横流，只是看不见而已。”在那个世纪中叶，有一位编年史家有声有色地写道，“空气里的毒素和刺鼻的味道，污浊的气体，都在嚎叫，毫不宽容。走路的人每次吸入一口气，两个肺里就充满了从街沟的污泥和腐烂物品里逸出的臭气。”1844年，利物浦的首席卫生官对实际的损害程度做了很有把握的精确计算，向国会递交了报告：“光利物浦居民的肺部活动，每天就把多达足以在本市整个地面上铺成3英尺厚的一层空气弄得不再适宜呼吸。”

瘴气论最虔诚、最有影响的信徒是“贫民救济法委员会”的秘书和《关于英国劳动阶级卫生状况的报告》的作者埃德温·查德威克，他那本书在1842年有点不可思议地成为畅销书。查德威克的基本信念是，你消除了气味，就消除了疾病。“所有的气味都是疾病。”他在国会的一次调查会上解释说。他希望清除贫民区及其生活习惯。倒不是为了改善居民的生活条件，仅仅是为了消除气味。

查德威克是个认真而又阴郁的人物，对于地位斤斤计较，讨价还价。他是律师出身，一生的大部分时间里都在各种王家委员会任职：修订贫民救济法的委员会，工厂条件委员会，各级城市卫生委员会，预防可避免的死亡事故委员会，整顿出生、死亡和婚姻登记委员会等。几乎没有人喜欢他。他参与了1834年贫民救济法的工作，这部法律创建了一个全国济贫院体系，那种济贫院实质上是惩罚性的，因此他受到劳动阶层的广泛鄙视——他是“全联合王国最不受欢迎的人物”。据一位传记作家说，连他的家人也似乎对他毫无感情。查德威克小时候就死了母亲，他的父亲再婚以后在英格兰西部又建立了家庭。最后，这个家庭移居纽约布鲁克林，他们跟查德威克似乎再也没有来往。他的第二次婚姻有个孩子名叫亨利·查德威克。他的职业道路截然不同，他成了一名体育新闻记者和棒球运动的早期积极倡导人。实际上，他有时候被称为现代棒球运动之父。他发明了记分卡、按球员名字排列的得分记录表、击球率、投手责任得分率以及其他许多复杂的统计方法，这些都是棒球爱好者所喜爱的。棒球得分记录表之所以和板球得分记录表是那么相像，是因为前者是他根据后者模式来设计的。①

瘴气论只有一个严重的缺点：它完全缺少根据。不幸的是，只有一个人看到了这一点，而且没能说服别人赞成他的看法，他的名字叫约翰·斯诺。

① 这方面还要稍稍补充几句，这两个人的父亲詹姆斯·查德威克在曼彻斯特当过教师，上过约翰·多尔顿的自然科学课。一般认为，是多尔顿发现了原子。查德威克当时是一名激进的记者，曾去巴黎和托马斯·佩恩一起生活过一段时间。因此，虽然他本人不是个特别重要的人物，但他与托马斯·佩恩和法国大革命、发现原子、伦敦的排污系统以及职业棒球的兴起都有直接关系。——原注

斯诺1813年生于约克，家境一般——他的父亲是个普通的劳动者——无论那方面对他进入社会后的生活有多大不利影响，却也对他具有洞察力和同情心起了很大作用。他不把穷人患的疾病归罪于穷人，而是看到了他们的生活条件使其容易受到自己无法控制的影响，这在医学权威人士当中是独一无二的，以前从未有人对流行病学的研究抱那种开明的态度。

斯诺在纽卡斯尔攻读医学，但定居在伦敦。他在那里成为那个时代一名杰出的麻醉师，而当时麻醉术仍是一个临床没有把握的领域。就医生的事业来说，很少有哪个词比“实践”更贴切。即使到了现在，麻醉术仍是一件需要小心把握的事，而在早年，药品的剂量几乎完全是根据直觉和抱有希望的推测来决定的，因此昏迷、死亡和其他可怕的结果是司空见惯的事。1853年，维多利亚女王第八次怀孕以后快要临产，斯诺被召去实施氯仿麻醉。这是完全没有料到的，因为氯仿不仅是一种新的东西——6年以前才由爱丁堡的一名医生发现——而且是绝对危险的，许多人已经在实施氯仿麻醉时死去。在大多数医务人员看来，仅仅是为了帮助女王应付分娩过程中的疼痛而使用氯仿，那是极其轻率的。《柳叶刀》杂志把这件事报道成为一个令人担心的谣言，宣称自己会深感吃惊，要是哪个该死的医生敢在女王身上冒如此大的风险，假如不是到了万不得已的紧急情况下的话。然而，斯诺这一次或者后来都似乎毫不犹豫地实施氯仿麻醉，尽管有人明确地、不断地提醒他使用麻醉术的风险。比如，1857年4月，他在用戊烯这种新的麻醉药在一名病人身上试验时，由于估计错了可以承受的剂量，结果送掉了病人的性命。整整一个星期之后，他又在对女王实施氯仿麻醉。

斯诺不在帮助人们在手术之前失去知觉的时候，他花了大量时间来试图搞清疾病的来源。他尤其想知道为什么霍乱摧残有的居民区，而放过有的区民区。在南沃克，霍乱的死亡率比邻近的兰伯思高出6倍。假如霍乱是由污浊的空气引起的，那么邻近市镇的人们呼吸同样的空气，为什么感染率如此不一样？而且，假如霍乱是由气味传播的，那么那些最直接跟臭气打交道的人——清淤工、冲刷工、淘粪工以及其他靠人粪谋生的人——应该是最经常得病的人，但实际情况并非如此。1848年霍乱暴发以后，斯诺没有找出一个死于霍乱的冲刷工。

斯诺的不朽业绩不仅在于搞清了霍乱的起因，而且以科学的严密方式采集了证据。他极其仔细地绘制了霍乱病人居住地的确切分布图，这些地点形成了引人注目的类型。比如，著名的精神病院贝思勒姆医院没有一个霍乱病人，而在各个方向都临街的地方，死亡人数就多得惊人。不同之处在于，医院有自己的水源，用的水是从庭院里一口井里取的，而外面的人用的是从公井里取的水。同样，兰伯思人喝的水是从城外的清洁水源用管子引进来的，而邻近的南沃克人的用水直接来自已经污染的泰晤士河。

斯诺在1849年的一本小册子《关于霍乱的传播方式》里公布了他的调查结果，清楚显示了霍乱和被人粪污染的水的关系。它是统计学、公共卫生、人口统计和法医学史上最重要的文献之一，是19世纪最重要的文献之一。不幸的是谁也听不进去，传染病继续发生。

1854年，一次特别严重的霍乱暴发袭击了伦敦索霍地区。仅布罗德街附近的一个居民区，10天中就有500多人死亡。斯诺认为，这有可能是历史上发生过的最具毁灭性的突然死亡事件，甚至超过了大瘟疫。要不是许多人逃离那个地区，死亡人数还会更多。

死亡的模式有一些令人费解的反常现象，有个人死在汉普斯特德，另一个死在伊斯林顿——两地相隔好几英里。斯诺长途跋涉，来到那两个边远的死者的居住地，采访了亲属和邻居。原来，汉普斯特德的那名死者是布罗德街的水的粉丝。她特别爱喝那里的水，还让人把水定期送到她家里。她在发病以前还刚刚喝了一口。伊斯林顿的那名死者是她的侄女，她恰好来拜访，也喝了几口这种水。

斯诺成功地说服牧区委员会拿掉了布罗德街水泵上的把手。之后，那个居民区就没有人再死于霍乱了，或者说，报道都是这么说的。实际上，到拿掉水泵把手的时候，传染病已经在消退，很大程度上是因为许多人已经逃离了。

尽管斯诺积累了大量证据，但人们还是不相信他的结论。当斯诺出席一个国会特别委员会会议时，委员会主席本杰明·霍尔爵士觉得无法相信他的调查结果。霍尔以惊讶的口气问斯诺："你是不是要告诉本委员会，就举煮骨工的例子，不管煮骨设备里逸出的臭气怎么难闻，而你认为这对该地区居民的健康一点儿也没有害处？"

"我就是那么看的。"斯诺回答说。但是，不幸的是，他总是一副缺少自信的样子，不像他的结论那样斩钉截铁，当局仍然不相信他的话。

我们现在很难体会到，斯诺的观点在当时是多么激进，多么不受欢迎，许多官员因此而极其讨厌他。《柳叶刀》杂志下了结论：他是受到商业利益的控制，商界希望继续让空气里充满"有害气体、瘴气和各种讨厌的东西"，这样他们就可以通过毒化他们的邻居来发财。"经过仔细询问，"国会调查委员会最后说，"我们找不出有什么理由接受他的观点。"

最后，不可避免的事发生了。1858年，伦敦经历了一个又热又干的夏天，污物堆积如山，冲不走了。气温飙升到90华氏度，降不下来，这对伦敦来说是一种反常现象。结果就是《泰晤士报》所说的"大恶臭"。泰晤士河水的毒性越来越大，几乎谁也不敢靠近这条河。"谁闻一次那种臭气，谁就终生难忘。"有一家报纸写道。新落成的国会大厦把窗帘拉得严严实实，洒了大量漂白粉溶液来缓和那种致命的味道，但结果有点像是发生了大恐慌，国会不得不休会。据斯蒂芬·哈利迪在《伦敦大恶臭》一书中所说，有的议员试图冒险走进俯瞰泰晤士河的图书馆，"但他们不得不马上退回来，人人都用手帕捂着鼻子"。

斯诺永远也没有机会看到，他在这方面的观点以及他的任何哪个观点最后都被证明是正确的。他在"大恶臭"期间突发中风而去世，不知道有朝一日自己会被看成是英雄。他只活了45岁，当时，他的去世几乎没有引起人们的注意。

幸亏另一位英雄式的人物就要大步登上舞台，那就是约瑟夫·巴扎尔格特。说来也巧，从斯诺工作的地方拐过弯去就是巴扎尔格特上班的办公室，虽然据知他们两个人从来没有见过面。巴扎尔格特是个小个子，又矮又轻，但这个骑师般身材的人却长着特别浓密的八字胡，简直从一个耳朵伸展到另一个耳朵。与维多利亚时代的另一位伟大工程师伊桑巴德·金登·布鲁内尔一样，他的祖先也是法国人，虽然到1819年约瑟夫出生的时候，他家已经在英国定居35年。他的父亲是皇家海军的一名中校，因此巴扎尔格特是在优越的环境中长大的，受的是家庭教师的教育，生活中享有一切有利条件。

由于个子太矮，无缘戎马生涯，他接受训练成了一名铁路工程师。但是，1849年，在他30岁那年，他进入市政排水工程委员会，不多久就一跃成为首席工程师。卫生事业从未有过一位比他更伟大的勇士，凡是关于排水和排污的事情，都逃脱不了他的目光。那时候伦敦几乎没有公共厕所，他为此感到很不安，便制订了一个在全市各关键地点设置公共厕所的计划。他盘算着，通过收集人尿，把它作为一种工业品出售（比如，陈尿对加工明矾很重要），每个贮尿器可以产生48英镑的收入，这是一笔很可观的回报。这个计划始终没有被采纳，但是它让大家相信，凡是有关排污的事，约瑟夫·巴扎尔格特是一位帮得上忙的人。

“大恶臭”时期过去以后，明摆着的事是，伦敦的排污系统需要重建，这项工作便交给了巴扎尔格特。困难是很大的，巴扎尔格特不得不在一个极其繁忙的城市里再挖掘大约1200英里长的下水道。这些下水道要无限期地使用下去，不但要排走目前300万人产生的每一点污物，还要能处理不可知的将来增加的数量。他不得不购置土地，谈判管线穿行权，购买并分配材料，指挥一大帮工人。这项工程在哪方面的规模，想一想就是累死人的事。下水道需要31800万块砖，需要掘走并重新安放350万立方码土，这一切将按照仅仅300万英镑的预算来完成。

巴扎尔格特之能干，超出了每个人的预料。在修筑新的下水道体系过程中，他通过建造切尔西、阿尔伯特和维多利亚河堤（大量挖出来的土就堆放在这里）的办法，改造了3英里半泰晤士河河岸。这些新建的河堤不仅为建筑一条巨大的拦截下水道—— 一种高速公路般的下水道——提供了空间，还为下面一条新的地铁线、煤气管道和别的公用事业线路以及上面一条新的辅助道路留出了充足的地方。他总共开垦了52英亩土地，在上面的不少地方建起了公园和散步场所。还有一个附带的收获，那些河堤使得河道变窄，水流变急，提高了泰晤士河自我净化的能力。很难说出哪里还有一项工程，能在改善各种条件方面，在改善公共卫生、交通、市内交通管理、娱乐和河道管理方面，比得上这项工程。伦敦的污水至今还是通过这个体系来排泄的，除了该市的公园以外，这些河堤仍是伦敦最惬意的环境。

由于资金有限，巴扎尔格特只能把下水道修到伦敦的东部边缘，修到一个名叫巴尔金里奇的地方。在那里，巨大的排水管道每天把1.5亿加仑肮脏的、汹涌的、臭不可闻的污水排入泰晤士河。巴尔金距公海还有20英

东伦敦老滩附近修建污水管道

里，正如那20英里沿途的那些失望和倒霉的人不断指出的。但是，潮水强劲有力，能把大部分排出物安全地（如果不总是无臭味的话）带向大海，确保伦敦再也不会发生与污水有关的流行病。

然而，新的污水排出口在泰晤士河上那起有史以来发生过的最大的悲剧中确实起了令人遗憾的作用。1878年9月，“艾丽斯公主”号游艇满载着游客，在海边游玩一天以后正返回伦敦，突然间在巴尔金与另一艘船相撞。两根巨型排水管恰好在那个位置、那个时间开始排出汹涌的污水。“艾丽斯公主”号不到5分钟就沉入河底，有将近800人落入呛人而又冰冷的污水中淹死了。连会游泳的人都觉得无法在黏泥里移动。在此后的几天里，尸体浮出水面。《泰晤士报》报道，许多尸体在细菌的作用下胀得圆鼓鼓的，连普通的棺木都盛不下。

1876年，当时还不知名的一位德国医生罗伯特·科克确定，是炭疽芽孢杆菌引起了炭疽病。7年以后，他确定，另一种名叫霍乱弧菌的细菌导致了霍乱。现在终于有了证据，不同的微生物引发不同的疾病。我们差不多到了使用电灯和电话时才知道细菌能杀人，想到这一点真让人感慨不已。埃德温·查德威克始终不相信那个；为了让大家保持健康，他毕生不停提出消除臭味的种种办法。他最后一批也是比较特别的建议之一是，应当按照巴黎新落成的埃菲尔铁塔的样子在伦敦各地建造一系列铁塔。查德威克认为，铁塔可以起到巨型通风器的作用，从高处吸入健康的新鲜空气，把地面上的空气抽回高空去。他到1890年夏天进入坟墓时仍确信无疑，流行病的根源是污浊的空气。

与此同时，巴扎尔格特继续承担别的工程，他在哈默史密斯、巴特西和帕特尼建造了伦敦的几座最漂亮的桥梁；设计了几条穿越伦敦市中心的新街道，旨在缓解交通拥堵，其中包括查林克罗斯路和沙夫茨伯里大道。他晚年被封为爵士，但他实际上根本没有享受到应该享受的名望，排污工程师很少出名。泰晤士河畔的维多利亚河堤上，耸立着他的一尊不高的雕像，以示纪念。查德威克去世几个月以后，他也去世了。

三

美国的情况要比英国的复杂。去北美洲旅行的人通常有这样的印象：那里的流行病往往比较少见，有也比较温和。这种情况是很有道理的：一般说来，美国的社区比较干净。这与其说是因为美国人有着比较严谨的生活习惯，不如说是因为他们的社区比较开阔，比较宽敞，因而污染和交叉感染的机会较少。然而，与此同时，新世界的人也有几种需要全力对付的疾病。有一些疾病是完全不知道的，其中之一是“乳毒病”。在美国，人们有时候喝了牛奶会头晕目眩，很快死亡，亚伯拉罕·林肯的母亲就是得这种病去世的。但是，受到感染的牛奶喝起来、闻上去与普通牛奶没有任何区别。谁也不知道牛奶是怎么感染的。直到进入19世纪很长时间以后，才终于有人推断，传染中介来自吃一种名叫荨麻叶泽兰的白色植物的奶牛。那种植物对牛毫无伤害，却使喝了牛奶的人中毒。

更加致命、更广为令人担心的是黄热病。它之所以叫做黄热病，是因为患者的皮肤常常会变成灰黄色。然而，真正的症状是发高烧和呕吐黑色的东西。黄热病通过从非洲运送奴隶的船只进入美洲，第一个病例于1647年发生在巴巴多斯。这是一种可怕的疾病，有一名得了这种病的医生说，他感觉“就像有三四个钩子钩住了两个眼球，有个人站在我的背后拼命地拉，要把眼球从眼眶往后拉到脑袋里去”。谁也不知道病源在哪里，但有一种总的感觉——不是根据判断来确定，而是凭着本能来推测——祸根是污水。

18世纪90年代，有一位具有英雄气概的英国移民本杰明·拉特罗布，发起了一场旷日持久的清理水源的运动。拉特罗布来到美国，只是因为个人遭遇不幸。他本是英国一名成功的建筑师和工程师。1793年，他的妻子在分娩中死去，他一蹶不振，决定移居到他母亲的故国美国，试图重新开始生活。他一度成了美国唯一一位受过正式培训的建筑师和工程师，因此获得了许多重要任务，从费城的宾夕法尼亚银行大楼，到华盛顿的新国会大厦。

然而，他主要关注的是，污水正在不必要地把成千上万的人置于死地，反正他是这么认为的。在费城暴发一次毁灭性的黄热病以后，他说服当局填平市内的沼泽地，从市区外面引入清洁的淡水。这些变化产生了神奇的效果，费城再也没有暴发过同样威力的黄热病。他在别处也做了同样的努力。具有讽刺意味的是，他1820年在新奥尔良工作时自己得黄热病死了。

凡是没有改善水源的城市，那里就遭受重罚。直到大约1800年，曼哈顿的全部淡水都取自一个肮脏的水潭——用一位同时代的人的话来说，不过是一个“公用污水池”。那个水潭位于曼哈顿南部，名叫汲水潭。但是，随着开掘伊利运河以后人口激增，情况变得严重得多。据估计，到19世纪30年代，该市的粪坑中每天要增加100吨人粪，常常对附近的水井造成污染。一般说来，纽约的水是污染的，不可饮用的，往往一眼就看得出来。1832年，纽约不但流行过一次霍乱，而且还流行过一次黄热病。两次流行病死亡的人数，是水源比较清洁的费城的4倍。这两次暴发就像伦敦的“大恶臭”那样，对纽约起了极大的推动作用。1837年，克罗顿导水管工程上马，并于1842年竣工，终于开始向市区输送清洁、安全的水。

但是，美国真正领先于世界其他地方的是配置了私人卫生间。在这方面，起驱动作用的主要是旅馆，不是拥有住房的人。世界上第一家为每个房间配置卫生间的旅馆，是位于新泽西州梅角度假村的弗农山庄宾馆。这是在1853年，是个远远超前的举措，要再过半个多世纪才有别的宾馆提供这种奢侈的条件。然而，卫生间越来越成为宾馆的标准设施——尽管是共用的并设在楼下，而不是私用的和在自己房间里的——先是在美国，接着渐渐在欧洲，那些没有注意到这个潮流的宾馆老板付出了沉重的代价。

最令人难忘的例子是位于伦敦圣潘克罗斯火车站的米德兰宾馆，它本来会是一家富丽堂皇的大宾馆。米德兰宾馆由设计过艾伯特纪念堂的大人物乔治·吉尔伯特·斯科特设计，1873年开张时，原打算成为世界上最漂亮的宾馆。它花去了相当于今天的3亿英镑费用，几乎在哪一方面都是个

奇迹。不幸的是——真的令人吃惊——斯科特只提供了4个卫生间，供600个房间共用。这家宾馆几乎从开张之日起就是个失败。

在私人家庭中，设置卫生间更是时而成功，时而不成功。直到19世纪相当晚的时候，住宅有了通到厨房的管道，也许还有通到楼下厕所的管道，却没有一个像样的卫生间，因为管道里的水压不足，无法把水送上楼去。在欧洲，即使在水压允许的情况下，富人们也出人意料地不愿意让卫生间进入他们的生活。“洗澡间是给仆人用的。”有一位英国贵族嗤之以鼻地说。或者就像法国的杜多维尔公爵高傲地回答的那样，当问及他会不会在自己的新宅里铺设水管时，那位公爵回答说：“我不是在盖宾馆。”恰恰相反，美国人对于热水和抽水马桶带来的快乐要喜欢得多。当报业大亨威廉·伦道夫·赫斯特买下威尔士的圣多纳茨堡时，他办的第一件事就是安装32个卫生间。

起初，卫生间是不装修的，就像你不会装修锅炉房一样，因此卫生间往往完全讲究实用。在现存的住宅里，哪里合适就把浴缸放在哪里。卫生间通常占据一间卧室的地方，但有时候挤在凹室或其他古怪的角落里。在萨福克的惠特菲尔德教区长寓所里，浴缸就放在楼下正厅里的帘子后面。浴缸、马桶和洗脸池的大小往往差别很大。康沃尔的兰海德罗克府里有个浴缸，大得要用梯子才能爬进去。有的浴缸里还有嵌入式淋浴器，看上去仿佛是用来给马洗澡似的。

技术问题也是人们接受卫生间速度慢的一个原因，铸造一个整体的浴缸，不太厚也不太重，是一件特别困难的事情。在某些方面，造一座铸铁桥梁，比造一个铸铁浴缸要容易。还有一个给浴缸最后抛光的问题，那样浴缸就不易剥落、弄污、刮擦出头发丝般的缝隙或出现普通的磨损现象，热水证明是一种极有腐蚀性的东西。锌、铜和铸铁造的浴缸在新的时候看上去很漂亮，但表面的抛光剂容易脱落。直到大约在1910年发明了搪瓷，浴缸才变得耐用而又漂亮。这个过程包括在铸铁表面喷上一种混合粉末，然后反复烘烤到产生一种陶瓷似的光泽。实际上，搪瓷既不是陶瓷，也不是珐琅，而是一种玻璃涂层——实质上就是一种玻璃。假如玻璃混合物里没有加入增白剂或别的色彩[①]，搪瓷浴缸的表面本来会有很高的透明度。

最后，终于有了样子好看而且能长时间保持原样的浴缸。但是，浴缸依然价钱昂贵。1910年，仅一个浴缸就很有可能卖到200美元，这个价格远远超出了许多家庭的承受能力。但是，随着制造商改进了批量生产的过程，价钱跌了。到1940年，美国人花70美元就能买到卫生间的整套设备，包括洗脸池、浴缸和马桶，这个价钱几乎谁都出得起。

然而，在其他地方，浴缸依然是一件奢侈品。欧洲的问题在很大程度上是缺少设置卫生间的空间。1954年，10户法国人家只有1户有淋浴设备或浴缸。在英国，记者凯瑟琳·怀特霍恩回忆说，直到20世纪50年代末，她和她在《女人自己的》杂志工作的同事还不准发表关于卫生间的特写文章，因为好多英国家庭还没有卫生间，那样的文章只能吊人胃口。

我们的原教区长寓所在1851年没有卫生间，这当然是不足为奇的。然而，那位永远很可爱的建筑师爱德华·塔尔倒为这栋房子设计了一个厕所，这在1851年是一件相当新鲜的事。更加新鲜的是他为厕所选定的位置：在主楼梯的平台上，一块薄薄的隔板背后。且不说厕所设在这样的地方很古怪，很不方便，那个隔板还会挡住楼梯的窗户，使楼梯永远是黑咕隆咚的。

房子外部的图样上没有任何排水管道，这说明塔尔并没有把这一切都彻底考虑过。这个问题反正也只是纸上谈兵的，因为那个厕所根本没有建起来。

① 作者所以这么说，是因为搪瓷在英语中叫做porcelain enamel，而porcelain是陶瓷的意思，enamel是珐琅的意思。——译注

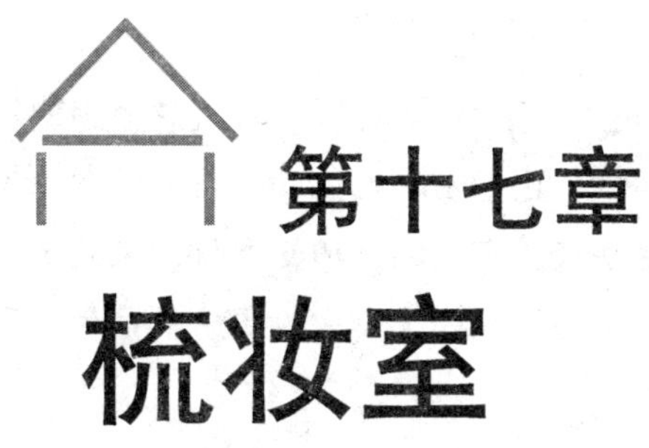

第十七章

梳妆室

对于任何有理性的人来说，时尚往往是一件几乎无法捉摸的事。在许多历史时期——也许在大多数历史时期——时尚的全部推动力看起来似乎一直是可笑至极的。要是同时还能觉得不舒服至极，那就是更大的成功了。穿着不实用的衣服，是一种表明某人不必干体力活的方式。在整个历史上，在许多文化里，这一般都要比穿着舒服重要得多。

一

1991年9月快要过去的时候，两位来自德国纽伦堡的徒步旅行者赫尔穆特·西蒙和埃里卡·西蒙，正沿着高高的南蒂罗尔阿尔卑斯山上的一条冰川前进。那个地方叫做蒂森约克山口，位于奥地利和意大利的边境上。突然之间，他们看到冰川边缘的冰面上突出一具人的尸体。尸体坚韧，严重萎缩，但完好无损。

西蒙兄弟迂回2英里路，来到西米朗谷一个有人的山间小屋报告这一发现。他们叫了警察，但是，警察到了一看，事情很快变得一清二楚，这事他们管不了，而要交给史前史学家。跟尸体在一起的还有个人物品，有铜斧、燧石刀、箭和箭囊。这些都说明，尸体是很早的时候比较原始的时代留下来的。

后来用碳-14年代测定法测定，那个人死于5000多年以前。他很快被以最近的大峡谷厄茨河谷的名字命名为奥茨，还有的人称他为“冰人”。奥茨不仅有一整套工具，而且还有全部衣服。以前从未发现过如此完整、如此古老的东西。

这次发现，与一般的看法恰好相反。一般认为，掉进冰川里的尸体几乎永不可能完好无损地在冰川的末端出现。冰川会慢慢地而又以巨大的力量碾压、搅动，里面的任何尸体一般说来都会被碾成粉末。在非常偶然的情况下，尸体会被碾到奇特的长度，就像卡通里的人物被压路机压扁那个样子。要是没有接触氧气，尸体有可能发生皂化作用，皮肉就变成一种味道难闻的蜡状物质，名叫蜡尸。这种尸体样子很可怕，好像是用肥皂雕刻出来的，几乎难以进行任何有意义的描述。

奥茨的尸体之所以保存完好，是由于有几个极其有利的条件的互相配合。首先，他死在空旷地方，死的那天没有降水，但气温在快速下降：

他实际上是冻干的。接着，他被一场又一场又干又轻的雪覆盖，很可能在那种极其寒冷的状态里待了几年，然后冰川渐渐带走了他。即使在那个时刻，他仍然是处在一个边远的旋涡之中，这就使他的尸体——同样重要的是，他的物品——没有被冲散和碾碎。假如奥茨死的时候离冰川再近几步，或者在斜坡的再下面一点，或者天下着小雨或出太阳，或者是几乎任何别的情况，那么他现在就不会跟我们在一起了。无论奥茨生前过着多么普通的生活，他死后成了最稀有的尸体。

奥茨尤其令人兴奋的是，这不是墓葬，个人物品都会细心地安放在他的身边，他被发现是一个直接来自生活的人，死的时候身边还带着日常用品。以前从未发现过这样的尸体。费了极大的力气发掘了4天，但尸体几乎完全没有松动的迹象。过路人和游客都被允许朝冻住尸体的冰层轮流砍上几下。有一位好心来帮忙的人拾起一根棍子试图用它来挖冰，但是棍子断成了两截。"结果发现，"《国家地理杂志》报道说，"那根棍子原来是那位冰人背东西用的榛木和松木架子的一部分。"总之，志愿者都拿起了自己荒唐可笑的东西，试图把那尸体挖出来。

这件事情是由奥地利警方处理的。尸体挖出来以后，被迅速运到了因斯布鲁克，存放在一个冰箱里。但是，后来用全球定位系统作了一次调查，结果表明，奥茨被发现时恰好在意大利境内。经过一些法律方面的交涉，奥地利人被勒令交出那具宝贵的尸体。奥茨越过布伦纳山口，被运到了意大利。

今天，奥茨被安放在意大利北部一个说德语的城市博尔扎诺的考古博物馆冷藏室的一张停尸桌上。他的皮肤在颜色和质地上跟优质的皮革差不多，紧紧地裹着他的骨骼，他的脸上挂着很像是疲惫和无可奈何的神色。自从差不多20年以前被运出了大山以来，奥茨已经成了有史以来法医研究得最仔细的人。科学家可以极其精确地确定他一生中的许多细节。他们用电子显微镜发现，他在临死的那天吃了羊肉和鹿肉、用斯佩耳特小麦做的面包以及一些无法确定的蔬菜。他们根据从他的结肠和肺里取出的花粉粒子可以推断，他死于春天，刚刚在下面的峡谷里开始新的一天。科学家们通过研究他牙齿里的同位素，甚至可以搞清他小时候吃的是什么东西，从而知道他是在哪里长大的。最后，他们得出的结论是：他在如今属于意大利的艾萨谷长大，然后迁移到了西边的芬奇戈谷，离现代瑞士的边界不远。最令人吃惊的是他的年龄：至少40岁，但很可能高达53岁，这在当时是高龄的老人了。但是，还有许多方面他们是说不清楚的，包括他是怎么死的，他死的时候在海拔将近2英里的地方做什么。他的弓上没有弦，只是个半成品，箭上大都没有羽毛，因此是没有用的，然而由于某种原因他将其带在身上。

在通常情况下，驻足参观偏远省城里小小的考古博物馆的人不会很多，但博尔扎诺博物馆却终年游人如织，礼品店出售与奥茨有关的纪念品，生意十分兴隆。参观者排着队，从一扇小窗户里费力地看他一眼。他赤条条地仰躺在玻璃板上，褐色的皮肤透过雾气闪闪发亮，那个雾气是不停地朝他身上喷射的防腐剂。实际上，奥茨身上也没有什么固有的特别之处。他完全是个正常的人，虽然他活到了非同寻常的高龄，还有个保存完好的尸体。不一般的是他的那些物品，可以说，这些物品进行了科幻作品中所描述的时间旅行。

奥茨的物品还真不少——鞋子、衣服、两个桦树皮做的小罐子、刀鞘、斧子、弓架、箭囊和箭、各种小工具、一些浆果、一块羊肉和两个球形的桦树菇，每个都大约有大核桃那么大，仔细用筋穿在一起。有个罐子里盛着发亮的琥珀，裹在枫叶里，用来打火，这么一大批个人物品是独一无二的。有些物品真的是举世无双的，可以这么说，因为大家从来没有想象过，更不用说看见过。桦树菇尤其是个谜，因为它显然被当成了宝贝，而据知桦树菇没有任何用处。

他的这一身装备使用了多种不同的木材——真是花样繁多。他的工具中最让人感到惊讶的是那把斧子，斧身是用铜做的，这是一种名叫雷米德洛斧的斧子，以最初发现这种斧子的意大利一个地方的名字命名。但是，奥茨的斧子比最早的雷米德洛斧还要早几百年，用一位观察家的话来说：“这就好比在一位中世纪武士的墓里发现了一支现代步枪。”这把斧子改变了欧洲铜器时代的时间范围，至少增加了1000年。

但是，真正说明问题的，也是令人兴奋的，是那些衣服。在发现奥茨之前，对于石器时代的人究竟穿些什么，我们一无所知，或者说得更确切一点，我们只有模糊的概念，留存下来的材料都是支离破碎的。这里却有一套完整的服装，都是一些令人感到意外的东西。他的衣服是用各种动物，如马鹿、熊、羚羊、山羊和牛的毛皮做的。他身边还有一个用草编织的长方形的东西，足有3英尺长。这有可能是一种雨披，但也同样可能是一种睡垫。而且，这类东西以前从未见过，也没有想象到过。

奥茨裹着皮毛绑腿，用皮带将其吊在腰带上，因此看上去样子怪异，几乎滑稽，有点像是第二次世界大战时好莱坞美女使用的尼龙长袜和吊袜带。谁也根本没有预见到会有这么一身穿戴。他系着一块山羊皮做的腰布，头戴一顶灰熊皮做的帽子，很可能是一种狩猎的收获。穿着这些东西会十分暖和，还会很时髦，看着令人眼红。他身上的其他服饰大都是用马鹿的皮毛做的，几乎没有哪样东西是用家养动物的皮做的，与大家的预期恰好相反。

那双靴子是最令人感到意外的东西，它看上去不过像是硬硬的熊皮鞋底上筑着两个鸟窝，似乎很难看又不坚固。有一位名叫瓦茨拉夫·帕特克的捷克鞋子专家对此很感兴趣，仔细复制了一双，使用完全相同的式样和材料，然后穿着上山走一走。他以吃惊的口气报告说，这双靴子比他穿过的任何现代靴子还要“舒服和好走路”。踩在滑溜溜的岩石上，它的摩擦力胜过现代的胶鞋，穿着几乎不会起泡。尤其是，它的御寒性能特别好。

尽管法医作了大量调查，但过了10年才有人注意到，奥茨的左肩里有个箭头。仔细一看，还发现他的衣服和武器上有另外4个人的血迹。原来，奥茨是在某种激烈的决战中被杀害的。为什么那几个杀手追他一直追到一个高高的山口，这是个不容易回答的问题，哪怕是推测。更加令人费解的是，那些杀手没有拿走他的物品。奥茨的个人物品，尤其是他的斧头，可都是很宝贵的东西。他们显然已经尾随他很远的距离，进行了近距离的血腥格斗。显而易见，要经过多次冲杀，那个人身上才会流血。然而，他们就让他倒在那里，没有动他的财物。他们这么做，对我们来说当然是个好运气，因为他的个人物品回答了各种各样本来无法回答的问题。除了一个问题，如今，那个问题势必要永远成为一个谜——山里到底发生了什么事？

我们现在来到了梳妆室——至少是爱德华·塔尔原先的图纸上所谓的梳妆室。塔尔在建筑上有许多奇特的地方，其中之一是，他在梳妆室外和隔壁的卧室之间不设置直接的通道，而是各自通到楼上的走廊。因此，为了梳妆和卸妆，马香先生不得不离开自己的卧室，沿着走廊走几步路走到梳妆室——这样办事情是挺怪的，而且不要忘记，再往前走几步就是“女仆卧室”，也就是说，是忠心耿耿的老处女沃姆小姐的卧室。几乎可以肯定，这样的安排，两个人势必会偶尔碰上。我们可以推测，那种场面往往很尴尬，但另一方面，也许不会尴尬。他们的卧室如此亲密地挨在一起，这又是一个很奇特的地方，考虑到在白天他俩完全各处一方，这户人家无疑是很难捉摸的。

无论如何，马香先生经过了重新考虑，因为在实际建成的房子里，梳妆室和卧室是连在一起的。那个梳妆室如今是，很可能在大半个世纪里一直是一个卫生间。然而，有些梳妆的事我们仍在里面完成，这同样是因为梳妆的历史很悠久，而且确实还相当神秘。

人们已经梳妆了多久，这是个很不容易回答的问题。我们只能说，大约4万年以前，在人类经过除了生儿育女和生存下来以外别无作为的极其漫长时期以后，突然之间从阴影里走出了大脑发达、行为现代的人，他们通常被称为克罗马努人（以最先发现这种人的地方法国多尔多涅地区一个山洞的名字命名）。在这些焕然一新的人当中，有一些聪明的家伙，他们发明了历史上最伟大而又最被低估的物品之一：线。线是一件极其初级的东西，只不过是把两根纤维并排放着，然后绞在一起。这里面取得了两项成就：有了它，就可以制作坚固的绳子；有了它，就可以把短纤维制成长绳子。请你想象一下，假如没有线，我们的情况会是什么样子的。没有了线，就没有了布和衣服、钓线、渔网、罗网、绳索、带子、拴绳、吊带、弓箭的弦以及无数其他有用的东西。纺织史学家伊丽莎白·韦兰·巴伯把线称为“人类征服地球的武器”，这么说几乎一点也不算夸张。

在历史上，最常用的两种纤维是亚麻纤维和大麻纤维。亚麻纤维来自植物亚麻，是广泛使用的纤维，因为亚麻长得高，高达4英尺，而且长得快。亚麻可以这个月播种，下个月收获。不足之处是，收拾亚麻很费劲，很烦琐。把亚麻纤维从其木质的梗部剥离并软化到能纺线的程度，大约要用20道不同的工序。这些工序都有着很古老的名字，如揉麻、沤麻、打麻和梳麻，但基本上包括敲、剥、浸，还有把柔韧的内纤维，或称韧皮纤维，从更硬的梗部剥离下来。引人注意的是，我们今天说“责问演说人”的时候，这个用语使人想起了中世纪初人们收拾亚麻的情景。[①]

经过了那么一番努力以后，得到的是一种坚固的、适应性强的纤维：亚麻纤维。虽然我们往往认为亚麻纤维是雪白的，它的天然色彩却是褐色。为了使它变白，你必须得在阳光里把它晒白。这是个缓慢的过程，有可能要花上几个月才能完成。要是材料的质量较差，那就不晒白了，只能织成帆布或麻袋布。亚麻纤维的主要缺点是，它不大好上色，因此把它染成五颜六色的余地很小。

大麻纤维和亚麻纤维大体上相似，只是比较粗糙，穿着不大舒服，因此常常用于制作绳子和帆这类东西。然而，它显然有一个亚麻所不具有的很大优点，那就是你可以抽大麻，产生快感。巴伯认为，这正是大麻在古代就广为种植并得以快速发展的原因。直话直说，整个古代世界的人都非常非常喜欢抽大麻，种植的大麻超过了制作绳子或帆所需的量。

但是，中世纪做衣服的主要材料是羊毛，羊毛衣服要比亚麻衣服暖和

---

① 在英语中，“梳麻”中的“梳”和“责问演说人”中“责问”都是heckle。前者在中世纪英语中已经存在，而后者是在17世纪从前者演变而来的。——译注

得多，耐穿得多，但羊毛纤维比较短，加工一定很困难，尤其是早期的羊身上长的羊毛特别少。它们身上的羊毛，实际上就是覆盖在纠结的乱毛底下的一层绒毛。为了把羊变成我们今天知道和珍爱的毛茸茸的家伙，花了几个世纪的时间精心繁育。而且，羊毛原先不是剪的，而是不顾羊疼痛拔的。今天，羊一见到人就很紧张，这是不足为怪的。

即使中世纪人有了一堆羊毛，他们的工作其实才刚刚起步。把羊毛变成布料，需要清洗、精梳、梳理、起绒、上浆和漂洗，还有许多别的工序。漂洗时要把布料敲打、收缩，上浆时要使用一种釉。纤维梳平以后，就可织成一种耐穿但较硬的布：一种精纺毛料。对于比较柔软的羊毛，就用梳理工具把纤维梳得毛茸茸的。有时候，把鼬鼠、白鼬等动物的毛混在一起，以增加成品布的光泽。

第四种主要材料是蚕丝，蚕丝是一种稀罕的奢侈品，可以毫不夸张地说它与等量的黄金同值。在18世纪和19世纪，犯罪故事几乎总是详细地描述罪犯怎么被投入大牢，或者被发配到澳大利亚，原因是偷了一块手帕，或者一小包花边，或者某种别的似乎是无足轻重的小玩意儿，而实际上是价值连城的物品。一双长筒丝袜有可能要花掉你5英镑；一小包花边有可能要卖到20英镑——足够几年的生活费，对任何店主来说都是个极其重大的损失。一件丝绸斗篷会卖到50英镑，远远超出了普通人的购买能力，只有最高层的贵族才买得起。对于大多数人来说，如果能用上丝绸的话，那也只能是缎带或别的饰物而已。中国人以令人生畏的方式保守生产蚕丝的秘密，谁出口哪怕一粒桑籽，就要受到被处决的惩罚。至少对于北欧来说，那里的人无须过分发愁，因为桑树对霜冻太敏感，不适宜在那里发展。英国人努力了100年，试图生产蚕丝，有时候还取得一点好成绩，但到头来总是无法克服周期性的严冬这个不利条件。

有了这几样材料，再加上羽毛和鼬毛等配料，人们就可以做出漂亮的服装。因此，到了14世纪，统治者觉得有必要制订所谓的节约法令，限制人们的穿着，节约法令极其精确地规定一个人可以穿什么材料和什么颜色的衣服。在莎士比亚的年代，年收入20英镑的人可以穿缎子背心，但不能穿缎子长袍，而年收入达100英镑的人在使用缎子方面不受限制，但在使用天鹅绒方面则只能穿天鹅绒背心，而且不能穿深红色的或蓝色的——那两种颜色要留给更高阶层的人。一件特定的衣服能用多少料，可不可以打褶裥，如此等等，这些也都是有限制的。1630年，当国王詹姆斯一世来观看莎士比亚和他的同事演出的时候，他们受到的优待之一就是获得了4码半深红色布料，并且可以穿起来——对于从事演出这种低级行业的人来说，这是个相当大的荣誉了。

制定节约法令，一定程度上是为了让人们安分守己，但一定程度上也是为了国内工业的利益，因为这些法令常常就是为了抑制进口外国材料。出于同样的原因，一度还有一部《便帽法令》，要求人们戴便帽，不戴有檐帽，旨在帮助本国的帽子商度过萧条期。清教徒讨厌这部法律，常常因为嘲弄它而被罚款，原因不详。但是，总的来说，节约法令执行得并不很好。关于穿衣服的种种限制，都写在1337年、1363年、1463年、1483年、1510年、1533年和1554年的法令里，但记录表明，那些法令根本没有很好贯彻过，1604年就干脆废除了。

对于任何有理性的人来说，时尚往往是一件几乎无法捉摸的事。在许多历史时期——也许在大多数历史时期——时尚的全部推动力看起来似乎一直是可笑至极的。要是同时还能觉得不舒服至极，那就是更大的成功了。

穿着不实用的衣服，是一种表明某人不必干体力活的方式。在整个历史上，在许多文化里，这一般都要比穿着舒服重要得多。仅举一例，在16世纪，衣服上浆开始很流行，于是就出现了华丽的轮状皱领。真正大的皱领弄得你连吃饭都几乎吃不了，于是就设计出了专门的长柄调羹，那样就餐的人就能把食物送到嘴唇边。但是，对于许多人来说，这一定很泄气，经常眼看着菜肴掉出来，席间也肯定普遍有一种饥饿感。

即使是最简单的东西也要毫无意义地搞得很花哨，1650年左右纽扣问世以后，人们就尽可能多地把纽扣弄到手，将其大量装饰在上衣的背后、领子上和袖子上，而这些实际上都是不需要纽扣的地方。这种做法的遗风之一，就是至今尚在上衣袖子靠近袖口的下侧毫无意义地缝上一小排扣子。这一直完全是装饰性的，从来没有什么用处，然而350年来我们一直这么认真做来着，仿佛这是最必不可少的东西。

150年以来男人戴假发的习惯，也许是最无理性的行为。就像在许多方面一样，塞缪尔·佩皮斯在这方面也走在前头，1663年他有点忐忑不安地购置了一副假发，而当时戴假发的人还不多。这是一样新奇的东西，他担心做礼拜时人们会嘲笑他，结果发现他们没有，便大大地松了口气，还觉得有点自豪。他不无道理地还担心，假发套上的头发有可能是从死于瘟疫的人的头上弄来的。但是，他一方面担心假发会送他的命，一方面却继续戴着，这也许最充分地说明了时尚的强大力量。

假发几乎可能是用任何物品做成的，如人发、马鬃、棉线、山羊毛、蚕丝，有一位制造商在广告上登了一副用细铁丝做的假发样品。假发的式样很多，有袋状的、剪短的、运动式的、灰斑的、拉米利斯式的、花椰菜形的、褐领带式的、骑手短发式的等等，都在假发的长度和鬈发的弹性方面有着某种关键的区别。一副整套的假发要花上50英镑。假发如此宝贵，成了遗嘱中开列的遗产。一个人戴的假发越大，他的社会地位就越高——人真的变成了一个大假发套①，假发还是强盗首先要抢的东西。特大假发套之荒唐可笑，并没有逃脱喜剧作家的注意，范布勒在《故态复萌》中塑造的人物之一就是假发制造商。这位商人吹嘘说，他做的一个假发套“头发如此之长，如此之密，你可以把它当做全天候的帽子戴，当做披风穿”。

假发往往擦得人发痒，不舒服，还很热，尤其在夏天。为了使戴假发好受一些，好多人干脆把头发剃光。因此，假如我们能见到17世纪和18世纪许多名人在他们的妻子早晨起床时见到的那副样子，我们准会大吃一

① “大假发套”的英语是bigwig，它还有“要人”的意思，“要人”的意思就是由此而来的。——译注

惊，这是一种很古怪的情形。在一个半世纪时间里，男人们把自己本来舒舒服服的头发剃掉，却把某种外来的和不舒服的东西套在自己头上。实际上，假发套里往往用的是他们自己的头发。那些买不起假发的人，试图把自己的头发弄得看上去像假发。

假发需要花很多工夫来维护，大约每星期一次，你得把假发送出去，用加热的卷发筒把波纹（buckles，源自法文 *boucles*，意思是鬈发）重新定形，很可能还要放在炉子里烘烤，这个过程叫做“起纹”。从1700年起，由于跟常识或实用性毫不相干的原因，为了时尚，每天必须在自己头上撒一层雪白的粉末，粉末的主要成分是普通的面粉。18世纪70年代，法国小麦歉收，各地都爆发了骚乱，因为饥饿的人们意识到，仅有的少量面粉不是拿去做面包，而是被用来撒在贵族的高贵脑袋上了。到18世纪末，撒在头发上的粉末一般都上颜色，蓝色和粉红色特别流行，还洒香水。

撒粉的工作可以把假发放在木架子上来完成，但是大家普遍认为，把假发戴在头上以后再撒粉可以取得最时尚的效果。这个过程要求假发主人戴上假发，用布把肩膀和上身遮住，把脸伸到一个漏斗状的纸罩里（防止被呛）。与此同时，一名仆人或“美发师”拿着风箱，把一团团的粉雾喷在他的头上。至于有些比较讲究的人，要求还要高。某位劳尼兹亲王雇用了4名仆从，同时喷出4团粉雾，每团都染有不同的颜色，亲王机敏地在粉雾里大步走动，以取得恰到好处的效果。埃芬厄姆爵士获悉这个消息以后，便雇用了5名法国美发师来专门料理他的头发；斯卡伯勒勋爵雇用了6名。

接着，假发突然之间不合时尚了。假发制造商在无奈之中请求乔治三世强制男人戴假发，但是国王拒绝了。到19世纪初，谁也不想再要假发，旧的假发一般被用作长柄拖把。今天，只有英国和英联邦的某些法院里还使用假发。有人告诉我，如今法官戴的假发是用马鬃制作的，售价大约600英镑。为了防止看上去是新的——许多律师担心，新的有可能意味着缺少经验——新的假发通常浸在茶叶水里，使其看上去已经有了适当的年头。

与此同时，可以不加夸张地说，妇女把戴假发提高到了另一个水平——把头发集结在一个名叫发栅或高头饰的铁丝架上。她们把涂上油脂的羊毛和马鬃与自己的头发混在一起，使发卷达到极高的高度。女性的假发有时候高达2英尺半，使得戴假发的女子的平均身高达到差不多7英尺半。她们出门去约会时，常常坐在自己马车的地板上，或者把脑袋伸出车窗外去。至少有两起死亡事故要归因于妇女的头发，她们的头发碰到吊灯，着了火。

妇女的头发搞得如此复杂，结果有了一整套新词汇，而且如此讲究，各个鬈发或者鬈发的各个部分都有自己的名称——frivolite、des migraines、l'insurgent、monte la haut、sorti、frelange、flandon、burgoigne、choux、crouche、berger，还有许多别的。（在一度如此之多的词汇中，大概只有chignon这一个词幸存下来，它指的是盘在后面的发髻。）由于做一次头发要花很多工夫，妇女们常常一连几个月不去碰自己的头发，除了不时加一点发膏，让一切都固定在位。许多女子睡觉时，把脖子枕在专门的木头上，以便保持架高的发式，不致弄乱。不洗头发的结果之一，就是她们的头发常常长满了昆虫，尤其是象虫。据报道，有一位妇女发现虱子在自己的上层头发里筑窝，就流产了。

妇女最时兴高大发式的时期是在18世纪90年代，当时男人已经开始不戴假发。妇女的假发一般都饰有缎带和羽毛，但有时候也使用更精美的图案。约翰·伍德福德在他的梳妆史中提到，有一位妇女做了个船的模型，帆和大炮齐全，驾着她波浪似的头饰前进，仿佛在保卫她的头发不受侵犯。

在同一时期，在身上画痣变得时尚起来。这些人为的斑点渐渐有了形状，比如像星星或新月，可以画在脸上、脖子上和肩上。据记载，有一位贵妇惹人注目地画着6匹马拉着一辆马车驶过她的脸颊的情景。在巅峰时期，人们画满了痣，看上去简直像是身上叮满了苍蝇。妇女画痣，男人也

极端发式：普拉特尔小姐在就万神殿形头饰一事请教道布尔·费博士

画痣。据说，痣可以反映一个人的政治倾向，画在右颊上表示倾向于辉格党，画在左颊上表示倾向于托利党。与此相类似的是，鸡心画在右颊上代表已婚，画在左颊上代表已经订婚。画痣搞得如此复杂，花样繁多，也产生了一整套词汇，画在下巴上的痣叫做silencieuse，画在鼻子上的痣叫做l' impudente或l' effrontee，画在前额中央的痣叫做majestueuse，等等，反正满头的痣都有名字。18世纪80年代，一时间还流行戴用鼠皮制作的假眉毛。举这个例子只是为了说明，就这类荒唐可笑的事而言，人们的创造性简直是没有止境的。

画痣至少是没有毒的。就其本身而论，这差不多是几个世纪里唯一没有毒性的美容手段。在英国，有着借美容之名毒害自己的悠久传统。为了漂亮，连瞳孔也可以用颠茄或致命的茄属植物滴液来放大。最危险的东西要算是碳酸铅白或白铅，那是用铅白制成的一种膏，通常被称为“油彩”。使用白铅的人很多。有天花疮疤的妇女把它当做胶泥用来填充小窟窿，但连许多没有疤斑的妇女为了漂亮也用它来把自己搽得像鬼一样苍白。在相当长的时间里，白铅一直很受欢迎，第一次提到把白铅用作一种化妆品是在1519年。据当时的记载，时髦女性用白铅“把自己的脸、脖子和乳房搽白”。1754年，《鉴赏家》杂志依然在惊叹，“你遇到的每一位女士都搽着白铅和油膏”。白铅有3个缺点：你在笑或做鬼脸时会裂开；几个小时以后，它会变成灰色；要是长期使用，它很可能会置人于死地。它起码会引起眼睛胀痛，牙齿松动和脱落。据说，至少有两位有名的美人——交际花基蒂·费希尔和社交界名人考文垂女伯爵玛丽亚·冈宁——死于白铅中毒，两个人都只有20多岁。到底有多少人因使用白铅缩短了寿命或者损害了健康，没有人敢去猜测。

有毒的饮剂也很热门，进入19世纪很长时间以后，许多妇女还在喝一种名叫“福勒溶液”的饮品。它实际上只是一种经过稀释的砷溶液，用于改善肤色。丹蒂·加布里埃尔·罗塞蒂的妻子伊丽莎白·西德尔（最有名的事是，她在约翰·埃弗里特·米莱的画中曾充当溺死的奥菲莉娅的模特儿）是服用这类东西的热心人，几乎可以肯定，这是她在1862年早夭的原因之一。[①]

男人也搞化妆，而且在一个世纪左右的时间里倾向于显示惊人的女人气，有时候是在最令人感到意外的情况下。对于路易十四的弟弟奥林斯公爵，历史学家南希·米特福德直言不讳地说，“尽管是历史上最著名的鸡奸者”，却是一名勇敢的战士，不过是一名非正统的战士。他上战场时，“脸上涂脂抹粉，睫毛粘在一起，满身装饰着缎带和钻石”，她在《太阳王》一书中写道，“他始终不愿意戴帽子，担心会把他的假发压平。一旦开战，他勇猛如狮子，只怕太阳和灰尘损害他的皮肤”。与妇女一样，男人也在头发上饰有长的和短的羽毛，每绺有弹性的鬈发上都系有缎带。有的男人还喜欢穿高跟鞋——不是那种老式的松糕鞋，而是后跟尖细、高达6英寸的高跟鞋，还戴毛皮手筒来防寒。有的男人夏天还带女用阳伞，差不多哪个男人都大量使用香水。他们渐渐被称为“通心面”，这个名字来自他们在意大利旅游时才第一次见到的一种食品。[②]

因此，那些实际上是对事情起了一点约束作用的人，即“通心面”的对手服饰族，纨绔子弟，公众反倒认为他们与穿得过于讲究有关，这是很奇特的。在男子服饰方面，这种看法是大错特错了。乔治·博·布鲁梅尔就是那种不显眼的华丽的典范。他生于1778年，死于1840年。布鲁梅尔不算富有，也没有才华，也没有个天生的聪明脑袋。他只是穿得比以前任何人都要好，不是穿得更加艳丽，也不是更加奢侈，只是更加仔细。

他生在唐宁街上一个比较享有特权的环境里，父亲是首相诺思爵士信赖的顾问。布鲁梅尔上过伊顿公学，在牛津大学待过较短时间，然后在威尔士亲王的第十轻骑兵团里任职。即使他有什么指挥战斗的才能，反正也始终没有检验过；他的基本作用是穿着军装摆样子，在正式集会上担任亲

① 她的丈夫在极度痛苦之中连同一札没有誊抄的诗稿一起葬了她。7年以后，他经过重新考虑放弃了这种做法，掘开坟墓把诗稿取了出来，并于次年出版。——原注

② 通心面，即macaronis，从18世纪起，这个词在英语中多了一层“英国的花花公子”的意思。——译注

王的伴侣和助手。结果，他和亲王成了亲密的朋友。

布鲁梅尔住在梅费尔，有几年时间，他的家成了伦敦历史上最奇特的仪式之一的中心场所——许多成年的知名人士每天下午来这里观看他穿衣服。经常光临的人当中有威尔士亲王、三位公爵、一位侯爵、两位伯爵以及剧作家理查德·布林斯利·谢里登。他们彬彬有礼地坐着，一声不吭地看着布鲁梅尔开始每天一次的洗澡和打扮的过程。人们普遍觉得很惊讶，他竟然每天都洗澡，“而且是身上的每个部位都洗”，有一位目击者以特别惊讶的口气补充说。不仅如此，他还用热水洗澡。有时候，他还加入牛奶。这件事本身树立了一个风尚，虽然不完全是个令人愉快的风尚。当消息传出说附近吝啬的干瘪老头昆斯伯里侯爵也有洗牛奶澡的习惯，该地区的牛奶销售量一落千丈，因为有谣传说他把里面满是他的老皮屑的牛奶重新拿出来卖。

纨绔子弟的服饰有意不耀眼，布鲁梅尔的服饰几乎完全限于三种普通颜色：白色、米色和深蓝色。纨绔子弟的特色不是他们衣服的漂亮，而是他们对穿衣服的讲究，他们几乎做到一丝不苟的程度。他们会花上几个小时确保所有的褶缝和卷边都是完美无缺的，无可挑剔的。有一位到过布鲁梅尔家里的客人看到地板上堆满了领带，就问布鲁梅尔那长期逆来顺受的仆人鲁滨逊到底发生了什么事。“那些都是不合格的东西。”鲁滨逊叹了口气说。纨绔子弟穿衣服总是穿了再脱，脱了再穿。一天当中，他们一般要试用至少三件衬衣和两条裤子、四五根领带、两件背心、几双袜子和一小堆手帕。

有些时尚的东西，是由威尔士亲王（别人在背后嗤笑地称他为“鲸鱼亲王”[①]）越来越胖的程度决定的。亲王到30岁时已经如此肥胖，不得不用紧身褡把腰部强行裹起来。一位被准许看的人把那紧身褡称为“鲸骨巴士底监狱”，而他的侍者则乖觉地管它叫“腰带”。这一切努力的结果，就是把他上身的脂肪往上推过了他的领口，就像把牙膏从管子里挤出来那

① 在英语中，威尔士和鲸鱼分别是Wales和whales，两者发音相同。——译注

样。于是，那个时代时尚的特高领子，就成了一种新增加的微型紧身褡，旨在遮挡丰满的下巴和脖子下方的肉垂。

纨绔子弟穿的服饰，有个方面在某种程度上确实比较突出，那就是裤子。窄裤穿着往往是紧绷绷的，特别显眼，尤其是在不穿内裤的时候。简·卡莱尔在见到多尔赛伯爵以后的那个夜晚，也许有点上气不接下气地在日记里写道，那位伯爵穿的窄裤“是肉色的，简直像戴着一只手套”。窄裤是按照布鲁梅尔轻骑兵团的马裤式样做的，上衣的后面带有燕尾，但前面是剪掉的，因此恰好勾勒出腹股沟。男人的服饰有意识地设计得比女士的还要性感，这在历史上还是第一次。

布鲁梅尔似乎想要哪位女士，几乎就能得到哪位女士，许多男人似乎也是这样。但是，他是否真是那样，这令人感到好奇，但不敢肯定。从证据来看，布鲁梅尔似乎是个无性欲的人；我们不知道他跟谁发生过性关系，无论是男的还是女的，除了听说的以外。有意思的是，对于一位以长得漂亮闻名的人，我们居然不知道他究竟是什么模样的。一般认为，有4幅现存的画像上画的是他，但它们彼此明显不同。现在已经不可能搞清，到底哪一幅真实地反映了他的相貌，如果其中有一幅的话。

布鲁梅尔突然失宠，而且无可挽回。他和威尔士亲王吵了一架，从此不再说话。在一个社交场合，亲王明显对布鲁梅尔不加理会，而去跟他的伙伴说话。亲王离开以后，布鲁梅尔朝那位伙伴转过身来，说了一句在社交史上最不明智的话。“你的那位胖朋友是谁？”他问道。

这样的侮人之语在社交上等于自杀，过不多久，布鲁梅尔债台高筑，逃往法国。他在贫困中度过了生命的最后25年，主要在加来，渐渐变得痴呆，但还是他原来的那种拘谨、讲究的风格，看上去总是一副很吸引人的样子。

二

就在布鲁梅尔在伦敦内外的服饰舞台上唱主角的时候，又有一种材料开始改变世界，尤其是改变制造界。我指的是棉花，它的历史地位是几乎怎么说也不会过分的。

今天，棉花是一种很普通的材料，因此我们忘了它曾经是极其珍贵的，其价值甚至超过了丝绸。但在当时，在17世纪，东印度公司开始从印度进口东方棉布（从卡利卡特市，东方棉布的名字由此而来①），突然之间，大家都开始买得起棉布了。在当时，“东方棉布”实质上是个集体名词，指印度印花布、平纹细布、密织棉布以及其他五颜六色的织物。这些材料质地轻，很好洗，又不会渗色，因此令西方消费者欣喜若狂。虽然有的棉花是埃及出产的，但印度控制了棉花贸易。我们不会忘记，英语中有无数词语就是从那个贸易来的：khaki（咔叽布）、dungarees（粗蓝布）、gingham（方格布）、muslin（平纹细布）、pyjamas（宽松裤）、shawl（披巾）、seersucker（泡泡纱）等等。

印度棉布的突然大量上市，高兴的是消费者，但不是制造商。欧洲的纺织工人无法与这种神奇的织物抗争，要求保护，几乎哪里都是这样，而几乎哪里的工人都得到了保护。在整个18世纪，欧洲许多地方都禁止进口成品棉织品。

原棉依然可以进口，因此极大地刺激了英国的棉纺工业来利用这个条件。问题是棉花既难纺，又难织，于是人们把注意力转向这两个问题，试图将其解决。他们想出来的解决办法叫做工业革命。

要把大包大包的棉花变成床单和蓝色牛仔裤这样有用的产品，包括两个基本过程：纺纱和织布。纺纱，就是把短的棉花纤维通过每次加一点短纤维，然后扭转一下，变成长的线团——跟上面提到的编绳子的过程是一样的。织布，就是把两组棉线或纤维以合适的角度互相交错，形成网眼结

① 东方棉布的英语是calico，源自印度城市卡利卡特的名字Calicut。——译注

构。干这种活儿的机器叫做织机。一台织机的全部工作就是紧紧抓住一组棉线，那样另一组棉线就可以在第一组棉线里穿插，从而产生织物，那组固定的棉线叫做经纱。第二组活动的棉线叫做纬纱（weft）——它就是动词“织”（weave）的古老形式。通过横向的和纵向的棉纱的互相交错，你就织成了布。今天，大多数日常家用棉织物，如床单、手帕等，仍然是用这种基本的、简单的布制成的。

纺纱和织布原是家庭小工业，养活了许多人。传统上，纺纱是妇女的工作，织布是男人的工作。然而，纺纱所花的时间要比织布多得多，这种反差在1733年以后变得更加严重。那一年，兰开郡一位名叫约翰·凯的年轻人发明了飞梭——这是纺织工业所需的第一个突破性创新。凯的活动梭子使织布的速度提高了一倍。本来就已经无法赶上的纺纱机，就更加绝望地落在后面了。因此，整个供应线上的问题越来越严重，对有关各方产生了巨大的经济压力。

根据传说，织布工和纺纱工都把气出在凯的身上。他们袭击他的住宅，他不得不逃往法国，最后在贫困中死去。即使到了现在，这个故事还在大多数历史书里反复出现，用工业史学家彼得·威利斯的话来说，带有“教条主义的热诚”。但是，实际上，威利斯坚持认为，这完全是胡说八道。凯确实在贫困中死去，但只是因为他不大会料理自己的生活。他提出要自己来制造这种机器，然后把机器租给纺织厂老板。但是，他确定的租金是那么高，谁也不愿意付这笔钱。而他的机器又被广泛非法仿制。他把全部资金用来打官司，要求赔偿，但是没有成功。最后，他去了法国，希望在那里取得更大的成功，但他的希望落了空。他在发明飞梭以后又活了差不多50年。从来没有人袭击过他，也没有人驱赶过他。

还要过一代人的时间，才会有人找到解决纺纱问题的方法，这个方法是由一个令人意想不到的人想出来的。1764年，兰开郡有一位不识字的织布工，名叫詹姆斯·哈格里夫斯，他制造出一种精巧而又简单的设备，叫做詹妮纺纱机。这台机器把多个纺锤组合在一起，可以干10名纺纱工的活。我们对哈格里夫斯的了解不多，只知道他生长在兰开郡，年轻时就结了婚，有12个孩子。据知，没有留下他的画像，他是工业革命早期的主要人物当中最贫穷和最倒霉的人。与凯不一样，他真的经历过麻烦。一伙愤怒的当地人来到他的家里，焚烧了20台半成品詹妮纺纱机和他的大部分工具，这对一个穷人来说是个重大损失。因此，他一度比较谨慎，不再制造詹妮纺纱机，改而从事记账工作。顺便提一下，詹妮纺纱机不是像常说的那样是以他女儿的名字命名的："詹妮"是个北方用语，意思是"机械"。

从插图里看，哈格里夫斯发明的机器似乎没有什么了不起的地方，只不过是一个架子上安着10个线轴，由一个轮子驱使线轴转动，然而，这个装置改变了英国的工业前景。令人不大愉快的是，它也加快了使用童工的步伐，因为儿童比成人动作快、个儿小，哪里线断了，在机器里哪个不好够得着的地方出了类似的故障，他们可以跑过去修理。

在哈格里夫斯发明这种机器以前，英国的家庭工人每年手工纺纱50万磅。到1785年，由于有了哈格里夫斯发明的那种机器，以及随后的改进机型，那个数字一跃增加到1600万磅。然而，哈格里夫斯并没有分享到他的机器所创造的财富，很大程度上是因为理查德·阿克赖特耍弄的阴谋。阿克赖特是工业革命早期所有的人物中最没有意思、最没有创造能力的人，却又是最成功的人。

与凯和哈格里夫斯一样，阿克赖特也是兰开郡人。要是没有兰开郡人，哪里还会有工业革命？他1732年生于普雷斯顿，比哈格里夫斯年轻11岁，比凯年轻将近30岁。（应当记住，工业革命不是个突然发生的爆炸性事件，而是个历经几代人时间、在许多不同领域里不断创造发明的渐进过程。）阿克赖特在成为工业人士之前，当过酒吧老板、假发制作工以及理发师兼外科和牙科医生，擅长拔牙和榨取病人的钱财。他跟另一位名叫约翰·凯的人交上朋友，因而似乎对棉布生产发生了兴趣。这位凯是个钟表匠，与发明飞梭的约翰·凯没有任何关系。在凯的帮助下，阿克赖特开始把生产棉布的全部机械和部件放在同一个地方。阿克赖特是个办事不讲多少良心的人，他毫不犹豫地、毫不后悔地（更不用说给予补偿）剽窃了哈格里夫斯的詹妮纺纱机的基本原理，逃避了生意上达成的协议，抛弃了朋友和伙伴，只要他觉得这么做很保险或者有利可图。

他确实有改进机器的真本事，但他真正的天才在于把可能变成现实。他实际上是一个有进取心的人，而且是个极其有组织能力的人。他通过艰苦努力、好的运气、机会主义和毫不留情的手腕，在很短而又极其有利的时间里，确立了对英国棉布业的事实上的垄断地位。

被阿克赖特的机器替代下来的人，不仅成了麻烦，而且往往被逼到了山穷水尽的地步。阿克赖特显然预见到了这个结果，所以他把自己的第一家工厂盖得像个堡垒，建在偏远的德比郡的一个偏远的角落，而且配置了几门大炮，外加500根长矛，守卫得固若金汤。他用机制棉布垄断了市场，结果发了大财，虽然他并不讨人喜欢，自己也不快活。到1792年死的时候，他雇用了5000名工人，家产达50万英镑。这对任何人来说都是一笔巨额财富，尤其是对一个在一生的许多时间里当过假发制作工和理发师兼牙科医生的人来说。

实际上，工业革命还没有开始真正工业化呢。真正使它工业化的关键人物，是那个时代或几乎任何别的时代最令人料想不到的人：埃德蒙·卡特赖特牧师（1743—1823）。卡特赖特出生在诺丁汉郡一个在当地很有影响的富裕人家，原本怀有当诗人的志向，最后却成了牧师，被任命为莱斯特郡一个教区的教区长。他偶然与一位棉布制造商有过一次谈话，结果于1758年设计出——完全是凭空想象出—— 一种动力织机。卡特赖特的织机改变了世界经济，使英国真正富了起来。到1851年博览会的时候，英国已经有25万台动力织机在运转。这个数字以平均每10年10万台的速度增加，到1913年达到了顶峰——80.5万台。到那个时候，全世界已经有将近300万台动力织机在运转。

假如卡特赖特获得了按照他的发明理应得到的补偿，那么他会成为他那个时代最富有的人，就会像约翰·D.洛克菲勒和比尔·盖茨在他们各自的时代那样富有。但是，实际上，他没有从自己的发明中直接获得任何好处，为了保护和实施自己的专利实际上还背了债。1809年，国会一次性付给他1万英镑，与阿克赖特的50万英镑简直没法相比，但足以使他舒舒服服地度过晚年了。与此同时，他对发明产生了爱好，设计出了制绳机和刷毛机，两者都很成功。他还设计出了新式的印刷机、蒸汽机、铺设屋顶的砖瓦。他的最后一项发明，于1823年他临死前不久获得专利，是一种“不用马拉就能行驶的”手摇客车。他在专利申请书中信心十足地宣称，两个人不停地而又不必过分费劲地摇动曲柄，一天可以行驶27英里，即使是在很陡的路上。

有了嗡嗡作响的动力织机，棉纺工业准备腾飞了。但是，目前提供的棉花来源，远远不能满足工厂的需求。若要种植棉花，显然应该是在美国南部。那里的气候对许多作物来说太炎热、太干燥，但完全适合种棉花。不幸的是，在南部的大部分地方，能长得好的只有一个品种，那个品种不太好使用，叫做短纤维棉花。每个棉铃里满是黏糊糊的籽——1磅棉花纤维就有3磅籽——这些籽你不得不用手一粒一粒地摘出来，因此不可能会有有利可图的收获。把棉籽和纤维分开是一项劳动密集型工作，即使使用奴隶劳动也是省不了钱的。为奴隶提供吃穿的费用，远远超过能用的棉花产量所能创造的价值，哪怕使用的是手脚最勤快的奴隶。

解决这个问题的，是个在远离种植园的地方长大的人。他叫伊莱·惠特尼，马萨诸塞州韦斯特伯勒人。假如故事里的内容都是真的话（我们就会知道，很可能不是），那简直是天大的运气，让他青史留名。

故事通常是这样讲的：1793年耶鲁大学毕业以后，他来到南卡罗来纳州一户人家当家庭教师，但他到达那天马上发现，原先答应的酬金要和别人对半分。他很生气，便拒绝了这个职位。他的自尊心得到了满足，口袋里却身无分文，而且离家千里迢迢。

他乘船南下的时候，遇到了一位活跃的年轻寡妇，名叫凯瑟琳·格林，是美国革命的已故英雄纳撒内尔·格林将军的妻子。格林帮助乔治·华盛顿度过了战争最艰苦的时期，国家为此感激不尽，在佐治亚州奖

给格林一个种植园。不幸的是，格林是新英格兰人，不习惯佐治亚州的炎热气候，在那里的第一个夏天就中暑致命地倒下了。现在，惠特尼是在向格林的遗孀求助。

这时候，格林夫人已经在和另一位耶鲁大学毕业生同居，感情炽烈，关系比较公开。他名叫菲尼亚斯·米勒，是她的种植园经理。他们欢迎惠特尼来到他们家中。在那里，他们向他介绍了那个棉籽问题。他仔细观察了一个棉铃，马上觉得自己可以找到解决办法，便躲到种植园的工场里，设计出了一个简单的滚筒。滚筒一边转动，一边用上面的钉子把棉花纤维钩下来，剩下的就全是棉籽了。他的新发明非常管用，干的活顶得上50名奴隶所干的活。惠特尼获得他的“轧棉机”[①]的专利，准备成为大富豪了。

故事通常就是那样讲的，然而，里面的很多内容其实很可能不完全是真的。现在人们认为，惠特尼早已认识米勒——否则，他们的耶鲁大学校友关系确实似乎过于凑巧了——他也知道在美国土地上种棉花的问题，他来到南方，很可能是应米勒的请求，因为米勒知道他试图发明轧棉机。而且，这项工作似乎不是在种植园里花了一两个小时就完成的，而是在故乡韦斯特伯勒的车间里花了几个星期或几个月时间才完成的。无论这项发明的实际过程到底是什么样的，轧棉机确实是个奇迹。惠特尼和米勒结成了伙伴关系，充满了发财的期望，但他们是蹩脚的商人。凡有人使用他们的机器，他们要求得到任何收成的1/3份额。无论是种植园主还是南方的立法者，都认为这个比例是非常贪婪的。惠特尼和米勒都是北方佬，在感情方面也帮不了他们的忙。他们顽固地拒绝改变要求，认为南方种棉花的人面对一项这么具有变革性的技术是会退让的。轧棉机富有诱惑力，这点他们说对了，但他们没有看到这项技术也是很容易被剽窃的，任何半路出家的普通木匠只要花上一两个小时就可以做出一台来。过不多久，整个南部的种植园主都在用自制的轧棉机收获棉花。惠特尼和米勒在佐治亚州打了

① 轧棉机的英语是gin，是engine（机械）的简略形式。——原注

60场官司，还在别的地方打了许多场官司，但发现南部的法庭对他们毫不同情。到1800年，发明轧棉机仅仅7年以后，米勒和凯瑟琳·格林在经济上陷入极度困境，不得不变卖了那个种植园。

然而，南部却在变得很富，过不多久，棉花成了世界上最大的贸易商品，而在全部棉花当中有2/3产自美国南部。美国的棉花出口从发明轧棉机之前的几乎为零，增加到内战以前的20亿磅这个惊人数字。在巅峰时期，其中84%是英国买进的。

在种植棉花之前，奴隶制度一直处于衰落状态，但是现在极其需要劳动力，因为要摘棉花。摘棉花与加工棉花不同，是个劳动力极其密集型的活儿。在惠特尼发明轧棉机的时候，美国只有6个州存在奴隶制度；到内战爆发前夕，奴隶制度已经在15个州里合法化。更加糟糕的是，像弗吉尼亚和马里兰这样无法成功种植棉花的北方蓄奴州，开始向它们的南方邻居出口奴隶，从而拆散了家庭，加剧了成千上万人的苦难。从1793年到内战爆发之时，有80多万奴隶被运到了南部。

同时，迅速发展的英国棉纺厂需要大批工人，而光靠人口增长已经远远满足不了这个需要，于是，它们开始越来越多地使用童工。童工容易管教，成本低廉，一般说来动作较快，能在机器之间跑来跑去，处理抽丝、断线等问题。连最开明的纺织厂老板也随心所欲地使用童工，他们难以舍弃这样便宜的事。

因此，惠特尼发明的轧棉机不但帮助大西洋两岸的许多人发了财，而且使奴隶制度恢复了生机，使童工成为必不可少的劳动力，为美国内战铺平了道路。历史上也许还从来没有哪个人，能像发明轧棉机的伊莱·惠特尼那样，以一项简单的、善意的发明产生如此普遍的繁荣、个人的失望，并在无意中给许多人带来苦难。对于一个简单的滚筒来说，它所产生的结果可谓是相当大的了。

最后，有些南部的州终于答应给惠特尼支付一点钱，他总共从轧棉机获取了大约9万美金，刚好够抵偿他的成本。回到北方以后，他在康涅狄格州纽黑文定居下来，突然想出了一个终于要发财的主意。1798年，他揽得一份合同，为联邦政府制造1万支滑膛枪。枪是以一种新的方法制造的，那种方法后来被叫做惠特尼工作法或美国工作法。它的理念是，制造一批机器，那些机器能源源不断地生产出配件，再用配件组装出成品。工人们都不需要任何特别的技术，技术都将包含在机器里。这是个极妙的理念，丹尼尔·J. 布尔斯廷把它称为使美国变成富国的创新。

那批枪是迫切需要的，因为那个时候美国似乎快要跟法国开战。合同的款项为13.4万美元，是当时美国签订的最大的政府合同。这个合同给了惠特尼，尽管他没有机器，也没有造枪的经验。但是，1801年，在一个几代历史书里都铭记的时刻，惠特尼为约翰·亚当斯总统和当选总统托马斯·杰斐逊表演，把一桌子的散乱零件组装成了一支完整的枪。实际上，在制定那个工作法的过程中，惠特尼私下里遇到了各种各样的问题。交枪的时间晚了8年多。到那个时候，促使造枪的那场危机早已平息下去。而且，20世纪对存留下来的枪做了一次分析，结果显示，那些枪实际上根本不是以惠特尼工作法制造的，而是用工厂里手工制作的零件拼装起来的。那次为两位总统的著名表演，用的是假冒的零件。在这8年中，原来惠特尼在大部分时间里根本不是在完成枪的订单，而是利用从这个合同所拿到的钱在加劲弥补轧棉机给他造成的损失。

三

与以前使用过的任何材料相比，棉布是一种特别轻柔、特别凉爽的材料，但几乎仍不能抑制人们穿得荒唐可笑的欲望，尤其是妇女。随着19世纪渐渐过去，妇女们越来越把自己埋在衣服里。19世纪40年代，妇女在外衣里面或许穿着一件长到膝部的无袖宽内衣、一件背心式内衣、多达五六条衬裙、一件紧身胸衣，以及长内裤。有一位历史学家说，她们的理念是“要尽可能不让别人看出自己的体形”。服装方面的这一切基础设施，分量可能极重。妇女在忙碌日常事务的时候，身上很可能还穿着40

磅的衣服。她们是怎么小解的，这个问题历史学家们似乎没有去探究。鲸须或钢材制作的裙撑开始被用作塑造身段的方法，而又无须穿那么多内衣。不过，虽然分量是减轻了一些，但臃肿的程度却大大地增加了。正如莉莎·皮卡德所说："真不知道维多利亚时代穿着宽下摆的硬衬裙的女士们，是怎么——或者能不能——走过设备比较齐全的客厅，而又不把几张小桌子扫干净的。"钻进马车时必须小心和灵巧，有一位饶有兴趣的记者在一封家书中说："克拉拉小姐像一只孔雀那样转来转去，不知道以什么方式试着上车。最后，她冒险从侧面一跃，把衬裙一挤，进了车厢，衬裙又一下子扩展成原先的大小。她的姐妹们跟着照办，但已经没有少校（实际上任何别人）坐的地方了。"

要是女士俯下身去，比如弯下身去击槌球，裙撑还会稍稍抬起，任何会聪明地说一声"您先请"的男人，都有机会朝她们带褶边的紧身弹力裤瞥上摄人魂魄的一眼。要是绷得太紧，裙撑往往会由里往外翻，快速向上翘，就像一把受到压力的雨伞那样，令女士们措手不及。有关妇女被套在不听话的裙撑里，只能步履蹒跚地走路的故事比比皆是。埃莉诺·斯坦利夫人在她的日记里写道，曼彻斯特公爵夫人在跨越门槛的时候绊了一跤——她为什么穿了裙撑要去跨越门槛，那是另一个无法解释的问题——结果把她的格子呢灯笼裤暴露"在全世界人的，尤其是马拉科夫公爵的目光之下"。大风尤其是一个制造混乱的原因，楼梯肯定是个危险。然而，最大的危险来自火。"许多穿裙撑的女士因为不小心靠近火边而被烧死。"C. 威利特和菲利斯·坎宁顿在其一本极其严肃的书《内衣史》里说。有一位制造商自豪地，虽然是令人毛骨悚然地做广告说，他们生产的裙撑"不会造成意外事故，验尸的时候不会露出来"。

裙撑的黄金时期是从1857年到1866年，到那个时候，很多人已经不穿这种裙子，倒不是因为穿着它危险、笨拙，而是因为越来越多的下层人也穿了起来，打破了只有上层人才穿裙撑的局面。"现在，尊夫人的侍女也一定有了裙撑，"有一份杂志轻蔑地说，"裙撑甚至已经成为工厂年轻女工的基本服装。"穿着裙撑在工厂机器咯咯发声的齿轮和嗡嗡作响的传送带之间走来走去，其危险是不难想象的。

不穿裙撑，不等于那种毫无意义的不舒服的穿着方式的时代快要结束。实际情况远非如此，裙撑让位给了紧身胸衣，紧身胸衣成了几个世纪里最让人吃尽苦头的服饰。说来也怪，有的权威认为这是一件令人鼓舞的事，显然是因为它从某种角度来看显示了牺牲和贞操。比顿办的通俗杂志《英国妇女家政杂志》在1866年以赞许的口吻报道说，有一所女子学校的寄宿生在星期一早晨穿上紧身胸衣，一直穿到星期六，这时候才可以把胸衣松开1个小时，“为了洗澡”。那家杂志说，这么做，只要花两年时间就可以把姑娘的平均胸围从23英寸减到15英寸。

为了减小胸围而几乎完全不顾舒适的程度，这是真的。不过，人们一直认为，有的女性为了使自己的上腹部能收缩得更小，还通过外科手术拿掉了几根肋骨，幸亏这是神话。瓦莱丽·斯蒂尔在其严谨的学术著作《紧身胸衣：一部文化史》中说，她没有找到任何证据说明哪怕有过一起做这类手术的例子。原因之一，19世纪的外科技术还完全没有达到这个水平。

19世纪下半叶，紧身胸衣在一定程度上成为医学专家关注的一个问题。由于网眼织物和鲸须的收缩作用，体内的每个功能系统似乎都会受到严重影响，不是疼痛，就是受损。紧身胸衣使心脏无法自由跳动，致使血液流动越来越不通畅。而血流不畅又会引发差不多100种有记载的病痛，仅举引人注目的几例：大小便失禁、消化不良、肝衰竭、“子宫充血性肥大”和记忆力减退。《柳叶刀》杂志经常对紧身胸衣的危险性进行调查，最后说，至少在有一个病例中，患者因心跳受阻而死亡。有的医生还认为，穿网格紧身内裤的妇女更容易得肺结核。

穿紧身胸衣势必要跟性方面联系起来，反对妇女穿紧身胸衣的宣传基调，与反对男人手淫的宣传基调特别相像。紧身胸衣妨碍血液流动，挤压生殖区域的器官，人们担心这会悲剧性地导致增加“性爱的欲望”，甚至有可能不由自主地产生“阵发性情欲”。对于紧身衣的担心，渐渐扩展到了身体上穿得太紧的每个部位。人们认为，连太紧的鞋子也可能使人产生某种危险的——即使不是那种猛烈的，震得桌子咯咯作响的——抽搐。最糟糕的情况是，妇女实际上有可能被自己的服饰搞得精神失常。奥斯本·福勒写过一篇文章进行抨击，题目令人注目地叫做《从生理学和颅相学看网格紧身衣：挤压动物的器官对身心造成危害，从而阻碍和削弱重要功能》。他在文章里提出了这样的理论：非自然地改变血液循环，会把更多的血液推向妇女的脑部，从而有可能令人不安地永远改变她的性格。

有一个方面，紧身胸衣倒真的会带来危险，那就是胎儿的发育。许多妇女在怀孕很久以后还危险地穿着紧身胸衣，甚至为了尽可能长时间地掩饰自己参与了一次不得体的性生活的证据而把紧身衣收得更紧。

维多利亚时代的规矩是很刻板的，在有男人在场的情况下，女士们不得吹灭蜡烛，因为她们那样做需要嘟起双唇，有可能挑动色情的欲望。她们还不能说要去“上床”睡觉，那样也会让人产生某种想象，而只能说她们要“退下去”了。要是不使用委婉语，你实际上简直无法谈论衣服，即使是很客观地讨论。裤子变成了“包住下面的东西”或者干脆是“说不出口的东西”，内衣变成了“亚麻织物”。妇女们自己在一起可以提及衬裙，还可以轻声轻气地提及袜子，但不能提到贴身穿的几乎所有其他东西。

然而，在私下里，有时候事情比我们想象的要粗俗一点。化学染料，其中有一些的颜色相当浓艳，在该世纪中叶就已经有了，首先使用的地方之一是内衣。这件事令许多人很反感，因为这显然产生了一个问题：把内衣搞得那么花花绿绿，究竟是为了博得谁的欢心？在内衣上刺绣同样开始流行，也同样令人反感。就在表扬一所英国女子学校让年轻小姐们把紧身胸衣每次连续穿一个星期的那一年，《英国妇女家政杂志》还抨击说：“如今在内衣上绣那么多东西是可耻的；年轻小姐花一个月一针一针地绣，绣出来的衣服除了洗衣工以外几乎哪个人也不可能看得见。”

有一样东西她们是没有的：胸罩。紧身胸衣从下面往上推起，把乳房固定在原来的位置，但（有人告诉我）乳房最好用吊带托起来，那样才真正舒服。首先发现这一点的，是一位女用内衣制造商，名叫卢曼·查

普曼，来自新泽西州的卡姆登。他在1863年获得了“乳房被子”—— 一种早期的系带式乳罩的专利。从1863年到1969年，美国颁发了整整1230项胸罩专利。胸罩（brassiere）一词源自法语，意思是“上臂”，由查尔斯·R. 德伯瓦公司首次使用。

有个小小的而又持久的神话，在这里可以破除一下。有时候，有人写道，胸罩是一个名叫奥托·蒂泽林的人发明的。实际上，假如真有这么个人的话，他在发明胸罩的过程中也没有起任何作用。在这种有点令人失望的气氛中，我们可以接着去幼儿房了。

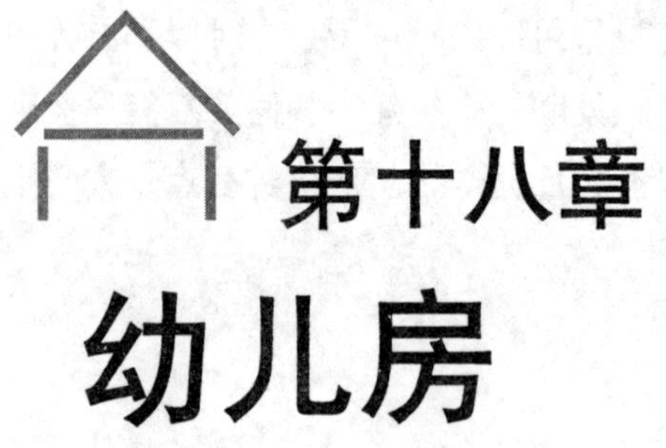

第十八章 幼儿房

在现代社会之前，儿童不但不受重视，而且实际上还不大讨人喜欢。把爱投资在小孩子身上是如此危险，如此不划算——无论在哪里，爱是不能给的，都把它看成是毫无意义地浪费精力。感情压根儿谈不上。按照她令人寒心的看法，孩子只是“一种产品”而已。

一

20世纪60年代初，法国人菲利普·阿利耶斯写了一本极有影响的书，名叫《童年世纪》，引起了令人吃惊的反响。他宣称，最早在16世纪之前，根本就没有童年这回事。有小孩，这是当然的，但在生活内容方面，他们跟大人并没有有意义的区别。“童年的概念并不存在。”他很有把握地最后说，童年实际上是维多利亚时代的一项发明。

阿利耶斯不是该领域的专家，他的看法几乎完全是以间接证据为依据的，其中许多现在被认为是有点不可靠的，但他的看法引起了一些人的共鸣。很快就有别的历史学家宣称，在现代社会之前，儿童不但不受重视，而且实际上还不大讨人喜欢。“在传统社会里，妈妈对不足两岁大的孩子的成长和幸福是漠不关心的。”爱德华·肖特在《现代家庭的形成》（1976）一书中说。原因是婴儿的死亡率很高。“你不会去喜爱一个你知道死神很快就会将其带走的婴孩。”他解释说。芭芭拉·塔奇曼在两年以后出版的畅销书《一面遥远的镜子》中几乎完全赞同这种看法。“在中世纪和现代的全部不同之处中，”她写道，“最鲜明的，相对而言，就是不喜欢孩子。”把爱投资在小孩子身上是如此危险——她用了一句奇特的话，“如此不划算”——无论在哪里，爱是不能给的，都把它看成是毫无意义地浪费精力。感情压根儿谈不上。按照她令人寒心的看法，孩子只是“一种产品”而已。“一个孩子生出来了又死了，另一个孩子会接替他的位置。”或者就像阿利耶斯自己解释的，“总的看法是，而且在很长时期一直是这种看法：一个人生几个孩子，是为了保留少量孩子。”这种看法在研究童年的历史学家中间很普遍，要再过20年才会有人提出异议，它严重曲解了人类的本性，更不用说不符合已知的历史事实。

毫无疑问，过去孩子确实大量死亡，父母亲不得不因此调整自己的期望，现代之前的世界到处都是小棺材。通常引用的数据是，1/3的孩子在第一年就死去，半数的孩子活不到第五个生日。即使在条件最好的家庭里，死神也是一位常客。斯蒂芬·英伍德说，未来的历史学家爱德华·吉本家境富裕，在普塔尼这个健康的环境里长大，但他有6个兄弟姐妹在幼年时代就已死去。但是，这不等于说，父母在死了孩子以后不会像今天的父母那样悲痛欲绝。日记作家约翰·伊夫林和他的妻子生了8个孩子，有6个在小时候就夭折了。他们每次都显然伤心透顶。1658年，他的大孩子过完5岁生日以后3天就死了。伊夫林只写了几个字："我的生活中不会再有欢乐。"作家威廉·布朗洛一年失去一个孩子，连续4年，一连串的不幸"让我撕心裂肺，痛不欲生"，他写道。然而，他和他的妻子实际上还要承受更多的痛苦：每年死个孩子的悲惨规律还要持续3年，直到他们身边再没有孩子交给死神。

在表达父母的丧子之痛方面（就像在表达大多数事情方面），谁也比不过威廉·莎士比亚。下面是《约翰王》里的几行诗，他写于他11岁的儿子哈姆纳特于1596年去世后不久：

> 孩子离我而去，房间里充满着悲伤，
> 他曾拉着我的手走来走去，睡过这张床，
> 说话声不绝于耳，露出漂亮的脸膛，
> 我想起他的各个部位都是如此优美，
> 以自己的身体撑满空荡荡的衣裳。

这些话是那种把孩子当做产品的人说不出来的，我们没有理由，也没有任何证据，包括常识去推测，在过去的某个时期，父母亲普遍不关心自己子女的幸福和安康。从我们目前所在房间的名字里，我们发现了一条线

索。[①]根据记录，“幼儿房”（nursery）一词首次出现在英语里是在1330年，之后一直使用。把一个房间完全用于孩子们的需要和舒适，这似乎与那种看法，即孩子在家里是不重要的，几乎是相矛盾的。同样有意义的是“童年”（childhood）这个词本身。它已经在英语里存在了1000多年（首次有记录使用这个词是在公元950年的《林迪斯芳福音书》里）。因此，不管“童年”在感情上对人们意味着什么，作为一种生命状态，作为一种独立存在，它无疑古已有之。暗示孩子们在当时是不受重视的物品，或者几乎不是独立存在的生命，最起码说，这似乎有点简单化。

这不等于说，童年是漫长的，无忧无虑的，成天玩耍的，就像我们现在喜欢认为的那样。事实上绝非如此，从十月怀胎起，生命里充满了危险。对母婴双方来说，最危险的关口是分娩本身。万一事情出了差错，产婆或医生都没有办法。医生——如果能称他们为医生的话——往往采用加剧痛苦和危险的方法，让筋疲力尽的产妇把血流干（理由是，这么做能使她放松下来，然后把产妇失去知觉看成是成功的证据），给她敷上起泡的泥敷剂，要不就让她把剩下的精力和希望消磨干净。

婴儿经常卡着出不来，万一出现这种情况，生产过程有可能长达3个星期或以上时间，直到婴儿或母亲或二者疲惫至极，已经救不过来。假如婴儿死在子宫里，把它取出来的步骤简直吓人，不堪用文字来表达。这么说就够了：其中包括使用钩子，把死婴一片一片地钩出来。这些步骤不仅给产妇带来难以形容的痛苦，还会损坏她的子宫，甚至导致感染等更为严重的风险。考虑到这些情况，据说100位产妇当中只有一两位死于分娩，这真是匪夷所思的。然而，由于大多数妇女不停地生孩子（平均7—9次），在妇女的生育经历中，某个时期死亡的可能性大大增加，大约为8

① 我们不敢肯定，这个房间真的用作过幼儿房。它在爱德华·塔尔原先的计划里是没有的，又是一个后来添加的房间，因此在图纸上没有能给我们启示的标记。但是，它不大不小，位于主卧隔壁，因此很可能是打算要用作幼儿房而不是另一间卧室的。这又产生了一个有意思而又无法回答的问题，一个关于马香先生的希望和打算的问题。——原注

18世纪一名妇女在分娩（注意：为了保持庄重，医生把床单围到脖子跟前）

个中间有一个。

对孩子来说，出生仅仅是开始。活在这个世界上的前几年与其说是一次冒险，不如说好像是一场灾难。每条生命除了要不断经受一场又一场的疾病，特别是传染病以外，意外死亡更是极其常见，实际上是到了令人心惊胆战的程度。13世纪和14世纪伦敦验尸官的花名册里还包括突然死于这样原因的儿童名字："掉在水坑里淹死"、"被猪咬死"、"掉进开水盆里"、"被马车轮子撞死"、"掉进一桶热糊糊里"、"在人群里被踩死"以及更多类似令人不安的原因。埃米莉·科凯恩讲了一个男孩子的悲惨故事：男孩子躺在路中央，身上盖了稻草，想要逗乐他的朋友，一辆路过的马车把他碾为泥浆。

阿利耶斯及其信徒们把这样的死亡看成是父母不关心孩子、对孩子的安康缺少兴趣的证据，这是把现代标准强加在历史人物身上。要是抱着宽容的态度，那么就不会忘记，在一位中世纪母亲的一生中，醒着的每时每刻里都充满了分心事。她也许要护理一名生病的或快要死去的孩子，自己痛苦地发着烧，挣扎着生起火（或熄灭火），以及忙于各种各样的其他事情。今天的孩子之所以没有被猪咬，不是因为他们受到了更好的照管，而是因为我们不在厨房里养猪。

现代相当多的结论，是根据过去的死亡率得出的，而这死亡率实际上并不那么很有把握。有点出人意料的是，第一位对这个问题进行仔细研究的人，是天文学家埃德蒙·哈雷。当然，人们现在还记得他，主要是因为有颗彗星是以他的名字命名的（虽然这颗彗星并不是他发现的，他只是认出它是前三次出现时别人注意到的同一颗彗星；直到1758年，在他去世很久以后，它才开始被称为哈雷彗星）。在研究科学现象方面，哈雷是个不知疲倦的人。他发表了从磁力到鸦片的催眠作用等各种题材的论文。1693年，他偶然看到西里西亚的布雷斯劳（现在波兰的弗罗茨瓦夫）每年的出生和死亡数字，产生了很大的兴趣，因为这些数字特别完整。他意识到，他可以用这些数字绘制图表，从而有可能计算出处于生命任何时刻的任何人的预期寿命。他可以说出，对于25岁的人来说，他次年死亡的可能性是

80：1弱，已经活到30岁的人可以期望再活27年，40岁的人再活7年的可能性为5.5：1强，如此等等，这是首次出现的精算图表。除了可以派别的用场以外，它使得人寿保险业成为可能。

哈雷的研究结果刊登在科学杂志《皇家学会哲学学报》上，因此社会史学家似乎没有充分注意到。这是很不幸的，因为里面有许多有意思的东西。比如，哈雷的数字表明，布雷斯劳有7000名生育年龄的妇女，但每年生出的孩子只有1200个——“只有1/6多一点”，他说。显然易见，大多数妇女在任何时候都小心翼翼地采取了避孕措施。因此，生育并不是妇女所不得不忍受的负担，而在很大程度上是个自愿的行为，反正在布雷斯劳是这种情况。

哈雷的数字还表明，婴儿死亡率并不完全像现在一般引用的数字会鼓励我们去推测的那么糟糕。在布雷斯劳，有略微超过1/4的婴儿活不过第一年，有44%在7岁以前死亡。毫无疑问，这些数字很糟糕，但与通常引用的1/3和1/2的数字相比，那要好得多了。在布雷斯劳，是在不足17岁的孩子中间，死亡比例达到了50%，这实际上要比哈雷预期的糟糕。他利用自己的报告来表明个人的看法，人们不应当指望长寿，而应当坚强起来应对早死的可能性。“我们老是抱怨自己寿命短，”他写道，“认为自己不活到老有点冤枉。现在看来，有一半的孩子在17年之内死于非命……（因此）我们不要对所谓的夭折唧唧哝哝，而要以耐心和不在乎的态度来忍受那种解体，这是我们这类容易腐败的材料所必然出现的情况。”显而易见，对于死亡的预期，要比根据一次简单的数据评估就得出的结论复杂得多。

这些数据里还有一个复杂的问题——一个关于妇女避孕的正当理由的问题。就在这个时候，全欧洲的大批妇女正死于一种神秘的新的疾病。这种病连医生都战胜不了，也搞不明白。这种名叫产褥热（源自拉丁文“孩子”）的病，1652年在莱比锡有过第一次记载。在此后的250年里，医生对这种病束手无策。产褥热特别可怕，因为它来得很突然，往往是在产妇已经成功生下孩子、身体完全康复几天之后发生。患者会在几个小时之内发高烧，神志失常。这种状态会持续大约一个星期，最后产妇要么康复，要么一命呜呼，多半是一命呜呼。在最严重的暴发中，90%的患者死亡。直到19世纪末，大多数医生还把产褥热归因于污浊空气或放荡行为，而实际上却是他们自己的手指把细菌从一个子宫传播到另一个子宫。早在1847年，维也纳有一位名叫伊格纳茨·泽梅尔魏斯的医生已经意识到，只要医院的工作人员在稍稍加氯的水里洗洗手，各种死亡便会大幅度下降，但对他的话几乎谁也不加理会。还要再过几十年，才会普遍采取消毒措施。

对于少数运气好的妇女来说，随着产钳的出现，安全至少有望得到较大程度的保障。有了产钳，婴儿可以通过机械手段复位。不幸的是，产钳的发明人彼得·钱伯伦不愿意把自己的发明与世界分享，为了自己使用而加以保密。在此后的100年里，他的继承人保持了这种令人遗憾的传统，直到别人独立发明了产钳。在此期间，成千上万妇女死于不必要的痛苦之中。应当指出，产钳本身也不是没有风险。未经消毒、显然是侵害肌体的产钳，要是操作不是绝对小心，很容易对母婴都造成伤害。因此，很多医务人员都不愿意使用产钳。最著名的例子是，英国王位的预期继承人夏洛特公主在1817年分娩第一个孩子时死亡，原因是主治医生理查德·克罗夫特爵士不愿意让他的同事使用产钳来缓解她的痛苦。结果，在经受50多个小时的子宫收缩以后，筋疲力尽，毫无效果，母婴双双死亡。夏洛特之死改变了英国历史的进程。假如她活着，就没有维多利亚女王，也就没有了维多利亚女王时代。举国震惊，表示决不饶恕罪人。克罗夫特对于国人的一致谴责感到目瞪口呆，灰心丧气，退入自己的卧室饮弹自尽。

直到现代，对于大多数人来说，无论是孩子还是大人，在生活中始终主要考虑的纯粹是经济方面的问题。在较穷的人家——这当然是大多数家庭——每个人从尽可能早的时候起都是一个生产单位。约翰·洛克在1697年给贸易委员会的一份文件中建议，穷人家的孩子从3岁起就应当参加劳动。没有人认为那个建议是不切实际的，或者是残忍的。儿歌里的小朋友布卢——那个没有能把羊群赶出草地、把牛群赶出麦田的小孩，不可能超过4岁，大一点的孩子要被派去做更费力的活。

在最坏的情况下，孩子们有时候承担最繁重的活。那些只有6岁的孩子，无论是男孩子还是女孩子，被送到矿里干活，因为他们身体小，可以挤入狭小的空间。由于矿里很热，加上想要节省衣服，孩子们干活时经常光着身子（成年男子传统上也光着身子干活，妇女们干活时通常上身赤裸）。在一年的许多时间里，那些在矿里做工的人始终见不到阳光，因此许多人由于缺少维生素D而发育不良，体质衰弱，即使是较轻的活儿也往往充满危险。在英格兰中部陶瓷之都的陶瓷厂做工的孩子，负责清理含有铅和砷的残留物的陶罐，容易慢性中毒，许多人被宣告患了终身瘫痪症、麻痹症和突发症。

最不值得羡慕的童工是烟囱清扫工，也就是所谓的"攀缘儿童"。他们比别的群体起得早，工作苦，死得早。大多数大约从5岁开始短暂的职业生涯，虽然有记录表明有个男孩子3岁半时就签约进入了这个行业。在那个年纪，连最简单的活也肯定是搞不清的，很紧张的。由于烟道狭小，常常曲曲折折，因此需要小男孩子。"有的烟道，"约翰·沃勒在《真实的雾都孤儿》一书中写道，"拐弯地方都呈直角、水平或斜角延伸，甚至弯弯曲曲，或突然往下，最后才伸向烟囱。伦敦有个烟囱改变了14次方向，真是不得了。"这是个很残忍的活儿，为了不让孩子偷懒，有一种办法是在炉床里点一堆稻草，让一股热气顺着烟囱冲向他们的屁股。许多"攀缘儿童"到十一二岁就变成驼背，丧失健康，结束了他们短暂的职业生涯。阴囊癌似乎尤其是这个行业的职业病。

在这样一个无情而又无望的世界里，艾萨克·韦尔的例子尤其显得是个令人愉快的奇迹。韦尔的名字经常出现在18世纪的建筑史里，他是那个时代最杰出的建筑评论家，他的意见举足轻重。（你或许还记得，我们在参观地下室时提到过他。就是他宣布红砖"像火，眼睛看着不舒服"，从而促使红砖不再时兴。）但是，韦尔并不是生来就注定这辈子要名声显赫的。实际上，他开头是个街头流浪儿和烟囱清扫工，他的优雅和成功归因于一件非同寻常的善举。大约1712年，有一位匿名的绅士——其身份始终没有正式确定，但差不多人人都认为是奇西克府的建造者、那个时代时髦风尚的首创者之一第三代伯林顿伯爵——正沿着伦敦怀特霍尔街行走，突然间看到一个清扫烟囱的孩子用一块木炭在人行道上为班奎廷大楼画素描。那幅素描展示出非同寻常的才能，伯林顿禁不住过去仔细看了一眼。但是，那个孩子以为自己闯了祸，突然哭起来，试图把画擦掉。那位绅士安慰他，跟他攀谈，并为这孩子的天资聪明所打动。伯林顿把他从他的雇主那里赎了出来，带回自己家里，开始了把他培养成为一名绅士的漫长过程。伯林顿送他去欧洲大陆观光旅行，接受生活中所有高雅教养的培训。

在这样的监护之下，韦尔成为一名熟练的——如果不是杰出的——建筑师，但他的真正才能在于当一名仲裁人和思想家。他出版了几部著作，包括深受尊崇的帕拉弟奥的《建筑四书》的译本以及《建筑大全》。无论对于专业人员还是业余人员来说，后者成了一种指导审美和鉴赏的权威著作。然而，他始终没有能脱胎换骨。他1766年去世时，据说他的皮肤上仍然有清扫烟囱时留下来的抹不掉的烟垢。

不用说，韦尔是个例外，大多数孩子完全受雇主的摆布，有时候受到最骇人听闻的待遇。有个轰动一时的例子，在威尔特郡马姆斯伯里，有个农场主忽然想出个点子，要把他的两个小徒弟阉割，卖给一家歌剧公司去当歌手。他野心的第二部分受挫，没有实现，但不幸的是，他还是用剪刀成功地实现了第一部分。

直到进入19世纪很长时间以后，孩子们几乎没有受到任何法律保护。比如，在1814年以前，没有法律禁止拐卖儿童。1802年，在米德尔塞克斯有个名叫伊丽莎白·萨蒙的妇女拐骗了一个名叫伊丽莎白·英庇的孩子，却只受到了偷她帽子和外衣的指控，因为只有这部分过失是违反法律的。人们普遍认为，由于拐卖儿童没有多少风险，所以吉卜赛人继续拐卖儿童。看来这种说法有一定真实性，玛丽·戴维斯是个著名的例子。玛丽是个有着良好背景的妇女，1812年，她发现自己丢失的儿子在一家她恰好留宿的旅店里清扫烟囱。

工业革命只是使事态变得更加严重，至少在开始的时候是那样。1844年的《工厂法》缩短了童工的工作时间，而在此以前大多数工厂一天要工作14—16个小时，一周6天。有的工厂的工作时间更长，尤其在旺季，需要完成大批订单。1810年，有人发现，一家纺织厂的徒工在机器旁要从早上5点50分一直干到晚上9点以后，只有在午饭时间休息30—45分钟，有时候连午饭也要站在机器旁吃。伙食往往只能勉强维持生命，各地几乎都是一个样。有一名检查员说："他们早饭和晚饭吃的是稀粥，中饭一般吃燕麦饼和糖浆，或者燕麦饼加清汤。"在有的工厂，工作条件常年很不舒服。有些材料，比如亚麻，在加工的时候必须保持潮湿，因此有些工人总是被从机器里溅出的水弄得浑身湿漉漉的。到了冬天，这种情况肯定是难以忍受的。实际上，工厂里的机器差不多都很危险，尤其是对于那些空着肚子和疲惫不堪而又还得围着机器干活的人来说。据报道，有的孩子累得连吃饭的力气都没有，有时候嘴里还含着食物就睡着了。

至少他们还有一份稳定的工作，对于那些靠临时打工过日子的人来说，生活永远是碰运气。据1750年的一项估计，在伦敦中心地区的居民中，有1/3的人每晚上床睡觉时"几乎身无分文"。随着时间过去，这个比例只是变得更加糟糕。没有固定工作的人早上醒来时，几乎不知道那天能不能挣到足够的钱来糊口。许多人的状况如此悲惨，亨利·梅休在他的4卷本《伦敦工人与伦敦穷人》中用了整整一卷来记述最底层的拾荒者的境遇。他们穷得走投无路，把丢在路边的几乎任何东西都当成是宝贝，他写道：

> 在乡下的小镇上，许多东西被身无分文的人一脚踢到路边……在伦敦却被当做宝贝赶快拾起来，它可以卖钱。比如，一顶破旧女帽，或者稍好一点，一顶旧帽子，已经没了绒毛，不成形状，没有顶也没有边，会被从街头捡起，小心翼翼地放进袋子里……

他们生活的环境有时候是如此恶劣，连心肠最硬的调查员也会大吃一惊。有一名住房调查员在19世纪30年代报告说："我发现（有间屋子里）住着一个男人、两个女人和两个孩子，还有一个穷姑娘的尸体，她在几天前分娩时死了。"穷苦的父母一般都生很多孩子，作为一种养老的办法，希望有足够数量的后代存活下来，这样他们到了晚年就有人扶养。到19世纪下半叶，1/3的英国家庭有8个或8个以上孩子，1/3的家庭有5个到7个孩子，还有1/3的家庭（绝大部分是比较富裕的家庭）有4个或4个以下孩子。在比较穷苦的地区，很少有哪个家庭里人人都能吃饱肚子，因此几乎普遍存在某种程度的营养不良现象。据认为，至少有15%的儿童两腿弯曲，因患佝偻病而骨盆变形，这些不幸的孩子绝大部分都生活在最贫困的家庭里。在维多利亚时代中期，有一位伦敦医生公布了一张单子，列举他所见到的婴儿吃的东西——牛脚冻、沾满油的硬松饼、嚼不动的软骨肉。学步儿童有时候靠吃别人掉在地上的东西存活，要不就有可能去捡破烂。到七八岁的时候，许多孩子被打发到街头去自己谋生。19世纪60年代，据估计伦敦有10万"街头流浪儿"。这些人没有受过教育，没有技术，没有生活目标，没有前途。"他们的数量之多，令人目瞪口呆。"有一位同时代人写道。

然而，对他们进行教育的想法，几乎人人都表示反对。他们担心，对穷人进行教育会使他们产生抱负，而他们既不配有这样的抱负，坦率地讲也没有这个资格。19世纪50年代负责政府教育政策的查尔斯·阿德利爵士直言不讳地说："把过了该开始好好干活的年纪的工人阶级子女关在学校里，这显然是错误的。"这么做"会是很武断的，不合适的，就像是强迫伊顿公学和哈罗公学的学生去干苦活一样"。

最能代表这种冷酷无情的看法的人物是托马斯·罗伯特·马尔萨斯牧师（1766—1843），他1798年匿名发表的《人口论》立即引起了反响。马尔萨斯把穷人的困苦归因于穷人本身，反对为大众实施救济的思想，认为这么做只会使他们变得更加懒惰。"即使他们有过节俭生活的机会，"他写道，"他们也很少这么做。一般说来，除了应付眼前的需要以外，所有的钱都花在了酒馆里。因此，可以说，英国的济贫法降低了普通人过节俭生活的能力和意愿，从而削弱了戒酒和勤劳的一个最大的动力，结果也削弱了追求幸福的动力。”他尤其对爱尔兰人感到不安，在1817年写给朋友的信中认为，“应该把很大的一部分爱尔兰人从英国的土地上赶出去”，他不是个以慈悲为怀的基督徒。

凡是穷人聚居的地方，由于生活条件极其恶劣，死亡数就陡然上升。在英格兰中部的达德利，该世纪中叶出生的人的平均预期寿命已经降到只有18. 5岁。自青铜器时代以来，这样的寿命在英国是从来没有过的。即使在最卫生的城市里，平均预期寿命也只有26岁到28岁，英国没有哪个城市的预期寿命是超过30岁的。

和以往一样，最受苦的是年纪最小的人，然而他们的福祉和安全很少引起重视，这很有意思。最能说明19世纪的英国对人的生命的重视程度的，莫过于这样一个事实：“防止虐待动物协会”的成立时间，比一个保护儿童的类似组织的成立时间早了60年。也许同样值得注意的是， 1840年，前者在成立10年半多一点时间之后被改名为“皇家防止虐待动物协会”，而“全国防止虐待儿童协会”直到今天都没有受到王室的祝福。

二

正当英国的穷人一定觉得生活不可能变得更加糟糕的时候，生活就是变得更加糟糕了，这一打击的原因是1834年提议并严格实施新的济贫法。救济贫民始终是个很敏感的问题，令许多富裕的维多利亚时代人感到不安的，不是穷人的悲惨处境，而是那笔费用。自伊丽莎白时代以来一直有济贫法，但实施的方法由每个教区自己来定。有的教区比较宽厚，而有的很卑鄙，据说把病人和产妇抬到别的教区，那样他们就成了另一个辖区的责任。非法生育是一件令官方特别头痛的事，地方当局几乎是全力以赴地确保违法乱纪的人双方都受到应有惩罚，让他们为自己的所作所为承担责任。这里有个典型的例子，17世纪的最初10年末，兰开郡有一家法院做出了这样一个判决：

> 赖廷顿的老处女简·索特伍思发誓，法泽克利的农夫理查德·加斯坦格是她私生女儿艾丽斯的父亲。艾丽斯应由简照管两年，如果不必行乞的话，然后由理查德负责照管到12岁。他应给简一头奶牛和6先令现金，男女双方今天在奥梅斯柯克以鞭笞责罚。

到19世纪初，济贫问题已经成为国家危机，拿破仑战争的费用严重地消耗了国库里的资金。和平的来临只是使事态变得更加糟糕，大约30万陆、海军士兵回归平民生活，开始在一个已经不景气的经济环境中找工作。

大家几乎一致认为，解决的办法是建立一个全国性的济贫院体系，并按同一国家标准来进行统一的管理。一个以埃德温·查德威克为书记的委员会极其认真地考虑了那个问题（这是那个时代的办事风格，也是查德威克的办事风格），最终提出一个长达13卷的报告。有一点大家的看法是一致的，新的济贫院应该办得越糟越好，这样才对穷人没有吸引力。有一位提供证据的委员讲了一个故事来告诫大家，这个故事表明了当时普遍的看法，因此值得全文摘抄如下：

> 我记得有一户姓温特尔的人家，有丈夫、妻子和5个孩子。大约两年以前，父亲、母亲和两个孩子病得很厉害，家里陷入困境，不得不变卖自己仅有的一点儿家具来维持生计。他们住在我们这个教区。我们听说他们遇到了极大的困难，我就去提供救济。然而，他们坚决拒绝帮助。我把这件事报告了教会执事，他决定陪同我去，我们两个人一起敦促这家人需要接受救济。但他们依然拒绝，我们无法说服他们接受我们的建议。然而，我们觉得这件事挺有意思，就用小口袋装了4先令钱连同一封信送了过

去，说要是他们的病不见好，希望他们再提出申请。他们就照这个办法做了。从当时到现在（到现在已经过去了两年多），我认为，我们的登记簿上每隔3个星期就会出现一次他们的名字，虽然那户人家很少有人生病或根本没有人生病。就这样，我们实际上破坏了他们以前的勤劳习惯。我可以毫不犹豫地说，尝到教区救济的甜头以后经常就是这般结果，10户人家中倒有9户是这个模样。

委员们在报告中一本正经地斥责了那些“把教区的救援看成是他们的特权，理所当然地要求这种救援”的人。委员们认为，济贫已经做得如此宽宏大量，“贫民误以为事情对自己很有利，政府已经着手废除普通的自然法则；规定父母不得虐待孩子，丈夫不得虐待妻子，或妻子不得虐待丈夫；人人都应享有舒适的生活条件，无论他怎么懒惰，怎么挥霍，或怎么邪恶”。报告以近乎患了狂想症似的热情接着认为，穷工人很可能故意要“对教区进行报复”，所以娶老婆、生孩子，“使得当地的人口严重过剩，把用来维持他和所有其他劳工的教区资金渐渐消耗殆尽”。毕竟，他采用这么一种计谋不会有任何损失，因为他可以让孩子们在家里干活，这“对父母来说是个收入来源，如果生意好的话，如果生意不好，反正孩子们由教区养着”。

为了确保懒惰的穷人始终受到惩罚，新的贫民救济院办得极其严格，没有半点欢乐。丈夫与妻子分开，子女与父母分开。在有的贫民救济院，居民要穿囚衣似的制服，伙食有意搞得糟糕透顶。（“没有任何理由，要求这里的伙食好于或等于本地区劳动阶级普通的生活标准。”委员们规定说。）在餐厅里以及在干活时禁止互相交谈，一切想要开心的希望都被无情地扑灭了。

为了得到膳宿，救济院的居民们每天要干几个小时活，通常是理麻絮。麻絮就是旧绳子，上面涂着一层厚厚的柏油，用于填充船舶裂缝。理麻絮就是把绳子解开，以便再利用。这是一件讨厌的苦活儿，硬邦邦的纤维有可能割破手，而且速度特别慢。在伦敦东区的波普勒救济院，男性居民每天要理出5磅半麻絮，这个指标比下达给监狱犯人的指标高出将近一倍。对于那些没有完成指标的人，伙食就只有面包和水，到1873年，波普勒救济院的居民靠不足量的口粮度日。在汉普郡的安多弗尔救济院，居民们干的活是把骨头碾碎了用作肥料，据说他们由于常年挨饿，不得不靠从骨头里吸取骨髓来充饥。

医疗服务各地几乎都很匮乏，不大愿意提供。为了减少开支，救济院的病人做手术时通常不施行麻醉。疾病容易传染。两种结核病——对骨头、肌肉和皮肤造成危害的肺结核（又称痨病）和淋巴结核病——特别普遍，斑疹伤寒经常令人担心。由于孩子们身体一般比较虚弱，如今的小恙在当时是毁灭性的。在19世纪，导致儿童死亡的最主要的疾病是麻疹。百日咳和哮喘也夺去了成千上万条小生命，而空气混浊、拥挤不堪的救济院是最容易传播这类疾病的场所。

有的济贫院条件如此之糟糕，本身就是疾病的滋生地。有一种不大明确的慢性病——现在被认为是个多种皮肤感染的综合征——被简单地称作“疥疮”。几乎可以肯定，这种病是缺少卫生条件引起的，糟糕的伙食也是原因之一。由于营养不良，卫生条件差，蛲虫、绦虫和其他爬虫几乎到处都有。曼彻斯特有一家专利药品制造公司生产出了一种泻剂，说保证能把肠道里的每个不受欢迎的寄生虫驱逐出境，你可以绝对信赖，也许只是发力有点太猛。有一位用户自豪地作证，他排出来了300条蛔虫，“有的粗得出奇”。然而，对于住在济贫院里的人来说，这样的重获新生只不过是个梦想。

癣菌病和别的真菌感染也很流行，虱子是个经常性的问题。有一种解决办法是把床单泡在氯化汞和漂白粉溶液里。经过这样处理的床单是有毒的，不仅对虱子来说是这样，对睡在里面的倒霉蛋也是如此，刚进济贫院的居民还常常被粗暴地消毒。在英格兰中部的一家济贫院，有个名叫亨利·卡特赖特的男孩子被认为臭不可闻，女总管下令把他推进硫化钾溶液里，试图除掉他的休臭。她除掉的却是那个可怜的男孩子，等到把他拖出来时，他已经窒息而死。当局对这样的虐待事件也不是完全不管，在埃塞克斯郡布伦特沃德，当一个名叫伊丽莎白·吉莱斯皮的护理员把一个女孩子推下楼梯死亡以后，她受到了审判，并被判处5年徒刑。即使如此，肉体虐待和性虐待比比皆是，尤其是对小孩子。

实际上，济贫院只能收容那么多人，任何一次收容的数量不超过英国贫民人数的1/5。该国的其余贫民要依靠“户外救济”——用于帮助支付房租和食品的小额钱款——来维持生存。领取这种救济金有时候几乎难以置信的困难。C. S. 皮尔讲了这么个例子：肯特有一名失业的羊倌—— 一个老实而又勤劳的人，失业也不是他自己的过失——他被要求每天走来回26英里路程，为他自己、老婆和5个孩子领取1先令6便士救济金。那名羊倌每天疲惫不堪地走呀走，走了9个星期，最后因体弱和饥饿倒下了。伦敦有个名叫安妮·卡普兰的妇女，丈夫死后留下6个孩子要她抚养。人家告诉她，她靠这点微薄的收入养不起这6个孩子，让她自己挑定两个送孤儿院，卡普兰拒绝了。“6个孩子挨饿，4个孩子照样挨饿，”她说，“一块面包4个孩子吃，6个孩子照样吃……我哪个也不送走。”当局请她重新考虑，但她不愿意，于是他们什么也不给她。她和她的孩子们后来情况怎么样，就不得而知了。

对穷人的困境深表同情的少数人之一，也是个最不大可能会这么做的人。弗里德里希·恩格斯于1842年刚满21岁时来到英国，帮助他父亲经营在曼彻斯特的纺织厂。那家工厂名叫“厄门和恩格斯公司”，制造缝纫用线。年轻的恩格斯是个听话的儿子，比较勤奋的商人，后来他成了一名合伙人。但是，他还花了大量时间来挪用厂里的资金，虽数量不多，却持续不断地支持他在伦敦的朋友和合作伙伴卡尔·马克思。

恩格斯对马克思的耐心支持几乎是个奇迹，在1851年这个具有里程碑意义的一年，马克思接受了《纽约先驱日报》的工作，担任该报的外国记者。即使那样，那个收入也不够维持日常生活所需。一面管理工厂，一面支持马克思，恩格斯真的开始对曼彻斯特贫民的困境产生了兴趣。在描述

维多利亚时代贫民窟的生活时，谁也不像他那样动情。在《英国工人阶级状况》中，他描写人们生活在“无穷无尽的污物和臭气里”，“垃圾、废品和令人作呕的污物堆积如山”。他讲述了一名妇女的例子：她的两个儿子冻得受不了，快要饿死，便去偷食物，结果被当场捉住。警察把这两个孩子送回家时，看到那位妈妈和另外6个孩子“就蜷缩在一间小小的后屋里。里面只有两张椅子，坐垫已经不见，上面铺着灯芯草。有一张断了两条腿的小桌子，还有一个破杯子和一个小碟子。除此以外，没有任何别的家具。炉子里几乎没有一点火星，有个角落里堆放着许多破布，大概可以装满妇女的一个围裙，这就是全家人睡的床”。

在其他地方，贫民的状况开始引起重视。19世纪60年代，记者中间兴起了一股风，他们化装成流浪汉混进临时济贫院，即我们今天所谓的收容所，调查和报道里面的情况，便于读者既可以不离开舒适的家庭生活，又可以安全而又毛骨悚然地从这些报道间接经历那些可怕的状况。读者们了解到，兰贝思济贫院的居民们被要求脱光衣服，踏进肮脏的浴缸里，“水的颜色像淡淡的羊肉汤”，里面都是前面洗澡的人留下的皮屑和污物。对面是阴森森的宿舍，男人和男孩子“都光着身子”一起挤在不过货板大小的床上。“小孩躺在大人的怀里，大人蜷缩在一起。没有火炉，没有灯光，也没有人管理，体弱的、力气小的人完全听凭力气大的、霸道的人摆布。空气里弥漫着有害的臭味。”

新一代的施主们被这些报道所打动，开始创建一大堆组织，什么“为劳动阶级建造浴池和浴室促进委员会”啦，“抑制少年流浪协会”啦，“威斯敏斯特地区工人阶级窗边园艺促进协会”啦，甚至还有一个“拯救未犯罪青少年协会”，差不多都是希望帮助贫民不酗酒或不再酗酒，保持或者变得像基督徒，勤劳，讲卫生，守法，做有责任心的父母，以及具有其他美德。还有的人努力为穷人改善住房条件，美国实业家乔治·皮博迪就是最豪爽的人士之一。他1837年定居英国（你也许还记得，就是他提供了那笔紧急资金，使得美国的展品能在博览会上得以陈列），花掉了自己的大量财富来为全伦敦的贫民建造公寓楼。皮博迪为将近15000人提供了干净的、比较宽敞的套房，虽然他严厉的家长作风依然是显而易见的。居住者不得使用涂料或壁纸，不得挂窗帘或把家里搞得太个性化。结果，这些房子并不比牢房更有生气。

但是，真正的变化是当地传教工作的迅猛发展，尤其反映在有一个人的努力之中。他在帮助贫苦儿童方面所做的工作（常常不管他们愿不愿意接受帮助）超过之前的任何人，他的名字叫托马斯·巴纳多。他是个爱尔兰年轻人，19世纪60年代初来到伦敦，对身处绝境的儿童所面临的状况感到震惊，于是就创建了一个组织，正式的名称叫“全国贫困流浪儿童感化协会”，虽然人人都开始把它叫做“巴纳多医生的协会”。

巴纳多具有外来的背景。他的家人原是西班牙系犹太人，但先是移居德国，后又移居爱尔兰。到1845年托马斯出生的时候，他的家庭的宗教信仰已经转向新教中比较极端的一种。巴纳多本人深受原教旨主义的普利茅斯兄弟会的影响，因此于19世纪60年代初来到伦敦，打算成为一名合格的医生，然后去中国从事传教工作。实际上，他始终没有成为一名合格的医生，却开始对无家可归的男孩子（最后还对女孩子）产生了传教的兴趣。他借了钱在伦敦东区的斯特普尼开办了他的第一家感化院。

巴纳多是一位杰出的宣传家，把自己所营救的孩子们在收容前和收容后的照片进行对照，开展了一场极其成功的运动。“收容前”的照片显示肮脏不堪的（几乎不穿衣服的）流浪儿是一副不开心的样子，而“收容后”的照片显示孩子们洗得干干净净，精神饱满，因基督教使自己重获新生而满脸喜悦。运动开展得极其成功，巴纳多过不多久就把兴趣朝多个方向扩展，开设医院、聋哑儿童收容所、无家可归的擦皮鞋工收容所，还有许多。斯特普尼感化院的正面挂着一条醒目的标语：“无家儿童，来者不拒。”这是一种非同寻常的高尚情操，许多人因而恨巴纳多。问题是，无条件收容男孩子对1834年的《新济贫法》是一种蔑视。

雄心勃勃的巴纳多跟同为传教士的弗雷德里克·查林顿发生了冲突，查林顿是一个以伦敦东区为基地的极其富有的酿酒家族的子弟，他之所以突然从事传教工作，是因为有一天他看到一个醉汉在查林顿家开设的一家

酒店外面打自己的老婆。查林顿恰好从里面出来，醉汉的老婆向他要钱给孩子们买吃的。从那时起，查林顿主张禁酒，放弃了这份遗产，开始在贫民中开展工作。他把迈尔恩德路看成是自己的地盘，因此当巴纳多打算在那里开设一家禁酒咖啡店时，查林顿感到很生气，着手想方设法地破坏他的名声。在一个名叫乔治·雷诺兹的巡回传教士（他不久以前还是个火车站搬运工）的协助之下，他到处散布谣言，说巴纳多在自己的背景问题上撒了谎，他的收容所管理不善，跟自己的房东太太睡觉，还用虚假的广告来欺骗公众。他还暗示，巴纳多的感化院成了鸡奸、酗酒、敲诈以及其他最堕落的罪恶的前哨基地。

对于巴纳多来说，遗憾的是，这里面相当大一部分的情况是符合事实的。巴纳多在某种程度上是个骗子，现在他以不得体的谎言来回击，把事情弄得更加糟糕。有人说他在诈称自己是医生，根据1858年的《医疗法》，这是个比较严重的罪行。巴纳多掏出一张某所德国大学的文凭，但几乎马上被一眼看穿，这是一份蹩脚的假文凭。而且还发现，许多他所营救的孩子们在收容前和收容后的照片是他自己伪造的，将他们弄得看上去比实际情况要贫苦得多。从许多经过策划的照片上看出，孩子们穿的衣服破得很巧妙，露出引人注目的大量皮肉。现在，许多人认为，这种手法很卑鄙，是为了迎合淫秽的情趣。连巴纳多的最忠实的支持者也觉得他忠于职守的感情有点不自然，许多人除了担心他的人品和德行之外，还担心他的大量债务。普利茅斯兄弟会的基本信条之一是节俭为本，而巴纳多为了开设更多的机构不断随心所欲地借钱。

最后，巴纳多因伪造照片和假冒医生而被判有罪，但对于所有更加严重的指控都被证明无罪。具有讽刺意味的是，巴纳多的感化院里的生活并不比可怕的济贫院里的生活增加多少吸引力。居民们5点半钟就被叫起床，干活要一直干到晚上6点半，中间只有短暂的休息，用来吃饭、做祷告和学一点儿文化。晚上用来搞军训、上课和再做祷告。哪个男孩子要是被发现试图逃跑，就要被关禁闭。巴纳多为了弄到孩子，不仅采用招募的办法，而且使出在街头强拉的手段，美其名曰“慈善性绑架”。每年，大约有1500名这类儿童被草率地运往加拿大，以便在感化院里腾出地方来收容更多的男孩子。

到1905年去世的时候，巴纳多总共收容了25万儿童。他给组织留下了多达25万英镑的债务，一笔巨债。

三

至此，我们只谈到贫苦的孩子，但富裕人家的孩子也有自己的苦恼。毫无疑问，这种苦恼是许多挨饿的穷人很乐意有的，但不管怎么说，苦恼还是苦恼。大多数是属于感情调整和学会在一个缺少爱的世界上生存的苦恼，几乎从呱呱落地之时开始，维多利亚时代英国的中层和上层阶级子女就被指望听话、尽职、勤奋、坚定沉着、感情不外露。过了婴儿期以后，偶尔握一次手大概是你可以指望获得的最大程度的身体接触了。在维多利亚时代的英国，用一位同时代人的话来说，富裕阶级的普通家庭是“冷漠、粗暴、特别缺乏人性的沉默寡言”的基地，“完全失去了每个家庭关系中都该具有的友好、体贴、同情的交流”。

富裕人家的孩子不得不忍受培养品格的痛苦，伊莎贝拉·比顿的妹夫威利·斯迈尔斯有11个孩子，但只摆出10份早餐，以便鼓励他们快速到达餐桌。剑桥大学有一位学者的女儿格温·雷夫拉特后来回忆说，她每天只能往稀粥里撒盐，不得像她的父母那样撒一大堆闪闪发亮的糖，还不得在面包上涂果酱，理由是那样有滋味的任何东西都会严重损害她的道德品质。在回忆整个童年时代自己和妹妹所吃的食物时，有一位出自类似背景的同时代人若有所思地说：“我们在圣诞节有橘子吃，橘子酱可是从来没有见过。”

在摧毁味蕾的同时，说来也怪，还把担心和害怕作为培养品格的强大力量加以尊敬。有许多书让年轻的读者作好准备，自己随时有可能死亡，即使死神不降临到他们头上，几乎肯定会降临到他们的妈妈、爸爸或亲爱

的兄弟姐妹头上。这类书极其畅销，它们总是强调天堂是多么美好（虽然那个地方似乎也不提供果酱，其用意显然是要帮助孩子不被死亡所吓倒，尽管效果几乎肯定是适得其反）。

有的文学作品旨在确保孩子们懂得，不听大人的话是一种愚蠢的、不可原谅的罪行。有一首通俗的诗，题目叫《波琳与火柴的可怕故事》，讲述了一个不听妈妈的话而玩火柴的小女孩的故事，诗中说：

可是，波琳不听劝告，
她划着一根火柴，真好看呀！
它噼啪出声，火焰闪耀——
真像是一幅画。
她高兴得蹦蹦跳跳，四处飞跑，
快活得忘了把火柴灭掉。
瞧呀！哦，瞧呀！多么可怕啊！
她的围裙带子着了火。
围裙烧起来，还有胳膊，还有头发。
她全身是火，变成一团火。

为了确保读者不会理解错误，这首诗还附了一幅插图，显示一位小姑娘被一团烈火吞没的情景，她脸上露出惊恐万状的神色，这首诗最后说：

就这样，她被活活烧掉，连同她的衣服，
她的胳膊和双手，眼睛和鼻子。
直到她身上没有可烧的东西，
除了她那双小红鞋，
这就是找到的全部东西，
从地上她的灰烬里。

《波琳与火柴的可怕故事》是德国医生海因里奇·霍夫曼写的一系列诗中的一首，他写这些诗，原先是用来鼓励自己的孩子们严格要求自己，小心谨慎地过日子。霍夫曼的书非常畅销，而且已经有多种译本（包括马克·吐温翻译的一个译本），这些书都是一个模式：先把一种难以拒绝的引诱放在孩子们面前，然后告诉他们如果屈服的话会带来什么样无法挽回的痛苦后果。在霍夫曼的笔下，几乎所有童年时代的活动都可能被无情地用作教育孩子的题材。在他的另一首诗《吮吸拇指的孩子的故事》里，小男孩康拉德被警告不要吮吸拇指，因为这么做会引起一个被称作大个子裁缝的食尸鬼似的人物的注意，他总是来到"吮吸拇指的小男孩子跟前"——

> 他们还没有搞清楚他来干吗，
> 他已经掏出一把大剪刀，
> 剪掉了他们的拇指——那样的话，
> 拇指永远不会再长出来，你知道。

天哪，有个吮吸拇指的孩子不听劝告，发现在霍夫曼的世界里惩罚来得真快，而且不可挽回：

> 门被突然推开，他跑了进来，
> 那个长着两条红腿、拿着大剪刀的高个子。
> 哦！孩子们，快瞧！裁缝来啦！
> 抓住了那个吮吸拇指的孩子。
> 咔！嚓！咔！剪刀张开。
> 康拉德哭起来——哦！哦！哦！
> 咔！嚓！咔！剪刀动得好快。
> 最后，他的两个拇指全被剪下来。
> 妈妈回家了，康拉德站在那边，

一脸伤心的样子，把两只手给她看。
“啊！”妈妈说，“我知道他会来，
来到吮吸拇指的小调皮面前。”

在年纪大一点的孩子看来，这样的诗也许很好玩，但对于年纪小一点的孩子来说，这样的诗往往很吓人——这也是写这类诗的初衷——尤其还总是配有生动的插图，显示惊慌失措的孩子们无可挽回地被火吞没，或者身体上本来长着有用的东西的部位现在流着血。

比较富裕的家庭的孩子还常常听任仆人的摆布，仆人想怎么欺负他们就怎么欺负他们。未来的柯曾爵士是一位教区长的儿子，在德比郡长大。有好几年时间，他被一名精神有点毛病的家庭女教师吓得魂不附体。她把他绑在椅子上，或者锁在食橱里，每次几个小时，吃掉他午餐盘子里的甜食，强迫他写信承认他没有犯的罪行，还让他穿着滑稽可笑的女人衣服，脖子上挂着有“骗子”、“小偷”字样的牌子，或以某种通常是无事生非的羞辱办法，在当地村子里游街。这些经历使他的精神蒙受严重创伤，竟没有勇气将其告诉任何人，直到长大以后。未来的第六代比彻姆伯爵的经历虽然没有那么严重，但也同样令人绝望，他落到了一名家庭女教师的魔掌里。她是个宗教狂热分子，要求他每个星期日到教堂去做7次礼拜，在其余时间里写颂扬上帝仁慈的文章。

早期童年时代的许多磨难，只是普通的热身运动，为过公学里的紧张生活作好准备。信奉艰苦生活的热烈程度，很少比得上19世纪的英国公学。从到校之时起，学生就接受严格的训练，包括洗冷水澡，经常挨鞭子，不吃哪怕可以被称作是稍稍令人嘴馋的食物。牛津附近拉德利学院的学生，经常饿得受不了，竟然从学校的花园里挖取花草的球茎，然后在自己的宿舍里用蜡烛烤了吃。在没有球茎可挖的其他学校里，学生就干脆吃蜡烛。伊夫林的哥哥、小说家亚历克·沃上过弗恩登预备学校。那所学校似乎特别致力于虐待学生。在他到校的第一天，校方就把他的手指伸进硫酸里，为的是不让他咬指甲。过不多久，要他吃掉一碗粗面粉布丁，而他刚刚在这碗里呕吐过。此次经历使得他在这辈子的剩余时间里不会再有多少吃粗面粉布丁的热情，这是可以理解的。

私立学校里的生活条件总是很糟糕的，从19世纪描绘学校宿舍的一些插图我们可以看出，里面的空间与牢房和济贫院几乎没有区别。宿舍里往往很冷，罐子里和碗里的水放一晚上就会结冰。床铺不过是用木头搭起的平台，用来取暖和作为垫料的往往只有一两条粗糙的毯子。在威斯敏斯特学校和伊顿公学，大约50个孩子被一起锁在几个大房间里，到第二天早晨都没有人照管。因此，力气小的就只能听凭力气大的摆布。低年级学生有时候不得不半夜里就起床，开始擦靴子，打水，做完早饭之前必须做完的杂务。刘易斯·卡罗尔后来谈到自己的学校生活时说，他说什么也不会愿意重温那段经历。

许多学生每天都挨揍，有的一天挨两次，不挨揍成了个庆祝的原因。“这个星期我的算术大有长进，我一次也没有挨鞭子。”19世纪初有个学生快活地从温切斯特学校给家里写信说。挨揍通常是3—6下，用一根鞭子似的桦条连续打，但有时候打得很重。1682年，一位伊顿公学的校长打死了一名学生，不得不辞职。相当多的年轻人对挨鞭子时发出的嗖嗖声和造成的疼痛产生了爱好，结果挨鞭子取乐开始被称作“英国人的恶习”。至少有两位19世纪的英国首相——墨尔本和格拉德斯通——是喜欢挨鞭子的人。有个科利特太太在科文特加登广场开了个妓院，她在提供性服务时专门要打一顿屁股。

大人尤其期望子女们听话，到了成年很久以后还要听话。父母保留替子女选择配偶、职业、生活方式、政治派别、服装款式的权利，决定能决定的几乎任何别的事。要是子女们不听他们的指挥，父母们经常在经济上做出强烈的反应。社会改革家亨利·梅休因不听父亲让他当律师的教诲而被断绝经济来源，他的7个兄弟也相继受到同样的对待。只有老七比较精明，成了一名律师（也许只是精明到能获得那份产业的程度），他恭顺地达到了要求，因此继承了全部遗产。诗人伊丽莎白·巴雷特由于嫁给了罗伯特·布朗宁[1]也失去了继承遗产的权利。布朗宁这位诗人不仅身无分文，而且说来吓人，还是酒吧老板的孙子。同样，艾丽斯·罗伯茨不听劝告，嫁给了罗马天主教会的一名钢琴调音师的穷儿子，感到震惊的父母剥夺了她的继承权。罗伯茨小姐还算运气好，那个男人就是未来的作曲家爱德华·埃尔加，他反正也让她富起来了。

有时候，剥夺遗产继承权的原因更是微不足道。第二代汤森爵士多年来一直对他的脂粉气十足的儿子很生气，有一天看到他穿着一双系着缎带的粉色鞋子走进房间，一怒之下从遗嘱上划掉了那个倒霉蛋的名字。人们经常谈论的还有第六代萨默塞特公爵的例子，这位人称"傲慢公爵"的公爵要求他的几个女儿在他面前必须站着，据报道有一天他午休醒来时发现有个女儿坐着，就剥夺了这个不孝之女的继承权。

往往惹人注目，也确实令人丧气的是，父母不仅很快不给钱财，而且终止了父爱和母爱。伊丽莎白·巴雷特和她的父亲一直关系极其密切，但当她宣布打算嫁给罗伯特·布朗宁时，巴雷特先生马上跟她一刀两断。虽然她嫁的是一位很有才华、清白正派的男人，二人的结合有着深深相爱的基础，但他从此再也没有跟他的女儿说过话，也没有给她写过信。在维多利亚时代的父母当中，令人困惑不解的是，他们把听话放在高于一切的位置，胜于爱和幸福。在富裕家庭里，这种古怪和令人不快的信念一直保持到至少第一次世界大战的时候。

因此，从表面看来，维多利亚时代的人似乎与其说是首创了童年，不如说是废除了童年。然而，实际上，情况要比这复杂。通过不对孩子显示爱，而又让他们努力把握自己的行为直到成年以后的很长时间里，维多利亚时代的人处于一种古怪的双重地位，既试图压制童年，同时又把童年延长至永远。维多利亚时代的信仰的终结，几乎与心理分析治疗法的发明同时发生，这是不足为怪的。

---

① 罗伯特·布朗宁（1812—1889），英国诗人，代表作是《指环和书》。——译注

违抗父母的意志是完全不可接受的，因此大多数孩子，即使到了成年以后，也完全不愿意那么做，查尔斯·达尔文的例子就能最好地说明这一点。达尔文在年轻时代获得了随“贝格尔”号船航行的机会以后，就给父亲写了一封很动人的信，解释他到底为什么很想去，但竭力让他的父亲放心，要是他的父亲对这个想法感到有半点“不安”的话，他会马上撤销报名。达尔文先生考虑了这件事，宣布他对这个想法确实感到不安，于是查尔斯二话不说就撤销了报名。今天，在我们看来，查尔斯·达尔文不随“贝格尔”号去航行的想法是不可想象的。而对达尔文来说，不可想象的是不听父亲的话。

当然，达尔文最后还是去了。在很大程度上，他父亲之所以发了慈悲，是由于很多上层阶级人士生活中的一个古怪而又关键的因素：家族内部的婚姻关系。直到进入19世纪，表兄弟、表姐妹之间的婚嫁现象特别普遍，最能说明问题的莫过于达尔文家族和他们的表兄弟、表姐妹的韦奇伍德家族（以制造陶器闻名）的例子。查尔斯娶了他敬爱的舅舅乔赛亚的女儿、嫡亲表妹埃玛·韦奇伍德为妻，而达尔文的妹妹卡罗琳嫁给了埃玛的哥哥、达尔文家族兄弟姐妹共同的嫡亲表哥乔赛亚·韦奇伍德第三。埃玛的另一位兄弟娶的不是达尔文家族的人，而是自己韦奇伍德家族另一支脉的一位嫡亲表妹，为这个家族极其错综复杂的遗传关系又增加了一个组成部分。最后，跟这两个家族都没有关系的查尔斯·兰顿，先是娶了乔赛亚的另一个女儿、达尔文的表妹夏洛特·韦奇伍德，然后，在夏洛特死了以后，又娶了达尔文的妹妹埃米莉，这样他似乎就成了达尔文的表妹的表妹夫，于是就产生了这样的可能性：这一结合所生的孩子将是自己的表兄弟、表姐妹。这一切意味着，就侄子、侄女、外甥、外甥女以及下一代表兄弟、表姐妹之间的关系而言，那简直是搞不清楚的。

相当出人意料的是，这一切却产生了19世纪最美满的家族群体之一。达尔文家族和韦奇伍德家族里的所有成员似乎都真诚地互相关爱。这对我们来说是一件大好事，因为当达尔文的父亲对“贝格尔”号航行疑虑重重的时候，达尔文的舅舅乔赛亚很乐意替他去说情，跟达尔文的父亲、他的表兄罗伯特谈一谈。而且，罗伯特尊敬和喜爱乔赛亚，愿意听从劝说，因而改变了主意。

所以，多亏了他的舅舅以及家族内部保持基因不变的传统，查尔斯·达尔文在接下来的5年里才能出海，采集回来大批实际材料，有机会改变世界。说到这里，我们就可以方便地，即使有点儿突然，前往住宅的顶部，我们要走过的最后一个空间。

第十九章

阁楼

我们的故事是从这个阁楼讲起的，现在，我们重新来到这个位于房屋顶部的地方，我们的这次足不出户探寻人类居家生活历程的美妙远足，到这里也就将画上一个圆满的句号，有朝一日——别以为这是遥远的一天——在60亿左右不大富裕的人当中，许多人势必会要求拥有我们今天拥有的东西，而且要像我们容易得到那样容易得到它们。那就意味着要求这颗星球能方便地甚至大方地给予更多的资源。最具讽刺意味的可能是，如果为了过得舒适和快乐而无休止地索取，我们会制造出一个既不舒适又无快乐可言的世界。

一

在充满大事的1851年夏天，在人流涌向伦敦博览会和托马斯·马香搬进诺福克的新居的同时，查尔斯·达尔文把一部沉甸甸的手稿交给了出版商。这是他对大自然和藤壶的习性进行了历时8年的潜心调查的结果。手稿的名字叫《论大不列颠的茗荷科化石，或有梗节的蔓足亚纲》，听起来不像是一部很有趣味的作品，也确实不是，但它使他赢得了博物学家的名声，用一位传记作家的话来说，给了他“关于可变性和演变的发言权，一旦时机成熟的话”，换句话说，就是关于进化的发言权。值得注意的是，达尔文并没有写到藤壶就告一段落。3年以后，他又写出了一部长达648页的关于无梗节蔓足亚纲动物的专著和一部中等长度的关于藤壶化石的配套作品，其内容是在第一部著作里没有提到的。“我比以前的任何人都更不喜欢藤壶。”他在书稿的末尾宣称，你很难不同情他的看法。

《论大不列颠的茗荷科化石，或有梗节的蔓足亚纲》的销量不是特别大，但也不比1851年出版的另一本书销路差。那是一个关于捕鲸的寓言故事，写得杂乱无章，内容古怪，题目就叫《白鲸》。这本书出版的时机倒是挺合适，因为各地的鲸已经被捕杀到了快要灭绝的地步，但批评家和买书的公众不喜欢这本书，甚至看也看不懂它。它难懂，费解，太多的反思，太多的具体事实。一个月以后，这本书在美国出版，换了个书名：《莫比-迪克》，但销路没有好转。该书的失败是一件出乎意料的事，因为32岁的作者赫尔曼·梅尔维尔的前面两个关于海上冒险的故事《泰比》和《欧穆》取得了很大成功。然而，《莫比-迪克》在他的生前销路始终不好，他写的任何东西也是如此。他1891年死的时候已经几乎被人忘却，他的最后一本书《毕利·伯德》要到他去世30多年以后才找到出版商。

无论是对《莫比-迪克》，还是对《论大不列颠的茗荷科化石，或有梗节的蔓足亚纲》，马香先生都不可能熟悉，但这两本书都反映了近来思想界已经出人意料地发生了一种根本性的变化：一种几乎如痴如醉的强烈愿望，要把每一丁点儿能够识别的事实敲定，并用白纸黑字加以永久确认。现在，在爱好科学的绅士当中，现场调查工作成为时尚，有的从事地质学和自然科学，有的成为古文物收藏家。最有冒险精神的人放弃了舒适的家庭生活，常常花一生中的几年时间，去遥远的天涯海角进行探索，他们成了——用一个1834年创造的新词——科学家。

他们的好奇心和敬业精神是无穷无尽的，没有哪个地方是太远或不方便的，没有哪样事物是不值得考虑的。就是在这个时代，植物寻找者罗伯特·福琼化装成当地人踏遍中国的山山水水，搜集关于种植和加工茶叶的情报；戴维·利文斯通向赞比西河挺进，深入非洲最神秘的角落；植物学冒险家拉网式地考察了南、北美洲的腹地，寻找有意思的和新奇的植物样本；刚满22岁的查尔斯·达尔文开始了成为博物学家的史诗般的航行，这次航行将改变他的生活，也将改变我们的生活，其改变的内容在当时是谁也想象不到的。

在历时5年的航行中，达尔文所遇到的东西几乎每一样都引起他的注意。他记录下了如此众多的事实，获得了如此丰富的标本，仅完成对藤壶的研究就花了10年半时间。在其他许多收获中还包括：他采集了几百个植物新品种，取得了许多种重要的化石和地质学方面的发现，提出了广受赞赏的假设来解释珊瑚礁的形成，获得了建立一种关于生命的革命性理论所必需的材料和洞察力。这对一位年轻人来说是个不错的成就，而假如按照他父亲的意志办事，那么他现在会是个乡村牧师，就像我们的马香先生那样，这个前景达尔文是很害怕的。

“贝格尔”号航行具有讽刺意味的一点是，罗伯特·菲茨罗伊船长之所以聘请达尔文，是因为达尔文有神学方面的背景，期望他能找到证据，从《圣经》的角度来解释历史。乔赛亚·韦奇伍德在劝说罗伯特·达尔文放查尔斯走的过程中，就曾竭力强调说，“研究自然史……对神职人员来说是非常合适的”。最后，达尔文阅历越广，越是坚信地球的历史和变化要远比平常想象的持久得多，复杂得多。比如，他的理论认为，形成珊瑚礁所需的时间过程，远远超过了《圣经》的时标，这个情况让虔诚而又脾气暴躁的菲茨罗伊船长感到愤怒。

最后，当然，达尔文提出了一种理论，就是我们通常所知的“适者生存”，就是他所谓的“传种接代，略有变化”——这种理论解释了生物的极其复杂性，而根本不需要神的干预。1842年，在航行结束6年之后，他以230页的篇幅，简要地叙述了该理论的要旨。接着，他干了一件非同寻常的事：他把这个概要锁进了抽屉，在里面放置了16年。他觉得，这个问题太烫手，会引起公众的热议。

然而，早在达尔文取得这些成就之前，人们已经发现事情并不与正统的信条相符合。第一批这样的发现之一，实际上就在离豪克斯尼村原教区长寓所几英里路的地方。18世纪90年代末，当地一位有钱的地主兼古文物收藏家约翰·弗里尔，在早已灭绝的动物骨头旁边发现了一箱燧石工具，表明有两种不该同时存在的生物同时存在的现象。他给伦敦的古文物收藏家协会写了一封信，说这些工具是人制作的，他们“没有使用金属……（因此）我们觉得他们属于一个非常遥远的年代”。这在当时是一种极其敏锐的洞察力——实际上是过于敏锐，因此几乎完全没有被理会。协会的秘书向他表示感谢，感谢他“通报了奇特和有意思的情况”。在此后的大约40年里，这件事就不了了之。①

但是，接着别人也开始发现工具和古代骨头，二者挨得很近，令人费解。天主教教士兼业余挖掘者约翰·麦克内里神甫，在德文郡托基附近一个山洞里发现了几乎无可争辩的证据，表明人类捕猎过现在已经灭绝的猛犸和其他动物。麦克内里觉得这种看法与《圣经》大相径庭，因此没有将这个发现公开。接着，法国海关官员雅克·布歇·德·佩尔特斯在索姆河

---

① 100年以后，这次发现的重大意义终于得到确认，并以弗利尔取得发现的那个村子的名字命名了一个地质年代：豪克斯年代。——原注

平原上发现骨头和工具在一起，写了一部长长的很有影响的作品《凯尔特人和大洪水之前的古迹》，它引起了全世界的注意。在差不多同一时候，有一位英国中学校长威廉·彭杰利再次查看了麦克内里的山洞以及附近布里克萨姆的另一个山洞，宣布了麦克内里因过于胆小而不敢分享的成果。因此，到该世纪中叶，情况越来越明显，地球不仅具有很长历史，而且还具有所谓的史前史，虽然那个词要到1871年才造出来。显而易见，这些思想太激进，甚至还没有表达这种思想的用词。

接着，1858年初夏，大家都知道，艾尔弗雷德·拉塞尔·华莱士从亚洲往达尔文头上扔了一枚炸弹。他寄给他一篇论文的初稿，题目是《变种与原种永远分离的趋势》。这是达尔文自己的理论，而华莱士完全是独立总结出来的。“我从未见过如此巧合的事情，”达尔文写道，“华莱士的概括是如此的精当，好像他已经阅读了我写于1842年的手稿。”

根据礼节，达尔文应该让路，让华莱士获得该理论的全部功劳，但达尔文无法说服自己做出如此高尚的姿态，这个理论对他来说太重要了。这时候，有个复杂的因素，他的18个月大的儿子查尔斯患了猩红热，病得很厉害。尽管如此，达尔文还是抽时间匆匆地给科学界最卓越的朋友写了几封信，他们帮他想出了个办法。大家决定，约瑟夫·胡克和查尔斯·莱尔将把两篇论文的概要提交给伦敦林奈学会的一次会议，让达尔文和华莱士在这种新理论方面都享有优先权。1858年7月1日，他们就这么做了。华莱士远在亚洲，对这一策划过程一无所知。达尔文没有参加会议，开会那天，他和他的妻子在安葬他们的儿子。

达尔文立即着手将他的概要扩充成一本很厚的书，并于1859年11月出版，名字叫做《依据自然选择或生存斗争中适者生存的物种起源》。它立即成为一本畅销书。达尔文的理论究竟在多大程度上震动了知识界，许多人到底如何绝望地希望这个理论是不正确的，我们现在已经几乎无法想象。达尔文本人对一位朋友说，写这本书觉得就像“承认自己是一名杀人犯”。

许多虔诚的人完全无法接受，地球像所有的新思想所表明的那样是古

老的，生命是无处不在的。有一位名叫菲利普·亨利·戈斯的重要的博物学家，有点儿气急败坏地提出了另一种理论，名叫“日期提前论”。按照这种理论，他认为，上帝只是让地球看起来古老，为的是给好奇心强的人提供一些比较有意思的东西去钻研。戈斯坚持认为，即使化石，也是上帝在创造天地的那个繁忙的一周中栽在岩石里的。

然而，受过教育的人开始接受，世界不仅要比《圣经》里假设的要古老，而且要复杂、不完美和混乱得多。这一切破坏了像马香先生这样的神职人员行事的信心和根基，这是很自然的，就他们的卓越地位而言，这是可以被称作终点的起点。

在他们热心于挖掘宝贝的过程中，许多新一代的调查人员造成了一些相当可怕的破坏。用一位感到吃惊的观察员的话来说，他们从土里挖掘艺术品“就像挖掘土豆那样”。在诺福克，新成立的“诺福克和诺里奇考古协会”——是在马香先生来我们教区里就职前不久成立的——的成员把100多个墓地发掘一空，这占了该郡整个墓地的很大一部分，而又没有留下任何记录，说明他们到底找到点什么东西，或者这些东西是怎么处置的，令后来几代学者们感到很绝望。

英国人就在发现自己过去的同时，却又在毁灭其中的很大部分，让人觉得显然有一种令人不快的讽刺意味。在这新一代的贪得无厌的收藏家当中，最有代表性的也许莫过于威廉·格林韦尔（1820—1918）。他是德拉姆大教堂的教士，我们很早的时候已经介绍过他，他发明了给格林韦尔带来荣耀的东西——钓鳟鱼用的著名的（在使用这类东西的人当中著名）虫形钓钩。在他漫长的职业生涯中，用一位历史学家的话来说，格林韦尔“通过别人送礼、购置和抢劫等办法”收藏了一大堆工艺品。他独自一人就发掘了——虽然用“鲸吞”这个词或许更合适——英国各地443个墓冢。他的方法可以描述为精明而又草率。他几乎没有留下任何笔记或记录，因此现在往往几乎无法知道什么东西是来自哪个墓冢的。

格林韦尔有一个将功补过的地方：他引导一位有着华丽名字的人，奥古斯塔斯·亨利莱恩·福克斯·皮特·里弗斯，进入神秘的考古学领域。皮特·里弗斯有两点令人难忘：他是早期最重要的考古学家之一，他又是个最卑鄙的人。我们已经在这本书里顺便提到过。他是个可怕的人物，坚持要把自己的妻子火化。（“该死，女人，你必须烧掉”是他发自内心的名言。）他出身于一个很有意思的家庭。这个家庭里的几位成员我们在以前也已经遇到过，其中引人注目的是他的两位姑婆，她们可以被公正地描述为火药桶。第一位是佩内洛普，嫁给了克朗梅尔的莱戈尼尔子爵。就是她，你或许还记得，跟一位意大利伯爵私通，后来又跟她的仆人私奔了。第二位就是嫁给那个彼得·贝克福德的年轻女子，但灾难性地爱上了他的表弟、方特希尔府的建造者威廉。二者都是第一代里弗斯伯爵乔治·皮特的女儿。我们要介绍的皮特·里弗斯的名字里，就有两部分来自他的名字。

奥古斯塔斯·皮特·里弗斯身材高大，样子吓人，脾气特别暴烈。他专横地掌管着一个27000英亩大的庄园，名叫拉什莫尔，离索尔兹伯里不远。他心胸狭窄是有名的，有一次，他的妻子邀请当地村民来拉什莫尔庄园参加圣诞节派对，结果伤心地发现一个人都不来。她不知道的是，她的丈夫在获悉她的计划以后，已经派仆人锁上了庄园的大门。

他能突然之间乱用暴力手段，由于某种不明的犯规行为，他把自己的一个儿子逐出了庄园，然后不准别的孩子跟他有任何联系。但有个名叫艾丽斯的女儿可怜她的哥哥，在庄园旁边跟他见面并给了他一点钱。获悉这个情况以后，皮特·里弗斯在她回家路上截住了她，用她自己的马鞭把她打倒在地。

皮特·里弗斯的专长，似乎也是他的一种爱好，就是驱逐年老的佃户。有一次，他给一个佃户和他残疾的妻子——他俩都已80多岁——发出通知。他俩恳求他重新考虑，因为他们已经没有活着的亲属，没有地方可去，而他尖刻地回答说：“我收到你们的信以后感到极其遗憾，知道你们很不愿意离开欣顿。简而言之，我对这块地产负有责任，需要尽快占用这栋房子。”这对老夫妻马上就被撵走了。据他的传记作家马克·鲍登说，

实际上，皮特·里弗斯根本没有搬进去住，几乎可以肯定他也从来没有这个打算。[①]

尽管他有那么多缺点，皮特·里弗斯仍然称得上是一位杰出的考古学家——实际上是现代考古学的鼻祖之一，他给这个领域带来了方法和一丝不苟的作风。他给陶片和别的碎块仔细贴上标签，而在当时并不是经常这么做的。把考古发现有条不紊地归类的理念——一个叫做类型学的过程——是他的发明。与众不同的是，他感兴趣的不是闪闪发亮的宝贝，而是日常生活用品，如大口酒杯、梳子、装饰性珠子等等，在此以前，这些东西的价值在很大程度上被低估了。他还为考古学带来了讲究精确的作风，他发明了一种叫做颅测量器的装置，可以用来非常准确地测量人的颅骨。他去世以后，他收藏的物品成了牛津宏大的皮特·里弗斯博物馆的基础。

很大程度上由于皮特·里弗斯所主张的严苛方法，到19世纪下半叶，考古学越来越像一门科学，而不是寻宝，早期古文物收藏家那种比较马虎的过分挖掘行为快要成为过去。然而，在更大的范围里，破坏活动越来越严重。实际上，英国所有的古代碑牌都掌握在私人手里，没有法律强制主人加以照管。各地传说很多，叙述有人毁坏了工艺品，不是因为他们觉得这些东西很讨厌，就是因为他们不懂这些东西很稀有。在奥克尼，就在离斯卡拉坡不远的地方，斯滕尼斯有个农场主捣毁了一块名叫奥丁石的史前巨石，因为它妨碍他犁地。他还打算毁掉今天很著名的斯滕尼斯巨石阵，幸亏被吓坏了的岛民及时加以劝阻。

---

① 皮特·里弗斯的长子亚历山大似乎继承了他父亲折磨佃户的爱好，有个本来性格温和的人被年轻的亚历山大逼得走投无路，就用除草剂在拉什莫尔庄园的草坪上写了几个大字：“无赖地主”。亚历山大指控他诽谤，最后获得了1先令的赔偿，但感到沾沾自喜，因为开庭的费用已令那个佃户一贫如洗。皮特·里弗斯的其他8个子女似乎大都还比较正派，乔治，就是被逐出庄园，因而非故意地害得他妹妹挨打的那一个，成为一位成功的发明家，尤其对电灯感兴趣。他在1881年的巴黎世界博览会上展出的一种白炽灯，被认为可以跟爱迪生或斯旺制造的任何白炽灯媲美。——原注

连巨石阵这样举世无双的东西都很不保险，游客们经常在石头上刻上自己的名字，或者敲几片下来作为纪念品，有个人被发现在用大锤子砰砰地砸一块砂岩。19世纪70年代初，伦敦和西南铁路公司宣布，计划修一条穿越巨石阵所在地的铁路。当人们表示不满的时候，一名铁路公司官员反驳说，巨石阵“完全年久失修，如今对任何人都没有丝毫用处”。

显而易见，英国的古代遗产需要一位大救星。在那个非同寻常的年代，一位最非同寻常的人物登上了舞台，他的名字叫做约翰·卢伯克。他今天鲜为人知，这是很奇怪的。你很难说出还有哪个人，在很多领域里干了很多有意义的事，却没有赢得多少名声。

卢伯克是肯特一位富裕的银行家的儿子，就在查尔斯·达尔文的隔壁长大。他跟达尔文的孩子们一起玩耍，经常出入达尔文家。他对自然史有一种天赋，因此很讨那位伟人的喜欢。他俩在达尔文的书房里待了很多小时，用显微镜观察标本。有一次达尔文心里不快活，卢伯克小朋友是他唯一愿意接待的客人。

成年以后，卢伯克跟随父亲进入银行业，但他的心依然留在科学方面。他是一位不知疲倦的实验员，虽然有点儿古怪。有一次，他花了3个月时间，试图教他的狗识字。他渐渐对考古学产生了兴趣，因此学了丹麦文，因为当时丹麦在这方面处于世纪领先位置。他尤其对昆虫感兴趣，在自己的起居室里养了一箱蜜蜂，以便更好地研究它们的习性。1886年，他发现了少脚亚纲—— 一种个儿很小、以前没有注意到的螨科动物，我们在前面讨论住宅里的动物时已经提到过。我们已经知道，许多螨虫直到20世纪中叶才引起科学界的注意，所以在1886年就识别一科螨虫是一项标志性的成就，尤其是对于一位银行家来说，因为他的科研时间限于晚上和周末。同样意义深远的是，他研究了昆虫神经系统的多样性。这为达尔文和他关于“变异遗传”的思想提供了重要的证据，而且那恰好是在达尔文确实需要的时候。

卢伯克是银行家和敏锐的昆虫学家，还是杰出的考古学家、不列颠博物馆的理事会成员、国会议员、伦敦大学副校长和多本著作的作者，

约翰·卢伯克爵士

银行里的那蜜蜂好忙呀
在银行假日搞研究
奇怪的昆虫和野花
让充满阳光的时刻更潇洒

（原载《潘趣》杂志）

还有许多别的头衔。作为一位考古学家，他造出了“palaeolithic”（旧石器时代）、“mesolithic”（中石器时代）和“neolithic”（新石器时代）这类术语，还是最先使用“prehistoric”（史前的）这个方便的新词的人之一。作为一位政治家和自由党的国会议员，他成为劳动人民利益的捍卫者。他提议立法，把在车间里的工作时间限制在每天10小时以内。1871年，他实际上是单枪匹马地使得《银行假日法》获得通过。这部法律引进了一个惊人的激进理念，工人们可以享受带薪的非宗教假日。[①]这在当时激动人心到了什么程度，我们现在已经几乎难以想象。在卢伯克的新法律之前，大多数雇员只有在受难节、圣诞节或节礼日[②]（一般说来，这两天中只能休一天）以及星期日可以不上班，仅此而已。可以多一天假日，而且是在夏天，简直令人兴奋不已。许多人认为卢伯克是英国最受欢迎的人，在很长时间里，“银行假日”被亲切地称为“圣卢伯克节”。在那个时代里，谁也不会想到，他的名字有朝一日会被人遗忘。

但是，在这里，卢伯克对我们来说之所以很重要，在于他创立的另一个新制度：保护古代的纪念碑。1872年，他从威尔特郡一位乡村教区长那里获悉，在埃夫伯里的很大范围里有一大片石头，比巨石阵还要大许多（虽然结构不如巨石阵那么秀美），现在为了修建新的住宅准备将其清理掉。卢伯克买下了那片受到威胁的土地，另加附近两座别的古代纪念碑——西肯尼特朗古坟和西尔伯里山（一个巨大的人工土墩，是欧洲最大的）。但是，显而易见，他无力保护每一样受到威胁的有价值的东西，于是就开始争取用立法手段来保护有历史意义的珍宝。实现这么个雄心勃勃的计划，根本不像一般人所认为的那么简单，因为以本杰明·迪斯雷利为

---

① “银行假日”是个很怪的名字，卢伯克实际上从来没有解释过为什么叫这个名字，而不叫“全国假日”或“工人假日”或别的类似的名字。有时候认为，他原先意在给银行的工作人员放假，但事实并非如此，这个假日一直就是打算为所有人设立的。——原注

② 受难节是基督教节日，在复活节前的星期五。节礼日在圣诞节次日，如遇星期日则推迟一天。——译注

首的执政的托利党，把它看成是对财产权的一种严重侵犯。赋予政府官员跑到一位高层人士的土地上告诉人家应该怎么照管自己的地产的权力，这种想法是极其荒谬的，令人吃惊的。然而，卢伯克没有放弃努力。1882年，在以威廉·尤尔特·格拉德斯通为首的新的自由党政府执政时期，他成功地使国会通过了《古代纪念碑保护法》——这是一部具有历史意义的法律，如果什么时候有过这么一部法律的话。

保护纪念碑是个十分敏感的问题，大家认为，第一任古代纪念碑检查员应该是一位土地拥有者们都敬重的人，最好是哪一位大土地拥有者本人。卢伯克恰好知道有那么个人——那个很快就要成为他新的岳父大人的人，他不是别人，就是奥古斯塔斯·亨利·莱恩·福克斯·皮特·里弗斯。

他们的姻亲关系一定出乎他们的意料，正如出乎我们的意料一样。一方面，这两个人几乎是同龄人。19世纪80年代初，刚刚丧妻的卢伯克在霍华德堡过周末的时候恰好遇上皮特·里弗斯的女儿艾丽斯。卢伯克已经将近50岁，艾丽斯只有18岁。这两个人究竟怎么会擦出火花，找不出什么貌似可信的理由，但他们不久以后就结婚了。这不是一桩特别幸福的婚姻，她比他孩子中的有几个还要年轻，这使得相互之间的关系很尴尬。她对他的工作似乎也没有多大兴趣。但是，有一点可以肯定，跟卢伯克一起过日子要比被用马鞭打翻在地强一些。

卢伯克是不知道皮特·里弗斯对艾丽斯很残暴，还是完全不打算予以理会，当时人们只是说，二者都有可能。而他和皮特·里弗斯有着愉快的工作关系，这是毫无疑问的，因为他们有许多共同的兴趣。作为一名古代纪念碑检查员，皮特·里弗斯的权力不是很大。他的任务是确认有可能遇到危险的重要纪念碑，并提请将其纳入国家保护范围，如果主人愿意的话。在交出西尔伯里山的时候，连卢伯克都感到犹豫。那部法律小心翼翼地把房屋、城堡和教会的建筑物排除在外，剩下的就是史前纪念碑。工程部几乎没有给皮特·里弗斯提供任何资金，在一处墓冢修建一道低矮的围墙就花去了他自己一年预算的一半。1890年，工程部完全停发了他的薪金，此后只是报销他的开支。即使那样，该部还请他不要再去“招徕”更多的纪念碑。

皮特·里弗斯于1900年去世，在18年时间里，他成功地列入一览表的（或者术语所说的“列为历史文物保护单位的”）只有43处纪念碑，一年还不到两处。（今天已被列入历史文物保护单位的古代纪念碑已经超过19000处。）但是，他帮助树立了两个极其重要的先例——古代的东西是很宝贵的，应该加以保护；古代纪念碑的主人有责任将其照管好。在他那个时代，这些政策并不总是很严格地执行的，但其中所包含的原则是极其关键的，能激励别人采取进一步的保护性措施。由设计师威廉·莫里斯牵头的“古建筑保护协会”于1877年成立，接着于1895年建立了“全国信托基金会”，英国的纪念碑终于开始受到一定程度的正式保护。

然而，风险依然存在。巨石阵仍在私人手里，他的主人埃德蒙·安特罗伯斯爵士拒绝听从政府的劝告，甚至不让检查员踏上他的土地。据报道，在世纪之交的时候，有一位不愿意透露姓名的买家有意把这些石头运往美国，在西部某个地方重新垒起来作为一个旅游景点。要是安特罗伯斯同意这桩买卖，根据法律谁也没有办法阻拦他。实际上，在许多年里，也没有谁愿意去试一试。为了节省资金，在皮特·里弗斯去世以后的10年里，古代纪念碑检查员的位子一直空着。

二

在发生这一切的时候，英国的乡村生活正经历急剧的变化。这是因为发生了一件大事，这件事现在已经很少有人记得，但在近代英国史上是经济方面最灾难性的事件之一：19世纪70年代的农业萧条。在这10年中，有7年农业严重减产。然而，这时候农民和地主无法通过涨价的办法得到补偿，过去也总是出现这种情况，因为此刻他们遇到了来自海外的有力竞争。尤其是美国，它已经成为一台巨大的农业机器。由于有了麦考密克收

割机和其他隆隆作响的大型农业机械，美国的大草原已经变成大粮仓。1872年到1902年期间，美国的小麦产量增加了700%。而在同一时期，英国的小麦产量减少了40%以上。

农作物的价格也是一落千丈，在19世纪的最后25年里，小麦、大麦、燕麦、腊肉、猪肉、羊肉和小羊肉的价格都差不多跌了一半。每包14磅的羊毛从28先令跌到了仅仅12先令，成千上万佃农家破人亡。10万农场主和农业工人离开了土地，土地荒芜，租金未付。哪里也看不到有任何缓解的希望。乡村教区的人口大幅度减少，教堂里明显是空荡荡的，那些仍来做礼拜的人比以前任何时候都更穷。这不是该当乡村牧师的好时候，这样的好时候以后再也不会有了。

在这场农业危机的巅峰时期，英国的自由党政府干了一件古怪的事。它发明了一种税，旨在惩罚某个阶级的人，而这个阶级现在已经在遭受严重苦难，而且对造成目前的问题也没有起什么特别的作用。这个阶级就是大土地拥有者，这个税的名字叫做遗产税。对于成千上万的人来说，包括我们的这位马香先生，生活就要发生根本性的变化。

这个新税种的设计者是财政大臣威廉·乔治·格兰维尔·维纳布尔斯·弗农·哈考特，在他一生的任何时候，这个人似乎不大讨任何人的喜欢，包括他自己的家人。哈考特被人们友好地——即使不完全是亲昵地——称作“大块头”，因为他的身材又圆又胖。大家没有想到他会去迫害地主阶级，因为他本人也是其中的一员。哈考特家族的老家在牛津郡的努尼翰公园，本书已经提到过那个地方。也许你还记得，在努尼翰，早年有一位哈考特改造了那个庄园，但想不起原来村子里的那口老井在什么位置，结果掉进去溺死了。只要有托利党，哈考特家族总是把自己算作这个党的党员。因此，威廉加入自由党这件事在家族内部被看成是最卑鄙的背叛，连自由党都对他提出的税种感到惊讶。首相罗斯伯里爵士（他本人就是大地主）心里想，在有些情况下，是不是至少应该给予一些减免，比如有两名继承人在短时间里相继死亡。罗斯伯里认为，在遗产继承人还没有机会重建家庭财源之前就再次征税，这有点太无情了。然而，哈考特对所有关于让步的请求一概拒不接受。

哈考特几乎不可能继承到他自己家族的遗产，这无疑影响到了他的原则。实际上，他一定感到意外的是，他还是继承到了，因为在1904年春，他哥哥的儿子突然死去，而且没有后代。然而，他享有这一大笔财富的时间并不长，6个月以后，他本人也呜呼哀哉了。这意味着，他的继承人跻身于第一批被两次征税的人当中，这正是罗斯伯里所担心的，也是哈考特所拒绝考虑的，生活往往并不那么称心如意。

在哈考特的时代，遗产税还算比较适中，对象是价值100万英镑或以上的房地产，比例为8%，但这证明是一种可靠的收入来源，而且深受不需要纳这类税的几百万民众的欢迎，因此该税一再提高，第二次世界大战前夕达到60%——这个水平使得最富有的人都眼泪汪汪。同时，所得税也不断提高，还想出了别的新税种，如未开垦土地税、增值税、附加税，这些税都不成比例地落在拥有大量土地、说话口音故作上流人士的人头上。对于上层阶级，用戴维·卡纳戴恩的话来说，20世纪成了一个“阴云笼罩”的时代。

大多数人生活在持久的危机之中，当事态变得确实糟糕的时候——屋顶需要更换，或缴不起税—— 一般可以用变卖祖传遗物的办法来避免灾难。画卷、挂毯、珠宝、书籍、瓷器、银盘、稀有的邮票等一切能卖个合理价钱的物品，都源源不断从英国的豪华住宅里搬出来，又源源不断地搬进了博物馆，或落到了外国人的手里。就是在这个时代，亨利·克莱·福尔杰把凡是能找到的每一册莎士比亚作品最早的对开本都买了下来，乔治·华盛顿·范德比尔特买进了足以装满他比尔特莫尔豪宅250个房间的财宝，而像安德鲁·梅隆、亨利·克莱·弗里克和J.P.摩根这样的人一马车一马车地购置18世纪以前欧洲大画家的画，威廉·伦道夫·赫斯特购置几乎任何有价值的东西。

在英国，几乎没有哪个大家庭不在某个时刻卖掉某些物品的。霍华德堡的霍华德家族卖掉了110幅绘画大师的画和1000多本珍贵的书籍。在布莱尼姆宫，马尔伯勒公爵家族卖掉了几堆名画，包括18幅鲁本斯的作品、

10多幅凡·戴克的作品，然后发现跟有钱的美国人攀亲在经济上是很有吸引力的，不过为时已晚。富得冒油的汉密尔顿公爵卖掉了价值将近40万英镑的闪闪发亮的零碎物品，然后几年以后又卖掉了大约价值25万英镑的物品。在许多人看来，伦敦的大拍卖场具有当铺的某些特点。

当主人们把藏在墙壁里面和地板底下的一切有价值的东西拿出来变卖的时候，他们有时候把墙壁和地板也卖掉。德比郡温格沃思府有个房间，被连同所有的设施挖了出来，塞进了圣路易艺术博物馆。赫特福德郡格林林·吉本斯家的一座楼梯被从卡西奥伯里府拆卸下来，重新安装在纽约的大都会艺术博物馆。有时候，整栋房子都被拆迁，比如阿吉克罗夫特府，那是兰开郡一栋漂亮的都铎式庄园主宅第。它被拆成小块，装进无数木箱子，运到了弗吉尼亚州里士满，然后重新组装起来，现在还依然气派不凡地屹立在那里。

这么费力气的事有时候也有一些好处。埃德蒙·安特罗伯斯爵士的继承人由于无法维护他的庄园，于1915年把它放在市场上变卖。一位当地的实业家、赛马饲养人塞西尔·查布以6600英镑——大约相当于今天的30万英镑，因此不是个小数目——的价钱买下巨石阵，然后慷慨地把它献给了国家，终于确保了巨石阵的安全。

然而，这样圆满的结果毕竟是例外，就成百上千栋乡村住宅而言，没有任何获救的希望。它们的命运是可悲的，从渐渐败落，到最后被拆毁，所有的损失几乎都是不幸的，有的简直成了丑闻。斯特里特拉姆堡一度是达勒姆郡最漂亮的住宅之一，后来交给了防卫义勇军，天哪，他们把它用作靶场。阿斯顿·克林顿府是一栋19世纪住宅，规模宏大，很有魅力，原先的主人是罗斯柴尔德家族，后来被白金汉郡郡政会买下，结果为了给一个枯燥乏味的职业培训中心让路而被拆毁。不少豪宅都倒了大霉，据报道，林肯郡有一处豪宅被一家电影公司买下，仅仅是为了把它焚毁，以表现某部电影里一个有关气候的镜头。

似乎在哪里都不是绝对安全的，连奇西克府也差一点遭难，而无论从哪个标准来衡量，它都是个有历史意义的建筑物。它一度被用作精神病院，但到20世纪50年代，它已经无人居住，被列为拆毁单位。幸运的是，理智占了上风，它最终得救了，它现在得到了英格兰遗产委员会（一个国家机关）的妥善照管。在一个世纪的时间里，全国信托基金会拯救了大约200栋其他住宅。有几栋通过把自身变成旅游胜地的办法幸存了下来，而开头并不总是很顺利的。西蒙·詹金斯说，在一栋豪宅里，一位老奶奶只要电视上转播赛马就不愿意离开房间。“她被选为最佳展品。”詹金斯接着说。许多别的大型住宅获得了新生，被用作学校、诊所或别的机构。在20世纪的很长时间里，威廉·哈考特爵士的努涅翰公园被用作皇家空军的一个培训中心（它现在是一处修道场所）。

然而，还有几百栋已经被粗野地夷为平地了，20世纪50年代是破坏这类建筑物的巅峰时期。到那个时候，豪宅大约以每星期两栋的速度消失。到底有多少栋大型住宅彻底被毁，这就不得而知了。1974年，伦敦的维多利亚和艾伯特博物馆举办了一个著名的展览会：“乡村住宅被毁展览会”。在这个展览会上，该博物馆回顾了前一世纪在豪华住宅方面的巨大损失。据博物馆的两位馆长马库斯·宾尼和约翰·哈里斯的统计，总共损失了1116栋大型住宅，但通过进一步的研究，这个数字在展览会结束以前已经增加到了1600栋——如今，这个数字一般认为是大约2000栋。这个令人痛心的巨大数字让人不要忘记，其中有一些是有史以来地球上所建造过的最漂亮、最时髦、最出类拔萃、最雄心勃勃、最有影响的，显然是最值得珍爱的住宅。

三

马香先生和他所在的世纪一起走向最后几年时的情况就是那样，从家庭生活的角度来看，没有哪个时代比它更有意思，或者发生的大事更多。私人生活在19世纪得到彻底改变，包括社会方面、知识方面、技术方面、卫生方面、服饰方面、性生活方面以及几乎所有其他方面。马香先生出生

的时候（1822），这个世界基本上还处于中世纪状态，一个使用蜡烛和医蛭、徒步旅行、远方的消息要过几个星期或几个月才能到达的地方，但他活着的时候看到了一个又一个奇迹的出现：轮船、飞驰的火车、电报、照相术、麻醉术、室内管道、煤气照明、医药中的抗菌剂、冷冻技术、电话、电灯、录制的音乐、汽车、飞机、摩天大楼、电影、收音机以及成千上万种别的小物品，从批量生产的肥皂，到手推的割草机。

在19世纪，尤其在19世纪下半叶，人们到底每天要经受多少剧烈的变化，我们简直无法想象，连最基本的“周末”也是个崭新的概念。这个词在1879年之前并无记录，首次出现是在那年《笔记与咨询》杂志的这样一句话里：“在斯塔福德郡，如果一个人在星期六下午结束一周工作之后离开家，与远方的朋友们一起度过星期六晚上和接下来的星期天，他就可以说在某某家过了周末。”即使那样，周末显然只是指星期六下午和星期天，而且只是对某些人来说。直到19世纪90年代，周末才为大家所知道，虽然还不是人人都能享受到，但是享受休息的权利无疑快要到来。

在这一切变化中，具有讽刺意味的是，正当世界对大多数人来说变得更加惬意，如灯光更加明亮、管子更加可靠、休闲机会更多、需求得到更大程度的满足、娱乐活动更加丰富时，对马香先生这样的人来说，世界正在分崩离析。19世纪70年代开始的农业危机几乎没有尽头，不但对乡村牧师，而且对他们所赖以生存的富裕的土地拥有者显然都是个挑战。对于那些自己家里的财富跟土地息息相关的人来说更是困难重重，马香先生的家庭就是这么个例子。

到1900年，一位牧师的收入还远不到50年以前实际收入的一半。根据1903年的《英国圣公会神职者名册》很不乐观的记载，“相当部分”的神职人员现在过着“苟延残喘”的生活。《英国圣公会神职者名册》接着说，有一位F. J. 布利兹比牧师470次申请成为助理牧师没有成功，最后威信扫地，进了济贫院，富裕的牧师已经彻底成为一去不复返的事情。

大而无当的牧师寓所曾使乡村神职人员的生活过得舒适而又惬意，

而现在显得大而又漏雨，对许多牧师来说已经完全成了负担。许多20世纪的神职人员来自比较普通的背景，靠少得多的收入勉强维持生活，无力养护如此宽敞的房产。1933年，约克郡一位乡村教区牧师的妻子露西·伯内特太太对一个教会委员会解释她不得不维持的牧师寓所大到了什么程度：“假如有一支铜管乐队在我的厨房里演奏，我认为你在客厅里不可能听得见。”内部维修的责任落到了教区牧师的身上，但他们越来越穷，根本做不到。“许多牧师寓所过了20年、30年，甚至50年都根本得不到重新装修。”艾伦·萨维奇在1964年出版的一本牧师寓所史里说。

对于教会来说，最简单的解决办法就是把那些令人讨厌的牧师寓所卖掉，在附近盖一栋小一点的房子。必须指出，英国圣公会全体大会代表，即负责处理这些问题的官员，并不总是最精明的商人。安东尼·詹宁斯在《原教区长寓所》（2009）中讲到，他们在1983年以平均64000英镑的价格卖掉了300多处牧师寓所，而盖起差得多的新寓所却平均要花76000英镑。

在1900年存在的13000栋牧师寓所中，今天只有900栋仍在英国圣公会的手里。我们的那栋教区长寓所于1978年卖给了私人（我不知道卖了多少钱）。它作为教区长寓所的历史持续了127年，在此期间，它曾是8位神职人员的家。奇怪的是，后来的7位教区长在这里住的时间，都比那位建造这栋房子的模糊不清的人物要长。托马斯·马香在这里住了仅仅10年就于1861年离开，去担任萨克斯林翰教区长这个新的职位。萨克斯林翰是以北20英里的一个村子，离大海不远。这个职位几乎完全同样是模糊不清的。

他为什么为自己盖了那么大的一栋房子，这个问题现在有可能永远也找不到答案了。他也许是希望打动他认识的某个可爱的年轻女子，但她拒绝了他，嫁给了另一个男人。也许她选中了他，但在结婚以前就死了。两种结果在19世纪中叶都很平常；两者都可以解释这栋房子在设计方面的一些神秘地方，比如有一个幼儿房，紫色屋还隐隐有点女子气息，虽然我们现在提出的看法都不过是一种猜测。我只能说，如果他觉得生活中有什么幸福的话，这种幸福不是来自婚姻。

我们至少可以希望，他和他那位忠心耿耿的女管家沃姆小姐的关系，能使他感到一定程度的温馨和钟爱之情，尽管其表达方式是很别扭的。沃姆小姐于1899年去世，享年76岁，她当他的管家达半个多世纪之久。同年，马香家族在斯特拉顿斯特劳勒斯的家产被分成15部分变卖，很可能是因为找不到一个能全部买下来的人。这次变卖标志着马香家族在该郡450年的显赫地位宣告结束。今天，唯一能使人回想起那件事的，就是邻近赫文翰村的一个名叫“马香纹章”的小酒馆。

马香先生又活了不足6年，1905年在附近一个村子里的养老院去世，享年83岁。除了上学的时间以外，他一生都是在诺福克郡的土地上度过的，生活圈子仅仅略大于方圆20英里。

四

我们的故事是从这个阁楼讲起的——现在，这似乎已经是很久以前的事了——当时，我从活板门里爬上去，寻找漏雨的原因（原来，有一块砖掉了，所以雨才打进来）。你也许还记得，我在那里发现一扇门，通到屋顶的一个地方，从这里可以看到田野的景色。几天以前，我又爬上去，这是从我动手写这本书以来的第一次。我隐隐想要知道，既然我已经对马香先生和他生活的环境有了一点了解，那么我现在再来看这个世界，有没有觉得不一样呢？

实际上没有，令我感到意外的，不是自马香先生的时代以来下面的世界发生了多大的变化，而是它几乎没有什么变化。假如马香先生能活过来，他无疑会看到一些新奇的东西，如不远处的公路上飞驰的汽车，头顶嗡嗡地飞过的直升机，但他所看到的景色，很大程度上似乎是亘古不变的，完全熟悉的。

当然，那种永恒的气氛是一种幻象。这景色不是不在变化，而是变化太慢，因而看不出来，即使是已经过去160年左右时间。假如回到更加遥远的过去，你就会看出已经发生了很大变化。要是往后退500年，除了那座教堂、几道树篱、一块块田地、那条缺乏生气的道路以外，这里几乎不会有任何熟悉的东西。要是再往后退一点，你或许会看到罗马人扔掉本书开头所说到的生殖器垂饰。要是再往后退得更远一点，比如，退到40万年以前，你会看狮子、大象和别的奇异动物在贫瘠的平原上吃草。就是这些动物留下了骨头，令住在附近霍克斯尼的约翰·弗里尔这样的早期古文物收藏家着了迷。他发现骨头的那个地方太远，我们从屋顶上看不见，但他收藏的那些骨头很可能就来自曾经在我们这块土地上吃过草的动物。

令人不可思议的是，那些动物来到世界这一地区的原因，是比今天只暖和了大约3摄氏度的气候。在如今活着的人当中，有的人又将生活在那么暖和的英国。它到底会是一处干枯的塞伦盖蒂平原，还是一个有着家酿葡萄美酒和四季结满水果的绿油油的天堂，这不是本书推测的范围。有一点是肯定的，那就是，它将是一个非常不同的地方，一个未来的人类将不得不以比地质速度快得多的速度来适应的地方。

我们从屋顶上看不见的事情之一是，为了获得我们大家都已开始指望生活中应有的舒适和方便，我们还需要多少能源和别的投入。自工业革命开始以来，在地球上所制造的全部能源当中，有一半已经在过去的20年里消耗殆尽。其中不成比例的部分是被我们富裕世界的人消耗的，而我们是一群极度享有特权的人。

今天，一个普通的坦桑尼亚公民几乎要用一年时间才能产生相当于一个欧洲人在两天半时间里轻而易举就产生的，或者一个美国人在28个小时里就产生的碳排放量。总之，我们之所以能过上现在这样的日子，是因为我们使用资源的速度要比这颗星球上的大多数其他人快几百倍。有朝一日——别以为这是遥远的一天——在60亿左右不大富裕的人当中，许多人势必会要求拥有我们今天拥有的东西，而且要像我们容易得到那样容易得到它们，那就意味着要求这颗星球能方便地甚至大方地给予更多的资源。

最具讽刺意味的可能是，如果为了过得舒适和快乐而无休止地索取，我们会制造出一个既不舒适又无快乐可言的世界。不过，那当然是另一本书该讨论的内容了。

桂图登字：20-2011-152

AT HOME: A SHORT HISTORY OF PRIVATE LIFE By BILL BRYSON
Copyright: © 2010 BY BILL BRYSON
This edition arranged with JED MATTES INC through BIG APPLE AGENCY, INC., LABUAN, MALAYSIA.
Simplified Chinese edition copyright © 2011 by JIELI PUBLISHING HOUSE
All rights reserved.
本书中文简体版权由大苹果股份有限公司负责代理

图书在版编目（CIP）数据

趣味生活简史 / (英) 布莱森著；严维明译. —南宁：接力出版社，2011.6
书名原文: At Home: A Short History of Private Life
ISBN 978-7-5448-1849-0

Ⅰ.①趣…　Ⅱ.①布… ②严…　Ⅲ.①日常生活社会学　Ⅳ.①C913.3

中国版本图书馆 CIP 数据核字 (2011) 第 106911 号

责任编辑：陈　邕　　美术编辑：郭树坤
责任校对：刘会乔　　责任监印：陈嘉智
版权联络：朱晓卉　　媒介主理：常晓武

社长：黄　俭　　总编辑：白　冰
出版发行：接力出版社
社址：广西南宁市园湖南路9号　　邮编：530022
电话：0771-5863339（发行部）　010-65545240（发行部）
传真：0771-5863291（发行部）　010-65545210（发行部）
网址：http://www.jielibeijing.com　　http://www.jielibook.com
E-mail:jielipub@public.nn.gx.cn

经销：新华书店

印制：北京市海淀区四季青印刷厂
开本：710毫米×1000毫米　1/16
印张：29　　字数：450千字
版次：2011年7月第1版　　印次：2011年7月第1次印刷
印数：00 001—20 000册
定价：39.80元

版权所有　侵权必究

凡属合法出版之本书，环衬均采用接力出版社特制水印防伪专用纸，该专用防伪纸迎光透视可看出接力出版社社标及专用字。凡无特制水印防伪专用纸者均属未经授权之版本，本书出版者将予以追究。
质量服务承诺：如发现缺页、错页、倒装等印装质量问题，可直接向本社调换。
服务电话：010-65545440　0771-5863291

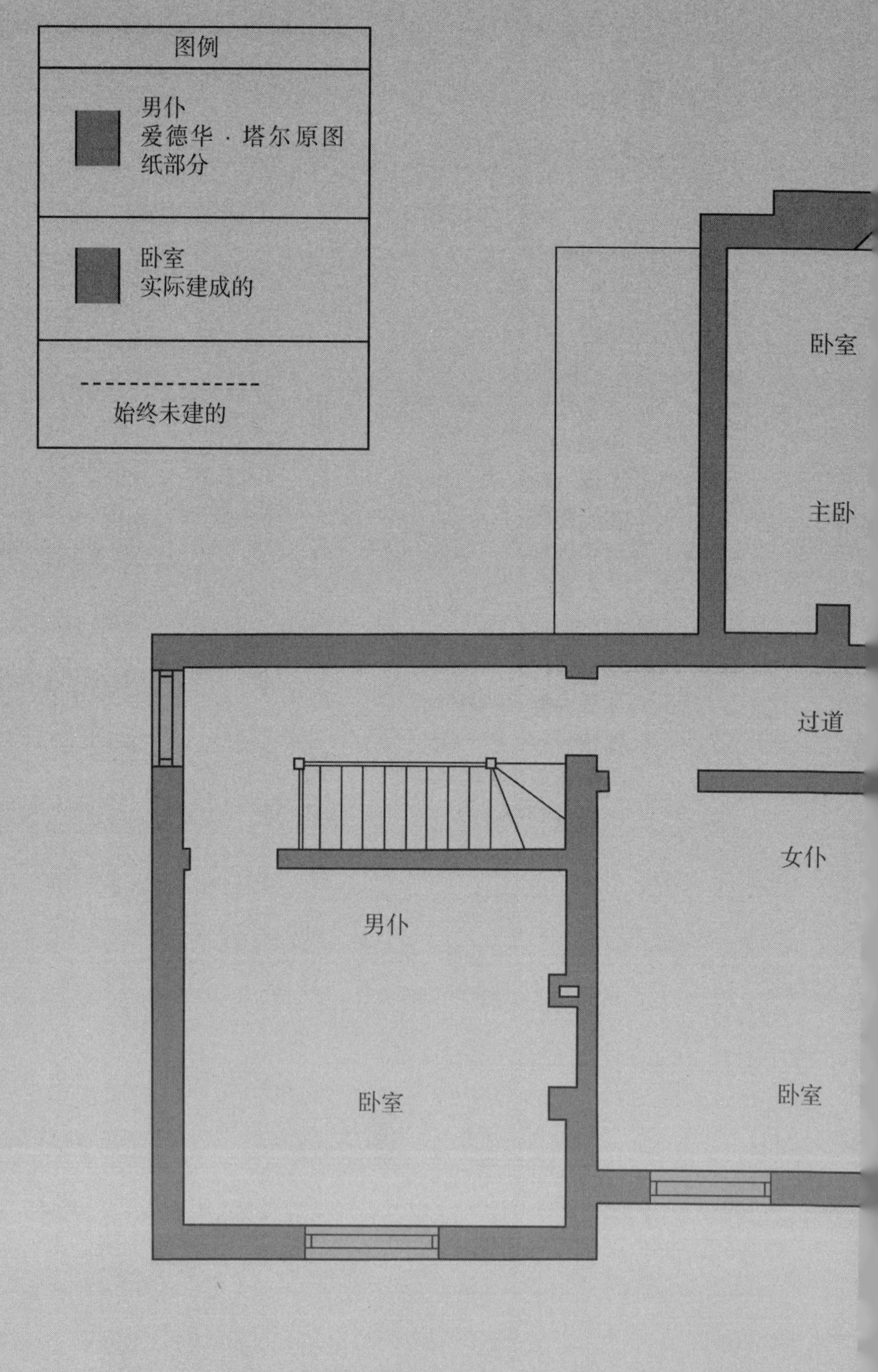
图例
男仆
爱德华 · 塔尔原图纸部分
卧室
实际建成的
始终未建的
卧室
主卧
过道
女仆
男仆
卧室
卧室
0
10
20
30英尺

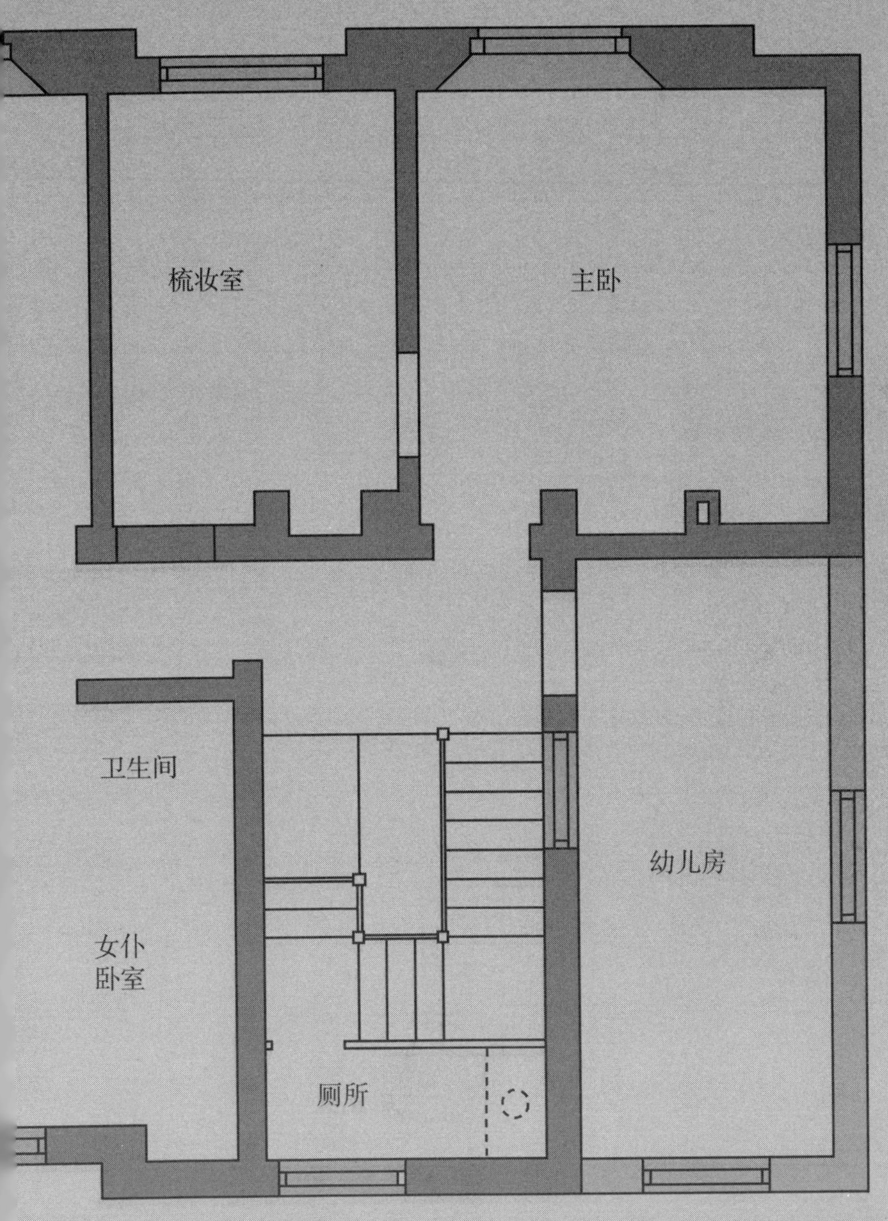

楼层平面图